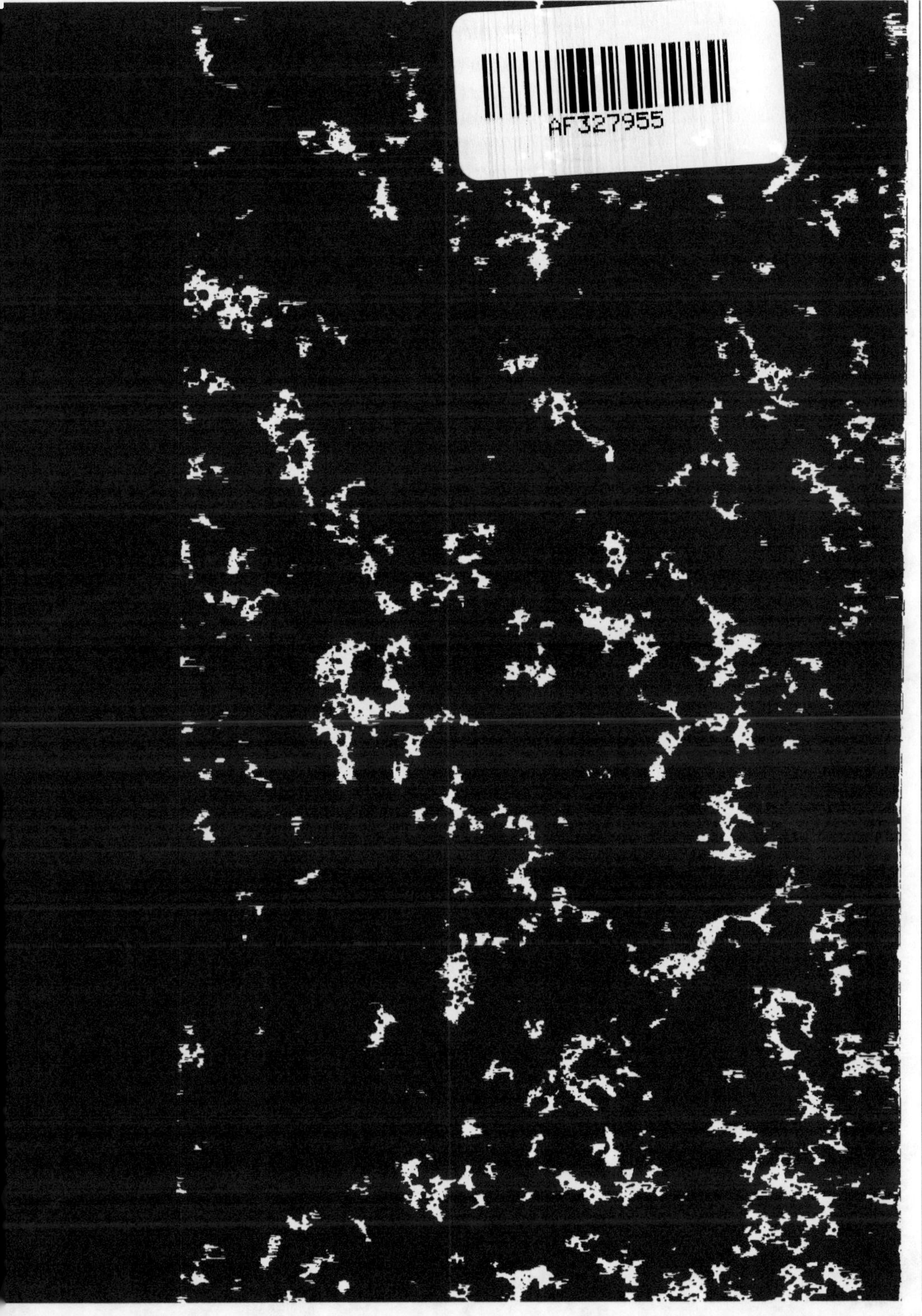

AF327955

# HISTOIRE

## DES

# GUERRES D'ITALIE

Paris. — Imprimerie WALDEN, rue Bonaparte, 44.

Bonaparte, premier consul,

A MARENGO.

# HISTOIRE

## DES

# GUERRES D'ITALIE

## SOUS LA RÉPUBLIQUE, LE CONSULAT ET L'EMPIRE

### (1792-1814)

**Suivie du récit de l'occupation d'Ancône en 1832**

### ET DU SIÉGE DE ROME EN 1849

RÉDIGÉE D'APRÈS

### LES BULLETINS DES ARMÉES, LES DOCUMENTS OFFICIELS ET LES OUVRAGES

### MILITAIRES DE L'EMPEREUR NAPOLÉON

### PAR E. MOREAU

Ancien élève de l'Ecole polytechnique.

Ouvrage orné de Portraits, de Cartes, Plans, etc.

## PARIS

N.-J. PHILIPPART, ÉDITEUR-COMMISSIONNAIRE

RUE HONORÉ-CHEVALIER, 4.

### 1859

# AVANT-PROPOS.

Au moment où nos soldats s'élancent sur les glorieuses traces de leurs devanciers, les héros de la République et du premier Empire, l'histoire de ces guerres italiques acquiert un intérêt tout nouveau.

Lorsque, pour la première fois, depuis qu'elle avait levé l'étendard de la liberté, la France eut à résister au flot d'une redoutable coalition, elle dut, pour ne pas être accablée, faire un immense effort. Obéissant à une inspiration soudaine, Carnot établit à la fois, sur quatorze points différents, la défense de son territoire, et sut promptement et habilement lier les réseau de cette défense, confiée à quatorze corps d'armée.

Les premiers succès du général Bonaparte tinrent surtout à l'étonnement de l'ennemi de rencontrer partout nos soldats : c'était la continuation et l'étonnante mise en scène du système des quatorze armées inventées par Carnot. Par une rapidité inouïe et un miraculeux coup d'œil, Bonaparte décupla la puissance de cet éparpillement nécessaire. C'est ainsi qu'avec des troupes peu nombreuses, mais aguerries (les Français le sont dès qu'ils ont les armes à la main et des périls devant eux,) il battit successivement en Italie toutes les armées, tous les généraux de l'Autriche.

Mais vint un moment où les chefs ennemis, ayant enfin pénétré le mystère de cette stratégie insolite, se mirent en garde contre elle. Alors, trouvant, tout à coup, dans la spontanéité de son génie, de nouvelles et précieuses ressources, Napoléon, par une concentration savante, organisa ces colonnes de granit auxquelles ne résistait aucune formidable épaisseur, ces batteries terribles qui, lançant à la fois mille foudres, lui livraient les champs de bataille disputés avec le plus d'acharnement.

Brillantes de toutes l'inspiration de la jeunesse, les campagnes d'Italie se détachent lumineusement sur la carrière du grand capitaine. Ces victoires aux noms éclatants forment sa plus belle auréole.

Quels récits peuvent égaler cette histoire dans laquelle la vérité dépasse toutes les fictions de l'épopée!

Les circonstances actuelles nous engagent à les publier. Désirant que notre ouvrage devînt populaire, nous avons écarté tous les détails techniques, tous les incidents inutiles, tous les raisonnements ennuyeux. C'est à grands traits que nous avons esquissé ce magnifique tableau ; c'était d'ailleurs le seul moyen de le rendre complet et dans tout son éclat. Ainsi resserré, le drame est plus saisissant et l'intérêt de la lecture ne languit jamais. Les jeunes Français ne se lasseront pas de lire les hauts faits de leurs pères, et, quand la patrie aura besoin de leurs bras, ils seront fiers de les imiter.

# HISTOIRE

## DES

# GUERRES D'ITALIE

## DE 1792 A 1859

---

## CHAPITRE I.

Situation de l'Europe. — Aprêts de guerre générale. — Premiéres opérations des armées en
Italie.

Dès les premiers jours de l'année 1792, l'Europe commença à se mêler à notre grande crise sociale et quoiqu'on cherchât encore à temporiser, de toute part on se préparait à la guerre. Quand on se rappelle le millions d'hommes qu'elle a dévorés, cette fleur de la population européenne moissonnée par le glaive, tous les malheurs que ce fléau a fait peser sur les peuples, on ne saurait refuser un tribut de respect et de reconaissance aux orateurs de nos assemblées politiques qui, prévoyant un si redoutable avenir, s'efforcèrent d'étouffer dans leurs germes les principes de la conflagration générale; au premier coup d'œil, on serait tenté de les regarder comme les sages de l'époque. Mais il y avait de la faiblesse parmi quelques-uns d'entre eux, les craintes qu'ils avaient  enoncées ne montraient à leurs esprits troublés que des défaites en perspective; ils n'étaient pas assez forts pour croire aux prodiges. Les sages furent évidemment les hommes d'audace et de résolution qui, après avoir entendu le peuple français répondre à leurs cris de guerre, les lancèrent au devant des périls avec la profonde conviction de ses triomphes. Honneur et gloire aux auteurs de cette grande témérité, source de notre salut; le génie de la liberté les fit prophètes, et un jour le monde, affranchi par elle, bénira la guerre de la révolution comme la plus juste, la plus sainte et la plus utile de toutes les guerres.

Déjà nous étions attaqués simultanément par les Autrichiens et les Prussiens au Nord et à l'Est, et le roi de Sardaigne, fier de sa belle armée, s'était contenté de se ruiner en revues et en parades; mais enfin, pressé par les puissances coalisée, il se persuada qu'il était temps que ses beaux régiments lui rendissent en gloire l'argent qu'ils lui avaient couté, et après de longues hésitations, il se joignit ouvertement à la coalition. — Chargé de surveiller ce nouvel ennemi, le général

Montesquiou, dont la petite armée ne se composait que de 2 bataillons d'infanterie, d'une cavalerie moins nombreuse encore et d'une très-faible artillerie, n'en conçut pas moins l'audacieux projet de s'emparer de la Savoie, défendue par une armée de 15,000 hommes et une nombreuse artillerie. Ces forces du roi de Sardaigne étaient d'autant plus redoutables qu'elles occupaient les défilés peu nombreux qui permettent le passage de France en Savoie. En outre, les Piémontais avaient élevé trois redoutes vis-à-vis du seul débouché par lequel les Français eussent pu espérer franchir la frontière. Mais Montesquiou ne leur donna pas le temps d'armer ces redoutes : le 19 septembre 1792, il fait tourner cette position par une colonne de grenadiers et de chasseurs ; surpris par cette manœuvre, les Piémontais fuient en désordre sans tirer un coup de fusil. Pendant que leur armée, coupée en deux, se porte, partie sur Anneci, partie sur Montmélian, les Français marchent sur Chambéry, qui ouvre ses portes à la première sommation. Huit jours après, l'armée piémontaise était dispersée, et la Savoie conquise était incorporée à la France sous le nom de *département du Mont-Blanc*.

Le général Anselme avait rivalisé d'audace et de célérité avec Montesquiou. Sans vivres et presque sans munitions, cet officier, plein de zèle et d'intelligence, avait établi ses forces sur le cours du Var, torrent impétueux, limite naturelle entre la France et le pays ennemi. Le comte Saint-André gouvernait le comté de Nice ; il n'avait sous ses ordres que 4,000 hommes de troupes et un corps incomplet de milices provinciales : Anselme n'avait guère plus de forces à sa disposition, mais il se hâta de requérir 6,000 gardes nationaux marseillais, patriotes exaltés, brûlant d'ardeur, dont le seul nom, associé aux idées d'insurrection et aux souvenirs de violences révolutionnaires, était si propre à répandre à la fois sur leur passage et la terreur du nom français et la contagion de la liberté. Appelant la ruse au secours de sa faiblesse numérique, partout sur son passage il donna des ordres pour la nourriture et le logement de 40,000 hommes. En même temps l'amiral Truguet, manœuvrant avec son escadre dans le golfe de Gênes, inquiétait l'ennemi sur ses derrières et portait l'épouvante dans la ville de Nice. Il envoie à terre un parlementaire pour réclamer, avec hauteur, le consul de France qui avait cessé de remplir ses fonctions depuis le commencement des hostilités en Savoie, et le consul est rendu. Troublée, surprise d'une invasion qu'elle eût dû prévenir, la cour de Turin résolut de changer sa ligne de défense et de transporter son armée sur le revers des Alpes maritimes. Anselme, averti de ce mouvement de retraite, passa le Var à la tête d'une partie de ses troupes et s'empara sans peine de Nice, malgré l'inutile résistance de 5,000 émigrés français qui sortirent de la ville satisfaite d'être délivrée de leur fâcheuse présence.

Bientôt les forts de Montalban et de Villefranche tombent en notre pouvoir, et le comté de Nice devient le département français des Alpes-Maritimes. Tous ces événements signalèrent les premiers jours de la République française, et les premières séances de la nouvelle Assemblée des représentants de la nation, qui, après l'abolition de la royauté, réunirent, sous le nom de Convention nationale, toute la puissance législative, l'exercice de tout le pouvoir d'exécution, et la distribution de toutes les autorités.

Le comté de Nice et la Savoie sont destinés par la nature à faire partie de l'empire français. La première s'élève en amphithéâtre depuis la mer jusqu'au sommet des monts et donne par plusieurs cols l'entrée du Piémont. La seconde appartient au bassin du Rhône. Les passages du mont Cenis, du petit Saint Bernard la traversent pour se déployer en éventail dans les vals de Maurienne, de la Tarentaise et de l'Arve. On peut donc pénétrer en Piémont, en manœuvrant soit sur le Rhône, soit sur l'Isère.

Le général Anselme, après la conquête de Nice (septembre 1792) se mit à la poursuite des Piémontais, qui se retranchèrent enfin à Saorgio, village à quelques lieues de Monaco. Là, ils résistèrent aux attaques d'Anselme, qui, craignant de compromettre ses premiers succès pour la conquête d'une position sans importance, donna ordre au général Brume d'occuper Sospello avec 2,000 hommes. Brume y fit son entrée le 3 novembre, et résolut d'y prendre ses quartiers d'hiver; mais Anselme ne laissant pas refroidir l'ardeur de ses troupes conçut le projet de s'emparer d'Oneille, petite ville sur les bords de la Méditerranée, à treize lieues de Nice. Jugeant, toutefois, que, par sa situation à la hauteur de Saorgio, elle n'était facilement attaquable que par mer, il fit embarquer ses troupes sur les vaisseaux de l'amiral Truguet, appelé de Toulon à cet effet. Le 23 novembre, l'escadre se présenta devant la ville.

L'amiral Truguet envoya, de concert avec le maréchal de camp Marchant de la Houlière, un canot parlementaire monté par Duchayla, capitaine de pavillon, qui fut chargé d'une proclamation adressée aux habitants. Ils étaient invités à se réunir aux Français, afin d'éviter les horreurs d'un bombardement. Le capitaine, se voyant accueilli avec des démonstrations amicales, se hâte d'approcher; mais à peine a-t-il touché le rivage, qu'une décharge de coups de fusil, à bout portant, tue 3 officiers, 4 matelots, et blesse 6 autres personnes, au nombre desquelles se trouve le capitaine Duchayla. Les hommes, que le feu a épargnés, se hâtent de fuir, et, malgré les pierres et les balles qui les poursuivent, ils parviennent à regagner l'escadre. Truguet, indigné, s'empressa de punir cette violation inouïe du droit des gens. La ville fut d'abord canonnée pendant un jour entier. Le lendemain, les troupes, composées de 1,000 hommes de débarquement et 100 matelots armés de haches, furent distribuées sur les chaloupes avec quelques pièces de campagne. Après une décharge générale, les Français, trouvant la ville abandonnée, vengèrent, par l'incendie, le pillage et la destruction, la perfidie des habitants. Cependant on se convainquit, dès le même jour, de l'impossibilité de se maintenir dans ce poste, même avec des forces considérables, et le général de la Houlière ordonna le rembarquement des troupes. Ce fut là leur dernier exploit dans la campagne de 1792.

Dès le commencement de 1793, Anselme, dénoncé à la Convention comme auteur de nombreuses exactions commises dans le comté de Nice, avait été rappelé. — L'armée du Midi fut séparée en deux armées distinctes, celle des Alpes et celle d'Italie ; la première, toujours sous les ordres du général Montesquiou ; la seconde, récemment confiée au général Biron, qui avait remplacé Anselme.

Biron, qui avait sous ses ordres les généraux Brunet et Dagobert, ne laissa pas longtemps son armée dans les quartiers d'hiver où il l'avait trouvée : il s'empara de Lancosta, où il apprit que les Piémontais, ayant reçu de nombreux renforts, se disposaient à l'attaquer lui-même ; il marche aussitôt pour les prévenir. Le 14 février, les généraux Brunet et Dagobert trouvent à Sospello l'ennemi nombreux et bien retranché. Malgré la faiblesse numérique de leurs troupes, les généraux français n'hésitent pas à commencer l'attaque. Les Piémontais, cette fois, font bonne contenance et se défendent courageusement ; mais, chargés à la baïonnette, cette arme si terrible aux mains des Français, ils finissent par plier ; bientôt notre artillerie, qui les écrase, change leur retraite en déroute, et ils laissent, outre de nombreux morts et blessés, 300 prisonniers entre nos mains.

L'année commençait donc bien de ce côté ; mais ce succès devait promptement être suivi d'une catastrophe. Tandis que Biron continuait à marcher en avant, l'amiral Truguet recevait du Conseil exécutif l'ordre de s'emparer de Cagliari, capitale de la Sardaigne, contre laquelle déjà nous avions essuyé un échec quelques mois auparavant. On ne lui donna que 4,000 hommes pour exécuter cette entreprise.

Le 23, vingt-deux vaisseaux de guerre, frégates ou galiotes à bombes, parurent devant Cagliari, qui eut à choisir entre se rendre ou être foudroyé. L'amiral Truguet envoya un parlementaire qui, n'ayant pas obéi à l'ordre de s'éloigner, fut tué, ainsi que 14 hommes de la chaloupe qui s'était approchée. En conséquence, les Français se mirent, dès le 27, à bombarder la ville, qui riposta vivement ; un vaisseau français prit feu, un autre se jeta sur la côte, plusieurs furent endommagés, tandis que Cagliari avait peu à souffrir des assaillants. Une descente fut tentée ; elle échoua par l'insubordination des troupes, composées pour la plupart de jeunes levées. Truguet revint à Toulon chercher d'autres vaisseaux et une nouvelle armée, et reparut le 3 février devant Cagliari, avec 7,000 hommes de renfort. Quatre mille Français descendirent, le 14 à midi, sur la plage Saint-André, à quatre lieues de Quarto. Une partie de ce corps s'occupa à élever des retranchements sur le lieu même du débarquement, tandis que l'autre marcha vers le fort Saint-Elie, dans le dessein de prendre la ville à revers. Cette dernière colonne fut attaquée à la chute du jour par de nombreux détachements sardes, et ne parvint à rentrer dans les retranchements qu'après une perte considérable. Pour comble de malheur, la flotte française fut assaillie trois jours après par une tempête affreuse : un vaisseau de 80 canons coula bas sous voile ; deux frégates, craignant le même sort, abattirent leurs mâts ; plusieurs bâtiments de transport, ayant échoué sur la côte, tombèrent dans les mains des Sardes. Les Français résolurent alors d'abandonner cette entreprise malheureuse. L'amiral Truguet ramena à Toulon la flotte réduite et découragée.

Tout le reste de la première période de 1793 n'offre , sur tous les points, qu'un enchaînement de revers à peine interrompu par quelques faveurs que la constance et le courage arrachent à la fortune. Le peuple français semblait être alors sous l'influence de cette fatalité que les anciens ont peinte comme une divinité aveugle qui ne pardonne jamais aux victimes désignées par ses décrets.

La France, républicaine comme la Convention, était divisée comme elle. Les municipalités étaient *montagnardes*, et les sections *girondines;* mais la minorité municipale , audacieuse et passionnée, soumettait la majorité sectionnaire, timide et froide.

L'attentat du 31 mai 1793 (1) amena une collision entre les deux opinions, et décida l'insurrection de plusieurs provinces contre le parti triomphant, parce qu'il put y avoir doute alors sur la question de savoir dans quelle fraction de la Convention résidait l'autorité légale. Soixante et quelques départements de l'ouest et du midi se déclarèrent pour la minorité vaincue. Ils recevaient leur impulsion des députés girondins, qui avaient pu et voulu fuir, et qui, pour ameuter plus efficacement contre leurs vainqueurs, usaient d'exagération, et ajoutaient encore à l'effrayante vérité, déjà si capable d'émouvoir.

L'insurrection, quoique formidable, était cependant plus dangereuse encore en apparence qu'en réalité. Il y avait, entre les villes et les provinces révoltées, diversité d'opinions, de sentiments et de vues ; elles ne s'entendirent pas pour établir un centre d'action et de direction, une autorité suprême et centrale. En Normandie et en Bretagne, l'insurrection, sans aucune pensée, aucune volonté contre-révolutionnaire, fut nécessairement embarrassée dans ses mouvements, indécise dans ses moyens, incertaine dans son but. Manquant de passion et d'entraînement, elle agit avec langueur et modération, et ne put se soutenir.

Dans la plupart des villes du Midi, que stimulaient les agents de l'émigration, la rébellion avait bientôt pris un autre caractère. Elle était devenue contre-révolutionnaire, royaliste, et, par cela même, vive et dégagée dans sa marche, parce qu'elle avait un but précis, vers lequel la dirigeaient

(1) La chute des Girondins.

les meneurs qui s'étaient emparés d'elle. Dans le Midi, où des têtes plus ardentes et des convictions plus fortes avaient entraîné plus loin dans la révolte, la résistance fut plus vive et plus longue, quoique également impuissante, dès que, par suite de l'abandon des populations rurales, elle se trouva réduite à elle-même.

Marseille donna la première le signal de révolte ouverte contre la nouvelle Constitution créée par la Convention. Arles, Lambesc, Tarascon mêlèrent leurs cris à ses cris de vengeance; Lyon et Toulon y répondent. Une armée se forme et prend la route de la capitale, mais il manquait un chef habile à toutes ces masses inexpérimentées. Kellermann, qui avait remplacé Montesquiou dans l'armée des Alpes, reçut l'ordre, du comité de salut public, d'interrompre ses attaques contre les Piémontais et d'éteindre, à sa naissance, ce vaste foyer d'insurrection. Il se contenta d'y envoyer 2,000 hommes aux ordres du général Carteaux qui s'occupa d'abord d'empêcher la jonction entre les Provençaux et les Lyonnais.

Lyon, que son industrie rendait aristocrate, et dont la population vivait doucement dans des habitudes d'ordre et de régularité, parce qu'elle était laborieuse, avait accueilli la Révolution avec faveur, mais sans enthousiasme, et s'était préservée des agitations et des divisions révolutionnaires. Dans ces dispositions modérées, ce fut avec terreur et colère qu'elle vit un club de Jacobins s'organiser dans ses murs, et tous les emplois municipaux passer aux mains des républicains purs. Cependant, pacifique et prudente, elle souffrit longtemps les violences et les exactions qu'ordonnaient les conventionnels en mission, et surtout le chef du parti exalté, Chalier, qui s'était attribué le surnom de *Marat du Midi*. Mais lorsque la nouvelle se répandit que ceux des principaux habitants, retenus dans les prisons, allaient être jugés révolutionnairement, les sections s'insurgèrent et livrèrent combat aux Jacobins, qui furent vaincus. Quelques jours après cet événement, l'attentat contre les Girondins (31 mai 1793) et le soulèvement de l'Ouest et du Midi encouragèrent les Lyonnais dans leur résistance.

Toulon avait ouvert son port aux Anglais; Lyon attendait sa délivrance des armées piémontaises, qui bordaient la frontière; elle comptait aussi sur une diversion du côté de la Suisse, et on lui avait promis la coopération des départements insurgés; aucune de ces espérances, qu'avaient suscitées les agents royalistes pour stimuler les Lyonnais, ne fut réalisée. Les Piémontais, pendant la durée du siége, prirent quelques positions offensives, mais Kellermann, quoique avec des forces bien inférieures, les contint sur tous les points. La Suisse observa exactement sa neutralité; l'armée autrichienne n'osa tenter aucun mouvement; tous les départements insurgés se soumirent ou furent soumis, et la Vendée, battue, ne put rien, de sorte que Lyon resta seule avec son courage et son désespoir. Toulon, investie comme elle, ne lui fut d'aucun secours.

## PRISE DE LYON ET DE TOULON.

La Savoie, défendue par l'armée des Alpes sous Kellermann, resta long-temps intacte ; mais ce général fut chargé de poursuivre le siège, et forcé d'obéir, commença par déposter les Lyonnais des points qu'ils occupaient hors de la ville, et, dans l'espoir d'une réconciliation, il retarda le bombardément. Délai inutile ! le général reçut de nouveaux ordres, et Lyon, bloqué par soixante mille hommes, fut bombardé sans relâche pendant plusieurs jours. Le magasin à poudre fut attaqué, et des boulets rouges en causèrent l'explosion : enfin vingt mille hommes furent jetés dans la place avant que les assiégés, qui espéraient une diversion de la part de l'armée du roi de Sardaigne, consentissent à entrer en négociation. Le 9 octobre, Lyon ouvrit ses portes, et fut exposé à toutes les vengeances que méritait la conduite anti-nationale de ses habitants.

A Toulon, le commandant de l'escadre française, Julien, veut s'opposer à l'entrée de la flotte anglaise ; mais on le menace de faire jouer sur lui les batteries de terre, et la plus grande partie de ses capitaines déserte. Il se retire avec les équiqages de sept vaisseaux seulement qui lui restent fidèles. Les Anglais et les Espagnols alors occcupent la ville et les forts. A peine maîtres de Toulon, les Anglais s'étaient hâtés d'y introduire une garnison de quinze milles hommes et d'augmenter les fortifications de la place.

Le général en chef Dugommier arrive avec une armée de siège ; il a sous ses ordres les généraux Lapoype, Laharpe, Mouret, Garnier et Desaix, le même qui a glorieusement secondé Montesquiou dans la prise de la Savoie. Le chef du génie Marescot dirige les opérations. Les Français montent à l'escalade sous une grêle de grenades, que font pleuvoir les Anglais. Privés d'échelles, il faut, pour arriver à l'ennemi, qu'ils montent les uns sur les autres. On les élève à force de bras ; ils parviennent ainsi jusqu'au bout des créneaux, et se glissent par les embrasures des canons. Mais bientôt, accablés par le nombre, dans l'intérieur des retranchements, ils sont égorgés ou précipités du haut en bas. Trois fois ils sont chassés. Mais un renfort de troupes fraîches et des dispositions prises à propos leur donnent enfin l'avantage. Les Anglais abandonnent le fort Mulgrave avec précipitation. En fuyant, ils incendient l'arsenal et les magasins, mettent le feu aux vaisseaux français qui se trouvent dans la rade, et ont la barbarie de refuser de recevoir sur leurs bords de malheureux habitants qu'ils ont eux-mêmes entraînés à la révolte. Toulon est prêt d'être traité en ville rebelle ; on vit le général Dugommier conjurer avec larmes les commissaires de la Convention d'écouter la clémence.

Pendant que Kellermann poursuivait le siége de Lyon, le roi de Sardaigne, voyant les alliés maîtres de Toulon, devint plus menaçant et tenta de faire pénétrer ses armes dans le département du Mont-Blanc. Au bruit de cette invasion, Kellermann quitte aussitôt le siége, se rend à Chambéry, et de là dans la Maurienne. Il ranime le courage des soldats, leur fait jurer de se défendre jusqu'à la dernière extrémité, indique cependant au besoin les points de retraite, et revient au bout de trois jours devant Lyon. Les ordres qu'il avait donnés à l'armée des Alpes furent parfaitement exécutés; et lorsqu'elle se replia devant près de 25,000 ennemis qui l'attaquèrent le 12 août, elle se défendit pendant dix-huit jours, marcha et manœuvra dans le plus grand ordre, ne perdit que 80 kilomètres de terrain, et conserva tous ses magasins. Cependant Kellermann fut obligé de revenir se mettre à la tête de l'armée des Alpes, afin d'arrêter les progrès des Austro-Sardes, qui, après avoir entouré de retranchements la position du Petit-Saint-Bernard, se montraient résolus à tenter encore le sort des combats.

Le héros de Valmy attaqua l'ennemi sans attendre un renfort qui arrivait à marche forcée pour le soutenir. Cependant, au milieu de l'action, lorsque la victoire flottait indécise entre les deux armées, l'apparition des soldats des Alpes décida du gain de la journée. Kellermann écrivit aux législateurs : « Le Mont-Blanc a été envahi par des forces supérieures; le Mont-Blanc est évacué aujourd'hui. La frontière, de Nice à Genève, est libre. La retraite des Piémontais de la Tarentaise nécessitera celle de la Maurienne. L'expulsion des Sardes du Mont-Blanc leur a coûté 2,000 hommes et une immense quantité d'argent. »

Cette affaire eut lieu le 4 octobre. Le 8, l'ennemi fut chassé de la Maurienne, comme l'avait prévu Kellermann, et forcé de se replier dans les défilés du Mont-Cenis. La réussite de cette expédition assura les succès de la République contre les soulèvements des provinces du Midi.

Le 18 du même mois, les Piémontais, renforcés de nouveau par des régiments de Croates et d'Autrichiens, aux ordres du général Dewins, après avoir traversé la vallée de la Blure, s'étaient emparés du poste de Gilette, important par sa position, qui leur permettait de jeter un pont sur le Var, de faire une invasion sur le territoire de la République, et de couper ses communications avec les troupes françaises occupant le comté de Nice. Dugommier, successeur de Brunet à l'armée d'Italie, et qui avait son quartier-général à Utelle, gros bourg situé à 20 kilomètres de Nice, sur les bords de la Vésubia, apprend ces nouvelles, et aussitôt il envoie un officier de confiance à la tête d'un bataillon, avec ordre de marcher sur Gilette. Celui-ci surprend l'ennemi dans un village où il était en train de piller, et l'épouvante par son arrivée imprévue. Dugommier, pendant la nuit, était parti d'Utelle avec 300 hommes d'élite pour chasser 4,000 Autrichiens du poste qu'ils occupaient. Quelques détachements, semés sur son passage, se réunirent à lui. Après une marche de 28 kilomètres, il commandait à un millier de combattants; le jour venait de naître, et il était en face de l'ennemi. Sans s'inquiéter du nombre, il l'attaque avec fureur, le culbute, le terrasse, s'empare de Gilette, des tentes, des magasins, de l'artillerie, du génie de Dewins, assure le pays contre une nouvelle surprise, compte 800 Austro-Sardes morts dans leurs retranchements, et se hâte de repartir pour Utelle, emmenant avec lui 700 prisonniers.

Cette action glorieuse garantit le pays d'une invasion et rétablit la sûreté des troupes dans le comté de Nice. Mais le poste important d'Utelle, dégarni de troupes qui avaient été employées à l'expédition contre Gilette, se trouvant dans un danger imminent, Dugommier se hâta d'y revenir avec son détachement, et eut à se féliciter de sa prévoyance à cet égard; car, dans la nuit même de son retour à Utelle (22 octobre 1793), ce poste fut attaqué par le gros de l'armée austro-sarde. Un brouillard des plus épais, qui rendait la nuit encore plus sombre, favorisant la marche des Austro-Sardes, ils arrivent sans être aperçus jusqu'aux avant-postes français qu'ils trouvent endormis et fatigués d'une marche longue et pénible. Ces avant-postes sont égorgés avant d'avoir pu se mettre en défense. Cependant la grand'garde française, avertie par le bruit, eut le temps de signaler l'attaque de l'ennemi par une décharge de coups de fusil et de se retirer sur Utelle. Le seul poste de la Madone, placé sur un pic très-élevé, n'avait point été surpris et tenait encore : la conservation de ce poste était très-importante. Déjà l'ennemi se disposait à fondre sur les Français, lorsque le jour paraîtrait; mais Dugommier avait, de son côté, pris toutes ses mesures, et attendait paisiblement le moment de l'attaque. Pour arriver jusqu'à lui, les Austro-Sardes devaient traverser un défilé couvert de rochers; et c'était là que Dugommier avait préparé ses moyens de succès. Six cents Français, embusqués par ses ordres, devaient attendre l'ennemi, et ne l'attaquer que lorsqu'il serait engagé dans le défilé. D'un autre côté, 200 hommes avaient été envoyés au poste de la Madone : tous ont reçu la défense de brûler une seule amorce et c'est à la baïonnette qu'il leur est enjoint de repousser les assaillants.

Enfin le jour paraît, et les Austro-Sardes, comptant sur une victoire certaine, s'enfoncent dans le défilé. Aussitôt les ordres de Dugommier sont ponctuellement exécutés; l'ennemi, surpris et attaqué de toutes parts, est repoussé avec perte, et 5,000 Piémontais battent en retraite, dans le plus grand désordre, devant un nombre bien inférieur de Français.

Du côté de Nice, un général, qui devait un jour sauver la France à Zurich et vaincre sur presque tous les champs de bataille de l'Europe, débutait par une de ces actions extraordinaires qui, depuis, devinrent en quelque sorte familières à la première armée d'Italie, commandée par Bonaparte. Masséna, envoyé pour chasser les Austro-Sardes de Castel-Genève, se met en marche le 14 novembre à la pointe du jour, tourne, avec des difficultés insurmontables pour d'autres que pour des Français, la position de l'ennemi, le surprend et le met en fuite. Masséna continue sa marche, arrive, après avoir surmonté de nouveaux obstacles, jusqu'au pied des hauteurs de Gineste, y trouve les Autrichiens retranchés et décidés à une vigoureuse défense, les taille en pièces et les poursuit jusque dans le lieu de leur nouvelle retraite. La montagne du Bree est une des plus difficiles des Alpes-Maritimes : on ne peut y arriver que par un sentier de chèvres, bordé de rocs et de précipices. Masséna entreprend d'y faire placer une pièce de quatre, qui fut portée à bras l'espace de deux milles. Après six heures d'une marche pénible, le canon est mis en batterie. Les Piémontais, frappés de la hardiesse de nos soldats, épouvantés par le bruit et les effets de cette artillerie dont la détonation est grossie et mille fois répétée par les échos des montagnes, se sentent vaincus d'avance. Masséna gravit au pas de charge le plateau du Bree, en chasse les ennemis, les poursuit de rochers en rochers, et s'empare de leurs trois camps ; l'artillerie, les bagages, les munitions tombent en notre pouvoir, et la nouvelle frontière de France est assurée.

Ainsi préludait, par d'étonnants exploits à des exploits plus grands, cette première armée d'Italie appelée à l'honneur de donner un jour la paix à l'Europe.

Pendant le cours de 1793, des changements politiques et d'autres événements importants étaient survenus dans les Etats de la Péninsule. Dès la fin du mois d'avril, la Corse avait cessé d'appartenir à la France. Promenant le vieux drapeau de Cyrnus au milieu des montagnes et des rochers, Paoli, dont le nom seul était une puissance, avait soulevé contre leur nouvelle métropole ces peuplades ardentes, ces paysans guerriers, ces farouches chasseurs d'hommes qui habitent les hauteurs de l'île. En vain, dans plusieurs combats décisifs, le général Lacombe-Saint-Michel, à la tête des troupes et des partisans de la France, triompha des soldats de Paoli ; ces intrépides montagnards, par ruse, par adresse, par force, attaquant, surprenant leurs vainqueurs dans des embuscades inévitables, du haut des rocs qu'eux seuls pouvaient gravir, les détruisaient en détail. Les Français montraient avec orgueil quelques champs de victoire ; mais, debout sur la cime du mont Calvi, dominant les défilés, les ravins, les bruyères, Paoli, de la pointe de son poignard, pouvait indiquer mille endroits différents teints du sang d'un ennemi.

Si l'indépendance de la Corse semblait indestructible au milieu de ses rochers, le parti français n'était pas moins solidement établi dans les plaines et dans les villes semées le long du rivage. Déjà même Lacombe forçait à la soumission des forteresses occupées par les insurgés, lorsque l'Angleterre, qui venait de se déclarer ouvertement contre la France, envoya au secours de Paoli une forte escadre qui parut tout à coup devant l'île.

Les Anglais, appelés par Paoli, voulurent commander dans l'île, et leur domination fit à la France beaucoup d'amis. Un grand nombre de Corses quittèrent la cause de Paoli et se joignirent aux républicains. La ville de Calvi tint pendant deux mois contre toutes les forces réunies des Anglais. Les habitants devinrent soldats, les femmes mêmes ne craignirent pas de servir l'artillerie, et se portèrent partout où leurs faibles secours pouvaient être de quelque utilité. Pendant les premiers quinze jours, Calvi reçut plus de 3,000 bombes ; les toits de tous les édifices s'écroulèrent, et les remparts furent en plusieurs endroits ouverts, mais aussitôt réparés. La famine se fit bientôt sentir. La dyssenterie attaqua la garnison, réduite à 250 hommes, et nourrie avec des aliments immondes. Il fallut capituler. Le 1er août, les Anglais entrèrent dans Calvi, et la garnison française s'embarqua pour Toulon, accompagnée d'un grand nombre d'habitants.

Dès lors finit l'existence politique de Paoli, que le nouveau maître dédaigna ou n'osa pas employer. En 1796, il alla en Angleterre faire entendre des plaintes, auxquelles on n'accorda que peu d'attention, et il mourut octogénaire dans un village près de Londres.

Pendant le cours des hostilités, qui présentèrent de nombreux dangers à toutes les familles connues par leur attachement à la France, Bonaparte, inquiet pour la sienne, avait obtenu un congé et s'était rendu à Ajaccio, où il commanda un des bataillons de gardes nationales qui venaient d'être organisés. Il rompit sans hésiter avec le chef qui avait été son ami, mais qui, alors, se soumettait aux ennemis de la France, et vint en proscrit demander, avec toute sa famille, un asile à Marseille.

La présence des Anglais dans la Méditerranée n'influait pas seulement sur les destinées de la Corse ; elle avait triomphé des irrésolutions et fait tomber le masque des ennemis de la République. Se sentant appuyé par eux, le roi de Naples s'était enfin engagé à fournir des soldats et des vaisseaux à la coalition. A son exemple, le grand-maître de Malte avait rompu toute relation avec la France. Epouvanté de l'énergie des révolutionnaires, le Souverain Pontife appelait sur eux les vengeances du ciel et bénissait les armes des confédérés. Gênes, Venise et la Toscane persistaient seules dans leur neutralité. Le grand-duc cependant, sans prendre parti dans la ligue générale, s'était enfin déterminé, pour lui complaire, à renvoyer de ses Etats le ministre de la République et à rappeler près de lui l'ambassadeur qu'il avait à Paris.

La marine française avait été presque entièrement désorganisée par l'effet de l'émigration. Mais la Convention, qui croyait tout possible, et ne doutait d'aucun succès, parce que nos armées de terre la faisaient vivre au milieu des prodiges, ne balança point à essayer la fortune sur un autre élément.

L'escadre de Brest était forte de vingt-six vaisseaux de ligne ; on se décida à la faire sortir pour aller au devant d'un convoi considérable chargé de grains qui revenait de l'Amérique sous l'escorte de deux vaisseaux de ligne, ce que la disette qui affligeait la France à cette époque faisait attendre avec anxiété. Mais on la voit bientôt ordonner à l'amiral Villaret-Joyeuse de se porter à toute voile sur une escadre anglaise que l'on venait de signaler, et qui manœuvrait de manière qu'on eût pu éviter sa rencontre.

La bataille s'engagea le 1ᵉʳ juin, et l'issue fut aussi malheureuse qu'on pouvait le craindre. On doit pourtant convenir, d'après le récit circonstancié de ces événements, que la victoire parut dans quelques moments nous être favorable. Si le courage et l'héroïsme eussent suffi, nous aurions triomphé ; l'amiral Villaret déploya toute l'habileté d'un amiral. et tout le sang-froid d'un homme de mer accoutumé à voir les plus grands périls en face. Son vaisseau soutint à lui seul les feux combinés de cinq vaisseaux anglais ; il vit tous ses officiers succomber autour de lui ; il eut même inévitablement été pris si un jeune homme nommé Bouvet de Cressé, imprimeur de l'escadre, qui avait déjà reçu trois blessures, n'eût offert à Villaret de balayer le pont du vaisseau amiral anglais, qui s'était beaucoup approché du sien. Autorisé avec attendrissement par son général, il saisit à temps le mouvement des lames de la mer, et dans la situation la plus périlleuse, il mit le feu à une caronnade de trente-six dont l'effet fut si terrible sur le vaisseau de l'amiral Howe, qu'il s'éloigna à l'instant, et fit signal aux autres vaisseaux de le suivre. — Dans ce désastre, le vaisseau *le Vengeur* résista jusqu'à la dernière extrémité aux efforts de trois vaisseaux de ligne anglais. Sommés de se rendre, les Français préférèrent s'ensevelir vivants au milieu des flots !

Six vaisseaux de ligne et cinq mille Français périrent dans cette action ; toutefois la flotte anglaise était si maltraitée, qu'un renouvellement de combat nous donnait la victoire. Le convoi, destiné à faire cesser les famine dans les ports de l'Océan, fut sauvé ; mais à quel prix !

# CHAPITRE II.

Opérations sur les Alpes côtières et maritimes. — Expédition sur Oneille. — Prise d'Orméa. — De Saorgio. — Du col de Tende. — Attaque et prise du Mont-Cenis. Mort héroïque d'un détachement d'émigrés. — Combat de Cairo.

Nos forces au pied des Alpes et dans le comté de Nice s'étaient augmentées de tous les détachements qu'on en avait tirés précédemment pour les siéges de Lyon et de Toulon, et qui étaient devenus disponibles depuis la réduction de ces deux places.

Arrêtée, dans ses diverses tentatives en Savoie et dans le comté de Nice, par Kellermann et Dugommier, l'armée austro-sarde, au commencement de la campagne de 1794, avait repris ses anciennes positions, et depuis les hauteurs du Petit-Saint-Bernard jusqu'au fleuve du Tanaro, ses soldats, échelonnés sur les Alpes, protégeaient les plaines du Piémont. A Turin, tout s'agitait pour augmenter encore les cadres de cette armée et la mettre en état de repousser les Français au-delà du Var.

La prise d'Oneille était depuis longtemps le but vers lequel se dirigeait l'attention de nos généraux. De son port partaient tous les bâtiments corsaires qui interceptaient la communication entre Gènes et Nice, et mettaient obstacle aux approvisionnements de la Provence : c'était la seule place qui permît à la cour de Turin de correspondre encore avec la Sardaigne et les Anglais. L'amiral Truguet l'avait attaquée avec succès par mer en 1792 ; mais depuis la déclaration de guerre de l'Espagne et l'état de faiblesse où languissait notre marine, presque anéantie dans la Méditerranée par la trahison de Toulon, les flottes de la coalition dominaient seules dans ces parages. L'expédition contre Oneille ne pouvait donc s'entreprendre que par terre, et il était impossible d'y parvenir sans entrer sur le territoire de la République génoise, jusqu'alors restée neutre entre les parties belligérantes.

Ce jeune commandant d'artillerie qui s'était distingué devant Toulon, Bonaparte, était, depuis le mois de mars, sous les ordres de Dumerbion avec le titre de général d'artillerie. Après avoir examiné attentivement les positions qu'occupait l'armée, s'être convaincu de l'impossibilité d'attaquer de vive force les Piémontais dans les camps inexpugnables des Fourches et de Raus, fortifiés encore par eux, et où le général Brunet avait inutilement sacrifié précédemment l'élite de son armée, il conçut le projet de contraindre l'ennemi à les abandonner de lui-même. Il s'agissait de le tourner sur sa gauche, et de se rendre maître de la chaîne supérieure des Alpes en s'emparant du Col de Tende. Renvoyé à un conseil où siégeaient Robespierre jeune et Ricord, représentants du peuple, les généraux Dumerbion, Masséna et Rusca, son plan fut adopté.

La même difficulté d'exécution subsistait toujours par rapport à Gênes ; on fit demander le droit de passage au doge, qui refusa. Ne pouvant l'obtenir, on s'en passa. On se rappela que, six mois auparavant, 2,000 Piémontais, partis d'Oneille pour se rendre à Toulon, avaient traversé en armes les possessions de cette République ; on se rappela encore que, le 15 octobre 1793, la frégate française *la Modeste* était amarrée dans le port de Gênes, sous la protection génoise, lorsque des vaisseaux, sortis des ports de la Grande-Bretagne et placés auprès d'elle, lui intimèrent l'ordre d'arborer le pavillon blanc. Sur le refus du capitaine, les Anglais attaquèrent la frégate, massacrèrent une partie de l'équipage, qui, peu préparé à une telle violation des lois de la guerre, n'avait point eu le temps de se mettre en défense.

La Convention irritée, étant alors dans une situation qui ne lui permettait pas de rompre ouvertement avec le doge, dévora son injure ; mais c'en était plus qu'il ne fallait pour légitimer à ses yeux le plan proposé et sa mise en œuvre.

Le 6 avril, tandis que le général Dumerbion, pour distraire l'attention de l'ennemi, faisait emporter d'assaut le camp de Fougasse et tous les postes avoisinant Bréglio, une division de 14,000 hommes se dirige sur le château de Vintimille et s'en empare ; Masséna, à la tête d'une brigade, marche aussitôt sur le mont Tanardo ; le général Macquart franchit la Taggia et se porte vers Monte-Grande. Alors Bonaparte, précédé d'une proclamation pacifique, traverse le territoire génois, rencontre les Autrichiens à Sainte-Agathe, les met en fuite, et le lendemain fait son entrée dans Oneille, où il ne trouve personne pour assister à son triomphe ; car, terrifiés au seul nom des Français, et se rappelant sans doute les excès commis précédemment dans leur ville par l'amiral Truguet, les habitants n'avaient livré que leurs murs aux vainqueurs. Ils y furent bientôt rappelés par la conduite modérée que tinrent, dans cette occasion, les soldats républicains.

De son côté, Masséna s'était emparé de Loano. Le général Mercy-Argenteau, avec 2,500 Autrichiens, tenta en vain de l'arrêter sur les bords du Tanaro, à Ponte-di-Nave ; il succomba sous les efforts de la valeur française. Le même jour, 17 avril, Orméa tomba en notre pouvoir. Garessio capitula le lendemain.

Au bruit de ces victoires si rapides, les Austro-Sardes, comme on l'avait prévu, se hâtèrent d'abandonner les revers des Alpes, où ils n'étaient plus en sûreté. Les généraux Macquart et Masséna, poursuivant leurs succès, investirent Saorgio, place importante par sa position sur la route de Nice à

Turin ; et, malgré de formidables retranchements, quoique pourvu d'abondantes munitions de guerre et de bouche, Saorgio ouvrit ses portes devant les Français le 29 avril. Le roi de Sardaigne en fit juger et mettre à mort le commandant, dont la molle résistance avait compromis le salut du Piémont.

Trois mille prisonniers, deux places fortes, 60 pièces de canon, de vastes magasins de munitions de toute espèce étaient les trophées de ces brillantes affaires. Bientôt le col de Tende fut occupé par les soldats de l'armée d'Italie, qui, maîtres de la chaîne supérieure des monts jusqu'à la vallée de Barcelonnette, purent enfin communiquer avec les premiers postes de l'armée des Alpes.

Celle-ci n'était pas restée oisive pendant ce temps. Secondant le mouvement qui avait lieu sur sa droite, le général Alexandre Dumas, investi du commandement depuis le départ de Kellermann, fit attaquer, par le général Bagdelone, le Mont-Valaisan et le Petit-Saint-Bernard, situés entre la vallée d'Aoste et la Savoie. L'Europe fut effrayée de tant d'audace ! Au sein de l'hiver le plus rigoureux, dans des régions où il exerce son pouvoir avec le plus de fureur, nos soldats osent tenter d'enlever des positions jusque-là regardées comme imprenables, même quand la saison peut favoriser les assaillants. Armés du sabre et du fusil, ils vont à travers les glaces et les précipices se heurter contre des remparts indestructibles, hérissés d'artillerie et défendus par des ennemis supérieurs en nombre. Le délire semblait avoir enfanté un tel projet ; mais l'impossibilité probable de son exécution en assura elle-même la réussite. Le général Bagdelone, à la tête d'une division résolue à trouver la gloire ou la mort au but de sa course, après avoir foulé pendant deux jours entiers des neiges amoncelées où les pas des chasseurs des Alpes n'eussent point même osé s'imprimer, attaque brusquement le Mont-Valaisan, dont la triple redoute protégeait les hauteurs du Saint-Bernard. Les Piémontais surpris, terrifiés par cette invasion à laquelle ils étaient loin de s'attendre, au milieu du désordre, opposèrent en vain à l'impétuosité française le feu terrible de leurs batteries ; les retranchements furent emportés, et la fuite seule put protéger les Austro-Sardes contre leurs vainqueurs. Les républicains se servirent alors des canons ennemis pour foudroyer la chapelle de Saint-Bernard, où s'étaient concentrées les forces royales. Celles-ci, écrasées par leur propre artillerie, abandonnèrent à la hâte ce poste désastreux, et, poursuivis avec acharnement par quelques détachements français, qui parvinrent avec elles jusqu'à la base de ces rochers, elles se virent contraintes d'évacuer encore le petit village de la Thuile, où elles s'étaient réfugiées. Toute la vallée d'Aoste en fut remplie de terreur ; déjà l'on tremblait pour la capitale de cette province, lorsque le duc de Mont-Ferrat, fils du roi, jeune prince d'une haute espérance, accourut, secondé par des troupes de ligne et les milices nombreuses du pays, et contraignit cette poignée de braves de se mettre à l'abri sous la protection de sa conquête récente.

Mais des obstacles plus grands peut-être restaient encore à surmonter pour assurer aux Français la tranquille possession de la Savoie. A une égale distance de Turin et de Chambéry, s'élève formidable le gigantesque Mont-Cenis, dont le point culminant domine la vallée du Pô. Là, une double barrière de rochers s'étend d'un côté jusqu'à des montagnes escarpées, et de l'autre se lie à un ravin dont la pente rapide, coupée par de nombreux précipices, descend à Lanslebourg, ville frontière de la Savoie, où des troupes françaises étaient rassemblées. Des redoutes, des tranchées, des batteries, garnissaient ces formidables éminences ; la garde en était confiée aux soldats les plus habiles et les plus aguerris de l'armée austro-sarde. Déjà, au mois de février, le général Sarret avait entrepris de s'en rendre maître ; mais, vaincus par les frimas, lui et ses braves dormaient sous les avalanches.

Aussitôt que le printemps eut facilité la fonte d'une partie des neiges qui obstruaient les sentiers et couvraient les montagnes, le général Alexandre Dumas tenta de nouveau cette opération périlleuse. Pour en protéger l'exécution, une division de 3,000 hommes, partie de Briançon, franchit le pic de la Croix, s'empara des forts de Mirabouc, de Maupertuis, passa le Mont-Genève, descendit dans les vallées de Bardonnèche et de Césane, prit Oulx (1), Fenestrelles, força le col de l'Argentière et le passage des Barricades, qui assura le point de jonction entre l'armée des Alpes et celle d'Italie.

Alors, sans douter de leur triomphe, pleins de confiance dans le génie de la République et dans l'expérience de leurs chefs, les soldats français s'enfoncent audacieusement dans ces étroits défilés où le souvenir du désastre de Sarret ne les fait point trembler. Séparés en trois colonnes, dont Dumas lui-même, Bagdelone, le vainqueur du Saint-Bernard, et le brave capitaine d'Herbin ont pris le commandement, à la chute du jour, au moment où la lune, apparaissant tout à coup sur un pic neigeux, comme un disque d'argent placé sur un obélisque, éclairait les sommités des Alpes et projetait au loin leurs grandes ombres, ils s'élancent avec fureur contre les trois redoutes principales. Les Piémontais résistent avec courage et se montrent dignes de pareils adversaires. Partout, dans les tranchées, dans les batteries, sur les roches déjà teintes de sang, nos soldats frappent ou meurent. Une lutte horrible s'établit dans les bas défilés où règne encore l'obscurité la plus profonde ; ce n'est qu'aux cris de *vive la République !* que les Français peuvent se reconnaître entre eux : ces cris, mêlés aux cris furieux des Piémontais, au fracas épouvantable et continu de l'artillerie ennemie, s'engouffrant dans les gorges caverneuses, répétés par les échos des monta-

---

(1) *Locellum.* César en parle dans ses *Commentaires.*

gnes, semblent avoir étendu le lieu du carnage sur toute la chaîne des Alpes. En vain nos guerriers, foulant aux pieds les corps de leurs compagnons déjà tombés, cherchent à leur donner encore une part dans le triomphe en s'en servant comme d'échelons sanglants pour tenter l'escalade ; en vain Dumas, retrouvant au milieu des glaces toute la chaleur de son sang africain (car une mère esclave lui donna le jour), non content de commander en général, exécute lui-même ses propres ordres et se bat en soldat ; la pointe de son épée ne peut atteindre que des rocs et s'y brise. Accablé de son impuissance, des pleurs de rage sillonnent sa figure basanée. Tout à coup, du haut de la redoute principale, un cri de victoire s'élève ! Bagdelone, à travers les précipices, secondé des plus valeureux d'entre les siens, avait tourné la redoutable position et s'en était emparé en l'attaquant sur les derrières. En vain les Piémontais crurent encore la résistance possible. Indécis de terreur entre un nouveau combat contre de tels ennemis, ou une fuite nocturne au milieu des rocs, des neiges et des sentiers impraticables, l'épouvante paralysait leur courage. Dominés bientôt à leur tour par les Français, forcés dans leurs autres retranchements par d'Herbin et par Dumas, ils effectuèrent enfin leur retraite en désordre, et le drapeau républicain flotta sur les hauteurs des Alpes depuis le Mont-Blanc jusqu'aux sources du Tanaro.

Tout le matériel des troupes royales était tombé au pouvoir des vainqueurs ; 800 prisonniers rehaussaient déjà l'éclat de leur triomphe ; le nombre sans doute allait s'en accroître de nouveau ; car, cernés sur le sommet d'une montagne, quelques guerriers encore armés ne pouvaient racheter leur vie que par une prompte soumission. Ces derniers combattants ennemis étaient des Français transfuges de leur patrie et réfugiés en Savoie à l'époque où Montesquiou s'empara de ce pays. Perdant tout espoir d'échapper aux soldats républicains, ces imprudents émigrés, sachant trop qu'épargnés par ceux-ci, leur vie n'en était pas moins proscrite dans leur pays, résolurent du moins d'être libres dans le choix de leur mort et le genre de leur supplice. Ils atteignirent les cimes les plus escarpées du rocher qu'ils occupaient, mesurèrent la profondeur des précipices ouverts sous leurs pas, brisèrent leurs armes, s'élancèrent, et bientôt un dernier cri de *vive le roi !* se fit entendre jusque dans le fond des abîmes. Surpris de cette clameur étrange pour eux, les vainqueurs allaient y répondre par un cri de *vive la nation !* un sentiment d'humanité et de piété enchaîna leurs voix ; une émotion douloureuse resserra leurs cœurs, et par un mouvement unanime, spontané, les baïonnettes et les drapeaux républicains s'abaissèrent silencieusement en signe d'hommage, et saluèrent ceux qui du moins savaient mourir !

La faiblesse numérique de nos soldats les força de ralentir leur offensive. Après un grand nombre de marches, de contre-marches et d'attaques partielles où ils atteignirent presque toujours le but qu'ils s'étaient proposé, une affaire plus décisive eut lieu.

Vers le mois de septembre, une division autrichienne, aux ordres du général Wallis, menaça d'occuper Savone, ville appartenant à la république génoise. Une division anglaise devait, pour le seconder, débarquer à Vado, où, depuis la prise d'Oneille, se réfugiaient tous les corsaires, jaloux d'interrompre les moyens de commerce de Gènes à Marseille. Le but de cette double expédition était d'épouvanter le doge et de le contraindre à se déclarer contre la France.

Victor-Amédée voulait se hâter d'agir ; l'Allemagne n'avait encore fourni qu'une faible partie des forces qu'elle s'était engagée à faire passer dans le Piémont par le traité de Valenciennes. Le roi craignait que les Français, en poursuivant leurs avantages, franchissant les Apennins, n'envahissent enfin le Piémont par la route de Dégo et de Cairo. Les Autrichiens, rassemblés dans les environs d'Alexandrie, reçurent l'ordre d'occuper les places de Carcare, Millesimo, Cossaria et Cairo, tandis que les Français semblaient se concentrer vers Loano et Finale.

Dumerbion prévit les conséquences de ces mouvements, et se hâta d'y mettre obstacle en attaquant les Austro-Sardes dans leur camp fortifié de Dégo. Dans la nuit du 20 septembre, il avait réussi dans son entreprise, les avait chassés de leurs positions, et campait lui-même sur les hauteurs de Cairo, dont il venait de s'emparer.

Le lendemain, dès l'aurore, il put apercevoir devant lui l'armée des coalisés, partagée en deux grandes divisions, dont l'une, formant l'avantgarde, garnissait les hauteurs de Colletto et se prolongeait jusqu'aux vallées de Carpezzo. Une nombreuse artillerie couronnait toutes les positions environnées de forts retranchements ; le corps d'armée manœuvrait déjà avec ordre et s'étendait majestueusement depuis les hauteurs de Bosco jusqu'à celles de Brovida. Aux extrémités des deux ailes, les monts de Cerretto et de Vallaro, occupés par des bataillons de Croates et de chasseurs, protégeaient les flancs des Austro-Sardes : ils acceptaient la bataille.

En l'absence de Dewins, le général autrichien Wallis avait le commandement. Sous les ordres de Dumerbion, les généraux Masséna et Laharpe dirigeaient les soldats de la République, divisés en trois colonnes. La première, secondée par 500 cavaliers, les seuls que pût compter l'armée française, attaqua l'importante position de Colletto, tandis que les deux autres se portaient vers le mont Vallaro et les sommités qui dominent la route de Cairo. L'artillerie redoutable des Autrichiens paralysa longtemps les efforts des Français, tour à tour assaillants et assaillis. Des cris de victoire retentissaient alternativement dans les deux armées, dignes l'une de l'autre par leur valeureuse ténacité. Enfin, après un jour de combat, après vingt assauts furieux, quoique ébranlés, écrasés par les batteries autrichiennes auxquelles ils ne pouvaient riposter, les Français s'emparèrent des retranchements de Colletto, et dès lors la chance sembla tourner en leur faveur. Cependant les confédérés combattaient encore, et la nuit seule put mettre fin à cette lutte acharnée. Le général Wallis profita de l'obscurité pour se retirer sur Acqui, ville du Piémont, située sur la rive septentrionale de la Bormida.

Privé de sa cavalerie, qui alors cherchait sur les bords du Rhône à se refaire de ses fatigues et de ses privations, le général Dumerbion n'osa brusquer une entrée en Italie qui eût attiré sur sa faible armée toutes les forces autrichiennes et piémontaises. Il laissa l'ennemi s'éloigner, fit lui-même un mouvement rétrograde et se retira du côté de Vado, d'où les Anglais étaient partis et où il se fortifia. De cette position, aidé du général Bonaparte, il fit armer les côtes, élever les redoutes pour protéger les bâtiments républicains, pour interrompre les communications entre les flottes de la Grande-Bretagne et l'armée des confédérés, pour maintenir les relations commerciales de Marseille avec Gênes, et retenir cette dernière dans les liens de sa neutralité. L'affaire de Cairo, importante par ses résultats, termina la campagne de 1794.

Les projets de la coalition se trouvèrent totalement renversés par les combats de Cairo : l'amiral Hood, qui s'était déjà rendu à Gênes avec Hotham et Nelson, se plaignit amèrement à l'archiduc Ferdinand de sa défaite des Austro-Sardes, et lui fit dire qu'il allait quitter le littoral de Gênes : Il ne tarda pas en effet à retourner en Corse et de là en Angleterre. Le conseil aulique dépêcha le prince de Rosemberg pour faire une enquête sur les causes de la défaite, et pour donner aux généraux l'ordre de la réparer en s'ouvrant une communication avec les escadres combinées ; mais le froid rigoureux qui commençait à régner et la démoralisation des troupes sardes empêchèrent de rien entreprendre.

Sauf quelques engagements de détails à l'armée des Alpes et à l'armée d'Italie, et où l'avantage resta toujours du côté des républicains, la campagne se termina par le combat de Cairo et l'occupation de Vadi : c'était fuir glorieusement.

# CHAPITRE III.

Combat de Savone. — Mouvement des coalisés. — Combats de Vado, de Melogno. — Mouvement rétrograde des Républicains, engagements divers. — Attaque du Mont-Genève.— Schérer succède à Kellermann.

Au commencement de 1795, le gouvernement, afin de donner plus d'ensemble aux opérations des armées des Alpes et d'Italie, avait placé ces deux armées sous la direction supérieure d'un seul chef. Kellermann, après avoir été accusé, jugé et acquitté, reçut ce commandement.

Arrivé à Nice, Kellermann trouva le service et les administrations dans un état complet de désorganisation. La campagne venait de s'ouvrir et les chevaux manquaient aux charrois, les approvisionnements de guerre et de bouche aux soldats. Il se hâta d'ordonner les dispositions les plus exécutables dans la position où l'on se trouvait, et, tandis que le représentant du peuple, Bisfroy, se rendait à Gènes pour y contracter, au nom du gouvernement français, des emprunts devenus indispensables, il alla rejoindre les premiers postes de l'armée, où il arriva le 19 juin 1795.

L'armée d'Italie appuyait sa droite, commandée par Masséna, au poste de Vado sur le rivage de la mer; conservant la crête des sommités, la ligne passait à Corbua, à Melogno, qui fut le point longtemps disputé; à Bardinetto, à Ormeo, jusqu'au col de Terme : le centre, commandé par le général Maquart, occupait le Mont-Bertrand, les cols de Tanarello et de Foyé, jusqu'à Sabioné; la gauche couvrait les cols de Rauss, de Fenestre aux sources de la Vesubia, et s'appuyait, par les postes d'Isola et Santo-Stéphano, à la droite de l'armée des Alpes. Cette armée, commandée par le général Moulin, tenait les passages du Mont-Genèvre, du Mont-Cenis et du Mont-Saint-Bertrand, depuis le lac Leman jusqu'au camp de Tournoux. L'armée austro-sarde se déployait depuis Cairo, Céva et Coni à sa gauche, par les vallées de Stura, de Sarre et d'Aoste, jusqu'à Saint-Dalmas : les ducs d'Aoste et de Montferrat en commandaient la droite; les généraux Devins et Colli commandaient les troupes autrichiennes.

L'armée des Alpes était resserrée dans ses positions par un poste retranché que les Sardes occupaient sur le col Demont qui ouvre la vallée d'Aoste, d'où une marche porte au centre de cette vallée, et prend des revers sur les retranchements qui couvrent Turin. Une attaque bien concentrée rendit les Français maîtres de ce poste, et leur facilita la défensive en obligeant les Piémontais à y maintenir des forces très-supérieures pendant toute la campagne.

Le plan offensif des Impériaux était de couper la ligne de défense des Français, en séparant leur aile droite d'avec le centre de leurs positions. Le général Devins avait disposé plusieurs attaques sur toute la ligne; mais la véritable. était dirigée sur les hauteurs de San-Giacomo et sur le poste de Melogno, ce qui le portait au centre des positions françaises, et l'y établissait dans une position difficile à lui enlever. Pendant ce temps, le général Colli devait attaquer la droite des Français à Vado : en s'emparant de ce poste, il atteignait le double objet de leur couper la communication avec Gèens, et de rallier à ses opérations la flotte anglaise, forte de 34 vaisseaux de ligne, dont la supériorité avait forcé l'escadre de la Méditerranée à rentrer dans la rade de Toulon.

Les Autrichiens portèrent de grandes forces à leur gauche sur le poste de Vado, où commandait le général Laharpe, Suisse, et servant avec distinction dans les armées de la République française. Averti que les Impériaux se dirigeaient sur Savone, quoique la neutralité de Gènes dût mettre cette place à l'abri de toute entreprise, il y envoya 500 hommes; le commandant génois leur refusa l'entrée; ils furent repoussés jusque sur les glacis : mais les Autrichiens étant venus les y attaquer, il fit tirer sur eux, et ensuite, par un accord, les Français purent se retirer librement à leur camp sous la sauvegarde d'une escorte génoise. On se plaît à voir au moins un moment le droit des gens respecté.

Toute la droite des Français était couverte par des retranchements élevés aux postes de San-Giacomo, Bardinetto et Vado. Ce dernier fut attaqué; Devins y dirigea deux fortes colonnes sur le front, tandis qu'une troisième essaya de tourner le long du rivage de la mer les batteries qui y étaient établies. Le combat dura sept heures, malgré la grande infériorité des Français, et les Impériaux furent repoussés au-delà du pont de Vado, dont ils s'étaient d'abord emparés. Le lendemain, les mêmes tentatives eurent le même résultat; le général Laharpe conserva toutes les positions de l'aile droite; mais les attaques dirigées sur les hauteurs de San-Giacomo forcèrent les Français à prendre des positions en arrière à la Roche-Blanche et à Corbua. En même temps, le point décisif de Melogno fut aussi emporté par le général autrichien d'Argenteau. Deux fois Masséna, à la tête de troupes d'élite, tenta de le reprendre : les Autrichiens, repoussés de tous les points qui soutenaient Melogno et San-Giacomo, se maintinrent dans ces deux postes. Deux jours après, ils essayèrent encore inutilement de forcer le poste de Vado.

Cependant la position des Français était devenue hasardée et difficile à maintenir avec des troupes inférieures en nombre, et après des échecs partiels, et des efforts couronnés de peu de succès : Kellermann jugea qu'il était temps de resserrer sa ligne de défense : il fit évacuer Vado, et replia sa droite sur Final. La retraite se fit en bon ordre et sans être inquiétée. Le général Garnier, profitant du mouvement de troupes que l'ennemi avait fait pour donner une grande supériorité à sa gauche, avait attaqué et emporté le poste de Saint-Bernoulli : ce succès avait obligé les Impériaux à reporter des forces à leur droite pour couvrir les vallées de Sture. Le lendemain le général Dallemagne eut encore un avantage en avant du camp établi à Sabione, que l'ennemi tentait de surprendre : on vit là 200 hommes conduits par l'adjudant Gardanne, attaquer et mettre en déroute un corps de 1,200 Piémontais. Mais tous ces succès partiels ne pouvaient compenser ni l'infériorité du nombre, ni l'avantage des positions dont la ligne de l'armée austro-sarde venait de s'emparer.

Le poste de Melogno était celui qui, par sa position avancée dans le centre de la ligne française, gênait le plus. Avant de se décider aux mouvements rétrogrades que rendait inévitables l'occupation de ce poste par l'ennemi, Kellermann résolut de tenter encore une fois de le reprendre. Masséna fut chargé de cette entreprise : trois colonnes devaient tourner le poste par ses flancs pendant l'attaque de front formée par celle du centre ; mais un brouillard épais fit égarer les colonnes ; toutefois elles se réunirent : l'attaque se fit en masse, et la retraite sans désordre.

Une autre tentative des Autrichiens, faite en même temps et le même jour sur Bardinetto, fut repoussée ; mais ils restèrent maîtres des postes d'où ils étaient partis, et le général en chef se décida dès lors à concentrer ses forces. Malgré ces succès, la ligne de l'armée française se trouvait toujours pliée, et près d'être coupée à son centre. Kellermann avait reconnu en arrière une position plus forte en appuyant la droite à Borghetto et à Cériali, et la gauche aux défilés du Mont-Saint-Bernard.

Les deux armées autrichienne et sarde avaient avancé leur position dans tout le pays en avant de Loano, et le plan des deux généraux Devins et Colli était de reconquérir le comté de Nice, et de pousser leurs avantages dans le territoire de la République, à l'aide de la flotte anglaise qui déjà coupait toute communication entre Gênes et la France. Le but de Kellermann ne pouvait être, avec le peu de troupes qu'il avait, que de maintenir un système de défensive active, qui, retardant les progrès de l'ennemi, donnât le temps d'arriver aux nombreux renforts que Schérer lui amenait des Pyrénées après la paix d'Espagne. Les armées d'Italie n'étaient ni battues ni découragées ; toutes les positions avaient été défendues avec opiniâtreté contre des forces très-supérieures ; les mouvements rétrogrades ne s'étaient même exécutés le plus souvent qu'après avoir repoussé les attaques : mais tout prescrivait au général républicain d'éviter la chance d'une action générale et décisive, qui, au lieu de retraites combinées et en ordre, eût pu amener une déroute précipitée, et le réduire à livrer sans combat tous les postes susceptibles d'être défendus. Kellermann jugea que, dans cette critique conjoncture, il ne pouvait conserver la droite de l'armée à Albinga et à Borghetto qu'autant qu'il aurait une position reconnue et plus assurée en arrière.

Cet art des reconnaissances dans les pays de montagnes, où tout est poste mais où les passages propres aux ouvertures des marches sont commandés par la nature des lieux ; cet art, partie intégrante de l'art de la guerre, avait été réduit en système et en principes par l'ingénieur Bourcet, et perfectionné encore par Berthier, alors chef de l'état-major dans cette armée d'Italie. Ce fut lui que le général chargea de cette opération pénible et difficile, avec Andréossi, alors commandant de l'artillerie. Cette ligne rétrograde reconnue et tracée, assurant la retraite en cas de revers, permit de maintenir en avant les positions qui continrent l'ennemi, arrêtèrent ses succès, et donnèrent aux renforts attendus le temps d'arriver pour reprendre l'offensive. Pendant deux mois, les opérations de cette campagne ne furent que des surprises ou des attaques de postes avec des succès variés ; mais le but fut atteint en couvrant le comté de Nice et la Savoie, en conservant ainsi les pays conquis, et des passages pour reprendre bientôt après l'offensive. Cette tactique de marches, de positions, de reconnaissances, où la tête agit plus que le bras, où la pensée dirige et décide, où le succès n'est pas marqué par des journées d'éclat que la renommée publie ; cette tactique préservatrice, plus savante, moins célébrée, réclame de l'historien la portion de gloire que le vulgaire prodigue souvent à l'audace, et refuse à l'habileté.

Quelques faits de détail occupèrent encore cet intervalle : la flotte anglaise essaya un débarquement sur la côte de Gènes, à Alasio. Le représentant commissaire Chappe rassembla les cantonnements épars, contint les chaloupes, et donna le temps à Masséna d'arriver avec 2 bataillons, qui les forcèrent de reprendre le large. A la gauche, les Piémontais firent une tentative sur les passages du Mont-Genèvres : 4,000 hommes, formés en quatre colonnes, commencèrent une attaque bien conçue, mais mal exécutée, et que 800 républicains firent échouer. Dans ces combats de détail, les hommes se formaient aux commandements partiels, et des actions distinguaient ceux que leurs talents ou leur valeur destinaient à conduire leurs compagnons d'armes. L'histoire des temps anciens n'a pas omis ces traits de courage personnels, indépendants des combinaisons du génie, et quelquefois des hasards de la fortune. Un sous-officier nommé Janeira délivra seul vingt-trois volontaires que trente Piémontais conduisaient prisonniers. S'étant embusqué sur leur passage, il crie dès qu'il les voit : *A moi, chasseurs, délivrons nos camarades !* Les Piémontais s'étonnent, et les prisonniers les désarment. Un vétéran nommé Balason, ayant près de cinquante ans de service, avait été élevé au commandement d'un bataillon : avec 10 hommes, il arrêta, au passage d'un défilé étroit, une colonne ennemie de 600 hommes, et réussit à la contenir jusqu'à ce qu'un renfort suffisant vînt la contraindre à rétrograder. Ces armées préludaient ainsi aux prodiges qu'elles devaient bientôt opérer en Italie.

Il s'était établi dans les défilés des Alpes, dans les gorges et dans les cavernes un grand nombre de pillards et d'assassins, que l'on désignait improprement sous le nom de *Barbets,* puisqu'ils n'avaient aucun rapport avec les Vaudois et les Barbets, peuples des Alpes, sous la domination de la cour de Turin et armés par ses ordres. Ceux-ci n'étaient que des hordes de bandits indisciplinés. Véritables cosaques de l'Italie, les Barbets rendaient d'imminents services au parti qu'ils secondaient, en interceptant l'arrivée des convois, des courriers, en nécessitant sans cesse contre eux l'emploi de forces répressives; mais à la honte du gouvernement qui tolérait de pareils auxiliaires, il n'y a sorte de crimes et d'assassinats dont ils ne se rendissent chaque jour coupables.

Aussitôt que les neiges faisaient disparaître les sentiers, que la nuit obscurcissait les plaines, guettant leur proie du haut de leurs retraites mystérieuses semées le long des ravins, ou suspendues aux cimes les plus escarpées des rochers, ces vautours des Alpes se montraient tout à coup aux sentinelles avancées, aux soldats écartés ou perdus dans la campagne, et soudain quelques gémissements sourds, des coups d'armes à feu, rares et n'éclatant que par intervalle, annonçaient à nos guerriers que parmi leurs compagnons il en était qui mouraient sans combats et sans gloire. Parfois aussi, dépouillé de ses armes et de ses vêtements, un soldat se présentait devant le camp; il avait été surpris, écrasé par le nombre : la clémence de ses vainqueurs avait été jusqu'à lui faire grâce de la vie, mais sa main droite avait été tranchée par le fer, et il n'avait plus que des vœux à former pour le salut de la patrie.

Vers le centre, où commandait le général Serrurier, une attaque de nuit avait rendu les Piémontais maîtres de quelques postes. Le général rassemble sur-le-champ les cantonnements épars : au jour, les volontaires demandent à marcher à l'ennemi, qu'on voyait maître des hauteurs; la baïonnette décide bientôt la victoire, et 600 Piémontais restent prisonniers. Le même jour, l'ennemi fut repoussé au col de Fénestre et à Saint-Bernoulli. Peu après ces événements, Schérer vint prendre le commandement de l'armée d'Italie, amenant avec lui une partie de celle qu'il avait commandée en Espagne, et Kellermann passa au commandement de l'armée des Alpes.

**GÉNÉRAL BONAPARTE.**

Né à Ajaccio le 15 août 1769. — Mort à Sainte-Hélène le 5 mai 1821.

**Bataille d'Arcole.**

# CHAPITRE IV.



L'avénement du Directoire, auquel la Convention venait de déléguer le pouvoir, fut marqué par les revers des armées du Nord : celle du Rhin était retirée en avant de Landau ; celle de la Moselle, après l'avantage que Jourdan avait remporté à Creutznach, s'était établie sur la Nahe, et semblait menacer encore les rives du Rhin ; un nouvel échec obligea le général Marceau de se retirer derrière la Moselle.

Mais l'armée d'Italie reprit l'offensive aussitôt que les bataillons de l'armée des Pyrénées furent arrivés dans les Alpes, et les directeurs nouvellement installés purent bientôt entendre les salves d'artillerie que célébrèrent sa victoire de Loano. Ce premier triomphe de l'armée d'Italie balança pour le moment auprès des puissances européennes l'influence des succès de Clairfait aux environs de Mayence.

Kellerman avait soutenu sa ligne de défense, la droite à la mer vers Borghetto, la gauche à Orméa, le centre s'étendant devant les postes de Banco et Bardinetto. Tant que l'armée put conserver ses communications par mer avec Gènes et en tirer ses subsistances, sa position fut soutenable ; mais lorsque l'escadre anglaise eut établi des croisières sur cette côte, les convois furent interceptés et la position de l'armée devint inquiétante. Dans cet état de choses, le Directoire envoya à Schérer l'ordre d'attaquer et de battre l'ennemi.

L'armée austro-sarde, forte d'environ 40,000 hommes, tenait une ligne de positions fortifiées et liées les unes aux autres par des retranchements ; sa gauche, appuyée à la mer à Loano, occupait avec de l'artillerie Final et Brescia ; son centre occupait des positions fortement munies à Roccabardène, à Mélogno, à Settepani. Ces positions étaient liées à la droite que fermaient les troupes piémontaises, par les places de Céva, Mondovi et Coni. Toutes ces communications étaient libres et faciles : les Austro-Sardes avaient de plus en arrière des positions assurées et très-fortes. La saison avancée et la situation de l'armée française lui faisaient une nécessité, ou d'en venir à une action pour assurer ses quartiers d'hiver dans la ligne qu'elle occupait, ou de rétrograder pour les prendre dans le comté de Nice et sur les frontières.

Masséna, qui commandait la droite et une partie des divisions du centre, et qui, dans cette campagne, avait pris une grande connaissance du pays, fut chargé par le général en chef de rédiger le plan d'attaque. Selon les premières dispositions, la droite des Austro-Sardes, composée en grande partie des troupes piémontaises, devait être tournée, et, à l'aide des renforts que l'aile gauche et le centre de l'armée française avaient reçus, on pouvait entreprendre de prolonger successivement à revers la ligne ennemie, de sa droite à sa gauche, en la plaçant entre deux feux ; on comptait pour l'exécution sur l'ardeur et l'impétuosité des troupes ; mais des contrariétés de climat et de saison, des brouillards, des neiges abondantes qui tombèrent pendant plusieurs jours, retardèrent et empêchèrent de suivre ce premier plan. Masséna alors proposa d'exécuter sur le centre de l'ennemi le mouvement que l'on avait dû diriger sur son aile droite, de s'emparer de vive force des positions qui le couvraient à Banco, à Roccabardène, à Bardinetto, de dépasser ces positions et d'en prendre en arrière de sa ligne. Masséna, en proposant ce projet hardi, demanda et obtint d'en diriger l'exécution. En conséquence, les troupes qui avaient été portées à Orméa pour renforcer la gauche, redescendirent vers le centre ; et pour donner le change à l'ennemi et aux habitants, en motivant cette marche, on fit préparer des logements dans les villages, et répandre le bruit que l'armée, à cause de la rigueur de la saison, allait prendre ses quartiers d'hiver. On manquait de vêtements et de subsistances ; l'habitude et le courage y suppléèrent.

Schérer, général en chef, prit le commandement de la droite, Masséna celui du centre, le général Serrurier celui de la gauche, qui n'était destinée qu'à contenir l'ennemi dans cette partie, et à l'empêcher d'en tirer des renforts pour les porter aux points attaqués ; la droite devait, au contraire, agir avec vigueur au commencement de l'action pour faire croire à l'ennemi que cette attaque était la véritable.

Dès la veille, pendant la nuit, Masséna détacha un corps d'infanterie légère, commandé par un chef de brigade nommé Gaspart, qui s'était déjà distingué dans plusieurs actions. L'attaque générale commença avec le jour ; Masséna harangua ses troupes ; les colonnes s'ébranlèrent, conduites par les généraux Laharpe, Chartel, Cervoni, Saint-Hilaire, Joubert, Mercier, Chabran, Bisanet. Le général autrichien d'Argenteau commandait la ligne ennemie qui tenait le centre des positions. Les postes de Bardinetto et Mélogno furent d'abord opiniâtrément disputés : Masséna disposa cette première attaque à la tête de sa réserve, et d'Argenteau prit une première position rétrograde sur la rive droite de la Bormida. Selon le plan arrêté, ce premier succès exigeait de nouveaux efforts pour repousser le centre de l'armée ennemie et pouvoir ainsi prendre des revers sur ses deux ailes. Masséna fit attaquer et emporter le poste de San-Pedro del Monte qui dominait toute la droite des alliés et celui de la redoute de Castelare. Ce dernier poste étant forcé, décida la seconde retraite du centre des Autrichiens : leur aile se trouva ainsi entièrement à découvert. Masséna était alors en avant, vis-à-vis des retranchements de Saint-Pantaléon, qui couvraient toute la portion de l'armée ennemie postée à Loano. Le général autrichien de Wallis commandait cette aile gauche en l'absence du général en chef Devins.

Schérer, ayant sous ses ordres les généraux Augercau, Victor, Busnel, avait attaqué en même temps les postes en avant de Loano. Les chaloupes canonnières, armées de pièces de gros calibre et rasant la côte, battaient toutes les positions de l'extrémité de l'aile gauche ennemie. Cependant elle soutint ces attaques réitérées sur le point de Loano, pendant le commencement du combat ; mais lorsque les colonnes françaises, qui avaient longé le centre, parurent sur la droite de l'ennemi et menacèrent de lui couper la communication avec l'armée piémontaise, Loano fut évacué et Wallis prit une position en arrière vers Ponte di Neva et Altare.

Les corps que Masséna avait amenés du centre avaient rapproché l'aile droite que Schérer commandait, et menaçaient de se rendre maîtres des hauteurs de l'Apennin, et de se placer entre les Etats du roi de Sardaigne et l'armée de ses alliés : celle-ci fut forcée de continuer sa retraite sur Aqui et Dégo, et de là encore vers Alexandrie, occupant la vallée de Bormida, où elle prit des cantonnements d'hiver.

A l'aile gauche de l'armée française, où commandait Serrurier et où l'attaque ne devait être que simulée, l'objet fut rempli, c'est-à-dire que l'on contint les forces de l'ennemi dans cette partie, et qu'on l'empêcha de se porter à l'appui de son centre et de sa droite. Les généraux Miolis et Pigeon commandaient les colonnes ; les redoutes de Saint-Bernard reçurent et soutinrent trois attaques : un moment on s'empara du poste de Dondela ; l'ennemi le reprit, mais sa retraite fut forcée par les événements des journées suivantes. La perte des deux armées fut considérable, parce que la défense et l'attaque furent également opiniâtres. Le succès fut dû à la supériorité des manœuvres, et cette bataille fut une grande leçon de cette tactique nouvelle qui décidait tout par les grands mouvements.

Les résultats de cette victoire furent décisifs : outre l'occupation de Savonne, le rétablissement des communications avec Gènes et la prise de beaucoup de munitions, de bagages et d'artillerie, elle ouvrit l'entrée du Piémont, et prépara les grands et brillants succès qui, sous le premier commandement en chef de Bonaparte, dès l'ouverture de la campagne, à Montenotte, à Millésimo, à Lodi, décidèrent du sort de l'Italie. Le gouvernement aussi gagna beaucoup en considération par la victoire de Loano : ses relations extérieures s'étendirent et se consolidèrent ; bientôt l'Europe et les rois s'accoutumèrent à traiter avec un pouvoir organisé et reconnu sans opposition au-dedans.

# CHAPITRE V.

L'Europe, la France et le Directoire. — Plan de campagne. — Arrivée de Bonaparte à l'armée. — État des forces opposées. — Ouverture des hostilités. — Combats de Voltri et de Montegelino. — Bataille de Montenotte. — Combat de Cossario. — Bataille de Millesimo. — Combat de Dego. — Bataille de Mondovi. — Paix avec la Sardaigne. — Passage du Pô. — Combat de Fombio. — Bataille de Lodi. — Entrée à Milan. — Insurrection réprimée. — Combat de Borghetto. — Investissement de Mantoue. — Conduite politique de Bonaparte. — Sa présence d'esprit à Lonato. — Situation des forces opposées. — Reprise de la Corse. — Bataille d'Arcole. — Retraite d'Alvinzi.

La Convention venait de léguer le pouvoir au Directoire. Ce gouvernement tout nouveau allait être mis en jeu au moment où la guerre devait elle-même prendre des formes toutes nouvelles.

A peine installés, les directeurs purent entendre les salves d'artillerie qui célébraient la victoire de Loano. Ce premier triomphe de l'armée d'Italie balançait pour le moment, auprès des puissances européennes, l'influence des succès de Clairfait aux environs de Mayence. Ces succès étaient le résultat d'un plan vicieux, et particulièrement de la trahison de Pichegru. Ce général, trop occupé des intérêts de la royauté pour songer à ceux de la patrie, restait dans l'inaction. Les choses étaient arrivées au point que le prince de Condé devait tenter l'invasion combinée ; mais il hésita et ne jugea pas prudent de passer le Rhin, parce que Pichegru ne voulut pas commencer par faire arborer le drapeau blanc à son armée.

Le Directoire conçut des soupçons sur la conduite de Pichegru, et, quoiqu'il ne fût pas assuré de sa trahison, il le suspecta assez pour lui enlever le commandement de l'armée du Rhin, qu'il donna au général Moreau.

A ces événements, qui contribuaient à augmenter les difficultés du gouvernement, se joignaient la désorganisation et l'indiscipline des armées, laissées dans le dénûment le plus complet par la mauvaise administration ; mais bientôt des règlements sages et efficaces pourvurent à tous les besoins. Un nouveau plan de campagne fut préparé par Carnot, comme on le disait alors, chargé d'organiser la victoire. Ce plan, adopté par le Directoire, était vaste et liait les opérations des trois grandes armées. Celle de Sambre-et-Meuse, commandée par Jourdan, devait tenir sa gauche appuyée au Rhin : cette aile servait de pivot à tous les systèmes ; sa droite devait s'avancer dans l'Allemagne, se tenant toujours en mesure et à la hauteur de la gauche de l'armée du Rhin, aux ordres de Moreau, dont le centre et la droite devaient s'avancer en Souabe, et par le lac de Constance, jusqu'aux montagnes du Tyrol, selon les succès présumés de l'armée d'Italie.

La coalition formidable qui menaçait la France était composée de l'Angleterre, de l'Autriche, du Piémont, du royaume de Naples, de la Bavière et de tous les petits Etats de l'Allemagne et de l'Italie. Mais la France ne faisait réellement la guerre qu'à l'Autriche, et c'était en Italie qu'il fallait la chercher.

Un jeune homme à peine connu de l'armée, de la France et de l'Europe, apparaît tout à coup sur la scène ; il vient marquer son rang entre les plus grands capitaines, et préluder à la domination de l'Europe, qu'il doit soumettre par ses armes et régir par ses lois : ce jeune homme est Napoléon Bonaparte.

Les plans divers qu'il avait adressés au Comité de salut public en 1794 et 1795 avaient fixé sur lui l'attention de Carnot, qui, en sa qualité de directeur des affaires militaires, le fit nommer général en chef de l'armée d'Italie.

La neutralité de la Suisse assurait les flancs opposés des deux armées d'Italie et du Rhin jusqu'aux vallées qui couvrent un chemin de l'Allemagne en Italie, et où leur communication devait s'établir. Si le plan adopté eût été suivi, nos trois armées, dans leurs mouvements coordonnés avec un système général, se fussent trouvées toucher aux portes de Vienne par la droite de l'armée d'Italie, et conserver leur communication avec la France par leurs subdivisions disposées en échelons jusqu'au Rhin. Ce plan était si bien conçu, qu'ayant manqué dans une de ses parties, le génie de Bonaparte put y suppléer et en compléter l'exécution.

Il appartient à l'histoire complète et militaire des campagnes d'entrer dans tous les détails de positions, de marches, d'actions partielles et de localités qu'exige un récit qui doit être en même temps une école de tactique. Nous nous bornerons ici à ne donner que les grands résultats, leurs causes et leurs moyens.

Lorsque le général Bonaparte prit le commandement de l'armée d'Italie, qui semblait oubliée dans ce pays, elle était dans un dénûment absolu. L'infanterie, composée d'environ 28,000 hommes (1), n'avait ni solde, ni habits, ni souliers ; la cavalerie ne comptait que 3,000 chevaux dans l'état le plus déplorable. Les arsenaux de Nice et d'Antibes étaient assez bien pourvus

---

(1) Ce ne fut qu'après sa jonction avec les troupes revenues d'Espagne qu'elle s'éleva à environ 40,000.

d'artillerie ; mais on manquait de moyens de transport, et l'on ne put atteler
que douze pièces de campagne. Les subsistances étaient mal assurées, et,
depuis longtemps, les soldats ne recevaient plus ni viande, ni eau-de-vie ;
enfin la pénurie du trésor et la rareté du numéraire étaient telles, que le
Directoire n'avait pu réunir que 2,000 louis pour cette campagne. La position empirait tous les jours : il fallait avancer ou reculer. La victoire seule
pouvait, en lui ouvrant les portes de l'Italie, offrir à l'armée toutes les ressources dont elle avait besoin.

Mais l'Italie était défendue par les Alpes, par des places fortes et par des
armées trois fois plus fortes que celles de la République. Les Autrichiens,
sous les ordres de Beaulieu, comptaient plus de 60,000 combattants, et les
Piémontais, commandés par le général autrichien Colli, présentaient plus
de 30,000 hommes de ligne. Les places étaient gardées, et ces armées pouvaient encore se renforcer des troupes du pape, de Naples, de Parme et de
Modène. L'abondance régnait dans les camps ennemis.

En présence de toutes ces difficultés, le général français aperçut, avec le
coup d'œil du génie, quelles étaient ses ressources. Il avait sous ses ordres
des généraux, tels que Masséna, Augereau, Laharpe, Serrurier, Joubert. Le
moral de son armée était excellent. Il sentit qu'il fallait suppléer au nombre
par la rapidité des marches, à l'artillerie et à la cavalerie par la nature des
positions ; surprendre et séparer les deux armées par des manœuvres inattendues, et étourdir les généraux autrichiens par des succès éclatants.

L'armée française gardait la défensive sur les rochers arides de la rivière
de Gênes, depuis Nice jusqu'aux environs de Finale ; le quartier-général était
à Nice. Bonaparte y arriva le 27 mars 1796, et passa aussitôt en revue ses
troupes. L'état de misère extrême dans lequel il les voit, loin de l'effrayer,
s'offre à son esprit comme un moyen de triomphe, et voici le premier discours qu'il leur adresse :

« Soldats, vous êtes nus, mal nourris ; le gouvernement vous doit beau-
« coup, il ne peut rien vous donner. Votre patience, le courage que vous
« montriez au milieu de ces rochers, sont admirables, mais ils ne vous pro-
« curent aucune gloire ; aucun éclat ne rejaillit sur vous. Je veux vous con-
« duire dans les plus fertiles plaines du monde. De riches provinces, de
« grandes villes seront en votre pouvoir ; vous y trouverez honneur, gloire et
« richesse. Soldats d'Italie, manqueriez-vous de courage et de constance ? »

Ces mots furent prononcés avec tant d'assurance et de feu, que déjà les
plus vieux capitaines ne doutaient plus des promesses d'un général de vingt-
six ans. Et cependant Laharpe, Augereau, Cervoni, et surtout Masséna, auraient pu entendre avec un amer dépit une proclamation dans laquelle on
semblait oublier leur victoire de Loano. Leur silence, leur soumission, et
la docilité qu'ils montrèrent toujours, annonçaient que Bonaparte les avait
conquis dès la première vue.

L'action suivit de près les paroles. Au sortir de la revue, l'armée s'ébranle et court se ranger sur son extrême droite.

Après la bataille de Loano, les coalisés, chassés de la crête et du versant maritime, s'étaient répandus sur le revers septentrional, en couvrant à la fois les avenues du Piémont et de la Lombardie. C'est là que Napoléon courait les atteindre, non plus en se répandant par détachements le long de la chaîne, mais en se jetant tout entier entre Colli et Beaulieu par une seule ouverture, par celle que forme l'affaissement des monts vers les sources de la Bormida.

La ville de Savone est un point de départ commun pour les capitales du Piémont et de la Lombardie. Les Impériaux, couvrant Milan, étaient cantonnés de Gènes à Alexandrie, leur droite appuyée à Dego, sur la petite Bormida, et les Piémontais, couvrant Turin, campés à Serac, occupaient par leur gauche Millesimo sur la grande Bormida, se liant avec Beaulieu par la brigade Provesa postée sur les hauteurs de Cassaria.

Il fallait donc, pour opérer la séparation entre les deux armées alliées et menacer à la fois les deux capitales, se réunir à Savone, pénétrer à Carcara, jonction des deux chemins de Dego et de Millesimo, et déblayer le terrain accidenté qui se trouve entre les deux Bormida.

Tel était le plan de Bonaparte ; mais, en se concentrant, il voulut empêcher l'ennemi de faire ce qu'il faisait lui-même. Dans ce but, Serrurier, au lieu de suivre le mouvement indiqué au reste de l'armée, arrive et se déploie à Garrezio, comme s'il eût cherché à forcer la route de Turin, et retient Colli dans son camp de Ceva ; puis, tandis que Masséna et Augereau font halte autour de Savone, Laharpe pousse sa brigade de droite jusqu'à Voltri et somme les Génois de livrer le passage de la Rochetta et le fort de Gari qui en ferme l'entrée.

Le tacticien Beaulieu, que Bonaparte a déjà trompé sur ses desseins, marche vers Gènes dont les dispositions lui paraissaient chancelantes et qui pourrait ouvrir un passage aux Français. Il porte son quartier général à Novi et partage son armée en trois corps, afin de couper l'armée française et de lui fermer la route de la Corniche. Mais ses forces, ainsi divisées, s'étendent sur un trop vaste terrain ; il n'a plus qu'une communication difficile avec Colli, qui commande les Piémontais, et dont il est séparé par la masse des Apennins. Les deux généraux autrichiens n'étant plus à portée de s'envoyer des renforts, livraient ainsi la colonne du centre, forte seulement de 18,000 hommes, aux coups de l'armée française entière.

La bataille s'engagea, le 10 avril, par l'attaque de la position de Voltri, que gardait le général Cervoni. Assailli par 10,000 Autrichiens, canonné par la croisière anglaise, hors d'état de résister longtemps aux ennemis nombreux qui l'investissaient, Cervoni se replia, à l'entrée de la nuit, par une marche forcée et secrète, sur la Madone de Savone, où se trouvait le général Laharpe avec le centre de l'armée. L'occupation de Voltri donnait à Beaulieu l'avantage de rétablir sa communication avec la mer, et de couper celle des Français avec Gènes ; mais ce succès, prévu par Bonaparte, n'eut pas les résultats que l'ennemi espérait. Dès le lendemain matin, après avoir assuré, par un corps qui couvrait Dego, sa communication avec les troupes qui combattaient à Voltri, le général d'Argenteau, avec 15,000 hommes, se dirigea, à travers Montenotte-Supérieure, sur la Madone de Savone pour écraser Laharpe, et emporta d'abord toutes les positions d'avant-garde, jusqu'à une dernière redoute que défendait le général Rampon avec 1,500 grenadiers, et dont la prise eût mis à découvert l'aile droite des Français. Rampon se croit responsable du destin de l'armée ; il communique son intrépide résolution à ses 1,500 soldats. Les Autrichiens tentent vainement, pendant quelques heures, d'aborder cette terrible redoute d'où jaillissent à la fois les feux croisés de l'artillerie et de la mousqueterie. Des rangs entiers succombent avant d'avoir pu pénétrer dans le cercle de feu qui défend les approches de Montelegrone. D'Argenteau vient lui-même ranimer leur ardeur, les conjure de couronner par ce nouvel exploit une journée aussi glorieuse pour eux, et, pour relever leur audace, il présente à leur valeur l'appât des récompenses. Ils s'avancent enfin en masse, et, le front baissé, n'osant affronter du regard cette hauteur fatale d'où va pleuvoir sur eux une grêle de balles et de boulets.

Mais le feu des Français a semblé décroître. Parvenus jusqu'au pied des retranchements, les Autrichiens n'ont encore éprouvé qu'une faible résistance.

Il n'est que trop vrai, l'importante position va tomber en leur pouvoir si quelque secours inespéré ne vient compenser, pour les républicains, le manque absolu des munitions de guerre. Déjà le désespoir semble s'emparer de ces braves soldats, réduits à la cruelle nécessité de rendre leurs armes, lorsque, tout à coup, s'élançant au milieu d'eux, l'intrépide Rampon prononce à haute voix, d'un air inspiré, le serment de mourir à son poste plutôt que de se rendre. Il n'a pas achevé, que, le bras tendu vers lui, les défenseurs de la redoute ont répété le même serment avec des cris d'enthousiasme.

Quelque temps indécis, les Impériaux appréhendent un piége et croient à chaque instant voir une mine souterraine éclater sous leurs pas. Bientôt rassurés, ils s'élancent, mais les rangs serrés de nos soldats leur opposent une masse impénétrable. Sans cesse repoussés et culbutés, les Autrichiens, dans trois attaques successives, voient se briser leurs efforts et leur espérance contre ce rempart mobile hérissé de baïonnettes. La nuit les trouve encore au pied des postes inexpugnables qu'ils espèrent emporter le lendemain.

Cependant la droite de Laharpe, qui, en avant de Voltri, avait soutenu l'effort de Beaulieu et qui s'était replié le 11, arriva pendant la nuit et se rangea à droite et à gauche de la redoute si vaillamment conservée par Rampon.

Les mouvements qui suivirent avaient ces dispositions pour but, de faire attaquer de front d'Argenteau, pour le tenir en échec, et de le déborder par la droite, afin d'accabler le centre avant qu'il pût être secouru par Beaulieu.

Au jour, Beaulieu ne trouva plus personne à Voltri, et d'Argenteau fit, au milieu d'un brouillard épais, les apprêts d'une nouvelle attaque ; mais il ne tarda pas à reconnaître qu'il était lui-même entouré et réduit à la défensive.

Tandis qu'il avait défendu le revers de l'Apennin, tandis que Laharpe se concentrait à Montelegino, Augereau et Masséna, cheminant en sens invers, gravissaient les cols qui débouchent de Savone et se transportaient au sommet de la chaîne, le premier pour occuper Carcara et contenir au besoin Provera, le second pour envelopper Montenotte.

Laharpe, ayant à son avant-garde les généreux défenseurs de la redoute de Montelegino, venait d'attaquer le général d'Argenteau.

Après les premiers coups de feu, les Impériaux se hâtèrent d'évacuer le col où ils allaient être renfermés, et de gagner les hauteurs dans le dessein de s'y affermir et d'y recevoir le choc ; mais il n'était déjà plus temps. Laharpe, Rampon les poursuivirent et les abordèrent de front à Montenotte, dans le même temps que Masséna déborbait leurs flancs et leurs derrières.

Secondé par le général Racavena, d'Argenteau fit en vain les plus grands efforts pour rallier les fuyards ; l'un et l'autre furent blessés, et cet événement acheva la déroute.

La position de l'armée française était devenue beaucoup plus favorable, mais elle aurait perdu le fruit de ces avantages, si Beaulieu avait conservé la ressource de se lier par sa droite à la gauche des Piémontais. Il fallait donc battre et expulser ceux-ci de leurs positions, en même temps que l'on tiendrait les Autrichiens en échec, et ce double but fut obtenu.

Bonaparte, placé sur une colline, à droite de Carcara, surveillait tous les mouvements. C'était sa première bataille, mais les mesures étaient si bien prises qu'il n'eut que les émotions de la victoire ; Montenotte fut enlevé en un instant, et l'ennemi, partout assailli, lâcha pied dans le plus grand désordre. Ce n'est qu'un coup d'essai ; mais cette victoire a déjà coûté 4,000 hommes aux ennemis. Elle gêne tous leurs mouvements. Désormais ils ne pourront plus agir de concert. Beaulieu a l'humiliation d'avoir été dupe d'une fausse menace.

Bonaparte veut que chaque jour soit marqué par un combat et par une victoire. Des passages qui semblaient ne pouvoir être tentés que par le désespoir d'une armée vivement poursuivie, sont franchis par l'armée victorieuse qui traîne avec elle son artillerie. Dès le 13, Bonaparte attaque les gorges de Millésimo, et coupe de l'armée ennemie le général autrichien Provera.

A la tête d'un corps franc d'élite autrichien et de 1,500 Piémontais, ce vieux et vaillant général, dont le marquis de Caretto seconde avec éclat la bravoure et le dévouement, tente tous les moyens d'échapper à Augereau qui le poursuit. Il s'approche de la Bormida ; mais cette rivière, grossie par les orages, était devenue un torrent impétueux. Tout à coup Provera croit voir son salut au sommet d'une montagne où se trouve l'antique château de Cosseria. Il réussit à le gravir avec sa faible troupe. Dignes émules de leurs vainqueurs, ses généreux soldats veulent imiter l'héroïsme des défenseurs de la redoute de Montenotte.

Les Français ne pouvaient se résoudre à différer l'attaque, quoique le jour fût sur son déclin. Le général Joubert, que nous voyons s'annoncer, et que trop tôt nous verrons mourir par l'excès du courage, escalade, avec sept grenadiers, ces ruines qui sont devenues une forteresse. Resté seul de ses compagnons et blessé à la tête, il descend sans précipitation. Une nouvelle colonne, commandée par le général Ramel, monte, les armes bas et dans un morne silence. Ce général est tué aux pieds des retranchements ennemis. Sa troupe se disperse.

Malgré ces deux revers et la nuit qui s'approche, l'adjudant-général Quentin tente un troisième effort ; atteint d'une balle, il expire, et ses soldats redescendent prépipitamment.

Provera, qu'une telle résistance a couvert de gloire, croit pouvoir respirer à la faveur des ténèbres. Mais ses munitions étaient épuisées ; il manquait de vivres. La fatigue et l'ardeur d'un combat opiniâtre irritaient la faim et la soif. Pendant la nuit, Provera fit demander à Augereau la quantité d'eau nécessaire seulement aux blessés, et fut refusé.

Bonaparte ne cessait de veiller à empêcher d'un côté les efforts de Beaulieu et de ses Autrichiens, et de l'autre ceux de Colli et de ses Piémontais pour dégager Provera. Ces deux généraux sont repoussés. Provera, qui du haut de son roc a vu flotter non loin de lui des bannières autrichiennes et piémontaises, se désole de leur timidité, est témoin de leur fuite, et enfin lui-même, accablé de souffrance et couvert de blessures, il est forcé de se rendre avec ce qui lui reste de soldats.

Ainsi ce malheureux rival du colonel Rampon est privé par la fortune de sa récompense. Mais l'histoire ne doit point la lui ravir : trois assauts repoussés presque sans artillerie l'égalaient à ses vainqueurs.

Le combat de Dego avait commencé le même jour, 13 avril, et dura encore les deux jours suivants. Dego fut trois fois emporté et repris. Dans la nuit du 14 au 15 avril, des bataillons français, épuisés par leurs efforts, se gardaient assez négligemment dans ce poste. Un des généraux autrichiens, Wukassowich, s'est aperçu d'un manque de vigilance chez les Français. Il

rassemble un corps de grenadiers, marche à leur tête aux faibles lueurs
du crépuscule, surprend Dégo, et disperse les vainqueurs de la veille.
Masséna s'indigne d'avoir perdu ce prix de sa valeur. Il a bientôt rengagé
le combat. Napoléon le suit de près. Il faut des efforts extraordinaires pour
ranimer des troupes qui s'étonnent du courage opiniâtre de leurs ennemis.
Deux généraux qui venaient d'arriver des Pyrénées, Causse et Bonnel, se
dévouent les premiers et sont tués. L'adjudant-général Lanusse, que nous
aurons souvent à nommer dans les campagnes d'Italie et d'Égypte, met
son chapeau au bout de son épée et s'élance. Un chef de bataillon, Lannes,
celui qui sera bientôt le Roland du nouveau Charlemagne, fait connaître
sa prodigieuse bravoure. Dego est enfin repris.

Beaulieu se retire en laissant la moitié de sa petite armée prisonnière,
et toujours combattant avec le reste. Il fallut dès lors qu'il abjurât toute
témérité devant le général français. Sa retraite vers l'armée piémontaise
était coupée. Il fuit précipitamment par les routes d'Acqui et de Gravi pour
aller se couvrir des remparts de Tortone. Heureux s'il y reçoit quelques
renforts des armées du pape et du roi de Naples !

Trompé dans ses calculs, repoussé dans ses plus valeureux efforts, ce
général accuse la fortune, qui, à la guerre, se plaît à humilier les cheveux
blancs. Il se plaint du cabinet de Vienne, des Piémontais, et surtout il ful-
mine contre un de ses lieutenants que le ministère lui a imposé, contre un
général courtisan, d'Argenteau, à qui l'armée autrichienne imputait déjà
les malheurs de la journée de Loano, et qui avec un corps de 15,000 hommes, à la bataille de Montenotte, n'a point su réduire Rampon, à celle de
Millésimo, n'a pu ni seconder le vaillant Wukassowich ni dégager l'illustre
Provera. Beaulieu le fait arrêter et conduire à Vienne. Dans sa détresse, il
médite les stratagèmes d'un partisan ; Bonaparte médite ceux d'un général.

Nous allons copier les expressions du héros de ces brillantes journées :

« Ce fut un spectacle sublime que l'arrivée de l'armée sur les hauteurs
de Montezemolo : de là elle découvrit les immenses et fertiles plaines du
Piémont, le Pô, le Tanaro; une foule d'autres rivières serpentaient au loin ;
cette ceinture blanche de neige et de glace, d'une prodigieuse élévation,
cernait à l'horizon ce riche bassin de la terre promise. Ces gigantesques
barrières, qui paraissaient les limites d'un autre monde, que la nature s'é-
tait p'u à rendre si formidables, auxquelles l'art n'avait rien épargné, venaient de tomber comme par enchantement. Annibal a forcé les Alpes, dit
Napoléon en fixant ses regards sur ces montagnes; nous, nous les avons
tournées! »

Les Piémontais vont supporter tout le poids de l'armée victorieuse. Le
22 avril, ils sont atteints à Mondovi. C'est encore Colli qui les commande.
Il a perdu le cinquième de son armée et une partie considérable de son artillerie, et ne voit plus d'Autrichiens pour l'appuyer sur ses flancs. Il se

retranche sur les bords du Tanaro pour protéger la forteresse de Ceva. Déjà Bonaparte a conçu la manœuvre qui lui vaudra de si prodigieux succès dans une autre partie de sa carrière, et qui, pour son désastre, sera enfin employée contre lui : c'est de se placer avec audace entre l'armée ennemie et la capitale qu'elle défend. Mais Colli jugea cette manœuvre, porta plus loin sa position et sut se défendre pendant un jour contre les divisions Serrurier et Augereau. Appuyé encore une fois sur le Tanaro, au confluent de cette rivière avec celle de Cursaglia, il en avait garni les bords de batteries; ses lignes s'étendaient jusqu'à la ville de Mondovi. Bonaparte fit vivement attaquer par le général Serrurier la principale redoute qui couvrait cette place. Cet effort heureux décida de la bataille, qui n'avait été qu'un moment compromise par la mort du général Stengel, né Alsacien et l'un des plus habiles lieutenants de Bonaparte.

Masséna avait passé le Tanaro sur un pont jeté à la hâte, et déjà il venait prendre les Autrichiens à revers. La vélocité de ce général était un sujet continuel d'étonnement et de terreur pour tous les ennemis. Les Piémontais surtout frémissaient de le rencontrer ; ils le regardaient comme un rebelle. Masséna était né dans le comté de Nice, sous la domination du roi de Sardaigne ; mais, dès sa première jeunesse, il avait été attaché au service de France. La révolution l'avait trouvé sergent dans le régiment *royal-italien*.

Bonaparte entre à Mondovi ; le roi de Sardaigne tremble dans sa capitale : n dirait que Bonaparte a pénétré dans l'intérieur de cette cour, et qu'il a tout lu dans le cœur d'un monarque effrayé. Au génie de la guerre, le jeune général républicain joignait déjà la connaissance des hommes et des affaires ; il négocia en vainqueur habile, qui commande les résultats de ses avantages, et en politique adroit qui fait la part aux prétentions de l'orgueil personnel, et ménage les formes qui consolent l'amour-propre. A cette époque commence cette longue série d'imprudences et d'erreurs qui gagna successivement toutes les cours de l'Europe, où les chances de l'hérédité avaient amené à la fois des maîtres et des ministres qui ne surent rallier ni leurs forces, ni leurs intérêts.

L'armée piémontaise, vaincue trois fois, n'était ni défaite, ni découragée ; l'armée autrichienne, à Acqui, couverte par un fleuve, attendait de nombreux renforts de la Lombardie, du Tyrol et de l'Autriche ; toutes les puissances de l'Italie étaient encore à ses ordres ; un mouvement de deux marches par sa droite pouvait rétablir les communications entre les armées alliées ; Turin, ville fortifiée, pouvait recevoir comme garnison toute son armée des Alpes ; un siége nécessairement long lui assurait son plus puissant allié, le temps ; mais les successeurs d'Amédée étaient bien dégénérés depuis un demi-siècle. Le besoin du repos qui les dominait, l'habitude des jouissances auxquelles ils ne voulaient point renoncer leur firent acheter la paix à tout prix.

Bonaparte, qui renferme en son cœur un espoir que des conférences secrètes lui présentent déjà comme certain, adresse à ses soldats la proclamation suivante :

« Soldats, vous avez remporté en quinze jours six victoires, pris 21 drapeaux, 55 pièces de canon, plusieurs places fortes, et conquis la plus riche partie du Piémont ; vous avez fait 15,000 prisonniers, tué ou blessé plus de 10,000 hommes. Vous vous étiez jusqu'ici battus pour des rochers stériles, illustrés par votre courage, mais inutiles à la patrie. Vous égalez aujourd'hui, par vos services, l'armée de Hollande et du Rhin. Dénués de tout, vous avez suppléé à tout. Vous avez gagné des batailles sans canons, passé des rivières sans ponts, fait des marches forcées sans souliers, bivouaqué sans eau-de-vie, et souvent sans pain. Les phalanges républicaines, les soldats de la liberté étaient seuls capables de souffrir ce que vous avez souffert. Grâces vous en soient rendues, soldats ! la patrie reconnaissante vous devra sa prospérité ; et si, vainqueurs de Toulon, vous présageâtes l'immortelle campagne de 1793, vos victoires actuelles en présagent une plus belle encore. Les deux armées qui naguère vous attaquaient avec audace fuient épouvantées devant vous. Les hommes pervers qui riaient de votre misère et se réjouissaient, dans leurs pensées, des triomphes de vos ennemis sont confondus et tremblants. Mais, soldats, vous n'avez rien fait, puisqu'il vous reste à faire. Ni Turin ni Milan ne sont à vous ; les cendres des vainqueurs de Tarquin sont encore foulées par les assassins de Basseville ! On dit qu'il en est parmi vous dont le courage mollit, qui préféreraient retourner sur les sommets de l'Apennin et des Alpes. Non, je ne puis le croire, les vainqueurs de Montenotte, de Millésimo, de Dego, de Mondovi, brûlent de porter au loin la gloire du peuple français !... »

Cependant des conférences se sont tenues dans la maison de Salmatoris, maître d'hôtel du roi, et depuis attaché comme chambellan à Bonaparte empereur. Victor-Amédée a donné plein pouvoir au comte de La Tour et au colonel La Coste, ses envoyés. Bonaparte veut dicter un armistice tel qu'il tienne lieu de paix, afin qu'on voie mieux en lui tous les pouvoirs réunis. Ses manières sont affables, ses conditions sont dures, absolues. Il semble épargner un trône qu'il fait écrouler par sa base. Enfin, on règle les conditions suivantes :

« Que le roi quitterait la coalition et enverrait un plénipotentiaire à Paris, pour y traiter de la paix définitive ; que, jusque-là, il y aurait armistice ; que Céva, Coni, Tortone, ou, à son défaut, Alexandrie, seraient remis sur-le-champ à l'armée française, avec toute l'artillerie et les magasins ; que l'armée continuerait d'occuper tout le terrain qui se trouvait en ce moment en sa possession ; que les routes militaires, dans toutes les directions, per-

mettraient sa libre communication avec la France, et de la France avec
l'armée ; que Valence serait immédiatement évacuée par les Napolitains et
remise au général français, jusqu'à ce qu'il eût passé le Pô ; enfin, que les
milices du pays seraient licenciées, et que les troupes régulières seraient
disséminées dans les garnisons, pour ne donner aucun ombrage à l'armée
française. »

Le Directoire, confondu de la faiblesse du monarque et de la noble assurance du général, n'eut plus qu'à convertir en traité un armistice au-delà
duquel on ne pouvait plus rien exiger.

Tout respirait la joie et l'abondance dans une armée que l'ennui de sa
misère avait conduite à la victoire. Identifiée avec son général, elle respirait aussi l'oubli des fatigues et l'ivresse des victoires nouvelles. Quarante
ou cinquante mille hommes laissés dans les dépôts, depuis Nice jusqu'à
Grenoble, hâtaient leur marche pour prendre part à ces jours de fêtes, de
combats et de gloire, et ne voulaient plus être équipés que par les mains du
vainqueur.

Beaulieu ne songeait plus qu'à couvrir les États de son souverain ; le
grand fleuve de l'Italie, le Pô, offrait encore une ligne de défense, et tout
fut disposé pour en disputer le passage. Par l'armistice, l'armée française
avait été mise en possession d'une place située sur le Pô, avec une citadelle
qui domine le fleuve. Il était donc vraisemblable que Valence serait choisi
par un général méthodique pour s'assurer d'un pont protégé par une forteresse, les mouvements des différents corps les en rapprochaient. Des
déserteurs vrais ou simulés portaient à l'ennemi les détails de tous les préparatifs qu'une feinte précipitation se hâtait d'y rassembler ; l'armée républicaine n'était pas dans le secret de son chef, et se disposait à braver les
batteries qu'elle voyait s'élever sur l'autre rive, et à franchir les obstacles
que l'art avait multipliés à Pavie et sur les bords du Tesin. Mais, dit le rapport militaire du général, les Français républicains furent plus avisés que
ne l'avait été François I<sup>er</sup>.

Vingt milles au-dessous des préparatifs déployés à Valence, le génie du
chef avait marqué le point du fleuve où le passage qu'il méditait devait
s'effectuer, et ce choix imprévu avait le double avantage de rendre inutiles
tous les préparatifs de l'ennemi, et de détacher de la ligue une puissance
dont le pays devait donner des ressources à l'armée. Trois mille grenadiers
et 1,500 chevaux marchaient en secret et rapidement à Plaisance. Le général en chef les conduit, et avec lui des officiers de choix dont les noms
suivront souvent le sien dans ses récits militaires : Andréossi, Lannes,
Berthier, Laharpe, Dallemagne. Dans la nuit 100 cavaliers ont rassemblé
des bateaux, formant un convoi de l'ennemi ; d'abord Andréossi, avec 10
hussards, les avait abordés et ramenés ; à l'arrivée de Bonaparte, vers le
milieu du jour, on s'y précipite, les barques sont entraînées par le courant

au milieu du fleuve, un pont volant oublié par l'ennemi traverse seul et touche le bord opposé, un faible corps de cavalerie disputa un moment le passage, et ne le disputa qu'un moment; Lannes toucha le premier au rivage, et les autres divisions de l'armée, disposées en échelons, hâtant leur marche vers le point désigné, ont passé le fleuve dans la journée et dans la nuit suivante.

Le passage s'est effectué le 7 mai; le 8, la division du général Laharpe eut le bonheur de rencontrer une forte division autrichienne auprès du village de Fombio, dont elle avait crénelé les maisons. Malgré ses préparatifs de défense, elle fut culbutée presque aussitôt qu'attaquée, et perdit un tiers de ses forces. Le général Laharpe, qui venait d'obtenir ce succès, secondé par la bravoure des généraux Lanusse, Dallemagne et Lannes, était rentré victorieux dans son camp, lorsqu'il en est tiré par une subite alarme que vient lui donner un corps autrichien vraisemblablement égaré. Laharpe sort avec quelques officiers pour vérifier d'où provient ce bruit. Ce corps s'éloigne à la faveur des ténèbres. Laharpe veut rentrer dans son camp, mais la vigilance y est excessive d'après une première alerte donnée ; les soldats accueillent leur général et ses compagnons par un feu de file très-vif; Laharpe tombe mort ; les soldats reconnaissent leur méprise, s'accusent entre eux, et se livrent au plus violent désespoir. On crut d'abord que sa mort était l'effet de quelque ressentiment; mais les soldats repoussèrent cette calomnie par une douleur que les braves ne savent pas feindre.

*La République*, dit le rapport du général en chef, *perd un homme qui lui était très-attaché, l'armée un de ses meilleurs généraux, et tous les soldats un camarade aussi intrépide que sévère pour la discipline.* Berthier accourut, prit le commandement, repoussa l'ennemi et s'empara de Casal; le quartier-général s'y établit le même jour. Le lendemain, l'avant-garde attaqua Lodi; Beaulieu fit évacuer la ville, et ne prolongea la défense que le temps nécessaire pour repasser l'Adda, prendre une position derrière cette rivière et en défendre le pont, seul passage de l'armée française pour aller à lui ; un gué praticable pour la cavalerie se trouva si difficile, qu'elle ne put prendre part au commencement de l'action. Ce pont de Lodi a cent toises de long, et 30 pièces de gros calibre en défendaient les approches ; un combat d'artillerie s'engagea d'un bord à l'autre et se prolongea pendant que les divisions de l'armée arrivaient successivement et étaient formées en colonne serrée derrière la ville. Le passage du Pô avait été surpris : celui de l'Adda ne pouvait être emporté que par l'intrépidité des soldats; deux bataillons d'infanterie légère tenaient la tête de cette colonne serrée en masse ; les feux de mousqueterie et d'artillerie se croisaient sur le débouché qui conduisait au pont. Lorsque la tête de la colonne y arriva, il y eut un moment d'hésitation; les généraux s'élancèrent à la tête des troupes; Berthier, Masséna, Cervoni, Dallemagne, Lannes, Dupat les enlevèrent au pas de charge, rien n'arrêta plus leur effort. Une fois qu'ils furent maîtres du pont, la ligne ennemie fut enfoncée par l'impulsion de cette masse formidable ; sa marche audacieuse frappa de terreur : en se répandant de tous côtés sur les flancs de cette ligne rompue, elle fit tout plier : l'artillerie fut enlevée, la défaite fut bientôt une déroute.

Après un choc si foudroyant, Beaulieu parvint cependant à rallier le reste de son armée. Mais, par sa retraite, il livrait la forteresse de Pizzighitone à sa faible garnison qui se hâta de capituler ; il abandonnait Crémone, Milan, Pavie, Côme et Cassano.

Voici l'ordre du jour que Bonaparte fit publier dans son armée :

« Soldats, vous vous êtes précipités comme un torrent du haut de l'Apennin. Vous avez culbuté, dispersé tout ce qui s'opposait à votre marche. Le Piémont, délivré de la tyrannie autrichienne, s'est livré à ses sentiments naturels de paix et d'amitié pour la France. Milan est à vous, et le pavillon républicain flotte dans toute la Lombardie. Les ducs de Parme et de Modène ne doivent leur existence politique qu'à votre générosité. L'armée qui vous menaçait avec orgueil ne trouve plus de barrière qui la rassure contre votre courage : le Pô, le Tesin, l'Adda n'ont pu vous arrêter un seul jour ; ces boulevarts vantés de l'Italie ont été insuffisants ; vous les avez franchis aussi rapidement que l'Apennin. Tant de succès ont porté la joie dans le sein de la patrie ; vos représentants ont ordonné une fête dédiée à vos victoires, célébrée dans toutes les communes de la République. Là, vos mères, vos épouses, vos sœurs, vos amantes se réjouissent de vos succès et se vantent avec orgueil de vous appartenir. Oui, soldats, vous avez beaucoup fait..... mais ne vous reste-t-il donc plus rien à faire?... Dira-t-on de nous que nous avons su vaincre, mais que nous n'avons pas su profiter de la victoire? La postérité nous reprochera-t-elle d'avoir trouvé Capoue dans la Lombardie? Mais je vous vois déjà courir aux armes ; un lâche repos vous fatigue ; les journées perdues pour la gloire le sont pour votre bonheur. Eh bien ! partons, nous avons encore des marches forcées à faire, des ennemis à soumettre, des lauriers à cueillir, des injures à venger. Que ceux qui ont aiguisé les poignards de la guerre civile en France, qui ont lâchement assassiné nos ministres, incendié nos vaisseaux à Toulon, tremblent. L'heure de la vengeance a sonné. Mais que les peuples soient sans inquiétude ; nous sommes amis de tous les peuples, et plus particulièrement des descendants des Brutus, des Scipion et des grands hommes que nous avons pris pour modèles. Rétablir le Capitole, y placer avec honneur les statues des héros qui le rendirent célèbre, réveiller le peuple romain engourdi par plusieurs siècles d'esclavage, tel sera le fruit de vos victoires; elles feront époque dans la postérité : vous aurez la gloire immortelle de changer la face de la plus belle partie de l'Europe. Le peuple français, libre, respecté du monde entier, donnera à l'Europe une paix glorieuse, qui l'indemnisera

**KELLERMANN** (François–Christophe).

Né à Strasbourg en 1735. — Général en chef de l'armée de la Moselle, en 1792, — de l'armée des Alpes en 1793, — de l'armée d'Italie en 1795, — de l'armée des Alpes en 1796. — Maréchal de France. — Mort en 1820.

**Bataille de Valmy** (20 septembre 1792).

des sacrifices de toute espèce qu'elle a faits depuis six ans. Vous rentrerez alors dans vos foyers, et vos concitoyens diront en vous montrant : *Il était de l'armée d'Italie !* »

Milan, abandonné par l'archiduc et enflammé par l'amour de la liberté, par les nobles espérances que Bonaparte avait données, attendait en lui le libérateur de l'Italie. Son entrée dans cette capitale de la Lombardie fut une fête nationale ; en se voyant accueilli par l'enthousiasme de tout le peuple de Milan, paré des couleurs nationales, Bonaparte aurait pu se croire dans l'une des plus belles villes de France, accourue tout entière pour le voir, l'admirer et l'applaudir. Les vainqueurs de Lodi partagèrent les honneurs de leur général, et trouvèrent comme lui des amis dans les Italiens. Le même jour où Bonaparte entrait avec eux dans Milan, comme César ou Pompée avec leurs soldats dans Rome délivrée de ses ennemis, le Directoire signait le traité de paix avec le roi de Sardaigne, et consacrait une fête solennelle aux victoires des armées de la République. Bonaparte ne s'endormit pas dans la prospérité. Le lendemain même de son triomphe, il s'occupait de pousser le siége de la citadelle, imposait une contribution à la ville, donnait des ordres pour la recherche des objets d'art dignes du musée de Paris, s'occupait d'organiser la Lombardie, faisait poursuivre l'armée autrichienne, traitait avec le duc de Modène, et méditait de nouvelles conquêtes. Beaulieu, retiré sous les murs de Mantoue, venait de recevoir des renforts, en attendait d'autres, et pouvait reprendre l'offensive.

Bonaparte voulut prévenir son adversaire. Il avait quitté Milan au milieu des acclamations générales ; trois heures après, le tocsin sonnait dans toute la Lombardie. Le peuple milanais, électrisé par la liberté promise et par l'exemple des conquérants, avait pu adopter les formes républicaines, mais le sacerdoce regrettait sa prééminence, et la noblesse ses distinctions. Tous les agents du gouvernement aboli voyaient les efforts de l'insurrection et de la résistance, comme un acte de fidélité à leurs anciens maîtres. La garnison française avait été désarmée et prisonnière à Pavie. Le général revint en hâte de Lodi d'où il disposait les mouvements pour le siége de Mantoue. Il lui suffit de rentrer dans Milan, avec l'archevêque, pour apaiser et disperser les rassemblements tumultueux. A Pavie, les portes furent fermées ; il fallut les forcer avec la hache et le canon ; il fallut combattre dans les rues, forcer l'entrée des maisons, enfin sévir par des rigueurs sanglantes, que l'état de guerre ne rend que trop inévitables et que le salut des siens peut commander impérieusement. La municipalité de Pavie fut fusillée ; 200 otages furent envoyés en France ; au village de Binasco, des paysans attroupés étaient en armes, on les attaqua, le village fut brûlé.

Le calme rétabli, le général retourna à son armée ; son quartier-général était à Brescia, et de là il dirigeait les mouvements pour le passage du Mincio et l'investissement de Mantoue ; une tentative sur l'Adige n'avait pas eu de succès ; le général hongrois Mélas avait opposé la ruse à l'impétuosité française ; des batteries, cachées et démasquées à propos, avaient détruit le pont, après qu'une partie de l'armée française l'avait passé, et tout ce qui se trouva au-delà eut beaucoup à souffrir. Des dispositions mieux combinées réparèrent cet échec, en portant le plan d'attaque au-dessous du confluent. Beaulieu avait établi tous ses postes sur la rive du Mincio, entre le lac de Garde et Mantoue. Le général français lui donna à craindre d'être tourné par la partie supérieure du lac ; et tandis que, par des postes prolongés sur la rive droite, il obligeait l'ennemi à s'étendre sur la rive opposée, pour s'assurer de sa retraite dans le Tyrol, les grandes divisions de l'armée républicaine, secrètement portées et distribuées en arrière des vrais points d'attaque, pouvaient s'y réunir par des marches combinées, et porter l'effort sur les points que l'ennemi avait été forcé d'affaiblir. C'est à cette tactique de la pensée que furent presque toujours dus les avantages des armées que commandait Bonaparte ; chaque partie de l'exécution était confiée à des lieutenants habiles, à des chefs expérimentés, à des subalternes instruits et dévoués, à des soldats aguerris et animés par un zèle patriotique, et doués la plupart d'une intelligence supérieure. Tout concourait aux succès, et cela seul lès explique ; on était toujours et partout victorieux, parce que tous les moyens de vaincre étaient là, et étaient mis en œuvre par un talent qui connaissait leur force et les siennes.

Le point de passage du Mincio était marqué à Borghetto ; trois divisions, commandées par Masséna, Augereau et Serrurier, partirent la nuit de leurs différentes stations, et, par des marches combinées, trouvèrent d'abord l'avant-garde ennemie : en se repliant, elle rompit une arche du pont. Tandis que l'on travaillait à la réparer, sous le feu des batteries opposées, 50 grenadiers impatients entrent dans le fleuve, tenant leurs armes élevées. « Gardanne, dit le récit du chef, grenadier pour la taille et pour le courage, est à leur tête ; l'ennemi crut voir la terrible colonne de Lodi. » Les premières troupes lâchèrent pied, le pont fut rétabli ; la cavalerie ayant des pelotons d'infanterie sur ses flancs, chargea et repoussa l'ennemi jusqu'au-delà du village où Beaulieu avait son quartier-général. Pendant qu'un combat d'artillerie s'y prolongeait à dessein, la division Augereau, par un long détour, cherchait à tourner l'aile droite des Impériaux, et à leur couper la retraite sur le Tyrol. Beaulieu, averti à temps, put l'effectuer.

Dès le lendemain, l'armée se porta sur l'Adige, mais l'ennemi l'avait déjà passé et replié presque tous ses ponts avec Butchein. « Voilà donc, dit le même récit, les Autrichiens entièrement expulsés de l'Italie, nos avant-postes sont sur les montagnes de l'Allemagne. » Il se plaît, dans ce rapport, à peindre l'état de son armée : « Ils jouent et rient avec la mort, ils sont aujourd'hui parfaitement accoutumés avec la cavalerie, dont ils se moquent ; rien n'égale leur intrépidité, si ce n'est la gaîté avec laquelle ils font les marches les plus forcées. Ils chantent tour à tour la patrie et l'amour ; vous croiriez qu'arrivés à leurs bivouacs ils doivent au moins dormir, point du tout, chacun fait son conte ou son plan d'opération pour le lendemain, et souvent on en rencontre qui voient très-juste. » C'était aussi avec ce style cavalier, cette liberté d'esprit, que Bonaparte rendait ses comptes à l'autorité suprême du Directoire, et cette supériorité dans les rapports civils était déjà un présage assez sûr de l'avenir.

Immédiatement après le passage du Mincio, Vérone fut occupé par la division Masséna. Peu de jours avant, le frère de Louis XVI, qu'on désignait en Europe sous le titre de prétendant, était sorti de cette ville de refuge. Le sénat vénitien lui fit dire avec assez peu d'égards de quitter le territoire de la république, et le prince répondit avec dignité qu'on eût à lui apporter le *livre d'or*, pour y rayer le nom de sa famille, et à lui remettre l'épée que son aïeul, Henri IV, avait donnée au sénat. A cette seconde proposition, le sénat répondit avec une dureté ironique, en réclamant 12 millions, prêtés sans doute sur ce gage.

La retraite de Beaulieu, dans le Tyrol, laissait Mantoue à découvert et abandonné à ses seules forces. Cette place, que la maison d'Autriche a toujours regardée comme la clef de ses possessions en Italie, est forte par la nature et par l'art, située au milieu d'un lac, ou plutôt d'un marais, que forme le Mincio ; à l'est deux longues chaussées sont les seules approches ; l'une est couverte par la citadelle, l'autre par un fort ; au couchant une grande presqu'île, formée par un bras du Mincio ; au sud et au nord, des défenses dont les murs sont baignés par les eaux du lac.

La division Augereau, tournant par la partie supérieure du lac, alla investir la place du côté de l'ouest, tandis que Dallemagne formait l'investissement du bord opposé ; déjà les grenadiers s'avançaient en tirailleurs sur la chaussée, répétant *Lodi*, *Lodi*, et prétendaient emporter la place de vive force. La prudence du chef les fit rappeler ; on manquait d'artillerie de siége ; elle n'avait pu suivre la rapidité des marches, il fallut y suppléer par celle qu'on avait prise sur l'ennemi. Mais le plan du général n'était pas d'établir d'abord un siége en forme et des attaques régulières ; Mantoue devait tomber si l'armée autrichienne était forcée d'abandonner le Tyrol, où elle prenait des positions formidables, et où elle attendait les nombreux renforts que l'on préparait à Vienne. Tous les moyens y étaient stimulés contre l'énergie républicaine. Les habitants de Vienne formèrent des corps militaires ; les princesses leur brodèrent des drapeaux, les dames de la cour donnèrent des cocardes et des écharpes ; on ressuscita le mot Patrie, auquel ont toujours recours dans les orages ceux qui le craignent, et qui le font oublier pendant le calme. Les Hongrois signalèrent leur antique attachement pour leur maître ; on avait créé une armée nouvelle, jointe aux 25,000 hommes tirés des armées du Rhin ; les forces de la maison d'Autriche reparurent formidables.

Beaulieu, général habile et malheureux, céda le commandement au général Wurmser ; l'expérience d'un vieux guerrier parut seule pouvoir être opposée à la fortune et au génie d'un jeune conquérant. Wurmser, né Français, avait fait ses premières armes dans l'armée du maréchal de Broglie, pendant la guerre de Sept ans ; il avait commandé avec éclat des corps d'avant-garde. A la fin de cette guerre, il entra au service de la maison d'Autriche, et se distingua dans les guerres de Joseph contre les Turcs ; il avait vieilli dans les honneurs militaires, et avait alors près de quatre-vingts ans. Il déploya dans cette campagne les talents d'un chef expérimenté et l'activité d'un jeune général. L'ascendant d'un talent supérieur et d'une fortune fidèle l'emporta.

Aussitôt que le blocus fut établi, le général français rassembla les divisions de son armée, et les dirigea sur les montagnes du Tyrol. Une proclamation habile annonça aux habitants que c'était la paix de l'Europe que l'armée républicaine apportait dans leur pays. « Je vais passer sur votre territoire, braves Tyroliens, pour obliger la cour de Vienne à une paix nécessaire à l'Europe... L'armée française respecte et aime tous les peuples, plus particulièrement les habitants simples et vertueux des montagnes. Votre religion et vos usages seront partout respectés... Vous nous recevrez avec hospitalité, et nous vous traiterons avec fraternité et amitié. Mais s'il en était qui connussent assez peu leurs véritables intérêts pour prendre les armes, et nous traiter en ennemis, nous serons terribles comme le feu du ciel... Sous peu, la cour de Vienne, obligée à la paix, rendra aux peuples ses priviléges, et à l'Europe la tranquillité. » L'ambition de Bonaparte était et devait être d'obtenir le titre glorieux de pacificateur, qui seul le distinguait parmi les généraux victorieux qui l'avaient précédé. La gloire militaire de la France était au faîte, lui-même l'avait encore élevée ; toute l'Europe était fatiguée, et le guerrier auquel elle devrait la paix devait s'acquérir un titre à la grandeur et à sa reconnaissance. La pensée du conquérant s'était élevée à cette hauteur où se trouvaient aussi les grands intérêts de sa destinée ; ce fut à cette époque et pendant le premier siége de Mantoue qu'il fit ou ordonna sur Livourne, à Modène, et dans l'Etat de l'Eglise, ces expéditions promptes qui déterminèrent les armistices, puis les traités de paix avec ces puissances. Le but était moins de s'étendre par des conquêtes, que de s'assurer des peuples qu'il devait laisser derrière lui pendant les marches qu'il méditait déjà sur les Etats héréditaires de l'Autriche. Soumettre ces pays à des subsides et à des garanties atteignait plus sûrement ce but que l'occupation à main armée d'un pays qu'il eût fallu garder avec une partie des forces destinées à des opérations plus décisives. Cette politique militaire décida le vainqueur à s'abstenir aussi de Rome ; Mantoue n'était pas pris, de nombreux renforts grossissaient chaque jour l'armée autrichienne dans le Tyrol, et l'armée française, resserrée dans la presqu'île de l'Italie, pouvait au retour se trouver obligée de se dépolyer devant un ennemi maître des débouchés et des plaines ; d'ailleurs, ces ménagements inattendus pour le souverain pontife ralliaient les opinions religieuses dans un pays où elles avaient encore un grand pouvoir, et présageaient peut-être des circonstances où ces ménagements, ces égards pouvaient être des dettes à acquitter. Le pape donna 20 millions, deux provinces et reçut des commissaires chargés de lever un tribut sur les antiques chefs-d'œuvre des arts dans leur antique capitale.

Cependant le maréchal Wurmser accourait sur Trente avec un renfort de plus de 25,000 hommes d'élite, détachés de l'armée impériale du Rhin. Le conseil aulique faisait partout d'immenses levées d'hommes qui rejoignaient en hâte Wurmser dans la ville de Trente, où il était arrivé le 15 juillet. L'armée impériale fut ainsi portée à 100,000 hommes, avec lesquels le nouveau général se flattait de délivrer aisément l'Italie et d'anéantir Bonaparte.

Le plan de campagne de Wurmser fut rédigé par le général Weyrother, son chef d'état-major. Il consistait, vu la supériorité numérique de ses troupes, à envelopper l'armée française. Wurmser ne songea pas que cette manœuvre, en l'obligeant à des mouvements excentriques très-étendus, servirait son ennemi ; ses forces, comme celles de Beaulieu, allaient se trouver morcelées et éparpillées sur une trop longue ligne, et offrir au général en chef et entreprenant de l'armée française, les mêmes chances de succès qu'il avait su saisir si opportunément jusqu'alors.

Les brillantes journées de Montenotte, de Millesimo, de Mondovi et de Lodi, ces quatre victoires aussi rapides que brillantes, vont disparaitre devant des batailles plus importantes, devant des victoires plus gigantesques, des traits de bravoure plus prodigieux et des coups de génie plus admirables. Le siége de Mantoue va nous occuper longtemps. Mais cette ville devait décider à la fois du sort de l'Italie et de celui de l'Autriche.

Un violent orage menaçait l'armée française. Wurmser, sur le bruit du danger de Mantoue, s'avançait par les gorges du Tyrol avec 30,000 hommes.

Bonaparte a dit, dans ses mémoires, qu'il avait en vain sollicité des renforts de l'intérieur, et qu'à peine lui arriva-t-il cinq à six mille hommes, au plus fort de la crise où il était engagé. Ce fut donc avec 40,000 hommes qu'il eut à en combattre 80,000 ; car il porte à ce nombre l'armée autrichienne. Le premier choc de Wurmser parut annoncer que l'Italie allait encore une fois changer de maître, mais cette crise fit d'autant plus ressortir le génie, le talent et le caractère de Bonaparte.

Le plan du général autrichien était, en descendant les gorges du Tyrol par la tête du lac de Garde, de s'y partager, en suivant les deux rives. Le blocus de Mantoue se trouvait ainsi attaqué par ses deux flancs, et l'aile de son armée, tenant les hauteurs et les sources des rivières, pouvait reporter la guerre dans le Milanais. A la rive gauche du lac, entre ses eaux et celles de l'Adige, les postes importants de la Corona furent enlevés ; Vérone fut alors nécessairement évacuée, tous ses postes se trouvèrent repliés sur l'ar-

méc. Quasnadowich mit en déroute la division Sorcs à Salo. Mais ce fut là
que le général Guyeux renouvela le prodige d'intrépidité qui avait illustré
Rampon. Coupé de la division fugitive avec 1,500 hommes, et cerné de
toutes parts, il se retrancha dans un vieux château, disent les uns, ou, selon
d'autres, dans une simple habitation, et sans munitions de guerre ni de
bouche, il s'y défendit pendant deux jours entiers. Le vieux Wurmser se
montra presque un général français par l'impétuosité avec laquelle il profita
de ses premiers avantages.

L'armée autrichienne occupa Brescia, puis s'empara de Peschiera, de Lo-
nado, de Castiglione, et Wursmser s'apprêta à entrer en vainqueur à Mantoue. Dans cette position critique, une grande pensée sauva l'armée, et la
conduite des généraux, la valeur constante des troupes, ramena la victoire.
Bonaparte avait pénétré le plan de Wurmser ; il voyait que le général autrichien étendait ses troupes dans tous les sens pour le cerner, et que le lac
de Garda séparait dans toute sa largeur Quasdanowich, qui occupait les
postes de Salo, Castiglione et Lonato, de Wurmser qui marchait sur Mantoue.
Bonaparte a résolu d'agir avec tout l'ensemble de ses forces contre l'une
des divisions ennemies, et de l'accabler avant qu'elle ait pu être secourue
par l'autre. Pour entretenir Wurmser dans une confiance qui lui sera funeste, il agit comme s'il se reconnaissait vaincu, ne songe point à défendre
le Mincio, et donne l'ordre au général Serrurier de lever le siége de Mantoue
avec tous les signes apparents de la précipitation, de la terreur et de l'épouvante. En conséquence, ce général brûle ses affûts de siége, jette la poudre
à l'eau, enterre les projectiles, encloue ses pièces et lève le siége dans la
nuit du 31 juillet au 1er août.

Wurmser s'étonne et se réjouit d'une victoire encore plus complète et
plus prompte qu'il n'avait espéré. Il entre dans Mantoue, s'occupe à profiter
des restes de l'artillerie dispersés par les Français, et envoie à la cour de
Vienne un récit triomphant qui, daté de Mantoue, semble dire : L'Italie est
sauvée.

Mais, pendant ce temps, Bonaparte, Masséna et Augereau, qui ce jour-là
semblent avoir redoublé d'impétuosité et de valeur, attaquent avec furie
les deux généraux Quasnadowich et Liptay, qu'ils ont surpris dans toute la
sécurité de la victoire. L'intrépide Guyeux est dégagé par Masséna, et sort
d'une maison dont son intrépidité a fait une forteresse. Le général Pigeon
est un moment fait prisonnier avec sa troupe, mais Bonaparte le délivre.

Ces combats ont duré deux jours, et les généraux autrichiens, si vivement
pressés, n'ont encore reçu aucun secours de Wurmser. Enfin, ce général
est informé de leur danger : il marche lui-même à leur secours. Le 3 août,
la bataille s'engage plus terrible à Castiglione et à Lonato. Bonaparte vole
perpétuellement de l'un à l'autre de ces champs de bataille. Ici il fortifie
Augereau, et là, Masséna. Castiglione est emporté. Les corps autrichiens ne

savent plus quelle direction suivre. Ils se voient coupés, traversés, foudroyés dans tous les sens par une armée que tout à l'heure ils s'étaient attendus à voir fuir en désordre sur la route de Milan.

Un extrême danger que Bonaparte courut après cette double victoire lui fournit l'occasion de donner un insigne témoignage de la puissance de son caractère. Tandis que ses généraux ramassaient de toutes parts des prisonniers, il revenait de Castiglione reconquis sur Lonato, théâtre d'une autre action très-vive. Il y avait quelques heures qu'ils s'en étaient emparés. Mais, emportés par la victoire, ils n'y avaient laissé que 1,200 hommes. Tandis que Bonaparte y donnait ses ordres, on lui annonce un parlementaire, qui vient le sommer de se rendre, et on l'informe en même temps que l'avant-garde d'une colonne ennemie s'approche de la ville, et que la route de Brescia à Ponte-Marco est déjà interceptée. Napoléon n'ayant avec lui, à Lonato, que 1,000 à 1,200 hommes, sa situation était éminemment critique ; mais bientôt, revenu du premier moment de surprise, et éclairé par un trait de lumière, il conçoit qu'il ne peut être attaqué à Lonato que par les débris d'une division ennemie, qui, battue la veille, avait été poussée sur Dezenzano et sur le lac de Garda, et essayait de rejoindre le général Quasdanowich. S'adressant au parlementaire, il lui demande, avec un mélange de colère et de dignité, comment il osait venir ainsi sommer un général vainqueur. « Allez, ajouta-t-il, allez dire au général qui vous a envoyé, que s'il a prétendu faire une insulte à l'armée française, je suis ici pour la venger ; qu'il est lui-même mon prisonnier ; que si dans huit minutes il n'a pas mis bas les armes, et si une seule amorce est brûlée, je le fais fusiller, lui et ses gens. »

Puis, faisant ôter le bandeau qui couvrait les yeux du parlementaire, il ajouta : « Vous voyez le général Bonaparte au milieu de son état-major et de l'armée républicaine. Rapportez à votre général qu'il lui est loisible de faire une bonne capture. » L'officier étant reparti, Bonaparte fit aussitôt avancer les grenadiers qui gardaient le quartier-général et quelques pièces d'artillerie. Le chef de la colonne ennemie, fort surpris d'apprendre que Bonaparte et son état-major se trouvaient à Lonato, demanda à son tour à capituler. « Non, dit Bonaparte avec fierté, je ne puis capituler avec des hommes qui sont mes prisonniers. »

L'Autrichien insistait ; mais lorsqu'il vit Napoléon faire une démonstration d'attaque, il se rendit avec 3 bataillons, forts d'environ 3,000 hommes, 20 hulans, 3 drapeaux et 4 pièces de canon. Ce trait d'audace, qui dévoile bien le caractère de Bonaparte, fut bientôt connu de toute l'armée, et servit à accroître l'enthousiasme et la confiance du soldat pour un homme qui venait d'échapper, par la force de son génie, à un danger imminent.

Le 18, à la pointe du jour, les deux armées étaient en présence : il y eut d'abord hésitation de part et d'autre ; Wurmser couvrait Mantoue et voulait être attaqué ; le général français attendait la division Serrurier qui, venant de l'aile gauche de l'ennemi, devait se trouver postée sur son flanc au premier mouvement qu'il ferait pour se porter en avant. Afin de provoquer ce mouvement, le général en chef fit rétrograder toute sa ligne, et réussit en partie. Wurmser craignant pour sa droite, l'étendit, voulant fermer les passages sur Mantoue, en avant de son aile gauche ; pour la soutenir, il avait construit dans la plaine une forte redoute : vingt pièces d'artillerie à cheval y furent dirigées, et cette canonnade donnait le temps d'arriver à la colonne que Serrurier amenait. Dès qu'elle fut aperçue commençant l'attaque de l'aile gauche, le centre se porta en avant au pas de charge ; le feu d'artillerie avait suffi pour faire abandonner la redoute ; toute la ligne ennemie se mit en retraite, et la fit sur le Mincio ; sa droite à Peschiera, sa gauche à Mantoue. Le lendemain, Masséna attaqua et força le camp retranché sous Peschiera : le 20, la division Augereau passa le Mincio à Peschiera, Serrurier se porta sur Vérone, où était encore l'arrièregarde ennemie. Le provéditeur du sénat vénitien refusant d'en ouvrir les portes, le canon les ouvrit, et de ce même jour, toutes les divisions françaises eurent repris leurs anciennes positions autour de Mantoue. L'histoire n'offre pas d'exemple de pareils résultats : ce ne sont plus des armées battues et en retraite cédant le champ de bataille et quelques contrées. Le vainqueur avait le droit de dire : « L'armée autrichienne qui, depuis six semaines, menaçait l'Italie, a disparu comme un songe, et l'Italie qu'elle menaçait est aujourd'hui tranquille. » Pendant cette grande lutte, les peuples, à Milan, à Bologne, à Ferrare, furent spectateurs assez immobiles, et attendirent le sort que leur réservait la fortune. A Rome, quelques agitateurs y insultèrent des Français. Le pape, malgré l'armistice et malgré les représentations du ministre d'Espagne, se hâta trop de renvoyer à Ferrare un vice-légat, obligé d'en ressortir peu de jours après.

Rentrée dans ses anciennes positions autour de Mantoue, l'armée n'avait plus retrouvé les moyens qu'elle y avait laissés pour en faire le siége. Tous les travaux étaient détruits, 150 bouches à feu avaient été traînées dans la place ; le général résolut de n'y laisser qu'un blocus et de marcher sur l'ennemi en retraite dans le Tyrol.

Ces prodigieux succès firent taire l'envie, qui, dès les premiers revers, semblait se réveiller d'un repos pénible. Le conquérant avait eu besoin d'être défendu à la cour directoriale, et les directeurs avaient cru nécessaire de lui adresser une lettre de satisfaction qui pût en imposer à ses ennemis, et maintenir l'opinion publique en faveur d'un général dont les victoires consolidaient leur autorité. Cette autorité naissante était déjà attaquée : les mécontents qu'irritait la nomination aux places éminentes ou lucratives ; les chefs connus, ou les moteurs secrets des deux partis d'opposition, royalistes ou anarchistes ; les oisifs qui, plus en France qu'ailleurs, se font frondeurs pour chercher quelque importance à leur nullité, et le sont toujours du gouvernement quel qu'il soit; tous ces divers partis qui, sans suivre la même route, tendaient au même but, se réunissaient pour détruire ce qui était, sauf à se séparer, pour se combattre, lorsqu'il s'agirait de remplacer ce qu'on aurait détruit.

Ces tracasseries intérieures, qui n'auraient pas existé sous un gouvernement bien établi, ne laissaient pas de contrarier et d'aigrir un gouvernement encore nouveau, qui n'avait pas la force d'Hercule, et dont les serpents entouraient le berceau. Par une allusion piquante, le général en chef de l'armée d'Italie recommandait au Directoire, entre plusieurs objets d'histoire naturelle qu'il lui envoyait : « une collection complète de serpents, qui, disait-il, m'ont paru bien mériter de faire le voyage de Paris. »

Le reste du mois d'août se passa sans de grands événements. Wurmser avait trouvé un excellent point d'appui dans le Tyrol, province très-affectionnée à l'Autriche, qui lui faisait depuis plusieurs siècles sentir très-légèrement sa domination. Ce pays escarpé, et formé par la nature comme une immense forteresse, nourrit une population que l'exercice continuel de la chasse dispose à l'esprit belliqueux. Wurmser y trouva des ressources pour recruter son armée affaiblie.

On ne connaissait alors que les succès des deux armées de Sambre-et-Meuse et du Rhin. Bonaparte les secondait, en se portant sur le Tyrol. Maître du Tyrol, il eût pu appuyer le général Moreau dans sa marche sur Vienne. Mais c'était entrer dans un rôle secondaire qui ne convenait plus à sa gloire. D'ailleurs, en suivant cette marche, il découvrait Mantoue et compromettait toute l'Italie.

Wurmser n'hésita point, en voyant les mouvements d'armes des Français sur le Tyrol, à penser que les armées de Moreau et de Bonaparte allaient enfin combiner leurs efforts. Il résolut de faire abandonner cette pensée à Bonaparte, en faisant de nouvelles démonstrations pour la délivrance de l'Italie, et se porta sur Bassano. Bonaparte conçoit tout de suite l'espoir de lui couper la retraite sur le Tyrol italien, et de le tenir enfermé entre la Brenta et l'Adige. Il se porte sur Rovérédo. Le pont de la Sarca, défendu par le prince de Reuss, se présentait sous un aspect terrible. On venait de côtoyer des rocs à pic et des précipices, et l'œil ne planait au loin que sur des abîmes nouveaux. Mais cette guerre de montagnes plaisait à des soldats agiles et intelligents. Elle était surtout dans le génie de Masséna. Le général Saint-Hilaire enleva au pas de charge le pont de la Sarca ; Masséna dirige l'attaque de Rovérédo. L'action est disputée. Bonaparte saisit le moment où les Autrichiens paraissent fatigués de leurs efforts, pour ordonner une charge de cavalerie. Le général Dubois qui la commande tombe bientôt blessé mortellement. Mais les Français ne se ralentissent pas dans leurs efforts. Ils entrent dans Rovérédo pêle-mêle avec les Autrichiens, font un grand

nombre de prisonniers, et s'emparent d'un parc d'artillerie et d'un équipage de pont.

Bientôt ils sont maîtres de Trente. Wurmser a perdu les remparts naturels qui protégeaient ses attaques et pouvaient le rendre encore formidable
dans une retraite. Tentera-t-il de nouveau de s'ouvrir ce chemin? ou s'as-
surera-t-il d'une retraite dans le Tyrol allemand? Il lui déplaît de prendre
l'attitude d'un vaincu et d'accroître l'audace du vainqueur. C'est dans Mantoue que Vienne croit voir son salut. La gloire de Wurmser est de l'avoir
délivrée une première fois; mais que sa gloire serait plus certaine, s'il
parvenait encore à tenir la campagne sous les murs mêmes de cette place!
Il reste à Bassano dont il s'est emparé, et dirige son avant-garde sur le chemin de Mantoue.

Mais Bonaparte accourt; il emporte une tête de pont qui couvre la nouvelle position du général autrichien. Masséna et Augereau ont tout enfoncé.

L'attaque de Bassano fut si prompte, que les divisions Masséna et Augereau y entrèrent en même temps; à peine les grenadiers autrichiens pu-
rent-ils en défendre le pont, assez pour donner au général, à son état-major,
à la caisse militaire le temps de s'échapper; le pont, malgré la nombreuse
artillerie qui le défendait, fut enlevé au pas de charge. Wurmser, poursuivi de près par un escadron des guides, ne fut manqué que de peu d'instants; il gagnait l'Adige pour rallier les débris de son armée au corps qu'il
avait détaché à Vérone; ces 15,000 hommes étaient le reste de cette armée
dont le début brillant avait promis l'affranchissement à l'Italie conquise :
tout était pris, dispersé ou n'existait plus.

Un espace de quelques lieues, resserré entre deux rivières, était maintenant le théâtre d'une lutte qui devait décider du sort de l'Italie ; là, un vieux
guerrier opposait toute l'activité du jeune âge à la prudente habileté d'un
jeune général. La victoire était décidée; il s'agissait de terminer la guerre.
Si Wurmser était prisonnier, si ce qui lui restait de troupes était forcé de
poser les armes, Mantoue, sans espoir de secours, était obligé de capituler,
et l'Autriche, sans point d'appui en Italie, ne pouvait plus songer à y envoyer une nouvelle armée. Toutes les mesures furent prises, tous les événements prévus, tous les passages gardés ou fermés. Tandis que l'armée
victorieuse serre de près l'ennemi, précipite sa retraite et le pousse sur
Mantoue, des corps détachés, d'avance joints à ceux qui investissent cette
ville, en défendent les approches, en ferment l'entrée. Des deux côtés, tout
ce que la science, l'audace et la ruse ont de ressource est employé. Si l'histoire l'osait, elle admettrait une fois ces comparaisons, ces images dont
s'embellit la poésie, lorsqu'elle peint les efforts d'un lion magnanime que
d'infatigables chasseurs ont cerné dans une enceinte et dont il tente toutes
les issues; partout repoussé, il essaie partout ses armes, l'agilité et la force;

entouré d'ennemis, il ne se défend pas, il attaque, succombe ou s'ouvre
un passage.

Pendant quatre jours de marches forcées et de combats que dura cette
lutte de la vigilance et du désespoir, les troupes furent toujours en mouvement, et le génie militaire des chefs n'eut pas un moment de repos. Les
divisions de l'armée française, par leurs dispositions, tenaient tous les passages de l'Adige et de la Brenta, à Vicence, à Vérone, à Montebello, à Padoue. Wurmser prit alors le seul parti qui lui restait, celui de passer l'Adige,
et, ralliant tout ce qu'il put réunir, il se porta sur Porto-Legnago ; ce poste
était gardé, il l'attaqua et s'en empara ; aussitôt la division Augereau eut
ordre de l'y cerner, tandis que Masséna se porta sur le chemin de Mantoue
pour lui barrer le passage. Pressé entre deux corps, chacun supérieur au
sien, le général ennemi devait poser les armes. Les guides qui conduisaient
l'avant-garde de Masséna s'égarèrent ; elle fut rencontrée par l'armée ennemie, qui la repoussa, força le passage, et continua sa route sur Mantoue ;
Masséna se mit à sa suite, espérant encore la rejoindre au passage des deux
petites rivières qu'elle avait à traverser. Trouvant ces postes occupés,
Wurmser s'était porté sur un autre passage, le seul qu'on eût laissé, soit oubli,
soit, comme le dit le récit du général en chef, *parce qu'il faut faire un pont
d'or à l'ennemi qui fuit quand on ne peut lui opposer une barrière d'acier.*
Ce pont, sur la Molinella, était faiblement gardé par le général Charton ; il
fut tué au commencement de l'attaque, et sa troupe se replia. Wurmser
entra dans Mantoue avec à peu près 10,000 hommes, moitié de cavalerie,
débris de cette armée menaçante qu'il avait conduite avec tant de courage
et d'habileté, mais qui cédait à l'ascendant d'une fortune et d'un génie supérieurs.

Les colonnes républicaines se réunirent alors autour de Mantoue, et pressèrent le siége d'une forteresse que défendait une armée. Mantoue, par sa
position, est une place forte située au milieu d'un camp retranché qui présente une vaste enceinte ; l'art et la nature l'ont fortifiée. Le Mincio s'é-
panche en lac, baigne et entoure ses murailles ; sur sa rive gauche, à l'est,
une citadelle et le fort Saint-Georges couvrent et défendent les deux chaussées qui traversent le lac et conduisent à la ville ; au couchant, un bras du
Mincio forme, par un long circuit, l'île de Cérèse, d'environ trois milles de
circonférence, dont les abords sont défendus par des retranchements jadis
élevés par le prince Eugène ; mais, par leur position sur la rive droite et par
leur éloignement du corps de la place, ils servent plutôt de moyen d'attaque
à l'assiégeant que de défense à l'assiégé.

Wurmser, se dévouant à la tête d'une garnison trop nombreuse, prit un
système de défensive active qui convenait à sa position. Par des sorties
fortes et fréquentes, il tint libre, autour de lui, une étendue de terrain qui
put lui faciliter les moyens de se procurer des subsistances, et les environs

de la place devinrent un champ de bataille ensanglanté par des combats
journaliers. Wurmser, réduit à soutenir un siége, ne pouvait pas se borner
ou plutôt se condamner à ne défendre que ses murailles ; dès le lendemain
de son entrée à Mantoue, il en fit sortir la garnison, et se forma en ligne
au-delà du Mincio, la gauche appuyée à la citadelle, la droite au fort de
Saint-Georges, et son centre couvert par le château fortifié de la Favorite.
Le même jour il y fut attaqué. La division d'Augereau (alors malade) commandée par le général Bon, enleva le poste de Saint-Georges ; les généraux
Victor, Pigeon, Kilmaine attaquèrent le centre et tournèrent la gauche de
l'ennemi. Les cuirassiers de l'empereur, chargeant deux brigades d'infanterie, furent repoussés avec une grande perte. On prit ce jour-là environ
2,000 hommes, 20 pièces de canon et beaucoup d'équipages d'artillerie ;
plusieurs généraux furent blessés dans cette journée : Victor, Mayer, Ber-
tin, Saint-Hilaire, Murat et beaucoup de chefs supérieurs. La colonne de
gauche, où était le général Masséna lui-même, attaqua l'ennemi avec une
telle impétuosité qu'elle le culbuta de poste en poste, enleva le village de
Saint-Georges, prit la tête du pont, et coupa alors la retraite à tout ce qui
ne s'était pas sauvé par le pont. Après ce combat, la garnison fut resserrée
de ce côté dans la place et dans la citadelle ; du côté opposé, on laissa l'espace libre dans l'île que forme le détour d'un bras du Mincio. Il parut plus
avantageux de faciliter les sorties et les excursions que la disette des subsistances rendaient nécessaires à l'ennemi ; les combats de détail qui en
résultaient l'affaiblissaient plus que n'eussent fait des attaques de retranchement dans un terrain marécageux qui rendait les approches difficiles.

Il résultait de ces quatorze journées de combats continuels, depuis le
retour de Trente, que l'armée républicaine avait fait environ 17,000 prisonniers, mis hors de combat deux ou trois mille hommes, pris une artillerie immense, 22 drapeaux, qui furent le trophée envoyé à Paris et reçu
solennellement par le Directoire dans la cour de son palais, au milieu des
acclamations d'une foule immense.

Le 21 août, Napoléon quitta son camp devant Mantoue, remit au général Kilmaine le commandement supérieur des deux divisions destinées à continuer le blocus général de cette place, et se rendit à Milan, où
l'appelaient de nouveaux soins à donner à l'affermissement de ses conquêtes
en Italie. Déjà l'esprit d'insurrection s'était allumé chez les Lombards, qui
voulaient secouer le joug de la maison d'Autriche. Bonaparte, dont les projets se trouvaient en harmonie avec les instructions du Directoire exécutif
de la République française, s'appliqua à fomenter cette insurrection, qui
bientôt s'étendit sur les deux rives du Pô. Il voulait pour lui seul la gloire
d'opérer la grande révolution qui devait donner l'indépendance à l'Italie ;
mais il fallait ménager le Directoire français, dont les commissaires lui faisaient éprouver des contrariétés sans cesse renaissantes, et, en même

temps, ne pas heurter les préjugés nationaux, dans un pays où le clergé et la noblesse exerçaient une grande influence : cette tâche difficile, Napoléon sut la remplir avec toute l'habileté d'un homme d'Etat consommé.

La ville de Reggio, dans le duché de Modène, avait arboré le drapeau tricolore dès le 26 août. Bientôt cet exemple fut suivi dans les légations de Ferrare et de Bologne, que le pape avait cédées à la France, par l'armistice du 26 juin précédent ; et la république cispadane fut fondée. A l'imitation de leurs voisins, les Lombards adoptèrent aussi le gouvernement républicain sous le nom de république transpadane.

Tout en donnant ses soins à la création de ces deux républiques, Bonaparte n'avait point oublié qu'une des dépendances de la République française, que la Corse, sa patrie, était encore au pouvoir des Anglais, qui l'avaient envahie en 1794. Un grand nombre de Corses, mécontents du joug oppresseur des Anglais, et qui s'étaient réfugiés sur le continent, vinrent s'établir à Livourne, aussitôt que les Français eurent pris possession de ce port. Napoléon, attentif à tout ce qui se passait, prit, auprès de ces réfugiés, des renseignements sur la situation des choses en Corse, et se mit en mesure de profiter des intelligences qu'ils s'étaient ménagées dans ce pays. Il fit secrètement des préparatifs dans le port de Livourne ; et, lorsqu'il sut que les Anglais avaient dégarni la Corse pour occuper Porto-Ferrajo, dans l'île d'Elbe, il confia au général Gentilli, son compatriote, la conduite d'une expédition, qui aborda en Corse le 19 octobre, et se rendit, en quelques jours, maîtresse de cette île, que les Anglais évacuèrent précipitamment.

Pendant que le blocus de Mantoue se continuait, des maladies épidémiques faisaient de grands ravages dans l'armée française, et moissonnaient beaucoup de braves que le hasard des batailles avait épargnés. D'un autre côté, l'Autriche rassemblait une troisième armée, plus forte que les précédentes, et chargeait le général Alvinzi de la conduire en Italie. Cet état de choses eût pu décourager un autre général que Bonaparte ; mais ce chef, déjà célèbre, allait encore prouver à l'Europe que la fortune, malgré l'inconstance dont on l'accuse, se range ordinairement du côté des combinaisons habiles et des grandes résolutions.

Les armées françaises, commandées par Jourdan et Moreau, venaient d'être obligées de se retirer de l'Allemagne, lorsque le général Alvinzi partit du Tyrol, à la tête de 45,000 hommes, et se dirigea contre le vainqueur de Beaulieu et de Wurmser. A cette époque, l'armée d'Italie, affaiblie par de nombreuses pertes, ne comptait pas au-delà de trente-six à trente-huit mille hommes. Réduit à des forces bien inférieures à celles de ses adversaires, Bonaparte n'en parut point étonné ; il chercha des ressources dans son génie, et en trouva. La protection qu'il avait accordée à l'établissement des républiques cispadane et transpadane le persuada qu'avec l'aide des peuples d'Italie, dont il s'était concilié l'attachement, il ne lui serait pas impossible de conserver ses conquêtes; et son cœur, avide de renommée, s'ouvrit même à l'espoir de nouveaux triomphes.

Toutes les forces autrichiennes, sous le commandement d'Alvinzi et de Wurmser, pouvaient être évaluées à 60,000 hommes. Bonaparte résolut d'abord d'attendre tranquillement le premier de ces généraux, et de continuer à resserrer le second dans Mantoue.

Alvinzi commença ses opérations par le passage du Tagliamento, le 29 août, et les continua par celui de la Piave, les 1er et 2 novembre. Ses lieutenants, Davidowich, Quasdanowich et Provera, marchèrent sur divers points, et obtinrent quelques succès sur les divisions françaises. Alvinzi, commettant la même faute que Beaulieu et Wurmser, avait isolé ses colonnes les unes des autres, et celle de Davidowich se trouva bientôt éloignée des débouchés de la Brenta.

Bonaparte connaissant néanmoins tout le danger de la position dans laquelle les opérations de l'ennemi venaient de le placer, jugea qu'il fallait empêcher la réunion de Davidowich avec Alvinzi, ou se résoudre à perdre l'Italie. Il savait d'ailleurs qu'une retraite n'était pas moins dangereuse qu'une défaite, surtout avec des soldats français, que les mesures timides découragent, peut-être, autant que les revers. Ces considérations pressantes le déterminèrent à concentrer une partie de son armée sur un point où il pût être à même de secourir le général Vaubois, sur l'Adige, et le général Kilmaine, devant Mantoue. Il fit donc rétrograder les divisions Augereau et Masséna sur Vérone, où elles arrivèrent dans la journée du 7 novembre, et le 11, il marcha à la rencontre d'Alvinzi, qui s'avançait sur Villa-Nova. Le 12, il fit attaquer le général ennemi à Caldicro : les résultats de cette journée furent désavantageux pour les divisions Augereau et Masséna, que Bonaparte fit replier le soir même sous les murs de Vérone.

Dès lors, la position de l'armée française devint inquiétante. La division Vaubois pouvait être forcée dans les positions de la Corona et de Rivoli; et, dans ce cas, il ne serait plus resté à Bonaparte aucun espoir de rétablir les affaires. Alvinzi employa les journées des 13 et 14 à délibérer sur la suite de ses opérations, et se décida enfin à faire marcher 12 bataillons pour attaquer Vérone, pendant que 12 autres bataillons iraient tenter le passage de l'Adige à Zévio. Bonaparte ne fut pas plutôt instruit des combinaisons de son adversaire, qu'il se mit en mesure de les déjouer. Après avoir donné au général Vaubois l'ordre de tenir jusqu'à la dernière extrémité dans sa position de la Corona, il détacha du blocus de Mantoue 3,000 hommes, auxquels il confia la défense de Vérone; fit passer l'Adige aux divisions Augereau et Masséna, dans la nuit du 13 au 14, et marcha avec elles sur Ronco. Son intention était de tomber sur les derrières d'Alvinzi; de lui enlever ses parcs, ses magasins, et de lui ôter toute communication avec ses lieutenants. Arrivé à Ronco, il fit jeter un pont sur l'Adige, que l'armée franchit aus-

sitôt. Masséna, prenant à gauche, gagna Porcil, où il s'établit sans obstacle. De là il apercevait Vérone et pouvait surveiller les mouvements du feld-
maréchal. Augereau s'engagea sur la digue d'Arcole dans le dessein d'occuper le village et de pousser jusqu'à Villanova. Mais au tiers de la route,
à l'endroit où elle forme un coude, à partir duquel elle longe la rive droite
de l'Alpon, son avant-garde fut accueillie par une vive fusillade qui l'arrêta
tout court. Le général, surpris, s'avança au pas de charge à la tête de 2 bataillons de grenadiers, et, malgré le feu qu'essuyait le flanc droit, il parvint, en bon ordre, au pont d'Arcole; c'est un petit pont de bois sans pa-
rapet, long d'environ 30 pieds, jusque-là bien ignoré, et dont le nom est
désormais impérissable.

Le pont d'Arcole, qu'il fallait traverser, était défendu par une artillerie
nombreuse et par des maisons crénelées. Alvinzi, alors réuni à Davidowich,
avait là environ 40,000 hommes. La colonne d'attaque frappée en tête,
battue en flanc, hésita à la première charge, dès ce moment toutes les attaques réitérées furent indécises.

Cependant Alvinzy était singulièrement ému de ce combat sur ces derrières. Il avait laissé sur l'Alpon un régiment de Croates pour observer la
garnison de Legnano. Heureuse précaution dont on était loin de prévoir
la conséquence! C'étaient ces mêmes Croates qui venaient de contenir vaillamment Augereau; mais le feld-maréchal avait peine à s'expliquer comment ils avaient pu être attaqués. Ses reconnaissances l'informèrent bientôt
que Porcil était occupé par une division entière, et Arcole sérieusement
menacé. Dès lors il se hâta de repasser le pont de Villanova, pendant que
les divisions Mitrowski, à droite, Provera, à gauche, pour couvrir son
mouvement, se portaient contre les deux colonnes françaises. A la vue des
masses qui débouchent sur eux, Masséna et Augereau restèrent immobiles,
les laissèrent défiler en entier sur les digues, après quoi ils les chargèrent
avec fureur et les culbutèrent avec une énorme perte en tués et en prisonniers. Augereau espéra profiter de l'élan pour enlever Arcole, mais c'est
en vain qu'il saisit un drapeau et le plante au milieu du pont, il fut
repoussé de nouveau, et Bonaparte survint. Impatient de tomber sur
le flanc des Impériaux en retraite, il se jette au fort de la fusillade,
prend un autre drapeau : *Eh quoi! dit-il aux soldats, n'êtes-vous donc plus
les guerriers de Lodi! Qu'est devenue cette intrépidité dont vous avez
donné tant de preuves?* Et ce peu de mots ayant paru relever leur courage, il donne le signal d'une nouvelle tentative, marchant à la tête des
troupes, un drapeau à la main. Chacun se précipite sur ses pas. Le général
Lannes, déjà blessé de deux coups de feu à une attaque précédente, reparaît
à ses côtés ; mais une nouvelle blessure le met hors de combat. Le feu de
l'ennemi est terrible : il emporte des files entières; l'adjudant-général Belliard et quelques officiers de l'état-major cherchent à faire un rempart de

leur corps au général en chef. De simples grenadiers se précipitent aussi au-devant de ses pas pour recevoir la mort à sa place. Muiron, un de ses aides-de-camp, est tué raide à ses côtés. Une blessure grave atteint aussi le général Vignolle à ce poste d'honneur. La constance des soldats français se lasse; ils s'épouvantent du grand nombre de leurs officiers et de leurs camarades qu'ils voient tomber de toutes parts : ils se mêlent, tourbillonnent et reculent. Bonaparte veut en vain les retenir par son exemple et ses discours; entraîné, il est obligé de rétrograder aussi. Arrivé de cette manière au bout du pont, il remonte à cheval pour se faire plus facilement voir et entendre : une décharge à mitraille l'entoure de morts et de blessés; son cheval effrayé se cabre, et se jette avec lui dans les marais. Les Autrichiens qui poursuivent les Français, l'ont bientôt dépassé de plus de cinquante pas. Le danger est pressant; un regard des vainqueurs sur les marais, et l'homme qui est en ce moment l'espoir de la France tombe au pouvoir de l'ennemi. L'adjudant-général Belliard s'en aperçoit, et le sauve par une nouvelle marque de dévouement. Il fait faire volte-face à quelques grenadiers qui, combattant encore, ferment la marche, et les lance sur les Autrichiens, en leur apprenant quel service ils peuvent rendre à l'armée. Ces grenadiers, chargeant avec fureur, forcent leurs adversaires à reculer, et les contiennent assez longtemps pour que le général en chef puisse se dégager, et venir se remettre à la tête des troupes.

Le général Guyeux, détaché, quelques instants auparavant, avec sa brigade, vers Albaredo, pour y passer l'Adige, et tourner Arcole, arrivait alors sur ce village. Il l'eût même bientôt emporté : mais il était trop tard; les troupes par lesquelles on avait fait attaquer le pont s'étaient trop tôt découragées. Les troupes autrichiennes, chassées momentanément d'Arcole par ce général, se replièrent sur San-Bonifacio, où elles se rallièrent à la division du général Mitrowski, qui y tenait poste, renforcée de 14 bataillons et de 16 escadrons, envoyés par Alvinzi. Ce n'étaient pas là les seuls ennemis que ce général comptât opposer à Bonaparte sur le nouveau champ de bataille qu'il s'était choisi. Occupé des préparatifs d'une attaque de Véronet et d'un passage de l'Adige à Zevio, il n'avait pas plutôt appris le mouvement des Français sur ses communications, que, détachant le corps dont nous venons de parler sur San-Bonifacio, et un autre de 6 bataillons sur Porcil, il avait fait exécuter à son armée un changement de front en arrière, afin de la mener tout entière sur ces deux points de l'attaque des Français.

Les 6 bataillons poussés vers Porcil, sous les ordres du général Provera, n'avaient cependant pu le sauver. La division Masséna les rencontra en route, les culbuta, et s'empara ensuite de Porcil, où elle fit un assez grand nombre de prisonniers.

Ainsi, maître de Porcil et d'Arcole à la fin de la journée, Bonaparte battit néanmoins en retraite. La position de l'armée française, réduite à combattre

Officier de voltigeurs et Garde national, grande tenue,

**GARDE IMPÉRIALE.**

des troupes dont le nombre allait toujours croissant, où elle avait cru faire une surprise, n'était rien moins que bonne. Engagée sur des digues étroites, elle avait l'Adige à dos, et pouvait être pendant la nuit, culbutée dans les marais de l'Alpon. Il la reporta donc sur la rive droite de l'Adige, la formant à droite et à gauche du village de Ronco, dont il fit garder le pont pour conserver le passage de la rivière. Les Autrichiens occupèrent, par des avant-gardes, Arcole et Porcil.

Le lendemain, 16 novembre, à la pointe du jour, comme les troupes françaises repassaient l'Adige pour recommencer l'attaque, elles rencontrèrent les avant-gardes ennemies, déjà sorties de Porcil et d'Arcole pour attaquer aussi : elles se dirigeaient sur Ronco. Alvinzi détachait en même temps une partie de sa cavalerie sur Albaredo, pour que l'entreprise faite si heureusement la veille, par le général Guyeux, ne pût pas se renouveler. Ceux des Autrichiens qui débouchaient de Porcil furent rejetés sur ce village, avec perte de sept à huit cents prisonniers, de 6 pièces de canon et de 3 drapeaux. Les Autrichiens qui marchaient sur la chaussée du centre, ne furent pas moins maltraités par le général Robert : cet officier les culbuta dans les marais. Quant à ceux qu'Augereau rencontra, il les repoussa sur Arcole; mais le général en chef ayant voulu qu'à la suite de cet avantage, on fît une nouvelle tentative sur le pont, cette tentative fut aussi malheureuse que celle de la veille. Sept généraux ou officiers supérieurs y furent blessés inutilement.

Bonaparte, pour se procurer un passage moins difficile, s'était porté de sa personne vers l'embouchure de l'Alpon, afin d'y faire construire un pont de fascines. La garnison de Legnago avait, en même temps, reçu l'ordre d'inquiéter l'ennemi, et l'adjudant-général Vial devait remonter l'Adige avec une demi-brigade pour chercher un gué qui le mît à même de tourner la gauche des Autrichiens. Vial ne trouva pas de gué. Pour le général en chef, il reconnut que l'Alpon était trop rapide pour supporter un pont de fascines, et il ordonna d'en construire un de chevalets. Cette opération fut pénible et coûta du monde. De nombreux tirailleurs autrichiens faisaient un feu continuel de la rive opposée. Plusieurs officiers de l'état-major général furent tués ou blessés en dirigeant ou accélérant le travail. On compta parmi les premiers le capitaine Elliot, aide-de-camp de Bonaparte. C'était un officier du plus grand mérite.

Alvinzi avait voulu mettre son centre en mouvement, pour le porter en partie sur la rive droite de l'Alpon et sur les digues que longe ce ruisseau; mais une batterie de 4 pièces d'artillerie, placée par le général en chef lui-même, avait suffi pour contenir les Autrichiens sur ce point, où leur entreprise devenait très-dangereuse.

La nuit arrivait : les troupes des deux partis se replacèrent comme elles l'avaient fait la veille, à la fin de la journée, Bonaparte étant bien résolu à revenir à la charge le lendemain.

On travailla toute la nuit au pont de chevalets sur l'Alpon. Un accident qui arriva à celui de Ronco, le 17 au matin, donna d'abord de grandes inquiétudes. Un des bateaux, dont le pont était formé, s'enfonça dans l'eau, mettant ainsi obstacle au passage des troupes. Les Autrichiens s'ébranlaient alors pour charger la 12ᵉ demi-brigade qui était restée de l'autre côté de la rivière, à la tête de la garde du pont. Qu'allait faire cette demi-brigade, à laquelle il était impossible de porter, dans l'instant, aucun secours? L'artillerie française la sauva. Son feu fut si bien dirigé de la rive droite qu'il contint les Autrichiens tout le temps qu'il fallut mettre à réparer le pont. L'armée, une fois passée, repoussa, comme les deux jours précédents, l'ennemi sur Arcole et sur Porcil.

Masséna n'avait marché sur Porcil qu'avec la 18ᵉ demi-brigade de ligne. Le reste de la division, placé convenablement, était destiné à soutenir l'effort principal qui allait se faire par la droite à l'embouchure de l'Alpon, du point où il avait été établi un pont de chevalets. La 32ᵉ, aux ordres du général Gardanne, fut embusquée dans le bois qui est à droite de la digue; la 18ᵉ légère prit poste près du pont de Ronco, en soutien de la 12ᵉ de ligne, à qui la garde de ce pont appartenait toujours; la 75ᵉ, au centre, faisait face au pont d'Arcole.

Ces dispositions ne tardèrent pas à être de la plus grande utilité. La 75ᵉ demi-brigade, dont nous venons de parler, avait, conduite par le général Robert, poursuivi l'avant-garde autrichienne jusqu'au pont d'Arcole. Elle fut ramenée vivement par des troupes fraîches et nombreuses qui débouchèrent d'Arcole, et vint en désordre chercher un refuge derrière la division Augereau en marche; quelques pelotons de cette division, prenant l'épouvante, se mirent à fuir vers Ronco.

Les Autrichiens, fiers de cet avantage, et voulant le pousser aussi loin qu'il pouvait aller, s'avançaient à grands pas vers l'Adige, lorsque la 18ᵉ marcha droit à eux sur la digue, tandis que la 32ᵉ, sortie de son embuscade, les prenait en flanc. Le général Masséna, pour seconder ce mouvement, revint en même temps, au pas de charge, de Porcil, et fondit sur la queue de la colonne autrichienne. Ainsi, pris sur trois sens à la fois, les Autrichiens furent renversés en partie dans le marais à gauche. Plus de 3,000 d'entre eux restèrent prisonniers.

C'était Augereau qui avait dû déboucher par le pont de chevalets établi vers l'embouchure de l'Alpon. Peu gêné par le moment de désordre qu'avait mis parmi quelques-uns des siens la retraite de la 75ᵉ demi-brigade, il s'était ensuite avancé sur la gauche des Autrichiens. Cette gauche se trouvait couverte par un marais qu'on ne pouvait essayer de tourner sans les plus graves inconvénients. Bonaparte, par une ruse de guerre assez singulière,

au lieu d'envoyer sur le flanc de l'ennemi une troupe véritable, qui, dans
sa marche, eût été dangereusement serrée entre le marais lui-même et
l'Adige, y jeta seulement 25 de ses guides, commandés par le lieutenant
Hercule. Cet officier avait ordre, lorsqu'il serait arrivé à la portée des Autrichiens, de fondre sur eux avec impétuosité, en faisant sonner la charge
par plusieurs trompettes. Cette ruse eut un plein succès : les Autrichiens,
se croyant pris en flanc par une colonne entière de cavalerie, montrèrent
de l'hésitation ; le général Augereau, qui avait le mot, se précipita aussitôt
sur eux. Ils ployèrent et se retiraient cependant sans confusion et sans désordre, quand la garnison de Legnago parut, débouchant sur San-Grégorio.
Les Autrichiens accélèrent alors leur retraite, craignant d'être débordés et
pris à revers.

À ce moment, Masséna, après avoir reporté une de ses brigades et quelque
cavalerie sur Porcil, pour le reprendre et couvrir ainsi les communications
des ponts, marchait au centre sur Arcole. Dès que les Autrichiens furent en
pleine retraite, il les poursuivit sur San-Bonifacio, et se lia ensuite par sa
droite à la division Augereau. L'armée française passa la nuit, la gauche
en devant d'Arcole, et la droite à San-Grégorio. Pour Alvinzi, ayant perdu
son champ de bataille, il se retira le lendemain sur Montebello, d'où il gagna
Vicence. La bataille d'Arcole, reprise à trois fois différentes, dura soixante-
douze heures. Les Autrichiens y perdirent 8,000 hommes, tués, blessés ou
prisonniers, 18 pièces de canon, 4 drapeaux. La perte des Français, quoique
moindre, fut aussi très-grande ; outre les officiers que nous avons déjà nommés dans la dernière journée, les généraux Robert et Gardanne furent
blessés, et l'adjudant-général Vaudelin fut tué.

Bonaparte, soupçonnant que le projet d'Alvinzi était de chercher à faire
sa jonction avec Davidowich par les gorges de la Brenta, résolut d'en prévenir l'exécution en se portant sur le corps de ce dernier pour l'écraser
dans la vallée de l'Adige, comme il avait fait de celui d'Alvinzi dans les
champs d'Arcole. Dès le 18, il met ses divisions en marche pour aller joindre
le général Vaubois, qui avait été obligé par Davidowich de se retirer derrière le Mincio.

L'exécution de ce plan, parfaitement combiné, devait entraîner la perte
de la colonne du lieutenant d'Alvinzi ; mais Davidowich, informé dans la
journée du 19 de la défaite des Autrichiens à Arcole, sentit le danger de sa
position ; et il était déjà en retraite vers les montagnes du Frioul, lorsque
les divisions françaises se présentèrent pour l'attaquer : son arrière-garde
fut cependant atteinte sur plusieurs points et perdit quelques centaines
d'hommes.

La saison étant avancée, Alvinzi fit prendre des cantonnements à son armée, qui avait un si grand besoin de repos. Wurmser n'avait tenté que le
23 novembre une sortie de la place de Mantoue ; mais alors les troupes que

Bonaparte avait détachées du blocus pour défendre Vérone, étaient revenues prendre leur position devant la première de ces places, et la tentative de Wurmser n'aboutit qu'à un combat dans lequel il perdit 200 hommes faits prisonniers, 1 obusier et 2 canons.

Bonaparte fit aussi prendre des quartiers à ses troupes, et envoya à Paris son aide-de-camp Lemarrois pour présenter au Directoire les quatre drapeaux pris sur les Autrichiens à Arcole.

Les efforts faits par l'Autriche pour délivrer Mantoue avaient été appuyés par des manœuvres secrètes, tendant à entraîner dans de nouvelles hostilités contre les Français les Etats de Naples, de Rome et de Venise. Les deux derniers s'étaient prêtés à ces manœuvres; et Venise surtout, indépendamment de l'ouverture de ses arsenaux et de ses magasins au général autrichien, avait permis l'organisation, sur son territoire, de différentes bandes de partisans qui interceptaient les communications des Français avec l'Adda et l'Adige, et qui massacraient les soldats voyageant isolément dans ces contrées. Le château de Bergame, en assez bon état de défense, était devenu le repaire de ces bandes. Bonaparte chargea le général Baraguay-d'Hilliers de les disperser. Il fallut combattre; mais enfin le château de Bergame fut pris le 27 octobre et reçut une garnison française. Les partisans furent presque tous passés au fil de l'épée, et les bords de l'Adda furent purgés des bandits qui les infestaient.

Bonaparte, ainsi que nous venons de le dire, avait fait prendre des quartiers d'hiver à ses troupes; mais le repos qu'il leur accordait ne devait pas être long, et de nouvelles victoires devaient signaler les premiers jours de l'année qui allait commencer.

# CHAPITRE VI.

Suite des opérations de l'armée d'Italie. — Combat sur l'Adige. — Bataille de Rivoli. — Bataille de la Favorite. — Capitulation de Mantoue. — Expédition contre le Pape. — Traité de Tolentino. — Le prince Charles remplace Alvinzi. — Marche de Masséna, de Joubert. — Passage du Tagliamento. — Invasion des provinces impériales. — Préliminaires de paix de Leoben. — Armées du Rhin. — Insurrection à Venise et à Gênes. — Paix de Campo-Formio. — Arrivée de Bonaparte à Paris. — Révolution romaine. — Affaires de la Suisse.

L'armée d'Alvinzi était battue et repoussée au-delà des gorges de la Brenta et dans le Tyrol ; mais cette armée n'était pas détruite : elle se trouvait même avoir repris une partie des positions que l'armée républicaine y avait occupées ; celle-ci tenait la ligne de l'Adige et défendait les approches de Mantoue ; cet état défensif n'était pas le système du chef, et celui de la cour de Vienne était de tenter un dernier effort pour délivrer Mantoue. C'était la quatrième armée qu'elle envoyait en Italie ; on fit partir en poste les renforts, composés des troupes tirées des armées du Rhin, et des bataillons de volontaires de Vienne ; ceux-ci portaient des drapeaux brodés des mains de l'impératrice. Un enthousiasme national avait un moment imité l'exaltation républicaine avec une ardeur inconnue à cette cour, et Alvinzi se vit bientôt à la tête d'une armée de 50,000 hommes.

Dès la fin de décembre, Napoléon avait préparé une démonstration tendant à faire cesser les entreprises et les armements secrets qui avaient lieu dans tous les États de l'Église ; il se disposait à faire entrer une colonne de 3,000 hommes sur le territoire papal, lorsqu'il apprit, à Bologne, que l'armée autrichienne reprenait l'offensive. Aussitôt il ajourna ses projets sur Rome et retourna à Vérone. Les divisions françaises se trouvaient à peu près dans les mêmes positions qu'après la bataille d'Arcole.

Le plan du général autrichien consistait à porter le gros de ses troupes entre l'Adige et le lac de Garda, afin d'occuper l'armée française vers Rivoli, tandis que le général Provera marcherait avec un corps de 8,000 hommes sur Mantoue, par Legnago. Dans le cas d'un revers, c'était beaucoup exposer ce corps que de le placer ainsi entre une armée victorieuse et le corps chargé du blocus de Mantoue. Le vice de cette conception fut en effet la cause de la perte de Provera.

Le mouvement de l'armée autrichienne commença le 7 janvier : sa gauche se portant vers Mantoue, sa droite sur Vérone, tandis que le centre, commandé par Alvinzi, suivait la vallée de l'Adige pour déboucher sur le plateau de Rivoli. L'attaque commença le 12. Les Autrichiens s'avancèrent sur six colonnes ; après diverses attaques, dans lesquelles l'avantage resta de notre côté, la colonne, aux ordres du prince Lusignan, tourna, vers le soir, la position de Joubert ; cette manœuvre détermina ce général à faire sa retraite sur Castel-Novo ; elle s'effectua dans le meilleur ordre possible. Bonaparte fut promptement prévenu de ce qui se passait. Le lendemain, Joubert reçut en marche l'ordre de tenir ferme en avant de Rivoli.

Le général en chef ne tarda pas à arriver lui-même sur cette position centrale ; il y réunit bientôt ses principales forces, dans le dessein d'écraser d'abord les trois principales divisions d'Alvinzi, avant que les autres eussent achevé leurs mouvements. Cependant Joubert, sur les hauteurs de San-Marco, se voyait accablé par des forces très-supérieures aux siennes ; notre ligne était déjà rompue. Bonaparte, sentant la nécessité d'arrêter promptement les progrès de l'ennemi, donne, à la 32<sup>e</sup> demi-brigade qui avait marché toute la nuit, l'ordre de charger. Masséna, l'enfant gâté de la victoire, s'élance à la tête des braves soldats de ce corps soutenus par les 29<sup>e</sup> et 35<sup>e</sup> demi-brigades, enfonce les bataillons autrichiens, les culbute, dégage la 14<sup>e</sup> en péril et reprend les positions perdues. La colonne du prince Lusignan, qui s'était avancée jusqu'au village d'Affi, fut aussi repoussée, après un combat vers Calcina, par la 18<sup>e</sup> qui se rabattit sur Rivoli.

Pendant ces événements, la colonne de Quasdanowich, après avoir forcé les retranchements d'Osteria, marchait directement sur le plateau de Rivoli. D'un autre côté, Ocskay, après avoir repoussé le général Vial, prenait le revers du Montemagone, au-delà de San-Marco. Le moment était éminemment critique. Bonaparte ordonna aux généraux Joubert et Leclerc de se porter, l'un avec son infanterie légère, l'autre avec sa cavalerie, au-devant de l'ennemi ; en même temps il envoya la 18<sup>e</sup> demi-brigade contre Lusignan, et la 75<sup>e</sup> sur les hauteurs de Fiffaro. Le succès le plus complet répondit à l'habileté de ces dispositions. La colonne de Quasdanowich débouchait à peine du ravin d'Osteria, et la tête seule était parvenue sur le plateau de Rivoli. Joubert attaque les Autrichiens sur le flanc droit, Berthier charge leur front, un autre corps menace leur gauche. Le combat devient sanglant, la déroute se met dans la colonne ; les Français font un carnage épouvantable ; presque toute l'artillerie ennemie tombe en leur pouvoir.

Quasdanowich regagne avec peine les bords de l'Adige, et désormais la victoire nous appartient. Joubert, après la défaite de Quasdanowich, envoya sa cavalerie à la poursuite des fuyards, et se dirigea avec son infanterie légère sur la colonne du général Ocskay, que la nature du terrain obligeait à marcher un peu désunie. La subite apparition de Joubert d'un côté, celle du général Lasalle de l'autre, jeta la terreur parmi ces troupes déjà dispersées. Masséna, placé en arrière de leur flanc droit, s'apercevant de la retraite et du désordre de la colonne autrichienne, descendit des hauteurs de Trombolaro, et acheva la déroute.

Bonaparte, qui veillait à tout, instruit que la colonne du prince Lusignan avait pénétré sur nos derrières, la fit contenir par un petit corps de troupes appuyé d'artillerie ; le prince avait marché sans la sienne. Il souffrit beaucoup du feu d'une batterie de pièces de douze, placée sur la hauteur de Campana, et fut obligé de se replier. Sur ces entrefaites, le corps du général Rey déboucha d'Orza, selon l'ordre qu'il en avait reçu, et chargea l'ennemi à revers pendant que les généraux Brune et Monnier attaquaient de front. Une nouvelle déroute déconcerta toutes les mesures des généraux autrichiens. Douze à quinze cents hommes cherchant à se retirer sur Garda, et engagés dans un défilé, mirent bas les armes devant une seule compagnie de 50 hommes, le capitaine René, qui la commandait, ayant eu la présence d'esprit de déclarer qu'il n'était que l'avant-garde d'un corps de troupes qui s'avançait derrière lui.

Quasdanowich n'était pas en état de rien entreprendre contre nous. Bonaparte allait faire attaquer le centre de l'armée autrichienne, abandonnée désormais à ses propres forces, lorsqu'il apprit que la colonne de Provera avait passé l'Adige et se portait sur Mantoue ; préparé à cet événement, il chargea le corps de Joubert et sa réserve d'achever la défaite d'Alvinzi, et courut sur Provera avec la division de Masséna. Malgré ses fatigues et ses combats, malgré l'embarras que lui causaient 5,000 prisonniers qu'il fallait emmener avec elle, cette division fit une incroyable diligence. Dans cet intervalle, Joubert, conformément aux ordres du général, dont toutes les dispositions assuraient d'avance la perte de l'ennemi, avait engagé ses troupes avec le corps d'Alvinzi ; celui-ci, battu partout, ne put éviter de prendre sa retraite par des défilés très-resserrés le long de l'Adige. La colonne de Provera, qui se portait sur Mantoue, était arrivée le 14 au soir à Mogara ; Augereau se mit à sa poursuite ; il n'atteignit que l'arrière-garde, mais il la détruisit presque entièrement. Le gros de la colonne ennemie continua sa marche sur Saint-Georges, devant lequel elle arriva le 15. Provera espérait forcer facilement cette position ; mais Bonaparte avait eu la prudence, à mesure qu'il diminuait le corps chargé du blocus de Mantoue, de faire élever des retranchements, dont la force pût compenser la réduction qu'il apportait dans le nombre des troupes. Saint-Georges était devenu un ouvrage de si bonne défense, que Provera ne jugea pas pouvoir l'enlever d'assaut.

Dans la nuit du 15 au 16, Bonaparte était arrivé avec ses troupes près de Rovebelio. On ne saurait trop admirer ici le talent qu'il déployait à envelopper son ennemi de toutes parts. Malgré tant de précautions prises de notre côté, Provera avait trouvé moyen de communiquer avec Wurmser, et de combiner avec ce général une attaque sur la Favorite et sur Mottella. Ils la tentèrent le 16 à cinq heures du matin, et échouèrent complétement. Le vieux maréchal fut d'abord repoussé et obligé de rentrer dans la citadelle. Provera, resté seul, ne put opposer à Bonaparte qu'une résistance de courte durée : sa division, enveloppée et chargée sur tous les points, fut accablée en quelques instants, et lui-même réduit à l'humiliante nécessité de solliciter une capitulation et de déposer les armes, pour la seconde fois, aux pieds du même vainqueur.

Que d'événements dans l'espace de trois jours ! deux batailles gagnées, deux corps d'armée détruits, 20,000 prisonniers, toute l'artillerie des ennemis, tous leurs bagages en notre pouvoir, et l'Autriche hors d'état de tenir la campagne, à moins de créer une nouvelle armée destinée bientôt à être moissonnée comme les autres.

Le titre de duc de Rivoli donné longtemps après à Masséna par Napoléon, sans effacer ce beau nom de Masséna consacré par tant de hauts faits, rappelait au moins que ce général avait été le héros de la bataille.

Après la dispersion du corps de Provera, Bonaparte, tranquillisé par les mesures qu'il avait prises du côté de Mantoue, porta ses principales forces sur Vicence, Padoue et les gorges du Tyrol, pour resserrer les positions des restes de l'armée d'Alvinzi. A la suite de plusieurs combats qui se donnèrent du 24 janvier au 2 février entre les Autrichiens et les Français, et où ceux-ci furent toujours vainqueurs, plusieurs divisions occupèrent Bassano, Roveredo, Trente, le château de la Scala et Trévise. La reddition de la forteresse de Mantoue, ce puissant boulevart des Etats de la maison d'Autriche, vint couronner les triomphes de l'invincible armée d'Italie. La nombreuse garnison, renfermée depuis six mois dans la place, avait perdu tout espoir d'être secourue ; elle éprouvait depuis longtemps les privations les plus cruelles ; la moitié avait été emportée par une fièvre pestilentielle ou en était atteinte, et toutes ces calamités avaient également frappé les habitants. Wurmser, après avoir fait tous ses efforts pour prolonger la résistance, se vit réduit à capituler le 22 février. Les clauses de la capitulation furent des plus honorables pour ce général, dont Bonaparte, ainsi que toute son armée, avait dignement apprécié le courage et la constance. Wurmser eut la liberté de se retirer avec son état-major, une escorte de 200 hommes de cavalerie, 500 personnes à son choix et 6 pièces de canon ; mais la garnison fut faite prisonnière de guerre et envoyée à Trieste pour être échangée. Elle comptait près de 13,000 hommes.

Le général en chef mandait au Directoire : « Je me suis attaché à montrer la générosité française vis-à-vis de Wurmser, général âgé de soixante-dix ans, envers qui la fortune a été cette campagne-ci très-cruelle, mais qui n'a pas cessé de montrer une constance et un courage que l'histoire remarquera. Enveloppé de tous côtés après la bataille de Bassano, perdant d'un seul coup une partie du Tyrol et son armée, il a osé espérer pouvoir se **réfugier dans Mantoue**, dont il est éloigné de quatre ou cinq journées ; il passe l'Adige, culbute une de nos avant-gardes à Cerea, traverse la Moli-nella, et arrive dans Mantoue. Enfermé dans cette ville, il a fait deux ou trois sorties; toutes lui ont été malheureuses, et dans toutes il était à la tête... Le grand nombre d'hommes qui s'attachent toujours à condamner le mal-heur ne manqueront pas de calomnier Wurmser. » Lui-même alors éprou-vait les atteintes de la calomnie; il la dédaignait; mais, aigri par elle, il écrivait aussi au directeur Carnot : « J'ai pitié de tout ce qu'on débite sur mon compte... Je crois que vous me connaissez trop pour croire que je puisse être influencé par qui que ce soit. J'ai toujours eu à me louer des marques d'amitié que vous avez données à moi et aux miens... Quelque chose qu'ils disent, ils ne m'atteignent plus. L'estime d'un petit nombre de personnes comme vous... quelquefois aussi l'opinion de la postérité, et par-dessus tout le sentiment de ma conscience, et la prospérité de ma patrie, m'intéressent uniquement... »

Cette généreuse capitulation fut quelque temps après le modèle de celle qu'obtinrent les Français assiégés à Mantoue. Lorsque le sort des armes eut amené le temps des revers en Italie, le souvenir de cette honorable modé-ration en dicta un article. Les officiers républicains ayant demandé à rester comme otages, à condition que leurs soldats seraient renvoyés en France, les Autrichiens, en accordant la demande pour les soldats, honorèrent le dévouement des officiers en refusant de les retenir pour otages.

Les Français entrèrent dans Mantoue le 3 février 1797; ils y trouvèrent l'équipage de siége qu'ils avaient abandonné avant la bataille de Castiglione, et plus de 500 pièces de canon, un équipage de pont et 60 drapeaux ou étendards qu'Augereau, partant pour Paris, fut chargé de présenter au Di-rectoire.

La nouvelle de la prise de cette importante forteresse répandit dans la capitale, et dans toute la France, une joie inexprimable; elle fut publiée avec une solennité remarquable.

« Soldats, disait Napoléon dans la proclamation qu'il adressa à son armée après cette victoire, la prise de Mantoue vient de finir une campagne qui vous a donné des titres éternels à la reconnaissance de la patrie.

« Vous avez remporté la victoire dans quatorze batailles rangées et soixante-dix combats; vous avez fait plus de 100,000 prisonniers, pris à l'ennemi 500 pièces de canon de campagne, 200 de gros calibre et 4 équi-pages de pont.

« Le pays que vous avez conquis a nourri, entretenu et soldé l'armée pendant toute la campagne, et vous avez envoyé 30 millions au ministère des finances pour le soulagement du trésor public.

« Vous avez enrichi le muséum de Paris de plus de trois cents objets, chefs-d'œuvre de l'ancienne et de la nouvelle Italie, et qu'il a fallu trente siècles pour produire.

« Les républiques lombarde et cisalpine vous doivent leur liberté... Les rois de Sardaigne et de Naples, le pape et le duc de Parme se sont détachés des coalitions de nos ennemis, et ont brigué notre amitié... Vous avez chassé les Anglais de Livourne et de la Corse... Mais vous n'avez pas encore tout achevé... De tant d'ennemis qui se coalisèrent pour étouffer la République à sa naissance, l'empereur reste seul devant vous : se dégradant lui-même du rang d'une grande puissance, ce prince s'est mis à la solde des marchands de Londres. Nous ne trouvons d'espérance pour la paix qu'en allant la chercher dans le cœur de la maison d'Autriche : vous y trouverez les ministres de l'empereur, corrompus par l'or de l'Angleterre ; vous y trouverez un brave peuple qui gémit sous le poids de la guerre ; vous respecterez sa religion et ses mœurs, vous protégerez ses propriétés, et c'est la liberté que vous porterez à la brave nation hongroise, etc. »

Aussitôt après la reddition de Mantoue, Bonaparte revint à son projet d'expédition contre les Etats du pape, et se rendit à Bologne, pour en hâter l'exécution. Il publia dans cette ville un manifeste contre la cour de Rome, et une proclamation adressée tant à l'armée qu'au peuple romain. Il déclara en même temps l'armistice rompu, et donna ordre au ministre Cacault de quitter la cour du souverain pontife.

Le pape, de son côté, réduit à ses propres forces, fit marcher trois ou quatre mille hommes de troupes, qui vinrent prendre position sur la Senio, où elles se retranchèrent. Bientôt après, elles y furent battues, et perdirent 14 pièces de canon, 8 drapeaux, 400 hommes tués et 1,000 prisonniers. Bonaparte fit avancer son armée sur Faenza, qui voulut se défendre, mais que l'on força. En peu de jours, la Romagne, le duché d'Urbin et la Marche d'Ancône tombèrent au pouvoir de l'armée française. On trouva à Ancône, pris le 9 février, une centaine de pièces de canon, un arsenal bien approvisionné, et 4,000 fusils, que l'empereur d'Allemagne venait tout récemment d'envoyer à Sa Sainteté.

Rome cependant était en proie à une terreur qui s'accroissait à mesure de l'approche de l'armée victorieuse. Le pape sentit alors qu'il n'avait d'autre parti à prendre que celui de subir la loi des républicains. Il écrivit à Bonaparte, « qu'il s'en remettait à la générosité française, promettant de souscrire d'avance à toutes conditions justes et raisonnables, et s'obligeant, sous sa foi et parole, de les ratifier et approuver. » Il annonçait en même temps au général français l'envoi de plénipotentiaires, chargés de conclure la paix. Elle fut signée à Tolentino, quartier général de Bonaparte, le 19 février. Par le traité, le saint-père renonça à toute alliance avec les puissances ennemies de la France, et à tous droits et prétentions sur Avignon et le comtat Venaissin. Le souverain pontife céda en même temps à la France les légations de Ferrare et de Bologne, ainsi que la Romagne, et consentit à l'occupation, par les Français, des ville, citadelle et territoire d'Ancône, jusqu'à la paix générale. Il s'obligea en outre à verser dans la caisse de l'armée d'Italie 30 millions, au lieu des 16 qui restaient dus alors sur la contribution stipulée dans l'armistice de Bologne; à désavouer solennellement le meurtre de Basseville, et à payer 300,000 fr., à titre de dédommagement pour ceux qui avaient pu souffrir de cette attentat.

Bonaparte stipula aussi que l'école des arts, instituée à Rome pour les Français, serait rétablie, et dirigée comme avant la guerre, et que le palais où cette école avait été placée serait rendu, sans dégradation, à la République française, dont il était la propriété.

Pendant que Bonaparte imposait au pape les conditions d'un traité avantageux à la République, l'Autriche s'occupait à réunir, dans les montagnes du Tyrol, une nouvelle armée destinée à agir encore contre l'Italie.

Le prince Charles vient prendre le commandement de cette armée, que doit renforcer l'élite des troupes qui ont vaincu avec lui sur les bords du Rhin : Bonaparte se prépare à le prévenir. Notre armée avait enfin reçu 18,000 hommes de renfort, et cet accroissement lui donnait la supériorité du nombre sur l'ennemi, qui attendait encore les troupes du Rhin. Mais cet avantage était balancé par le parti que le prince pouvait tirer de la possession du Tyrol et des dispositions du gouvernement vénitien.

Après tant de combats, le général français recommençait ce que la victoire avait déjà décidé si souvent. Tout semblait réuni contre lui : la réputation de son adversaire, le zèle des troupes qu'il commandait, le prestige d'un nom glorieux, l'esprit des peuples attachés à ce nom de leur souverain, et la position politique des deux armées; l'une laissait derrière elle des pays à peine soumis par une conquête rapide et violente; l'autre était soutenue par les Etats entiers qu'elle couvrait et par la proximité d'un trône qu'il s'agissait de maintenir. On pouvait le croire prêt à être ébranlé par le caractère et l'esprit des armées qui le menaçaient.

Deux corps d'armée agissaient à la fois : l'un dans le Tyrol, commandé par Joubert, avait en tête le général Laudon ; l'autre, conduit par le général en chef, était opposé à l'archiduc, et les rivières de la Piave et du Tagliamento séparaient les deux armées ennemies. Le général autrichien avait pour but de couvrir les provinces de la Carinthie et de Carniole, c'est-à-dire le droit chemin qui conduisait à Vienne.

Depuis la bataille de Rivoli, l'armée d'Italie occupait les bords de la Piave et du Lavisio. L'armée de l'empereur, commandée par le prince Charles, tenait l'autre rive de la Piave, avait son centre appuyé derrière le Cordevolé, et appuyait sa droite à l'Adige.

Le vaste plan du général en chef était, en s'ouvrant par les armes la route de Vienne, de s'assurer des pays qu'il laisserait en arrière, la Carinthie et la Carniole. Par ce moyen, il s'assurait aussi des Etats de Venise, dont les dispositions étaient au moins très-incertaines. Pour réaliser ces hautes conceptions, trois corps d'armée furent mis en mouvement. A la gauche, Masséna marcha droit aux débouchés qui donnent le passage dans l'Allemagne. Le centre, que se réservait le général en chef, devait presser le front de l'armée du prince Charles, dont la droite se trouverait déjà dépassée par les marches promptes de Masséna, tandis que l'aile droite, ou plutôt la troisième armée, qui formait le front de cette ligne d'opération, de plus de quarante lieues de développement, devait se porter jusque sur les bords du golfe Adriatique et à Trieste, seul port appartenant à la maison d'Autriche et seul point de communication qu'elle eût avec les forces navales d'Angleterre. Il fallait être aussi convaincu, que l'était Bonaparte, du talent militaire et du dévouement de ses lieutenants pour entreprendre avec assurance un plan aussi étendu, dont le succès dans l'exécution dépendait du parfait accord de toutes les parties. Le résultat justifia sa confiance; la victoire fut fidèle à sa fortune.

Déjà Masséna avait passé la Piave. Par une manœuvre habile, sa cavalerie se trouva portée en arrière des corps ennemis qui défendaient ce passage, et, dès que l'infanterie l'eût effectué, ces corps furent forcés de se rendre.

Le passage du Tagliamento était la première opération du centre. Ce fleuve descend des hautes montagnes du Frioul, s'étend dans la plaine par un lit large et profond lorsqu'il devient torrent à la fonte des neiges. La marche des trois divisions Guyeux, Bernadotte et Serrurier fut combinée de manière que, partant de trois points différents, elles devaient se trouver à hauteur l'une de l'autre sur la rive du fleuve, près du village de Valvasone. L'ennemi bordait les retranchements de la rive opposée. Les deux divisions des ailes marchent d'abord par leur flanc pour dépasser ceux de l'ennemi. Ces divisions se forment en colonne serrée par bataillon, l'infanterie légère devance en *tirailleurs*, soutenus de grenadiers et flanqués par la cavalerie et par l'artillerie. Dans cet ordre, le fleuve est traversé sous le feu des batteries autrichiennes. Les différents corps, formés en échelons, ayant les escadrons derrière leur intervalle, s'avancent et dépassent les deux flancs de l'ennemi. Il essaie en vain de tourner ces deux ailes isolées de leur centre. Le général en chef les fait soutenir par les escadrons de sa réserve, et l'ennemi rompu hâte sa retraite. Cependant, la division du centre étant arrivée, traverse le fleuve et forme la réserve des deux ailes, qui poursuivent leur avantage. Le même jour, elles prennent des positions en avant du champ de bataille. Cette journée fut une des moins sanglantes. La justesse des marches combinées entre les divisions, la précision des manœuvres et la promptitude des déploiements en imposèrent à l'ennemi. Il éprouva peu de perte, parce qu'il opposa peu de résistance. Les trophées de cette journée furent quatre ou cinq cents prisonniers et 6 canons; mais ces résultats furent décisifs pour le reste de cette campagne. Le prince Charles fut forcé de renoncer au système qui lui avait réussi sur le Rhin, celui d'une retraite méthodique. Tous ses mouvements rétrogrades furent subordonnés à ceux de l'armée française; il se vit forcé d'abandonner le Frioul vénitien pour essayer de couvrir les pays du domaine autrichien et bientôt de les abandonner pour couvrir ses pays héréditaires, dernier intervalle entre sa capitale et l'ennemi. La division Masséna, après avoir passé le Tagliamento huit lieues au-dessus du centre, s'élevait à grandes marches vers les sommités des Alpes Noriques, qui séparent l'Italie de l'Allemagne. Un corps ennemi gardait les gorges que forme le torrent du Pagliador; comme il était retranché fortement dans une vallée étroite, il fallait que l'avant-garde s'ouvrît le passage. L'infanterie légère, escaladant les revers escarpés des deux bords, dépasse les flancs de l'ennemi, tandis que deux escadrons de cavalerie légère, conduits par le général de brigade Ordener, osant suivre le lit du torrent, passent sous les arches du pont, et tournant le retranchement par son flanc gauche, tombent le sabre à la main sur les troupes qui le défendent, les mettent en fuite et font 700 prisonniers. Le centre de l'armée s'était alors avancé au-delà de Palma-Nova et d'Udine, capitale du Frioul vénitien; les divisions de droite, conduites par Bernadotte et Serrurier, s'emparent de Gradisca, qui capitule et livre 3,000 prisonniers.

Le prince Charles ne pouvait plus alors se retirer que sur les revers des Alpes du côté de l'Allemagne, et abandonner tous les pays maritimes. L'armée dépassa Goritz, où la retraite précipitée des Autrichiens laissa 3,000 malades dans les hôpitaux. Une proclamation rassurante et sagement habile, avait devancé l'armée, et une administration locale fut organisée pour la province de Goritz. L'autorité civile y fut confiée à des mains sûres. Un corps détaché de l'armée se porta à Trieste et en prit possession. Le secret et la rapidité de cette exécution furent tels, que la veille de l'arrivée des Français, les troupes de la garnison paradaient pour célébrer la fête du lieu.

Le prince Charles attendait de nombreux renforts de l'Allemagne, et son plan était de ne point engager d'action décisive avant leur arrivée; mais, pressé par la rapidité des mouvements de l'armée républicaine, il était forcé d'y subordonner ses mouvements; et lorsque Trieste et Goritz furent rendus, il ne lui resta d'autre parti que de hâter sa retraite, pour couvrir les passages qui conduisent du Frioul dans l'Autriche. Il dirigea donc sa marche sur Clagenfurt, vers les montagnes de la Carinthie et de la Carniole; il comptait sur les postes qu'il avait établis, pour s'assurer des passages dans la vallée que forme, vers sa source, la rivière du Lizonzo; mais l'un de ces postes venait d'être enlevé par le général Brune, à la tête d'un corps détaché de la division Masséna. L'autre, à Tarvis, fut également occupé par cette division. Ces deux postes étant faiblement gardés, le prince Charles se décida à les reprendre pour s'ouvrir un passage : il enleva aisément les corps avancés; mais, au premier bruit du canon, la générale rassembla les

différents corps épars ; et Masséna ayant reconnu la position de l'ennemi, fit
ses dispositions pour l'attaquer. L'armée autrichienne était formée sur deux
lignes en avant du village de Tarvis, leurs flancs appuyés à des bois bor-
dant le pied de montagnes escarpées. Masséna forma trois colonnes d'infanterie ; deux avaient à gravir les montagnes et dépasser les flancs de l'ennemi ;
la colonne du centre devait régler ses mouvements sur les succès des deux
autres ; dès que ces dernières eurent opéré leur manœuvre, et que l'ennemi
commença à montrer du flottement et de l'inquiétude, la colonne du centre
chargea vivement, et força la ligne ennemie à se retirer ; mais elle le fit
avec ordre, et prit une position en arrière, ayant son centre appuyé au village de Tarvis. L'avant-garde de la cavalerie française eut ordre de charger
la cavalerie ennemie ; mais celle-ci, supérieure en nombre et par l'avantage du terrain, repoussa cette attaque. Alors Masséna fit avancer l'infanterie du centre, avec ordre de marcher au pas de charge sans tirer ; et cet
ordre, exécuté sous le feu de l'infanterie autrichienne, la déconcerta tellement, qu'elle se retira en désordre. Ce mouvement contagieux gagna les
deux ailes. Alors la déroute commença ; et la cavalerie de réserve, amenée
par Ordener, chargea celle de l'ennemi sur un terrain de neige et de glace,
où toutes les chances de désastre et d'accidents sont nécessairement contre
le cavalier qui reçoit le choc et qui fuit. Il y eut là un grand carnage, tant
de cette cavalerie que de l'infanterie qui fuyait à découvert. Après cet échec,
le prince Charles n'eut plus d'autre ressource qu'une retraite précipitée.
Une seconde colonne le suivait, pressée par la division du général Guyeux,
qui déjà l'avait battue deux fois et l'avait forcée dans le poste de la Chiusé,
malgré des retranchements où 500 grenadiers allemands furent pris de vive
force. Cette colonne, arrivant le lendemain à Tarvis, se trouva entre les deux
armées françaises, et fut obligée de capituler. « Ces combats, porte le récit
du chef, se sont donnés au-dessus des nuages, sur une sommité qui domine
l'Allemagne et la Dalmatie. »

En même temps que ces succès rapides décidaient le sort des dernières possessions de la maison d'Autriche en Italie, le corps de Joubert, détaché de
l'armée pour suivre la colonne autrichienne qui avait pris sa retraite par le
Tyrol, s'était avancé dans cette province, et avait battu les corps de Kerpen et
Laudon, pris possession de Botzen et de Brixen, et poursuivi l'ennemi fort
au-delà dans la direction d'Inspruck. Un nouveau succès remporté sur le corps
de Kerpen suivit ces brillants avantages ; mais Joubert, à qui ses instructions prescrivaient de lier ses opérations à celles de Bonaparte et de Moreau,
n'ayant de nouvelles ni de l'un ni de l'autre, et sachant que Laudon, réfugié
dans la partie occidentale du Tyrol, avait rassemblé les milices du pays et
celles du Wintsgaw pour agir conjointement avec ses troupes, ne jugea pas
prudent de s'avancer davantage. Cette précaution était fort sage ; en effet,
pendant qu'il avait Kerpen en tête, le général Laudon se porta sur les avant-

postes français près l'Adige, avec des forces tellement supérieures, qu'ils se virent forcés d'évacuer Botzen, et de se retirer sur Villach, où Joubert opéra sa jonction avec les principales divisions de l'armée d'Italie. Malgré cet avantage isolé, l'armée autrichienne avait perdu en vingt jours près d'un quart de ses forces. Cependant, tout victorieux qu'il était, Bonaparte avait à craindre l'insurrection du Tyrol, dégarni par la réunion de Joubert avec le corps principal, ainsi que les troupes qu'on levait de toutes parts, et les manœuvres du sénat de Venise qui poussait le peuple de vive force à l'insurrection contre nous. Dans cette position, il fallait revenir sur ses pas ou marcher sur la capitale de l'Autriche. Bonaparte préféra ce dernier parti. Il fit donc avancer son armée sur Klagenfurt; après avoir battu et repoussé l'avant-garde des Autrichiens, il entra dans cette ville le 29 mars.

Ce fut de là que Bonaparte, arrivé au terme qu'il s'était proposé au début de cette campagne, écrivit au prince Charles cette lettre vraiment historique, par son motif et par son résultat. Quelque temps auparavant, un courrier décoré, gardant un mystérieux caractère, avait été envoyé par lui à Vienne, où il avait été reçu avec des égards marqués, en même temps qu'il était retenu au plus sévère secret; on sut depuis que c'était un officier de marque chargé, sous ce déguisement, d'une mission de confiance intime, et muni de passeports des deux puissances en guerre. L'instant était venu où ses projets allaient être réalisés; l'Autriche ne voulait rien céder, le Directoire prétendait exiger tout; le général victorieux, se faisant médiateur entre eux, les traduisait au tribunal de l'opinion publique, et stipulait pour chacun les conditions que la raison avait dictées. Telle fut la lettre de Bonaparte au prince Charles :

Au quartier-général de Klagenfurt, le 11 germinal an 5.

« Monsieur le Général en chef,

« Les braves militaires font la guerre, et désirent la paix : celle-ci ne dure-t-elle pas depuis six ans? Avons-nous assez tué de monde et fait assez de maux à la triste humanité? Elle réclame de tous côtés. L'Europe, qui avait pris les armes contre la République française, les a posées. Votre nation reste seule; et cependant le sang va couler plus que jamais. Cette sixième campagne s'annonce par des présages sinistres : quelle qu'en soit l'issue, nous tuerons de part et d'autre quelques milliers d'hommes de plus; et il faudra bien qu'on finisse par s'entendre, puisque tout a un terme, même les passions haineuses.

« Le Directoire exécutif de la République française avait fait connaître à Sa Majesté l'Empereur le désir de mettre fin à la guerre qui désole les deux peuples : l'intervention de la cour de Londres s'y est opposée. N'y a-t-il donc aucun espoir de nous entendre? Et faut-il, pour les intérêts ou les passions d'une nation étrangère aux maux de la guerre, que nous continuions à nous égorger ? Vous, monsieur le général en chef, qui, par votre naissance, approchez si près du trône, et êtes au-dessus de toutes les petites passions qui animent souvent les ministres et les gouvernements, êtes-vous décidé à mériter le titre de bienfaiteur de l'humanité entière, et de vrai sauveur de l'Allemagne ? Ne croyez pas, monsieur le général en chef, que j'entende par-là qu'il ne vous soit pas possible de la sauver par la force des armes ; mais dans la supposition que la chance de la guerre vous devienne favorable, l'Allemagne n'en sera pas moins ravagée. Quant à moi, monsieur le général en chef, si l'ouverture que j'ai l'honneur de vous faire peut sauver la vie à un seul homme, je m'estimerai plus fier de la couronne civique que je me trouverais avoir méritée, que de la triste gloire qui peut revenir des succès militaires. Je vous prie de croire, monsieur le général en chef, aux sentiments d'estime et de considération distinguée avec lesquels je suis, etc... »

La réponse du prince Charles demandait un délai pour qu'il pût recevoir de Vienne les pouvoirs nécessaires à l'ouverture d'une négociation. Une suspension d'armes proposée reçut une réponse négative.

Bonaparte voyant alors qu'il fallait vaincre encore pour conquérir la paix, mit aussitôt son armée en mouvement. Dès le 2 avril, elle se trouvait en position devant l'armée autrichienne, qui occupait les gorges du vallon où passe la route de Klagenfurt à Vienne, entre Friesach et Neumarck, quartier-général du prince. Les Français attaquèrent le même jour les positions de l'ennemi avec la plus grande impétuosité, et les enlevèrent à l'exception de Neumark, où il se maintint le reste de la journée, mais qu'il évacua la nuit suivante, en se retirant sur Hundsmarck. La division Masséna fut seule engagée dans ce combat, qui coûta aux Autrichiens près de 1,200 hommes.

Le 4, cette même division eut avec eux une affaire d'arrière-garde, où ils perdirent encore 500 hommes. Les mouvements rapides des autres divisions françaises ôtèrent au prince Charles tout espoir de secourir ses colonnes avant qu'il se fut réfugié derrière les montagnes qui couvrent Vienne ; il prit donc sa retraite sur cette ville. Les Français occupèrent, sans brûler une amorce, Knittelfeld et Judenbourg, où Bonaparte attendit l'arrivée des divers corps de son armée. Les revers de l'archiduc et l'approche des Français avaient répandu la consternation à Vienne. L'imminence du danger décida l'empereur à envoyer les généraux Bellegarde et Merveld auprès de Bonaparte, pour entamer une négociation. Ils se rendirent le 7 à Judenbourg.

Dans une première conférence, où les bases du traité furent convenues, on établit une suspension d'armes ; mais les positions que la ligne française eut le droit d'occuper, et qui étendaient sa gauche fort au-delà des

JOUBERT ( Barthélemy-Catherine ).

Né à Pont-de-Vaux le 14 avril 1769. — Général en chef de l'armée de Hollande,
de l'armée de Mayence, — de l'armée d'Italie en 1798. — Tué en 1799.

**Bataille de Rivoli.**

postes qu'elle tenait jusqu'à la ville de Gratz, et depuis la vallée de la Drave jusqu'à Lintz, rendaient le général français arbitre du traité.

Avant de rapporter la conclusion de ce traité, nous devons faire connaître les opérations des deux armées françaises sur le Rhin, et la part qu'elles prirent par leurs succès à l'accomplissement de la paix.

L'archiduc vainqueur avait assiégé, à la fin de la campagne précédente, le fort de Kehl et la tête de pont de Huningue. Ces places s'étaient rendues après une longue et glorieuse résistance, et l'on se trouva, pour passer le Rhin, dans la même position qu'à la fin de 1795.

Il est assez difficile d'expliquer la longue inaction des deux armées, lorsque l'on sait qu'elles étaient depuis longtemps réorganisées, considérablement renforcées et pourvues de tout ce qui était nécessaire pour entrer de bonne heure en campagne. Enfin l'ordre arriva aux généraux Moreau et Hoche de dénoncer la rupture de l'armistice et de passer le Rhin le même jour à Kehl et à Neuwied, afin de diviser l'attention et les forces de l'ennemi. Toutefois le passage de l'armée de Sambre-et-Meuse précéda celui de l'armée de Moreau. Hoche, qui la commandait, avait employé toute son activité et toute sa vigilance pour la mettre en état d'obtenir des succès : il avait établi un ordre et une discipline qui devaient faire respecter le nom français partout où la victoire le conduirait. « Que la campagne s'ouvre, écrivait-il au Directoire, et rien ne pourra m'empêcher d'aller à Vienne. » L'enthousiasme de ses soldats, l'habileté et la valeur des généraux qui le secondaient, justifiaient cette noble ambition. Hoche avait ses débouchés ouverts par l'occupation de Neuwied et de Dusseldorf, de sorte que le passage du Rhin ne lui présentait pas les mêmes difficultés qu'à l'armée de Rhin-et-Moselle. Du 16 au 18 avril, les divisions de l'armée de Sambre-et-Meuse débouchèrent par le camp de Dusseldorf et de Neuwied. Werneck, dont les forces étaient inférieures à celles des Français, et que de mauvaises dispositions plaçaient déjà dans une situation critique, fit demander une suspension d'armes, motivée sur l'ouverture des négociations ; il eut la maladresse d'y mettre la condition que l'armée française repasserait le Rhin. Hoche pénétra facilement le dessein de l'ennemi ; et, loin d'accepter sa proposition, il lui répondit qu'il ne consentirait à une trève qu'à la condition que l'armée autrichienne se retirerait derrière le Mein, tandis que l'armée française se porterait sur la Lahn, et que la forteresse d'Ehrenbreitstein serait remise aux Français. Les deux généraux ne s'étant pas accordés sur ce point, ils se préparèrent à combattre. La bataille de Neuwied s'engagea le 18 avril, dès huit heures du matin, et fut gagnée par les Français. Le centre de l'armée autrichienne fit une résistance opiniâtre près d'Hedersdorf, mais les Français tournèrent et enlevèrent cette position ; le général Ney contribua puissamment à ce succès par sa valeur et son habileté. Cette journée coûta aux Autrichiens près de six mille hommes tués, blessés ou faits prisonniers, 7 drapeaux, 27 pièces

d'artillerie, et une immense quantité de chariots et bagages. Hoche déve-
loppa dans cette circonstance de grands talents ; son infatigable activité
semblait le porter à la fois sur tous les points pour exalter l'enthousiasme du
soldat, et veiller à l'ensemble des mouvements de l'armée. Werneck se retira, avec les débris de son armée, sur Neukirchen. L'armée française prit
position, sa droite en avant de Montabaur, sa gauche à Altenkirchen. Dès le
19, Hoche présenta de nouveau le combat aux Autrichiens, qui se retirèrent
précipitamment. Leur réserve marchait sur Limbourg, lorsqu'elle apprit
que les Français étaient déjà en possession de cette ville. Le 20 avril, le général Lefebvre y passa la Lahn. Il se porta en avant, tandis que Hoche s'a-
vançait sur Neukirchen pour attaquer le général Werneck ; mais celui-ci
était déjà en retraite. Le général Ney atteignit l'arrière-garde des ennemis,
et la força de se retirer au plus vite sur Wetzlar : battus de nouveau près de
Flersbach et mis en désordre, on leur prit 500 hommes, la plus grande partie de leurs chariots et bagages ; la nuit seule favorisa leur retraite sur Alar-
den. Werneck, craignant d'être prévenu par les Français sur le Mein, abandonna les rives de la Lahn, et réunit ses divisions à Muntzenberg. C'était en
effet l'intention du général Hoche d'arriver avant lui à Francfort. Le 21, il
fit marcher en toute hâte les divisions Lefebvre et Lemoine sur cette ville,
tandis que celle de Grenier s'avançait par Wetzlar, et que lui-même, avec
l'aile gauche et le gros de la cavalerie, poursuivait l'ennemi sur la Haute-
Lahn. Le général Ney venait de disperser une partie de l'arrière-garde du
corps d'Elsnitz, de lui prendre 400 hommes et 2 pièces de canon ; un moment après, il s'avança trop dans une charge à la tête d'un escadron, son
cheval s'abattit dans un ravin, et il fut fait prisonnier. Hoche, très-sensible à
cette perte, redemanda vainement à Werneck de lui renvoyer le général Ney.

Après divers autres combats, dans lesquels les Français demeurèrent
vainqueurs, ils arrivèrent sur les rives du Mein, dont tous les ponts avaient
été rompus par les Autrichiens ; on s'occupait à les réparer. Les chasseurs,
après avoir passé la rivière à la nage, et enfoncé plusieurs corps de cavalerie d'élite, entraient déjà pêle-mêle avec eux dans Francfort, lorsque le
colonel Milius, qui commandait dans cette ville pour les Autrichiens, vint
au-devant du général Lefebvre, prêt à y entrer ; il était accompagné d'un
courrier porteur des préliminaires de paix, signés à Leoben.

Lefebvre fit prendre position à ses troupes ; et les généraux Hoche et Werneck, promptement instruits de cet événement, donnèrent mutuellement
des ordres pour la cessation de toutes les hostilités ; il fut convenu entre eux
que la ligne de démarcation pour les deux armées serait le cours de la Nidda.
Hoche, encore affligé des obstacles que la fortune avait opposés à son expédition d'Irlande, plein de l'espoir de soutenir un glorieux parallèle avec Bonaparte, vit sans doute avec regret échapper de ses mains l'occasion d'un
succès digne de nos triomphes d'Italie.

L'armée de Rhin-et-Moselle, restée sous les ordres de Moreau, et forte de 60,000 hommes, ne put commencer son mouvement, pour le passage du Rhin à Kehl, que dans la nuit du 19 au 20 avril; le général Starray commandait l'armée autrichienne qui nous était opposée. Ses forces étaient de beaucoup inférieures aux nôtres; mais il pouvait être en peu de temps soutenu par le corps d'armée du général Latour, qui se tenait sur le Haut-Rhin; et les Français, pour reprendre l'offensive, étaient obligés de forcer le passage de ce fleuve. Les dispositions pour ce passage avaient été si bien prises, et les soldats français développèrent tant de courage et de persévérance dans l'exécution, que le succès fut complet. Dès le 20, l'ennemi avait été chassé de Honau et battu à Diersheim, où le combat avait été très-acharné. Cependant Starray employa la nuit du 20 au 21 à rassembler ses troupes, et se porta de nouveau sur Diersheim et Honau. Les Français furent d'abord contraints d'évacuer ce dernier village; mais, secourus par deux demi-brigades, ils le reprirent presque aussitôt. L'attaque sur Diersheim fut beaucoup plus sanglante; les ennemis marchant au pas de charge, et soutenus par un feu terrible, espéraient enlever le village, lorsque le corps de Davoust, attaquant audacieusement à son tour sur un autre point de leur ligne, vint les prendre en flanc; les Autrichiens ayant aussi reçu des secours, il s'engagea un combat acharné qui se changea en une mêlée épouvantable. Une charge de quelques escadrons français, faite avec une grande vigueur, décida la victoire en notre faveur. Les Autrichiens rentrèrent dans leurs positions.

Moreau et Vandamme eurent leurs chevaux tués sous eux dans cette action. Le général en chef autrichien Starray fut blessé, ainsi qu'un autre général. Moreau eût tiré un plus grand parti de cette victoire, s'il eût eu alors le gros de sa cavalerie; mais elle n'arriva que le soir. Le général en chef fit aussitôt ses dispositions pour la poursuite de l'ennemi; notre réserve atteignit son arrière-garde au village de Grieshem. Le régiment d'Alton y fut chargé et enveloppé; son colonel fit mettre bas les armes à sa troupe, et remit son épée et ses drapeaux au colonel Roget, qui commandait la brigade française. La retraite des Autrichiens ne fut plus, de ce moment, qu'une déroute. Offenburg ouvrit ses portes, et Vandamme s'avança jusqu'au-delà de Gengenbach. Le général O'Relly cherchant à rallier les fuyards, fut fait prisonnier. Le général Dufour s'avança sur Kehl; sa cavalerie passa la Kintzig à gué. Le commandant de Kehl, sommé par nous, capitula, et se rendit prisonnier avec sa troupe. L'occupation de ce poste donna au général Moreau toutes les facilités nécessaires pour rétablir le pont de bateaux qui communique de Kehl à Strasbourg; les travaux furent promptement achevés. Les Autrichiens perdirent, dans cette journée, de quatre à cinq mille hommes, tués, blessés ou prisonniers, parmi lesquels beaucoup d'officiers supérieurs. La perte des Français fut de 1,500 hommes morts ou blessés; parmi ces derniers étaient les généraux Desaix, Duhesme et Jordy. L'armée française bivouaqua dans la position où elle se trouvait à la nuit, entre Kehl et Freystadt. Le 22 au matin, elle se mit à la poursuite de l'ennemi, qui fut chassé jusqu'à Liechtenau. Le 23, Moreau se disposait à continuer sa marche; en même temps Latour s'avançait sur Rastadt avec 18,000 hommes, pour se réunir à Starray et tenter le sort d'une bataille, lorsque Moreau reçut un parlementaire accompagné d'un courrier venant de l'armée d'Italie, qui lui apportait la nouvelle de la signature des préliminaires de paix à Leoben. Les hostilités furent suspendues sur tous les points, et l'armée française garda les positions qu'elle occupait à l'arrivée du courrier, entre Ettenheim et Liechtenau.

Le traité de Leoben était un acte de prudence du général français, et les circonstances le rendaient urgent. Depuis le départ de la division Joubert, Laudon, fortifié de renforts qu'il avait reçus de l'archiduc et de ceux qui étaient partis du Rhin, avait repris l'offensive dans le Tyrol sur les derrières de l'armée française. Aussitôt, la nouvelle de la défaite totale des troupes républicaines se répandit dans les Etats vénitiens, et l'oligarchie de ce pays ne garda plus de mesures.

Tous les agents du gouvernement vénitien reçurent des instructions et bientôt le tocsin donna le signal d'une insurrection générale. Les Français qui se trouvaient à Vicence et à Padoue n'échappèrent qu'avec beaucoup de peine à un massacre. Ils furent moins heureux à Vérone, où, le lundi de Pâques (17 avril 1797), après vêpres, tous les soldats isolés furent poignardés, les malades et les blessés égorgés dans les hôpitaux.

Ces événements, ainsi que les armements des Vénitiens, ignorés à Vienne et dans l'armée du prince Charles, ne pouvaient influer sur les négociations qui se traitaient. Mais le général français, instruit à temps, sut habilement en hâter la conclusion; et lorsqu'on disputait encore sur 30 millions qu'il exigeait, il répondit, comme Alexandre, qu'il n'était pas venu pour commercer, mais pour combattre et pacifier, et il signa.

Bonaparte avait écrit, dès le 9 avril, au doge de Venise, pour demander satisfaction des attentats commis sur des Français. La réponse évasive qu'il reçut du sénat décida la destruction de la république vénitienne; et, aussitôt que la convention de Leoben fut signée, Napoléon dirigea ses colonnes sur les Etats vénitiens, et les fit précéder par un manifeste où il exposait les griefs de la France contre ces Etats. Bientôt elles occupèrent Padoue, Vicence, Bassano, Sacile et Vérone.

Ces mouvements de l'armée d'Italie, dans un moment où la convention faite avec l'Autriche ne laissait au sénat vénitien aucun espoir de secours, inspirèrent les plus vives alarmes aux oligarques. Impuissants pour se défendre, les sénateurs eurent recours aux négociations, et envoyèrent des députés à Bonaparte. Il eut avec eux une conférence dans les lagunes de

Malghera le 3 mai. Une fermentation générale se manifestait alors dans les
Etats de terre ferme appartenant à la république de Venise, et des cris de
liberté s'y faisaient entendre; la flotte même avait pris part à l'insurrection et parlait déjà d'arborer le drapeau tricolore. Dans cette extrémité, le
grand conseil de la république se démit de ses fonctions le 11 mai, et on
déclara le même jour que l'ancienne forme de gouvernement démocratique serait rétablie. Cependant, dès le lendemain, un rassemblement
d'Esclavons et de matelots mit au pillage les maisons des trente sénateurs
qui composaient le nouveau comité de gouvernement; Venise fut exposée
pendant seize heures à toutes les horreurs d'une guerre civile, et ne fut
sauvée de la fureur des séditieux que par l'arrivée de 3,000 Français que
les habitants appelèrent à leur secours et que Bonaparte y envoya.

Une autre insurrection, préparée de longue main, éclata à Gènes le
21 mai de la même année, et, dès le 22, la souveraineté du peuple y fut
proclamée par les révolutionnaires. Le ministre de la République française, Faypoult, avait appuyé ce mouvement d'après les ordres du Directoire. Bonaparte, informé de ce qui s'était passé à Gènes, y envoya un de
ses aides-de-camp, avec une lettre pour le doge, dans laquelle il demandait l'élargissement de tous les Français qui avaient été arrêtés le jour de
l'insurrection, des dédommagements pour les maisons qui avaient été pil-
lées, le désarmement du peuple et le châtiment de ceux qui avaient excité
la multitude contre les Français. Ces demandes ayant été accordées, Bonaparte conclut, le 10 juin, avec les députés de la république de Gènes, une
convention pour l'établissement d'un gouvernement provisoire.

L'armistice convenu avant les préliminaires de Leoben avait arrêté les
opérations des armées du Rhin. Leurs progrès étaient tels, qu'ils pouvaient
déjà entrer dans la balance des considérations déterminantes pour le cabinet de Vienne : quand même il eût connu l'état des affaires d'Italie, les
nouveaux succès de Laudon dans le Tyrol, l'insurrection de Vérone, les
dispositions hostiles et les armements du sénat de Venise, il résultait de la
position de l'armée de Bonaparte dans les postes cédés par l'armistice, que
ses opérations ultérieures sur Vienne auraient été indépendantes des revers
éprouvés en Italie, et étaient déjà faciles à combiner avec celles des armées
du Rhin.

L'armée autrichienne, affaiblie par ses pertes et par les renforts qu'on
en avait tirés, aurait fini par être pressée entre les trois armées républicaines, celle d'Italie se trouvant placée entre elle et Vienne. Le vaste plan
qui avait réglé les opérations de la campagne précédente se trouvait exécuté : le but qu'on s'était proposé était atteint.

La République enfin était victorieuse, et l'Europe était pacifiée; l'Angleterre même demandait à être admise au congrès général, ou du moins son
gouvernement ministériel était obligé de composer avec le parti de l'oppo-

sition, et de faire toutes les démarches tendantes à la pacification. Des plénipotentiaires furent nommés; mais le Directoire, soit pour éviter les
longueurs d'un congrès, soit pour éluder tout moyen décisif, avait déclaré
qu'il ne voulait faire que des traités partiels avec chaque puissance, et indépendants des volontés collectives des gouvernements coalisés; ainsi il
avait déjà traité avec tous les princes du continent, et l'empereur même
n'avait réservé, en faveur de l'Angleterre, qu'une simple faculté d'adhérer.
Jamais la République n'avait été dans une position si avantageuse et si
brillante; elle offrait la paix après des victoires, et tenait dans ses mains
l'olive, le laurier et les destinées de l'Europe.

Cependant le traité de paix de Campo-Formio paraissait interminable;
bien que les préliminaires en eussent été signés à Leoben depuis cinq mois, et
l'espoir eût été anéanti si le Directoire ne se fût vu forcé de revêtir de ses pleins
pouvoirs un négociateur placé à la tête d'une armée victorieuse. Il y eut aussi
de la part des négociateurs autrichiens des difficultés que Bonaparte ne put
surmonter que par l'inflexibilité de son caractère. On sait que ce fut dans
ces circonstances que, saisissant un cabaret de porcelaine placé sur un guéri-
don dans le salon des conférences, il le lança contre le parquet, en adressant aux plénipotentiaires de l'empereur cette apostrophe : *La guerre est
déclarée ; mais souvenez-vous qu'avant trois mois je briserai votre monarchie
comme je brise cette porcelaine.* Les négociateurs autrichiens cédèrent.

La paix définitive entre la France et l'Autriche fut enfin signée le **17
octobre 1797** à Campo-Formio (1). La teneur du premier article de ce traité,
qui promettait, selon la formule d'usage, une paix invariable et perpétuelle entre sa majesté l'empereur des Romains, roi de Hongrie et de Bohême, et la République française, était la reconnaissance la plus formelle
que celle-ci pût obtenir de son existence politique. Par les autres articles,
la maison d'Autriche renonçait à la Belgique et à la Lombardie; elle
reconnaissait la République Cisalpine, formée de la réunion de la Cispadane
et de la Transpadane (2); elle évacuait Mayence, et l'empereur sanctionnait
la prise de possession des provinces rhénanes.

L'Autriche abandonnait encore à la France les îles que possédait la république de Venise dans la mer Adriatique.

En compensation, Bonaparte livrait aux Impériaux Venise même et les
États vénitiens, à partir de l'Adige; enfin, on stipulait que les différends

(1) Campo-Formio, petit village situé entre la résidence des négociateurs allemands à
Udine, et celle de Bonaparte à Passeriano.

(2) La République Transpadane avait été créée en 1796 par Bonaparte, après la bataille
de Lodi, de la Lombardie autrichienne et de quelques provinces vénitiennes. Elle était
séparée par le Pô de la Cispadane, qui comprenait Modène, Reggio, Ferrare, Bologne. Elles se confondirent toutes deux, en 1796, dans la République cisalpine ou milanaise, qui prit, en 1802, le nom de République italienne.

avec l'empire d'Allemagne seraient l'objet d'un congrès qui devait se réunir à Rastadt.

Dans l'intervalle de l'armistice à la conclusion de la paix avec l'Autriche, on vit éclater le célèbre événement du 18 fructidor, révolution du Directoire et des conseils contre une partie de leurs membres, accusés de chercher à rétablir la monarchie au mépris de leur serment. Cet événement porta un coup funeste à la Constitution de l'an 3 ; personne ne s'aperçut que la cause du mal venait de l'absence d'un ressort essentiel dans la machine politique. Pichegru fut manifestement convaincu de trames avec les émigrés, et Moreau vit altérer sa gloire par une dénonciation contre son ancien général, dénonciation tardive, suspecte même aux yeux du gouvernement, dont elle essayait de prévenir les soupçons.

La mort du général Hoche à son quartier-général de Wetzlar suivit de près la journée du 18 fructidor, à laquelle il avait coopéré par l'envoi des troupes entrées dans Paris ; on a soupçonné des causes extraordinaires à la mort de ce général.

Les conseils décrétèrent qu'il lui serait fait une pompe funèbre aux frais de l'État : cette cérémonie eut tous les caractères d'une cérémonie antique et d'un triomphe décerné à un héros regretté par la patrie. La fête donnée peu de temps après par le Directoire à Bonaparte, qui se présentait l'olive à la main, n'eut rien d'une solennité nationale, et ne dut pas satisfaire le général qui avait obtenu les applaudissements de toute l'Italie, ivre de joie à l'aspect de son libérateur.

Sans doute le traité de Campo-Formio ajoutait un beau fleuron à la couronne de Bonaparte ; sans doute, négociateur aussi habile qu'il s'était montré grand général, il venait de rendre un service signalé à son pays ; cependant, plaignons-le d'avoir pu se résoudre au parti de placer Venise sous le joug de l'Autriche. Venise renfermait des âmes généreuses et d'excellents citoyens. Le premier jour où le pavillon impérial flottait sur la place Saint-Marc, une femme du sang patricien s'empoisonna de douleur. Le doge mourut de désespoir au moment de prêter serment d'obéissance entre les mains du délégué de l'empereur.

Paris reçut avec une telle joie la nouvelle de la paix, que les membres du gouvernement, quoiqu'ils eussent quelque raison d'être mécontents de ce que leurs ordres avaient été enfreints, par de trop grandes concessions à l'Autriche, n'en acceptèrent pas moins le traité aux applaudissements de la France. En même temps, le Directoire appela Bonaparte au commandement supérieur de l'armée d'Angleterre, et le nomma plénipotentiaire au congrès de Rastadt, où la France devait négocier la paix avec l'empire. Après la signature du traité, Bonaparte était retourné à Milan.

Prêt à quitter l'Italie, il adressa, par une belle et simple proclamation, ses adieux à la République milanaise ou cisalpine qu'il avait fondée, et partit accompagné des regrets de toute l'Italie. Sa marche jusqu'à Rastadt fut une suite de triomphes. Partout des harangues, des couronnes, le bruit du canon et les applaudissements de l'enthousiasme des populations pressées sur son passage. Il ne voulut demeurer à Rastadt que le temps nécessaire à l'échange des ratifications du traité de Campo-Formio et aux arrangements de notre entrée en possession de Mayence. Aussitôt après, il prit la route de Paris, où il arriva incognito le 5 décembre 1797. Peu de mois s'étaient écoulés depuis qu'il avait quitté cette capitale avec un nom inconnu de la gloire; il y rentrait précédé d'une réputation immense et populaire.

Bonaparte quitta Paris en janvier 1798 pour aller visiter les côtes de l'Océan, où se préparait une expédition contre la Grande-Bretagne; mais il est douteux que ce général consommé voulût ainsi attaquer de front une puissance si redoutable.

Le Directoire avait enjoint à tous ses agents dans la péninsule de tenir la conduite la plus réservée, et d'éviter à la France la responsabilité terrible d'une rupture, que les cours d'Italie semblaient audacieusement rechercher; mais l'éloignement de Bonaparte parut à nos ennemis une occasion favorable d'exciter de nouveaux troubles dans le midi de cette contrée, pour nous enlever la prépondérance et la considération que nos victoires nous avaient obtenues. Le Piémont ne dissimulait pas sa haine pour la France. Naples, plus loin de notre bras, et fière d'ailleurs de n'avoir pas été vaincue, commençait à violer ouvertement le traité qu'elle avait conclu avec la République. Des trames s'ourdissaient à Rome contre les Français. Joseph Bonaparte, ambassadeur de la République française, fut averti qu'il devait s'opérer un soulèvement dans la ville : le but était de proclamer une République romaine. Les chefs de l'émeute vinrent le trouver et lui demander l'assentiment et l'assistance de *la grande Nation ;* il les éloigna et rejeta leur demande; ils se réduisirent alors à le prier de les approuver après le succès. Le lendemain, l'ambassadeur étant absent de sa demeure, on vint l'avertir qu'elle était entourée d'une foule séditieuse portant et distribuant des cocardes tricolores et criant : *Vive la République romaine !* Joseph Bonaparte la fit d'abord retirer; mais en même temps des troupes du gouvernement arrivèrent, firent feu sur les révoltés qui se réfugièrent dans l'intérieur du palais et l'encombrèrent de blessés et de mourants. Par les anciens traités, le palais de France à Rome a une juridiction particulière, et cette enceinte était violée. L'ambassadeur, avec quelques officiers militaires qui s'étaient réunis à lui, se présenta à cette troupe de ligne, et la somma de se retirer; il se tourna alors vers l'autre troupe insurgée qui s'avançait contre les soldats pour la contenir; en même temps quelques officiers français avec le général Duphot se jetèrent dans les rangs des soldats, pour faire cesser leur feu, et se trouvèrent entraînés par eux jusqu'à la porte de Rome appelée *Septimianina ;* l'ambassadeur voulut les y

CHAMPIONNET (Jean-Étienne).

Né à Valence en 1762. — Général en chef de l'armée de Naples. — Mort en 1799.

**Conquête de Naples.**

rejoindre, et en arrivant il vit Duphot tomber sous le feu d'un soldat ; un second coup l'étendit mort. L'ambassadeur regagna son palais par les jardins : sa femme et sa belle-sœur, qui devait épouser le lendemain le général Duphot, y étaient au milieu d'une foule dont les intentions étaient inconnues, et où l'on avait remarqué plusieurs hommes connus pour des espions du gouvernement romain, et qui, criant plus haut que les autres : *vive la République! vive la liberté!* animaient les révoltés contre les soldats. L'ambassadeur se retrancha dans une aile du bâtiment, fit armer ses gens et les artistes français qui s'étaient réunis à lui ; cette scène sanglante s'était prolongée depuis cinq heures, et aucun officier public ne s'était présenté au palais de France.

Cet événement déplorable produisit une vive sensation, mais la cour de Rome se borna à garder un dédaigneux silence. L'ambassadeur furieux demanda ses passeports, qui lui furent difficilement accordés ; il partit aussitôt pour la Toscane, où la souplesse italienne descendit bientôt aux plus humbles supplications pour le rappeler et prévenir les effets de la colère du gouvernement français.

Le Directoire, informé de l'odieuse conduite du Saint-Siége, commença par faire arrêter, comme otage, l'ambassadeur du pape à Paris ; puis il prescrivit à Berthier, qui commandait nos troupes en Italie, d'occuper Rome. Le 10 février 1798, Berthier, victorieux sans combat, fit, par la porte du Peuple, son entrée dans la ville éternelle, et fut conduit au Capitole comme les anciens triomphateurs. Le peuple se constitua en République. On vit alors le clergé tout entier remercier Dieu de cet heureux événement, et quelques cardinaux même chanter un *Te Deum*, pour célébrer la révolution qui détrônait le chef de l'Eglise, qui se résigna et obtint la permission de se retirer dans un couvent de Toscane. Le 23 février, Rome tout entière assista à une cérémonie funèbre en l'honneur du général Duphot, et son urne cinéraire fut exposée au Capitole.

De Rome la révolution passa en Suisse.

L'émancipation politique dont la France avait donné l'exemple tendait partout à s'étendre. Jusqu'alors, pourtant, les institutions aristocratiques de la Suisse étaient restées intactes ; mais le sénat de Berne, sous le voile d'une neutralité douteuse, avait constamment favorisé les menées contre-révolutionnaires des réfugiés français. Le Directoire prit texte de ces faits pour exciter les passions populaires dans la plupart des cantons, et favoriser ouvertement les partisans de la liberté.

Les habitants du pays de Vaud, soumis depuis longtemps aux cantons de Fribourg et de Berne, crurent le moment favorable pour secouer cet humiliant asservissement, menaçant, en cas de refus, de recourir à l'autorité du gouvernement français. Ils se fondaient, à ce sujet, sur d'anciens traités qui avaient garanti leur liberté.

Le 28 novembre 1797, le Directoire de France prit un arrêté par lequel il chargeait le ministre de la République près les cantons helvétiques de déclarer aux gouvernements de Berne et de Fribourg qu'ils répondraient personnellement de la sûreté individuelle et des propriétés des habitants du pays de Vaud, qui auraient cru devoir réclamer l'intervention de la France pour l'exécution d'anciens traités.

Cependant les deux sénats, dédaignant cet avertissement, firent des dispositions pour soumettre les Vaudois. Le Directoire, qui avait grand intérêt à s'emparer de la Prusse, foyer d'intrigues et de corruptions, où nos émigrés, le Prétendant et les étrangers en étaient venus à conspirer ouvertement contre nous, fit avancer des troupes. La présence de nos soldats suffit pour opérer l'insurrection soudaine de tout le pays de Vaud, et les troupes des cantons se retirèrent sur la sommation que leur en fit le général Ménard, commandant en chef de l'expédition, lequel toutefois ne dépassa pas les limites du nouveau canton, se bornant à protéger son indépendance.

Cette démonstration suffit pour effrayer les deux sénats récalcitrants : ils s'efforcèrent dès lors de rapprocher les partis ; mais les concessions tardives qu'ils firent furent impuissantes à calmer les passions politiques qui fermentaient de toutes parts et divisaient les cantons entre eux, et chaque canton en deux partis. Le serment de maintenir et de défendre les anciennes constitutions fut prononcé par la diète à Arau ; Bâle seul s'y refusa ; mais dès le lendemain, dans Arau même, le commissaire français Mingaud faisait planter l'arbre de la liberté, et publier que tous ceux qui refuseraient de prendre les armes, d'après les décisions de la diète, seraient, leurs personnes et leurs propriétés, sous la protection de la République française.

Les aristocrates de Berne avaient réuni une armée, convoqué le contingent, et cherchaient à faire descendre des hautes montagnes les paysans ignorants et fanatiques. Les troupes fédérales s'avançaient contre nous ; un parlementaire français les somma de ne pas s'approcher de nos avant-postes ; deux des cavaliers de son escorte furent tués par les soldats ennemis. Cet événement amena la guerre immédiate.

Les baïonnettes françaises trouvaient presque partout les postes importants déjà conquis par les émissaires de leur gouvernement ; cependant, les mesures prises par les sénats de Berne et de Zurich, et les concessions faites aux habitants des campagnes, surtout dans les bailliages allemands, les avaient rattachés à la patrie devenue commune. Les paysans des environs de Soleure y vinrent en armes, et forcèrent le magistrat de mettre en sûreté, dans les prisons de la ville, plusieurs personnes qui s'étaient prononcées pour la France ; Mingaud écrivit au magistrat de Soleure : « Songez à vous, Monsieur, je vous déclare, au nom de mon gouvernement, que si vous poussez plus loin votre rage imprudente, votre tête en répondra !... Votre existence est attachée à celle de ces respectables objets de votre haine; songez bien qu'une goutte de sang patriote, répandu sur votre territoire, serait vengée par des flots de sang oligarchique. »

La marche des armées soutenait ce ton absolu; et, par un singulier contraste, les généraux s'avançaient lentement et tentaient encore toutes les voies de la conciliation; mais l'amour antique de la patrie s'était porté jusqu'à l'enthousiasme dans le cœur des Suisses réunis. Berne et Zurich s'étaient décidés à la guerre; 14 bataillons bernois, renforcés de tous les citoyens qui accouraient pour s'y joindre, étaient campés à Morat, fameux dans les annales helvétiques par la défaite de Charles-le-Téméraire. Dans cet état, le sénat de Berne écrivit au Directoire français :

« Le peuple helvétique, actuellement réuni à son gouvernement, n'a pris les armes que pour sa défense; nous sommes d'accord, tout ce qui ne sera pas contraire à l'indépendance d'un peuple libre, nous sommes prêts à y satisfaire. » En même temps il publia une proclamation au peuple bernois, finissant par ces mots : « Nous préférons nous voir écrasés sous les débris de notre patrie, plutôt que de plier un cou libre sous un joug ignominieux. » Le Directoire ne répondit que par un plan de république helvétique, une et indivisible, et en fixant un court délai. Le Sénat envoya alors des députés au général français Brune, et des négociations furent nouées avec lui; le commissaire français s'en offensa, et les négociations devinrent plus embrouillées et plus difficiles : il semblait que le commissaire civil ne fût qu'un envoyé chargé d'instructions secrètes pour amener les choses au point que la guerre fût inévitable, et cependant, par respect humain, on voulait sauver les apparences et détourner l'odieux d'une agression injuste et impolitique.

Le général suisse d'Erlach avait reçu l'ordre d'attaquer; toutes ses dispositions étaient faites : le plus redoutable enthousiasme animait les troupes suisses; le tocsin avait appelé tous les défenseurs; ils accoururent en foule, armés de tout ce qu'ils avaient pu trouver. Les femmes avaient voulu être admises dans les rangs; les enfants de douze ans y étaient à côté de leur père. Les jours antiques avaient reparu; tous se présageaient une victoire dans le lieu même de Frauenbrunn, où ils savaient que leurs ancêtres avaient défait l'armée d'un sire de Couci, au quinzième siècle, lorsqu'un contre-ordre vint rompre toutes les mesures du chef, amollir tous les courages et troubler les esprits. On se crut trahi; la méfiance de ces soldats citoyens n'était pas contenue par la discipline militaire, et ne pouvait être éclairée : ce fut dans cet état de désordre que, le 15 mars, cette armée préparée à l'attaque se vit attaquée par la valeur éprouvée, conduite et dirigée par une tactique savante.

Le premier choc fut terrible; les bataillons suisses étaient inébranlables, et les paysans armés se jetaient en foule sur les canons; déjà l'infanterie française avait cédé du terrain, lorsque la cavalerie se déploya et chargea cette multitude que l'action avait mise en désordre. Les Suisses manquaient de cette arme, et ne purent lui résister; les bandes patriotiques plièrent les premières : les troupes réglées se battirent en retraite de poste en poste, et le général français entré dans Berne, rendant compte de cette journée, finit ainsi son rapport : « Nous nous sommes battus depuis Frauenbrunn jusqu'ici : nous sommes bien fatigués; l'ennemi a perdu beaucoup de monde. »

La lutte se prolongea jusque sous les murs de Berne, qui enfin capitula. Les habitants se hâtèrent de se garantir du zèle furieux des paysans rentrés dans la ville, et qui voulaient s'ensevelir sous ses ruines : les premiers moments furent du désordre et du pillage; enfin, l'arbre de la liberté fut planté en cérémonie sur la place de Berne, et le magistrat helvétien, s'adressant au général français, lui dit pour toute harangue : « Citoyen général, voici maintenant votre arbre de là liberté, je souhaite qu'il porte des fruits salutaires. Amen. »

Les deux colonnes françaises s'étaient réunies à Berne; Soleure et Fribourg s'étaient déjà rendus. Cependant, au premier danger de Berne, toute la Suisse s'était levée en masse, et accourait; les villes même qui avaient accepté la Constitution proposée ne crurent pas pouvoir se dispenser de se réunir contre l'invasion étrangère. Une diversion opérée par les Cisalpins, dans les bailliages italiens, avait été repoussée en un jour par les petits cantons, et ils accouraient à Berne; en apprenant sa capitulation, l'étonnement, l'indignation et le désespoir s'emparèrent de tous les esprits; on cria à la trahison, on massacra des officiers, et de ce nombre le général d'Erlach, qui s'était retiré sur Zurich, et qui ce même jour avait juré à ses soldats de ne pas leur survivre; il mourut sous les poignards de ses compatriotes égarés.

Zurich capitula aussi, et la Constitution apportée y fut reçue.

On signifia aussi aux petits cantons; Zug, Uri, Appenzell, Lucerne, Unterwald, Glaris, Schwitz, qu'ils eussent à reconnaître la république helvétique, une et indivisible; ils répondirent d'abord par un cri unanime, *Aux armes;* et en même temps ils envoyèrent au Directoire l'adresse suivante :

« Où trouverez-vous ailleurs que chez nous un mode de gouvernement qui mette plus exclusivement entre les mains du peuple l'exercice et le droit de la souveraineté? où l'égalité civile et politique soit plus parfaite? où chaque citoyen jouisse d'une plus grande somme de liberté? Nous ne portons d'autres chaînes que les chaînes légères de la religion et de la morale, d'autres joug que celui des lois que nous nous sommes données. Ailleurs peut-être le peuple peut désirer bien des choses à ces différents égards; mais chez nous, descendants de Guillaume Tell, qui avons maintenu, sans la moindre altération, la Constitution qu'il nous a laissée, et pour la conservation de laquelle nous vous parlons avec toute l'énergie que nous inspire le sentiment de plaider la plus juste des causes ; chez nous il n'existe qu'un seul vœu, un vœu unanime, celui de rester soumis au gouvernement que la Providence et le courage de nos aïeux nous ont légué. Et quel gouvernement, citoyens directeurs, pourrait être plus en rapport avec le vôtre?

« Nous, les peuples de ces contrées, dont vous avez si souvent promis de respecter la souveraineté, c'est nous qui sommes les souverains de ces petits cantons ; nous élisons les magistrats et les révoquons à notre bon plaisir : les divisions de nos cantons élisent nos conseils, qui sont nos représentants, les représentants du peuple. »

A cette époque, où l'on affectait encore de traiter de faiblesse toute sensibilité qui n'était pas d'accord avec les calculs de l'intérêt, on rit à la cour directoriale de cette simplicité de bonnes gens qui s'imaginaient que les principes de la morale pouvaient entrer dans les raisons d'Etat. On envoya aux généraux l'ordre de marcher, et l'on exigea même des troupes de Zurich de se réunir à l'armée française pour l'aider à subjuguer leurs concitoyens.

Le double enthousiasme de la patrie et de la religion avait exalté les âmes ; ces cantons démocratiques étaient attachés au culte catholique, et leur croyance était pour eux une partie intégrante de leur liberté. On leur avait peint les républicains français comme destructeurs de toutes les religions. Ils se préparèrent donc à la défense avec un dévouement et une énergie plus prononcés encore qu'elle ne l'avait été dans les cantons puissants et riches ; mais, comme dans ces cantons démocratiques l'invasion précéda les préparatifs, le pacte fédératif se borna à combattre chacun pour et sur ses foyers, et tous capitulèrent isolément ; mais les combats qui forcèrent ces capitulations furent ceux du désespoir et d'affreux carnages ; les prisonniers refusaient tout quartier, d'autres se brûlaient dans les maisons où ils s'étaient longtemps défendus. Les 25,000 hommes que commandait le général français Schauenbourg étant insuffisants, il fallut faire venir des renforts de l'armée du Rhin et de l'Alsace.

Les insurgés (ainsi qu'on les nommait) tentèrent d'abord de reprendre la ville de Zurich, et les habitants armés des cantons de Zug, d'Uri et d'Apenzell s'étaient avancés jusqu'à la petite ville de Raperschwil ; là il y eut un combat opiniâtre de plusieurs heures que la cavalerie seule put décider à l'avantage des Français ; ces pâtres des montagnes, libres, courageux, animés par une énergie devenue féroce, étaient conduits par des chefs militaires instruits au métier de la guerre dans les différentes armées de l'Europe où ils avaient porté les armes. Toutes les ressources du terrain dans un pays âpre et montueux leur étaient connues ; les postes avantageux, occupés avec art, étaient défendus avec rage : pour vaincre il fallait détruire. Au défilé qui couvrait le poste révéré de Notre-Dame-des-Hermites, il fallut tuer jusqu'au dernier de ceux qui le défendaient ; l'image miraculeuse fut enlevée et envoyée au Directoire ; ce trophée coûta beaucoup de sang, et l'ardeur de s'en emparer n'honora pas plus l'esprit humain que l'opiniâtreté à le défendre.

Après cette conquête, un officier suisse, blessé au combat de la veille, vint proposer l'acceptation de la Constitution, à la condition que les troupes françaises évacueraient le territoire en vingt-quatre heures, et qu'il ne serait levé aucune contribution ; ces conditions furent acceptées pour les cantons de Glaris, Schwitz et Zug. Une autre colonne de Suisses confédérés s'était portée sur Lucerne, qui fut contrainte de lui ouvrir ses portes. Telle fut alors la multiplicité des événements, des combats partiels et simultanés sur différents points, que de cette déplorable confusion à peine reste-t-il d'autres souvenirs que ceux qui ont été conservés dans chaque localité, sans liaison avec les événements arrivés dans le pays voisin.

Les dispositions des chefs militaires étaient sans cesse contrariées par l'impatience, par l'impétuosité, souvent par les soupçons ; après deux cents ans de paix, ces hommes, libres et souverains dans leur patrie, ne pouvaient se plier à cette discipline qui ne connaît que l'obéissance passive et muette.

Schwitz fut le dernier canton qui capitula, et dans la dernière assemblée, l'avis prêt à prévaloir fut d'ajourner cette délibération après que les deux tiers des combattants ne seraient plus, qu'alors ceux qui resteraient pourraient en délibérer. Aucune voix n'osait s'élever pour contredire cette motion : un ecclésiastique eut seul le courage de ramener l'assemblée à des sentiments plus humains et plus dociles à l'impérieuse nécessité.

La guerre finit ainsi, et la Constitution helvétique fut proclamée.

Les Français s'emparèrent des caisses du gouvernement, comme il arrive toujours dans toute conquête. Cependant l'aristocratie a fait naître de cette circonstance naturelle une foule de calomnies contre le gouvernement français, qui n'aurait fait envahir la Suisse que pour s'emparer d'un trésor de 30 millions, amassé par le sénat de Berne et devenu nécessaire à l'expédition d'Egypte ; la vérité est que la caisse de Berne ne renfermait que 8 millions.

Enfin un traité d'alliance offensive et défensive fut stipulé entre les deux républiques ; ce traité eut pour bases les anciennes relations politiques et commerciales ; mais, de plus, il assura à la France deux routes militaires par l'Helvétie, pour la communication de la France avec les Etats de l'Italie, et l'Helvétie resta sous ce régime jusqu'au temps où son ancien système fédératif agrandi lui fut rendu.

# CHAPITRE VII.

Guerre avec Naples. — Invasion des États romains par les Napolitains. — Reprise u
Rome. — Attaque de Capoue. — Insurrection des lazaroni. — Prise de Naples. —
Deuxième coalition. — Opérations sur le Rhin et le Danube. — Opérations en Italie,
en Helvétie, en Hollande.—Batailles de Stockach, de Magnano, de Cassano, de la Trebia,
de Novi, de Fassano, de Bergen, d'Alkmaar et de Zurich.—Fin de la campagne.—Assassinat des plénipotentiaires français à Rastadt.

L'Angleterre, depuis le traité de Campo-Formio, était la seule des puissances européennes qui n'eût point cessé de rester armée contre la République française. Toute l'Italie, jusqu'aux rives de l'Adige, reconnaissait nos
lois. Mais, à la nouvelle du désastre d'Aboukir, on nous crut perdus et l'on
vit aussitôt se réveiller les espérances et les complots des ennemis de la
République. Les petites passions, qui décident si souvent des plus grands intérêts, se plaisaient à exagérer un succès, en le rendant plus brillant encore
par l'importance qu'on y mettait. « L'élite de l'armée française était séparée sans retour du continent, son chef relégué dans un exil dont rien ne
pouvait le retirer. La cour de Naples combla Nelson d'honneurs et de présents; l'Autriche s'était préparée à la guerre; la Russie faisait marcher en
Italie 150,000 hommes aux ordres du fameux Souvarof, dont le nom devait être la terreur des révolutions, d'après l'exemple qu'il avait fait des
Polonais de Varsovie; une seconde coalition était liée, et le Directoire n'y
voyait que les embarras d'une guerre et les dangers éloignés, qu'il craignait
moins pour son autorité que les dangers prochains d'une paix générale.
Rastadt était devenu le centre de toutes les intrigues diplomatiques, et il
était d'autant plus aisé d'y prolonger les négociations, que tel était le vœu
secret des partis opposés; les conclusum de la diète s'y faisaient attendre,
et le Directoire français n'était pas impatient de les voir publier; tous les
gouvernements feignaient de vouloir la paix pour apaiser leurs peuples,
et tous les gouvernements voulaient la guerre pour les dominer plus sûrement. Chacun attendait l'occasion d'une rupture, et le plus désireux de la
rendre inévitable l'effectua.

Toutes les cours de l'Europe étaient jeunes à cette époque, et l'on n'a
peut-être pas assez remarqué combien, dans le système du pouvoir hérédi-
taire, les conseils d'état participent de l'âge des souverains. La légèreté, la
présomption, l'exaltation incalculée, la précipitation dans les entreprises, et
l'abattement dans les revers, tous ces défauts de l'enfance sont contagieux

du maître aux conseillers-courtisans qui le flattent au lieu de le servir. On se hâta de croire que les destinées de la France allaient changer, et que la fortune était lasse de lui être favorable ; que le temps était venu de se venger, et que la victoire de Nelson en était le signal. La cour de Naples, dirigée par les passions d'une jeune princesse, releva la première ses étendards abattus, fit venir un général autrichien, Mack, qui se rendit garant des victoires que l'on célébrait déjà. L'Autriche redoubla d'efforts pour une nouvelle guerre ; la Russie pressa l'envoi de ses bataillons ; la Toscane, sans se déclarer hautement, accéléra des préparatifs qui motivèrent la déclaration de guerre que lui fit bientôt le Directoire français ; et le roi de Sardaigne, oubliant qu'il n'avait plus que son titre à perdre, se pressa de se ranger dans la nouvelle coalition. La Prusse seule conservait sa neutralité ; Sieyes y était ambassadeur, et sut y maintenir l'état des choses conforme aux intérêts de son pays. Sa simplicité républicaine y contrastait avec le faste de l'ambassadeur russe Repnin. « Qu'auriez-vous fait, disait un ministre prussien à Sieyes, si nous étions entrés dans la nouvelle coalition ? » Il répondit : « Nous eussions donné quelques congés de moins dans nos armées. » Le Directoire, de son côté, crut, après un échec, devoir hausser ses prétentions. Chaque concession des plénipotentiaires impériaux à Rastadt était le motif d'une nouvelle demande. On voulut la rive gauche du Rhin, puis des postes militaires sur la rive droite ; on s'efforçait de couvrir ainsi la détresse intérieure d'un gouvernement qui, voulant être absolu, s'isolait de ses appuis et se réduisait à se faire craindre. L'ambassadeur français avait été insulté à Vienne dans une émeute populaire, et des conférences s'étaient ouvertes à Seltz à ce sujet ; le Directoire les rompit. Après de longs délais, les États-Unis de l'Amérique furent obligés d'interdire toute relation commerciale avec la France, et le général Washington reprit le commandement de leur armée. D'autorité on changeait les membres élus dans les nouvelles républiques italiennes. Le mécontentement y provoqua des insurrections partielles, qu'il fallut ensuite réprimer par des actes de rigueur ; et en même temps l'Angleterre déclarait la guerre à *tous les États d'Italie, ouvertement influencés dans leur gouvernement par les Français*. Le Divan de Constantinople déclarait la guerre à la France, et les escadres turques étaient étonnées de voguer de conserve avec la flotte russe, qu'on avait saluée de cris de joie au passage des Dardanelles. Cet armement était destiné contre l'Égypte, car toute l'éloquence diplomatique des ministres républicains n'avait pu persuader aux Ottomans que c'était pour leur intérêt qu'on conquérait l'Égypte sur les mamelouks, et que si le commerce de l'Inde reprenait son ancienne route par l'isthme de Suez, les premiers avantages seraient pour eux. A tous ces ennemis coalisés, le Directoire opposait une levée de 200,000 *jeunes gens ;* et cette mesure occasionna des troubles et des émeutes dans les départements nouvellement réunis sur le Rhin, et dans les Pays-

Bas, à Malines et à Louvain(1). Le congrès de Rastadt retentissait des réclamations officielles contre la marche et la réunion des armées républicaines ; l'Autriche en prenait acte pour faire avancer aussi ses armées ; et bientôt le lieu des séances du congrès pacificateur fut le seul point de neutralité qui sépara les nations ennemies. Cet état violent pouvait d'autant moins durer, que les gouvernements n'y voyaient et n'y désiraient qu'un moyen de recommencer la guerre. Les généraux étaient déjà à la tête de leurs armées, Jourdan sur le Rhin, Brune en Hollande, et en Italie le jeune Joubert, dont une politique secrète préparait les destinées, et que les chances de la guerre enlevèrent à la politique.

Le roi de Naples se déclara le premier, par une sommation que son capitaine-général Mack fit à Championnet, qui commandait la République romaine. Cette injonction, assez hautaine, lui prescrivait d'évacuer le territoire de Rome ; 70,000 Napolitains soutenaient cette démarche. Championnet répondit en rassemblant ses troupes. Deux attaques des Napolitains contre les généraux Lemoine et Rusca furent repoussées, malgré l'inégalité du nombre, les Français n'ayant ni cavalerie ni canon. Ce premier échec découragea beaucoup l'armée napolitaine et commença à altérer la confiance qu'on avait en son nouveau général. Cependant Championnet, qui n'avait à sa disposition que quinze à dix-huit mille hommes, et qui ne connaissait pas encore assez la disproportion entre le nombre de ses ennemis et leurs moyens d'en faire usage, résolut de se rapprocher des frontières de

(1) Le Directoire, connaissant les dispositions de l'Europe, et voyant les nouveaux dangers auxquels la République allait être exposée, s'empressa de réclamer un mode de recrutement pour remplir les cadres des régiments qui étaient fort diminués par les congés accordés et par les désertions. Sur le rapport de Jourdan, devenu membre du Corps législatif aux élections de l'an 5, une loi sur la conscription militaire fut décrétée le 19 fructidor (21 août). Cette loi, qui eut des suites incalculables, comprenait tous les Français en état de porter les armes, depuis vingt ans accomplis jusqu'à vingt-cinq révolus. Les jeunes gens étaient divisés en cinq classes, mais les moins âgés dans chaque classe devaient toujours être les premiers appelés pour rejoindre leurs drapeaux. Le gouvernement pouvait délivrer des congés ; mais si la patrie était déclarée en danger, tous les Français étaient appelés à sa défense, même ceux congédiés. Nul Français, ayant été ou étant sujet à la conscription, ne pouvait exercer ses droits de citoyen dans aucune assemblée politique, ni remplir aucune fonction publique, aucune place salariée des deniers de la République, ni recueillir une succession soit en ligne directe, soit en ligne collatérale, ni recevoir directement ou indirectement aucun legs, pension, donation, institution ou autre avantage de quelque nature qu'il fût, qu'en rapportant un extrait authentique de sa conscription, un certificat des administrations municipale et centrale de son département, constatant qu'il n'a pas été appelé pour être mis en activité, ou un certificat du conseil d'administration de son corps, prouvant cette activité, ou un congé absolu, ou enfin une dispense légale de service. Comme la France n'avait, à cette époque, que cent soixante-dix à cent quatre-vingt mille hommes disponibles, les conseils ordonnèrent la mise en activité de deux cent mille défenseurs conscrits.

la République cisalpine. Les différents corps de son armée exécutèrent cette retraite devant des forces presque décuples ; alors le roi de Naples et son général entrèrent dans Rome. Tout ce qui avait pris parti pour les Français les avait suivis, et toutes choses y furent rétablies selon les anciennes formes de gouvernement. L'intervalle que la retraite des Français avait mis entre eux et l'ennemi fut quelque temps une barrière qu'il n'osa entreprendre de franchir ; enfin, Mack se détermina à marcher, avec une partie de son armée, pour faire une tentative sur la Toscane et sur l'aile droite de l'armée française. Cette aile n'était que de 6,000 hommes, et sur tous les points d'attaque 30,000 Napolitains furent repoussés et battus : on put calculer alors que la force d'opinion n'est pas moins puissante à la guerre que dans les discussions civiles. La terreur des armes françaises, le bruit de leurs exploits, avaient plus encore frappé les imaginations et troublé les esprits, qu'ils n'avaient glacé les courages : 6,000 Français firent, dans ces différentes actions, plus du double de prisonniers : dans leur retraite précipitée, les colonnes napolitaines se laissèrent tourner et couper par des corps très-inférieurs. Le seul général Roger-Damas, émigré français, soutint l'honneur du nom, fit sa retraite en bon ordre, et ramena ses troupes, ce que le général n'espérait plus ; il fut bientôt obligé d'évacuer Rome et son territoire. Championnet y rentra, et reprit l'offensive ; le château Saint-Ange n'avait pas capitulé au milieu de l'armée napolitaine, et la garnison avait forcé de la respecter, en menaçant de son artillerie la ville entière. Mack, dans sa retraite, essaya de prendre une position défensive derrière le Teverone ; mais, cerné de tous côtés par les colonnes françaises, conduites par les généraux Macdonald, Lemoine, Rey, il vit prendre autour de lui les villes d'Arpino, Aquila, Gaëte, et réunir devant Capoue ces colonnes victorieuses, qui venaient le poursuivre dans son camp retranché ; il demanda alors un armistice. Championnet avait un intérêt pressant pour l'accorder : des soulèvements dans les pays qu'il avait laissés derrière lui l'inquiétaient sur le sort de deux divisions qui y restaient engagées. Les paysans attroupés avaient attaqué des postes isolés ; tout était en armes, et tous les Français trouvés loin de leur corps étaient massacrés. Les généraux Duhesme et Lemoine se dégagèrent habilement, et Championnet sut mettre cet intervalle à profit pour activer des correspondances qu'il entretenait dans la ville de Naples, où les Français avaient un parti. Par un contraste assez singulier avec ce qui se passait dans toutes les cours de l'Europe, celle de Naples offrait le spectacle d'un roi plus que démocrate, et d'une noblesse républicaine. Ferdinand IV s'était fait le chef, le patron de cette classe de prolétaires, qui sont connus à Naples sous le nom de *lazaroni*, presque tous pêcheurs nomades, peuplant les portiques des palais et les places publiques, ne connaissant de besoin que la seule nourriture, vêtus d'une chemise et d'un caleçon de toile, gagnant en deux jours la subsistance nécessaire pour une semaine, et passant le reste à vivre et à ne rien faire. Leur insouciante indépendance les rend redoutables dans les troubles civils, et souvent ils ont fait trembler l'opulence et même l'autorité. En s'associant à leurs fêtes, à leurs occupations, le roi se les était attachés, mais avait éloigné de lui toutes les classes de la société qui n'étaient pas lazaroni. La noblesse surtout rougissait d'un tel maître : les hauteurs choquantes de la reine, la légèreté de son caractère, à la fois inconsidéré et entreprenant, avaient formé un parti de mécontents qui attendait les Français, et leur assurait des auxiliaires s'ils se présentaient devant Naples. Tout était prêt pour produire une explosion. A la première étincelle elle partit du camp même de l'armée napolitaine. Une des conditions de l'armistice accepté par Championnet était que le roi de Naples paierait une somme de 10 millions ; un commissaire français vint les réclamer. Les lazaroni, indignés, l'attaquent ; on eut peine à le soustraire à leur fureur, et dans le débat un des lazaroni fut tué ; aussitôt ils s'assemblent, s'arment, se portent au camp, reprochent aux soldats leur lâcheté. Mack, obligé de fuir, cherche un asile dans le camp des Français. Une partie de ses soldats se disperse, l'autre se mêle aux lazaroni, et se prépare avec eux à défendre la ville.

Les grands de Naples s'étaient ménagé des appuis dans la garnison ; ils se rendirent maîtres ainsi des postes dominants et du fort Saint-Elme ; mais les lazaroni, maîtres des rues et des places publiques, faisaient trembler les citoyens dans leurs maisons, et surtout les riches dans leurs palais ; plusieurs furent pillés, et les habitants attendaient les Français comme des libérateurs désirés. Championnet s'approcha de la ville ; 60,000 lazaroni en défendaient les portes : on voulut parlementer avec leur chef ; ils tirèrent sur le parlementaire ; alors le général ordonna l'assaut, que les soldats demandaient : il fut terrible ; d'un côté, le courage féroce d'une multitude furieuse, qui s'armait des plus saints motifs, *liberté, patrie, religion ;* de l'autre, la valeur disciplinée opposant partout l'ordre et le sang-froid aux masses inorganisées, mais guidées par la rage et le désespoir. L'artillerie les foudroie, et la foule pressée remplit les vides. Du haut des combles, ils en faisaient tomber les débris sur les bataillons français. Kellermann et Duhesme avaient emporté les forts par escalade ; mais trois jours entiers les lazaroni défendirent toutes les issues dans la ville ; leurs masses, refoulées par le canon, s'amoncelaient dans les places, et là, pour vaincre, il fallait massacrer : plus de la moitié périt ; enfin, le quatrième jour on se parla ; les lazaroni entendirent proclamer par les Français un miracle de saint Janvier. Dans toutes les crises où le sang coule, il est un moment de lassitude où chaque parti désire un prétexte pour en finir. Le plus habile donne ce prétexte et saisit l'à-propos. Cette pensée profonde appartient au capitaine qui, le plus souvent, l'a mise en pratique. Au nom de saint Janvier, les lazaroni consentent à céder. Le général français fait entourer l'é glise de Saint-Janvier d'une garde d'honneur et de tous les signes extérieurs d'adoration, et le tumulte cesse. Dès le commencement de ce tumulte, le roi, avec sa famille, s'était embarqué sans opposition, et s'était sauvé en Sicile, emmenant une partie de sa marine et brûlant le reste. Son gouvernement fut immédiatement remplacé, et l'on proclama la *République parthénopéenne*.

La déclaration de guerre du Directoire avait précédé de peu de jours cette proclamation. Une même dénonciation avait été en même temps faite au roi de Sardaigne, et cette campagne fut encore beaucoup plus courte. Le Directoire voulut bien s'étayer d'un prétexte ; on reprocha à Charles-Emmanuel d'avoir ordonné des levées de soldats dans son pays : des hostilités avec la République ligurienne en étaient le motif, vrai ou supposé. Déjà ce prince avait remis sa citadelle aux Français ; il croyait régner encore dans son palais ; le général Joubert y entra et lui signifia l'ordre de le quitter et de renoncer au Piémont ; il se retira en Toscane. A Turin, ainsi qu'à Naples, la noblesse s'était déclarée contre le roi, et le peuple était resté neutre et spectateur indifférent de la décision de son état politique. Les troupes piémontaises furent incorporées à l'armée, et le Piémont devint bientôt un des départements de la République. Bientôt aussi la Toscane fut envahie. Malgré sa neutralité, elle avait reçu des troupes napolitaines à Livourne ; et au point où les choses étaient venues, l'impérieuse raison d'état commandait : on savait que les armées russes étaient en marche pour se réunir aux armées autrichiennes ; il importait beaucoup de tenir toute l'Italie, et surtout de ne point avoir à regarder derrière soi en y laissant un souverain de la maison d'Autriche, au moment où l'on se disposait à marcher au-devant de ses armées avant qu'elles eussent reçu les grands renforts que lui envoyait la Russie.

Ainsi, au début de cette campagne, célèbre dans les annales militaires de la République, par les revers qu'elle essuya, les Français étaient maîtres de l'Italie avant que la seconde coalition eût ébranlé ses masses.

Pour occuper la ligne d'opération qui s'étendait de Naples au Danube, et dont le centre n'était plus couvert par la Suisse, qu'il fallait à la fois garder et défendre, des forces très-grandes auraient été nécessaires. Depuis Dusseldorff jusqu'au Danube, une armée d'observation, commandée par Bernadotte, et les garnisons, formaient environ 30,000 hommes ; l'armée de Jourdan, sur le Danube, 45,000 hommes ; en Helvétie, aux ordres de Masséna, et dans le Tyrol, sous Lecourbe, 50,000 hommes, y compris les Suisses auxiliaires ; la grande armée d'Italie de Schérer, environ 50,000 hommes, depuis le départ de l'armée d'Egypte ; sous les ordres de Macdonald, depuis la démission et l'arrestation de Championnet (1), à peu près 20,000 hommes.

(1) Lors de l'entrée des Français à Naples, de nombreuses exactions furent commises par les membres d'une commission avide nommée par le Directoire, et qui s'était déjà

Les armées autrichiennes, avant la jonction des Russes, étaient déjà supérieures en nombre, et surtout en artillerie.

Jourdan passa le Rhin à Strasbourg, et traversa les montagnes Noires sans opposition. Sa ligne s'étendit du lac de Constance au Danube. L'archiduc était dans une position parallèle, très-rapprochée dès l'ouverture de la campagne. Les armées étaient presque en présence : le plan était de tourner l'aile gauche par le pays des Grisons ; Masséna passa le Rhin au-dessus du lac de Constance, enleva plusieurs postes et fut arrêté à celui de Feldkirch, que des attaques réitérées plusieurs jours de suite ne purent emporter. Ce retard rendit nécessairement la position de Jourdan stationnaire ; et l'archiduc se rapprochant encore de lui, une action générale devenait inévitable. Jourdan, voulant garder l'offensive, fit attaquer, après la formalité usitée de faire signifier aux avant-postes que l'armistice était rompu. Jusque-là les corps avancés des deux armées s'étaient rencontrés sans s'attaquer. Le premier jour les avant-postes autrichiens furent repoussés ; le lendemain l'archiduc attaqua le premier ; l'aile gauche des Français fut tournée par des forces supérieures, et obligée d'abandonner ses positions. Ce mouvement rétrograde commanda celui de toute la ligne jusqu'au lac de Constance, et Jourdan reprit à Stockach une forte position, pour y attendre le succès des efforts que Masséna renouvelait encore contre le poste de Feldkirch ; il conduisit lui-même cette dernière attaque, et n'ayant pu l'emporter, il repassa le Rhin, gardant un poste à Reinek, à l'embouchure de ce fleuve, dans le lac ; alors l'archiduc, resserrant de plus en plus les positions de Jourdan, celui-ci se décida à tenter le sort d'une bataille générale, qui seule pouvait maintenir l'exécution du plan général : il disposa l'armée en trois colonnes ; celle de droite, conduite par Férino, dut tourner la gauche de l'ennemi ; celle du centre fut conduite par Jourdan, et celle de gauche, sous les ordres de Saint-Cyr, engagea l'action et repoussa d'abord la droite des Autrichiens jusqu'à un bois, d'où ils furent encore délogés ; il était quatre heures du soir, et depuis cinq heures du matin l'action se soutenait à l'avantage des Français. Alors l'archiduc arriva avec des renforts tirés de sa gauche, mit pied à terre ; marchant à la tête de ses grenadiers, il fit rattaquer le bois ; et, « après un des plus furieux combats d'infanterie qui jamais aient été livrés, l'emporta. » Jourdan, forcé à la retraite, la fit peu de jours après par Schaffouse jusque sur le Rhin, à Bâle et à Huningue. Ce général se plaignit qu'une charge de cavalerie qu'il avait ordonnée au moment où l'archiduc affaiblissait son aile gauche, n'eût pas été exécutée.

signalée par ses spoliations à Rome. Championnet, indigné de ces excès, prit un arrêté qui chassait de Naples cette commission et ses agents ; mais le Directoire, ombrageux comme il l'était, pour punir la désobéissance du général à ses ordres, le suspendit de ses fonctions et l'envoya devant un conseil de guerre. Son procès fut commencé à Grenoble ; mais la révolution du 30 prairial an 7, qui survint et eut pour effet de ramener le gouvernement à la modération, détermina l'acquittement du général et le rendit à ses fonctions.

En même temps que Jourdan et Masséna s'étaient portés en avant sur le Danube et sur le Rhin, au-dessus de son embouchure dans le lac de Constance, le système combiné sur une ligne étendue avait exigé que l'intervalle qui séparait l'armée d'Helvétie de la grande armée d'Italie fût occupé. Là, vers les sources de l'Inn et de l'Adige, sont les naissances des grandes vallées que leurs courants ont creusées, et qui, tombant des mêmes sommets sur leurs flancs opposés au nord et au sud, ouvrent les chémins de l'Allemagne et de l'Italie : c'était sur ces sommets glacés que le soldat allait chercher ou donner la mort au milieu des précipices, qui la lui présentaient à chaque pas, où le guide exercé rassurait à peine le voyageur, et où le chasseur agile et intrépide ne marchait qu'avec crainte et avec des précautions. Les Autrichiens tenaient deux postes importants, à Glurentz et à Taufers ; les généraux Lecourbe et Casabianca devaient les attaquer de front. Le général Dessoles entreprit de les tourner par une marche ou plutôt par l'escalade d'un des nœuds les plus élevés de ces Alpes que les anciens appelaient *Alpes juliennes,* et que la langue tudesque a nommés le *Wormser-Joch.* Après avoir gravi ce pic glacé, le soldat, chargé de ses armes, descendit ou plutôt se laissa tomber de ces sommités élevées sur les postes qui gardaient les défilés.

La résistance, malgré l'étonnement, fut encore opiniâtre ; mais les généraux Lecourbe et Loison ayant forcé deux autres positions sur la même ligne de défense, la déroute de l'ennemi devint générale, et tout fut abandonné au vainqueur. Ce point, qui devait être celui de la jonction des armées d'Allemagne et d'Italie, était en leur pouvoir, si les revers de ces deux armées n'eussent rendu tant d'efforts inutiles. L'armée d'Italie occupait tous les postes sur la rive droite de l'Adige, et l'armée autrichienne, sur la rive opposée, tenait les places de Vérone et de Porto-Legnago. Les colonnes russes qu'amenait Souvarof étaient attendues ; et le mouvement général de toutes les armées, depuis le Rhin jusqu'à l'Adige, avait eu pour objet de prévenir cette importante jonction, et d'obtenir des avantages qui du moins en retardassent les effets. Le sort des armes en décida autrement. Les efforts combinés avaient donc été simultanés sur l'immense développement de cette ligne. Schérer commandait en chef, et Moreau avait fait preuve de docilité et de patriotisme, en servant sous ses ordres ; une attaque générale fut résolue : trois divisions, aux ordres de Moreau, durent passer l'Adige, tourner Vérone, tandis que Schérer attaquait ce poste de front, et tandis qu'une autre division, conduite par le général Serrurier, devait contenir la gauche des Autrichiens à Porto-Legnago. L'attaque de Moreau enleva d'abord tous les avant-postes autrichiens ; il passa l'Adige et prit position en avant de Vérone. Cette première journée fut à l'avantage des Français. Le lendemain, leurs attaques recommencèrent ; mais la gauche des Autrichiens n'ayant pu être dépostée, les divisions françaises de cette aile furent forcées de se replier sur Mantoue. Le jour suivant, les divisions de gauche, quoique victorieuses, furent obligées de se rallier au mouvement général et de repasser l'Adige. Kray, général en chef de l'armée autrichienne, se porta, avec tout ce qu'il avait de troupes disponibles, à Vérone et y soutint le troisième jour les efforts réitérés des Français ; mais vers le soir toutes les troupes qui avaient repoussé les Français à son aile gauche se réunirent au centre, traversèrent la ville de Vérone, se formant sur trois colonnes, commandées par les généraux allemands Frœlich, Laterman et Chasteler. Ces trois attaques simultanées eurent un égal succès. Les Français furent partout repoussés, et, par une retraite très-précipitée, furent forcés de regagner les ponts. Toutes les troupes ne purent pas repasser l'Adige ; une partie fut contrainte de se rendre. L'armée d'Italie se trouva, après ces actions sanglantes, diminuée de près de 7,000 hommes, et Schérer fut obligé d'abandonner la ligne de l'Adige ; il tenta de la reprendre le jour suivant. Kray, qui le prévoyait, vint au-devant, et les deux armées se rencontrèrent, chacune avec le projet d'attaquer. Dans ces combats où, de part et d'autre, on épuisait toutes les ressources de la tactique, un succès prévu, un coup bien joué, décidait la partie : dans cette journée, la droite des Français fut tournée et prise à revers ; et ce mouvement décidant la retraite de l'aile, décida aussi la journée. Ces trois actions, qui eurent lieu en cinq jours, coûtèrent à l'armée française environ 11,000 hommes ; et bien loin de prévenir la jonction des Russes par une action d'éclat, l'armée française se trouvait, à leur arrivée, affaiblie par la perte de deux batailles. Dès ce moment ses positions furent toujours rétrogrades et défensives ; Mantoue fut investi, et une nouvelle attaque sur toute la ligne reporta les postes français jusqu'à Brescia, derrière la Chiesa. A cette époque, l'armée d'Italie passa sous le commandement du général Moreau, et l'armée du Tyrol avait rejoint celle d'Helvétie. Cette armée, réunie à celle de Jourdan, fut mise sous les ordres de Masséna, qui établit sa ligne de défense sur la rive du Rhin, depuis le poste fortifié de Reinek, à l'extrémité supérieure du lac de Constance, jusqu'à Bâle, qui reçut une forte garnison. Dans l'offensive, on avait éprouvé les avantages de ce grand système de tactique ; on venait d'en reconnaître les inconvénients dans la guerre défensive. L'état actuel de la Suisse n'était plus, par sa neutralité, un point d'appui intermédiaire entre les armées d'Allemagne et d'Italie ; et cette circonstance changeait, subordonnait les mouvements de l'une à ceux de l'autre. La retraite des armées du Rhin dans la campagne précédente n'avait pas nécessité la retraite de l'armée d'Italie, parce que la neutralité des cantons suisses couvrait le flanc de cette armée. Dans la campagne présente, où la défense de l'Helvétie était à la charge de la République française, la retraite de Jourdan entraîna celle de l'armée de Masséna, et la retraite de Schérer rendit inutiles et sans objet les succès des divisions que commandait le général Lecourbe.

La campagne s'ouvrait une seconde fois ; on n'était qu'aux premiers jours de mai, et tout le théâtre, et tout le système de guerre étaient changés à l'arrivée des Russes. Jamais nos ennemis ne débutèrent sous des auspices plus... favorables. A deux batailles gagnées par les Autrichiens, venait se joindre le nom de Souvarof, cet homme en qui la singularité et une sorte de cynisme guerrier étaient plutôt un calcul qu'un caractère, et qui affectait de conserver à la cour les mœurs d'un Tartare et la simplicité d'un soldat à la tête des armées. L'art de la guerre semblait être en lui plutôt un instinct qu'une science étudiée ; et les résultats des plus profondes combinaisons du génie paraissaient un élan subit et imprévu. Sa rudesse, son austérité plaisaient au soldat ; son assurance dans le commandement, son accent bref et prononcé dominaient tous ses subordonnés. Il était ponctuellement obéi et servi, parce qu'il ne semblait jamais douter de l'obéissance. Les généraux autrichiens, vainqueurs dans deux batailles, lui cédèrent d'abord le commandement, et se rallièrent avec dévouement à ses ordres. Les peuples d'Italie virent en lui un libérateur, et s'abandonnèrent à sa conduite ; il sut être avec eux politique adroit et religieux ; il sut les maîtriser, les exalter et leur plaire.

Au moment où Moreau prit le commandement pour lutter contre un tel adversaire, l'armée française était réduite à 28,000 hommes ; le reste tenait les places de Mantoue, Peschiera, Brescia, Pizzighetone, qui devaient nécessairement tomber, n'ayant d'appui qu'une armée qui ne pouvait plus tenir la campagne que par des mouvements rétrogrades. Cependant, malgré son infériorité, Moreau ne put se résoudre à abandonner l'armée de Naples, et toutes ses manœuvres eurent pour but de faciliter la retraite de cette armée : dans cette opération difficile, Macdonald et lui déployèrent tout ce que la science de la guerre offre de plus compliqué et de plus difficile à exécuter. L'armée de Naples était coupée, ou plutôt enveloppée par trois armées qui lui fermaient la sortie de la presqu'île d'Italie. Sur sa droite, Mantoue était assiégée par une armée, et sur son front Souvarof détacha une partie de la sienne entre Plaisance et Parme ; il ne restait à Macdonald que le passage étroit qui, côtoyant le golfe de la Spezia, lui ouvrait l'entrée de l'État de Gênes. Moreau, après avoir défendu l'Oglio et l'Adda, s'en était rapproché et y prolongeait cette guerre défensive, que les Apennins favorisent, et qui fut toujours la dernière ressource des Français dans leurs revers en Italie. Jamais la France n'en avait essuyé de plus rapides, et jamais ses généraux ne déployèrent plus de talents, et ses soldats plus de constance et plus d'énergie ; mais tout manquait au centre de l'autorité. Le Directoire, confiant et imprévoyant, en se hâtant de faire rompre l'armistice, n'avait calculé ni les forces de ses ennemis, ni la faiblesse des moyens qu'il avait à leur opposer ; il avait tout entrepris et n'avait pourvu à rien.

En évacuant le royaume de Naples, Macdonald avait laissé des garnisons au fort Saint-Elme, au château Saint-Ange, à Capoue, à Gaëte, à Civita-Vecchia, à Ancône et dans quelques autres postes. Ses premières marches se dirigèrent vers la Toscane pour y rallier les troupes françaises qui y étaient restées; il avait environ 40,000 hommes. De Florence, il avança son quartier-général à Lucques et renforça sa droite, aux ordres du général Montrichard, qui devait faire face à l'armée qui se formait sous Mantoue, pour lui disputer la sortie de la presqu'île d'Italie et les passages des Apennins; il étendit sa gauche vers la mer, et put dès lors communiquer avec Gènes et avec le général Moreau, et concerter avec lui un plan d'opérations hardi, téméraire même, et qui n'échoua cependant que par un prodige de diligence et d'activité de Souvarof. Les armées opposées en Italie se trouvaient dans une situation bizarre, et tellement entremêlées, que chacune était tournée et enveloppait en même temps une armée ennemie. Après sa retraite, Moreau avait pris une position au col de Tende, et s'était réduit à 15,000 hommes, ayant détaché le général Victor avec 10,000 hommes dans la partie orientale de l'Etat de Gènes, pour aider la retraite de l'armée de Naples. Souvarof faisait le siége de la citadelle de Milan, et avait détaché un corps considérable, aux ordres du général Kray, entre Parme et Plaisance, pour s'opposer à l'armée de Naples. A ce corps s'étaient réunies d'autres divisions de l'armée russe. De Mantoue, une armée avait marché sur Bologne, que Macdonald occupait; il s'était déjà livré plusieurs combats où il avait eu l'avantage, lorsque Souvarof, averti de ses progrès, se hâta de quitter Milan et arriva, par des marches forcées, avec une forte avant-garde, au moment où celle de Macdonald était aux mains avec les avant-gardes autrichiennes. Les Français furent forcés de se retirer sur la Trébia; le jour suivant, Souvarof fit ses dispositions pour livrer une bataille décisive, et Macdonald se prépara à la recevoir. Son armée était sur la rive gauche de la Trébia; Souvarof forma quatre fortes colonnes, dont trois de ses troupes russes. Sans autre manœuvre, les armées s'abordèrent sur tout leur front, et l'engagement général ne fut plus qu'un choc furieux et opiniâtre. Les Français furent battus et repoussés. Macdonald se retira derrière la Trébia, et le lendemain rattaqua les Russes; mais le résultat fut le même. Il fut alors obligé de rentrer dans Plaisance et de l'évacuer le lendemain, y laissant ses blessés, au nombre de 3,000, entre lesquels plusieurs généraux; il feignit d'abord de se retirer dans la Toscane, et, marchant subitement par son flanc gauche, il entra dans l'Etat de Gènes et mit les défilés des Apennins devant lui. Souvarof avait d'abord entrepris de le suivre; mais il revint à Milan sur la nouvelle des progrès que faisait Moreau, qui sortait de l'Etat de Gènes avec une armée de 25,000 hommes, qu'il eut l'adresse de faire croire beaucoup plus forte; à l'aide de plusieurs mouvements simulés et de bruits répandus avec art, il grossit dans l'opinion le nombre de quelques renforts qu'il avait reçus de France par mer.

7.

Le plan des deux généraux français avait été, après leur réunion, de reporter le théâtre de la guerre sur l'Adige et sur le Mincio, en débloquant d'abord Mantoue. Cette diversion hardie était sans doute une belle conception; mais la célérité du général russe et les deux batailles perdues contre lui sur la Trébia ne laissaient aucun espoir de réaliser ce plan. La complication de ceux que l'on suivait alors, par une défensive également savante et difficile, a éloigné le récit de ce qui se passait alors en Suisse, où Masséna disputait pied à pied tous les postes à l'archiduc Charles, qui commandait l'armée autrichienne. Dans cette guerre de montagnes, qui semblait, par le rapprochement des positions fortes, devoir resserrer le théâtre de la guerre, il sembla, au contraire, qu'on voulût de part et d'autre faire preuve de plus d'étendue de génie dans le développement des plans d'opération. Les alliés, forcés d'adopter la nouvelle grande tactique, dont les leçons leur avaient coûté si cher, y donnèrent encore un plus grand développement et surent appliquer à ce genre de guerre la supériorité de nombre et d'armes qu'ils avaient préparées pendant l'armistice que donnaient les conférences de Rastadt.

En Suisse, plus encore qu'en Italie, les lignes opposées occupaient des espaces immenses, et les différents corps qui en tenaient les postes dominants, séparés entre eux par de grands intervalles, ne communiquaient presque que par les détonations de l'artillerie, qui donnaient le signal d'une aile à l'autre. Dans les combats journaliers, les chocs simultanés sur le front de ces lignes étendues n'étaient plus des batailles durant depuis le lever jusqu'au coucher d'un soleil; le lendemain d'une attaque générale et décisive, des combats partiels se livraient sur tous les points, soit pour conserver, soit pour reprendre ses avantages. Dans les marches de retraite, dans les marches en avant, si les corps de bataille étaient hors de la portée de leurs armes, les avant-gardes et les arrière-gardes étaient aux mains pendant le mouvement, et les moments de halte étaient employés des deux côtés à prévenir ou à préparer des dispositions nouvelles, jusqu'à ce que les armées venant à se rapprocher et à s'atteindre, de nouvelles combisons ramenaient un engagement général. Ainsi, pendant neuf jours consécutifs, on vit les deux armées qui se disputaient le territoire de la Suisse, prolonger sans intervalle cet état de batailles journalières et successives. Ce système, où la politique gagne peu et où l'humanité perd beaucoup, est dû surtout au perfectionnement des cartes topographiques, qui peuvent resserrer dans un espace de quelques feuilles et mettre sous les yeux une grande étendue de pays, que la pensée même ne pourrait saisir. Dans les détails les plus minutieux, mais devenus les plus importants, où les organes physiques et les organes intellectuels ne peuvent atteindre, l'art est venu rassembler les objets de méditation, et le général en chef peut, de sa tente, combiner et commander, à quarante lieues du poste qu'il occupe, des mouvements dont les résultats seront liés au mouvement qu'il fait exécuter lui-même. Sans doute l'art s'est agrandi ; mais n'en est-il pas de cet avantage comme de toutes les machines meurtrières qui ne donnent la supériorité qu'une fois, et, bientôt copiées et adoptées par l'ennemi, rendent la destruction plus sûre et laissent les chances égales ? C'est surtout cette campagne d'Helvétie qui rappelle ces inutiles et vraies réflexions. On venait d'acquérir ces contrées par la violence, et les peuples, par une réaction facile à comprendre, avaient accepté des armes de nos ennemis et s'étaient ralliés à eux.

Masséna, fort inférieur en forces disponibles, était réduit à couvrir les frontières de la France, en prolongeant une défensive difficile ; il s'établit derrière la Limat, où il se retrancha fortement ; de l'autre côté, l'archiduc avait pris une position aussi retranchée, et, de là, séparées par la portée du canon, les deux armées s'observèrent pendant plusieurs jours. Masséna couvrait Zurich, et le but de l'archiduc était de s'en emparer. Sa gauche, appuyée par les Russes, et secondée par leurs progrès en Italie, avait aussi forcé la retraite de l'aile droite, commandée par Lecourbe, qui disputa longtemps, et souvent avec avantage, le territoire des petits cantons et ensuite les passages du mont Saint-Gothard. Bientôt l'archiduc, dont l'armée s'augmentait chaque jour, put prolonger sa ligne par des développements encore plus étendus. Masséna, se trouvant débordé par ses flancs, fut obligé de concentrer ses positions, et en prit une derrière la Glatt, puis dans son camp de Zurich, où l'archiduc l'attaqua sur tous les points. Après un combat qui, de part et d'autre, coûta beaucoup de sang, où quatre généraux autrichiens et deux français furent blessés, les postes furent conservés jusqu'à la nuit sur toute la ligne. L'archiduc se préparait à rejoindre le lendemain ; Masséna évacua Zurich pendant la nuit et prit position en arrière, la gauche au Rhin, la droite au lac de Zug. Ces mouvements rétrogrades étaient forcés par ceux de Moreau, qui, trop faible pour soutenir une ligne de défense depuis le Saint-Gothard jusqu'à la mer, s'était déterminé à concentrer ses forces dans le pays de Gênes, et à conserver les barrières des Apennins, abandonnant ainsi le Piémont et la citadelle de Turin, qui fut bientôt obligée de capituler. Les Austro-Russes avaient, dans cette campagne, une prodigieuse supériorité d'artillerie. Aux siéges des citadelles de Milan et de Turin, trois cents bouches à feu furent employées le même jour, et ces épouvantables moyens de destruction et d'incendie convergents sur des points resserrés n'y laissaient bientôt ni défenseur ni abri. L'armée austro-russe s'avançant alors en Piémont, et vers les passages des Alpes, à Fenestrelles, à Suze, au Col de l'Assiette, menaçait déjà les frontières de France, où les moyens de défense n'étaient ni préparés ni prévus. Telle était la position respective vers le milieu de cette campagne, **au mois de juillet.**

Au début des hostilités, les Anglais avaient jeté sur les côtes insoumises de la Calabre un ramas de Turcs, de Russes, de Siciliens, qui se rangèrent, avec les insurgés, sous le commandement du cardinal Ruffo. En même temps, les troupes régulières de la Sicile prirent terre à Castellamare, dans le golfe de Naples. Les bandes de Ruffo ne tardèrent pas à investir les châteaux de la capitale, après la retraite de Macdonald, occupés par des garnisons françaises, et dans lesquels s'étaient réfugiés tous les partisans de la révolution.

Après une défense désespérée, l'arrivée des corps réguliers rendant toute résistance impossible, on parlementa, et il fut convenu que les garnisons et les Napolitains seraient transportés en France. Déjà l'embarquement s'effectuait, lorsque Nelson refusa, au nom de l'Angleterre, de ratifier la capitulation ; puis, s'érigeant en juge des principaux fondateurs de la République, l'amiral anglais n'hésita pas à condamner les prisonniers et présida à leur exécution. On vit alors des scènes sanglantes et une foule de victimes périr sous la mitraille ou sous le poignard des soldats de Ruffo. La reine Caroline, frémissant au seul mot de pardon, assistait à ces scènes horribles, tenant en main les fatales listes où se trouvent les noms de 30,000 personnes déjà arrêtées.

Quelques années plus tard, Napoléon châtiait la cour de Naples en la précipitant d'un trône qu'elle avait inondé de sang.

L'Orient nous voyait triompher ; mais en Europe, chaque jour quelque nouveau revers semblait annoncer que Bonaparte avait emmené avec lui, sur les bords du Nil, la fortune qui nous avait donné tant de victoires. La Suisse envahie, Masséna réduit à se défendre, l'Italie perdue, la Hollande menacée d'une descente dont le succès pouvait faire cesser la neutralité de la Prusse. C'étaient des coups accablants qui mettaient en question l'existence de la République. Les conseils en furent ébranlés, et il y eut dans la direction des affaires une révolution dans le sens démocratique. On fit de nouvelles levées, on rassembla 25,000 hommes sur les côtes de la Belgique, on réorganisa autour de Mayence l'armée de réserve, sous le nom *d'armée d'Allemagne ;* on résolut de la porter à 60,000 hommes et de la confier à Moreau ; l'on envoya Championnet en Dauphiné prendre le commandement de vingt à vingt-cinq mille hommes, avec ordre de descendre en Piémont ; enfin on plaça à la tête des débris de Cassano et de la Trebia, forts de 45,000 hommes, Joubert, ce brillant lieutenant de Bonaparte, qui s'était si rapidement élevé durant la campagne d'Italie ; on lui donna la mission de faire lever les siéges de Tortone, d'Alexandrie et de Mantoue.

Il était beau d'imprimer à toutes les armées un nouvel élan ; mais il eût fallu plus d'activité qu'on n'en déploya.

En quittant Paris, où il s'était vu retenu trop longtemps par le jeu des intrigues politiques et par les soins de son mariage, Joubert avait dit à sa jeune épouse : *Tu me reverras mort ou victorieux.* Triste et bel adieu ! En arrivant au camp, le nouveau général témoignant pour Moreau la plus respectueuse déférence, le supplia de l'aider de ses conseils dans les efforts qu'il avait résolu de faire pour arrêter Souvarof. Les deux chefs résolurent de sortir des Apennins et de tenter une action qui relevât le crédit des armes républicaines, et peut-être aussi Joubert était pressé de commencer les destinées qui lui étaient annoncées. L'objet du mouvement étant de débloquer Tortone, l'armée française, forte d'environ 36,000 hommes, s'avança au-delà des débouchés, à l'entrée de la plaine : son centre était à Novi ; tous les généraux qui avaient commandé en chef se trouvaient réunis dans cette armée ; Moreau, Championnet, Grouchi, Dessoles, Pérignon conduisaient les colonnes. Souvarof, après avoir rallié ses forces, attaqua le centre : dès le commencement de l'action, Joubert, placé au milieu des tirailleurs, les excitait par sa présence, lorsqu'une balle le frappa mortellement : En avant, s'écriait-il avant de rendre le dernier soupir, *en avant, mes amis!* Du consentement unanime des généraux, le commandement fut déféré à Moreau, qui suivit nécessairement les dispositions prises. Tous les efforts des Russes se portèrent au centre sur Novi, et leurs attaques furent repoussées cinq fois, avec une perte énorme. A cinq heures du soir les Français étaient encore maîtres de tous leurs postes. Pendant ces attaques, le général autrichien Mélas (auquel Souvarof donna l'honneur de cette journée) avait tourné et dépassé la droite des Français ; il prit à revers ce poste de Novi : attaqués de trois côtés, et presque enveloppés, les Français furent obligés de l'abandonner, et Moreau ordonna la retraite. L'arrière-garde fut arrêtée à un village déjà occupé et encombré. Les généraux Pérignon et Grouchi, après des efforts de valeur pour rallier leur cavalerie, furent blessés et pris. L'histoire ne peut omettre l'action du général Grouchi. Il chargeait tenant un étendard qui lui fut enlevé dans la mêlée : déjà blessé, il éleva son chapeau au bout de son sabre, et ramena ses escadrons à la charge. Après cette bataille, qui coûta 25,000 hommes aux deux armées, et fut une des plus sanglantes de ce siècle, Moreau se retira derrière les Apennins, se maintint dans l'Etat de Gênes, remit le commandement au général Championnet, et alla prendre celui de l'armée du Rhin. Souvarof, vainqueur dans tant de journées mémorables, est comblé d'honneurs ; la reconnaissance de son souverain ne lui laisse rien à envier. Mais le cabinet de Vienne, soit par quelque jalousie, soit par esprit de domination, trace, pour la fin de cette campagne, des plans qui ne s'accordent plus avec les opérations de Souvarof. Il n'est plus maître de chercher lui-même le fruit qu'il peut tirer de ses victoires. On dispose de son armée, il faut qu'il abandonne l'Italie aux deux généraux autrichiens Kray et Mélas, qui l'ont aidé à la conquérir, et qu'il se rende en Suisse, où déjà un corps d'armée russe est venu fortifier l'archiduc Charles. Mais ce prince victorieux va-t-il servir sous les ordres du héros russe qui vient d'éclipser sa gloire? Soit que la jalousie fût allumée entre les deux généraux, soit qu'elle n'existât qu'entre les deux cabinets, on vit avec étonnement l'archiduc Charles quitter Zurich avec l'élite de son armée pour aller à la rencontre du général français Muller, qui faisait une fausse attaque sur Philisbourg, tandis que Souvarof, désespéré de quitter l'Italie, s'avançait vers Zurich à marches forcées, à travers les montagnes, les rochers et les précipices. Ainsi, il se trouva un intervalle de près de trois semaines où les armées victorieuses des alliés n'eurent plus de centre ni de point d'appui. Ce mouvement n'échappa point à un général aussi vigilant et aussi intrépide que Masséna. L'armée battue à Stockach, et qui s'était retirée sur la Suisse, lui avait été confiée ; il avait disputé ardemment à l'archiduc Charles, vainqueur, chaque pouce de terrain sur le territoire helvétique, et après dix combats il avait à peine reculé de dix lieues. Il se garda bien de troubler les opérations discordantes de la ligue en annonçant trop tôt l'intention d'en profiter. Il a rassemblé ses forces ; il se dispose à reprendre dans un seul jour tout le terrain qu'il n'a cédé qu'en quatre mois de combats. Il a chargé le général Lecourbe de s'opposer à la marche de Souvarof. La plupart des mémoires militaires s'accordent à donner les plus grands éloges à la conduite du général russe au moment où la victoire s'apprête à abandonner ses drapeaux. On rapporte que, se disposant à attaquer un poste de Français qui défendait le Saint-Gothard, et voyant ses soldats interdits à l'aspect de ces cimes encore chargées de glaces et de neiges, il ranima leur courage par un trait qui caractérise à la fois lui et son armée. Il s'arrête, se jette ou tombe par hasard dans un fossé plein de fange, et dit en se relevant à ses soldats : « Voilà comme vous serez tous si vous laissez échapper la victoire. »

Souvarof avait déjà emporté le poste du mont Saint-Gothard et plusieurs autres non moins importants. Il n'était plus qu'à peu de distance de l'armée de son compatriote Korsakow, qui venait former une aile de l'armée de l'archiduc Charles. Souvarof devait en prendre le commandement ; déjà il se flattait, après avoir chassé les Français de la Suisse, de pénétrer en France par la Franche-Comté, et il espérait terminer la campagne à Paris, lorsque Masséna commença l'opération la plus importante et la plus heureuse de toute la campagne. Le 23 septembre 1799, il avait fait une attaque générale contre tous les postes de l'armée des alliés. Par ses habiles manœuvres, il avait entièrement séparé le corps autrichien commandé par le général Hotze, et surtout il lui avait rendu impossible toute jonction avec Souvarof. Hotze, au désespoir, imite le dévouement du général Joubert, et, comme lui, est tué au commencement de l'action, en chargeant à la tête de ses grenadiers. Toute l'aile qu'il commandait est battue, dispersée, erre dans les montagnes sans pouvoir se rejoindre au centre de l'armée. L'effort des Français se porte ensuite sur l'armée russe, commandée par le prince Korsakow ; le pont de Bellickon, couvert des plus formidables batteries, est emporté. Bientôt après, on force le camp de Wettingen, où Korsakow s'était retiré, et où il avait cru arrêter l'impétuosité des Français en formant un bataillon carré de 15,000 hommes. L'artillerie renverse cette colonne, Les rangs sont éclaircis et ne peuvent se reformer. Les Russes se pressent les uns sur les autres : leur immobilité les laisse sans défense contre la baïonnette des soldats français. Enfin, on les pousse jusque dans les faubourgs de Zurich : on les y poursuit. Déjà la ville est sommée de se rendre ; le commandant s'y refuse. La nuit s'avance : si elle suspend le combat, c'est pour le rendre encore plus terrible. Le lendemain, les Russes se rallient et rassemblent leurs bataillons derrière Zurich. Dès le crépuscule, l'action se rengage. Les Français ont dû le succès de la veille à leur discipline ; Masséna permet tout aujourd'hui à leur impétuosité. Le prix de la gloire entre tous les braves est à qui entrera le premier dans Zurich. Le général Oudinot l'obtient. Il fait enfoncer la porte de Bade. D'autres pénètrent d'un côté opposé. La ville est emportée, les Russes sont poursuivis de rue en rue ; leur résistance rend plus acharnés les soldats français. Au milieu des horreurs inséparables de cette multitude de combats dans une ville prise d'assaut, peu d'habitants de Zurich perdirent la vie. Mais la fatalité la plus cruelle, ou l'aveugle férocité d'un soldat, priva cette ville du pasteur le plus propre, par ses vertus, par son zèle ardent et par le feu de son imagination, à consoler la Suisse dans ces jours malheureux.

Quand chaque habitant, glacé de terreur, se tenait renfermé dans sa maison, le célèbre Lavater sortit de la sienne. Il regardait comme un devoir de son saint ministère de chercher à adoucir les vainqueurs, de sauver ou les citoyens ou les guerriers qui pouvaient être menacés. Il était au milieu d'un groupe de vainqueurs et de vaincus, lorsqu'un coup, porté par on ne sait quel barbare, priva l'humanité de cet homme vertueux.

Enfin, tous les Russes enfermés dans Zurich posèrent les armes. Cent pièces de canon, les bagages, le trésor, 5,000 prisonniers tombèrent au pouvoir des Français, qui, en outre, avaient mis 8,000 hommes hors de combat.

Quel fut le désespoir de Souvarof en apprenant un désastre qu'il était si loin de prévoir ! Au lieu de trouver une armée qui, depuis le commencement de la campagne, n'avait obtenu que des succès, et à la tête de laquelle il s'était flatté de traverser la Suisse et de marcher en conquérant sur Paris, il faut qu'il dispose sa propre retraite et qu'il fuie en vaincu. Il ne peut s'y résoudre ; il s'emporte, il menace ; il ordonne au malheureux Korsakow de tenter encore avec les débris de son armée un nouveau combat ; Korsakow obéit ; il est vaincu une seconde fois. Masséna se porte avec rapidité vers l'aile que commande le général Lecourbe, et qui va poursuivre Souvarof. Déjà l'on se flatte à Paris de voir arriver prisonnier le héros russe qui s'est rendu l'Annibal de la nouvelle République ; mais ni son courage ni ses talents militaires ne l'ont abandonné dans cette situation presque désespérée ; il combat à chaque poste , il se défend sur chaque montagne ; souvent il est obligé d'abandonner son artillerie ; quelquefois il ne peut secourir des corps qui sont assaillis par des forces supérieures. Enfin, il revoit l'Italie, le théâtre de sa gloire, où il ne ramène que 13,000 combattants indignés comme lui. Le ressentiment de Souvarof contre les inepties ou les perfidies du cabinet autrichien fut bientôt partagé par son maître et devint aussi fatal à la coalition que ces nouveaux revers.

---

Dans les quinze jours de combat dont le territoire de Zurich fut le théâtre, la perte totale des alliés s'éleva , suivant le rapport du général Masséna, à plus de 30,000 hommes, dont 18,000 prisonniers, et 15,000 tués ou blessés, plus de 100 pièces de canon, 13 drapeaux, 4 généraux prisonniers , 5 tués, la reprise du Saint-Gothard , de Glaris et des vallées qui y débouchent.

A cette époque l'horizon était sombre ; tout semblait tendre à une dissolution prochaine dans les départements du midi, qui étaient à peine contenus par des mesures répressives partielles. La loi de la conscription avait occasionné des révoltes locales : cette loi venait d'être portée , et, par ses conséquences qu'on n'avait pas d'abord prévues , elle devait changer l'état militaire de toutes les puissances de l'Europe et l'état civil de tous ses habitants. La haine obstinée des cours étrangères rendit cette loi de circonstance nécessaire à la République française, et dès lors elle devint nécessaire à tous les autres gouvernements. L'état de guerre continuel ne permit plus d'observer le mode d'exécution prescrit par la loi. Les gouvernements, assurés du renouvellement des moyens, en décuplèrent l'emploi : la guerre ne fut plus la lutte des armées, mais celle des peuples ; et ce mot de *guerre d'extermination* fit, pour la première fois, frémir l'humanité asservie. La politique prépondérante du ministère anglais avait déjà jeté des germes de haine implacable entre les familles régnantes et la France ; elle put saisir ce nouveau système de guerre pour armer les haines devenues nationales, et pour épuiser les corps politiques du continent par des efforts à la fois faciles et réitérés. Les nations furent de grandes armées de réserve dont on tira à volonté des détachements pour repeupler les camps et pour remplir les vides que le canon avait faits dans la ligne de bataille. On ne combattit plus pour la gloire ou pour l'intérêt : on se battit pour l'indépendance et pour l'existence.

Le premier acte de ce système, l'exaspération, fut l'attentat commis sur les plénipotentiaires français au congrès de Rastadt.

Malgré la guerre engagée avec l'Autriche, ce congrès n'était pas encore rompu, quoique la ville de Rastadt fût tombée au pouvoir des Autrichiens. Ces conférences pouvant cependant éloigner l'empire germanique de leur cause, un commandant autrichien signifia aux trois ministres plénipotentiaires de la France, Bonnier, Roberjot et Jean Debry, l'ordre de sortir de la ville dans vingt-quatre heures.

Ils disposaient leur départ en conséquence, lorsqu'un courrier de la légation française fut arrêté sur la route de Seltz à Rastadt, par un détachement de hussards autrichiens. Cette violence n'annonçait que trop aux ministres français ce qu'ils avaient à craindre pour eux-mêmes. Néanmoins ils partirent à dix heures du soir, le 28 avril. La nuit était très-sombre; on portait des torches devant leurs voitures. Quand ils se présentèrent à la porte de la ville, on fit beaucoup de difficultés pour les laisser sortir. Une heure se passa en pourparlers. La consigne fut enfin levée. Ils demandèrent une escorte, qu'on s'obstina à leur refuser, en leur disant qu'ils seraient aussi en sûreté que dans leurs chambres. Mais ils n'étaient pas à cent pas de Rastadt, qu'un détachement de hussards de Szecklers fond sur le cortége, fait descendre de la première voiture le ministre Jean Debry. Six hommes le fouillent, lui enlèvent ses papiers. Deux coups de sabre l'étendent à terre. On le roule dans un fossé. Il a la présence d'esprit de ne donner aucun signe de vie. Bonnier est tué de la même manière que devait l'être Jean Debry ; Roberjot est égorgé presque dans les bras de son épouse, qui fait de longs et vains efforts pour le défendre des coups des assassins. On ne pille dans les voitures que les papiers de la légation, et les assassins se dispersent en abandonnant leurs victimes sur la route. Cette scène d'horreur est enfin apprise à Rastadt. On frémit, on voudrait douter, on vole au secours de toutes les personnes de la légation. Le lendemain, Jean Debry, qui, pendant le tumulte de cette horrible scène, avait pu se traîner jusqu'à un bois, et qui y avait passé la nuit, arrive à Rastadt tout couvert de blessures, et se présente chez le ministre prussien comte de Goërtz.

Le lendemain de la fatale journée, les corps des ministres Bonnier et Roberjot furent inhumés au cimetière de Rastadt, avec tous les honneurs militaires. Pressé de fuir cette terre cruelle, Jean Debry, sa famille, la veuve Roberjot et leur suite partirent de Rastadt avec une escorte, mais non sans inquiétude, car ils crurent reconnaître, parmi les soldats qui les accompagnaient, les Szecklers, leurs assassins. Enfin, ils atteignirent l'autre rive du Rhin et descendirent à Seltz. Echappée à tant de dangers, de frayeurs et d'angoisses, l'épouse de Jean Debry s'agenouilla sur le sol de la patrie et l'arrosa de ses larmes.

Dès qu'il fut connu en France, cet attentat, digne des temps barbares, y causa une indignation générale ; des cris de vengeance retentirent de toutes parts. Le Corps législatif n'apprit qu'avec horreur la nouvelle de ce crime inouï. Dans la cérémonie funèbre qui, le 20 prairial, fut célébrée au Champ-de-Mars à la mémoire des malheureux Bonnier et Roberjot, Chénier proposa l'érection d'une pyramide sur laquelle serait gravée cette inscription : *La maison d'Autriche fit assassiner les ministres de la République française au congrès de Rastadt : la maison d'Autriche ne pèse plus sur l'humanité.*

Le cri de *vengeance* fut reproduit dans les tribunes des deux conseils. On inscrivit ce mot dans tous les lieux publics, dans toutes les salles, dans tous les bureaux des établissements et des administrations. Le conseil des Cinq-Cents prit une résolution digne des beaux temps d'Athènes et de Rome : il arrêta que les siéges occupés dans la salle de ce conseil par les ministres assassinés, *Bonnier et Roberjot,* resteraient vacants, mais chargés de leur costume de représentants, couvert d'un crêpe ; que, dans les appels nominaux, leurs noms seraient proclamés comme s'ils existaient ; qu'à chacun de ces noms prononcés, tous les assistants se lèveraient avec respect, que le président répondrait : *Assassiné au congrès de Rastadt,* et que les secrétaires ajouteraient : *Que leur sang retombe sur les auteurs de l'horrible massacre.*

Quels étaient ces auteurs ? Parmi toutes les versions qui ont été fournies à ce sujet, celle de M. Koch, conseiller aulique alors à Vienne, a paru la plus vraisemblable. Caroline, reine de Naples, détrônée par les conquêtes des Français, se réfugia d'abord en Sicile, puis à Vienne, à la cour de l'empereur d'Autriche.

Désirant se venger des Français, elle eut une entrevue avec le colonel autrichien Barbacry, et le chargea, au nom de l'empereur, de faire exterminer par ses hussards les plénipotentiaires de la France. Le colonel fit quelques difficultés, demanda un ordre signé de l'empeur. La reine de Naples lui dit impérieusement que l'empereur François l'avait chargée de lui transmettre ces ordres et qu'il devait obéir. Le colonel s'inclina, promit obéissance et tint sa promesse.

La cour de Vienne, parut péniblement affectée en apprenant le meurtre commis, et fut peut-être sincère dans les promesses solennelles de satisfaction éclatante qu'elle adressa aussitôt à la France ; mais lorsque cette cour eut découvert de quelle bouche était sorti l'ordre d'assassiner, les recherches, les poursuites, si énergiquement recommandées, se ralentirent, puis cessèrent entièrement.

On proposa dans la suite à Bonaparte de demander réparation à l'Autriche. Mais il s'y refusa en prétextant des motifs politiques. Le jour de la vengeance arriva enfin, et la punition tomba, sinon sur les auteurs du crime, du moins sur leurs aveugles et méprisables satellites. A la bataille de Vinterthur, en Suisse, donnée en prairial an 7, les Français se trouvèrent en face des hussards de Szecklers. Ceux-ci, intimidés, leur firent demander s'il était vrai qu'en les combattant ils fussent décidés à ne faire aucun prisonnier. *Malheureux, défendez-vous !* s'écrièrent les Français, et le régiment assassin fut exterminé.

La République, malgré les deux victoires qui avaient abattu l'orgueil de ses ennemis extérieurs, menaçait ruine de toutes parts. Les grands caractères, les grands talents, la souveraine influence manquaient dans le parti des hommes fidèles aux traditions des premières années de la République, ces anciens modèles pour la confiance absolue, pour l'énergie indomptable, pour le dévouement sans bornes et les prodiges de tous les jours ; et pendant que de funestes divisions régnaient dans les hommes du gouvernement, les royalistes rallumaient la guerre civile avec un ensemble de mesures que rien ne pouvait déconcerter. Elle s'organisa dans plus de vingt départements ; des révoltes qui s'annonçaient dans plusieurs ; le brigandage qui se répandait dans presque tous ; le vol et l'assassinat commis avec impunité sur un grand nombre de routes ; une vaste conspiration, qui avait son centre à Paris et comprenait toutes les frontières du midi ; une espèce de Vendée prête à surgir dans le département de l'Eure contigu à la Bretagne prête elle-même à s'émouvoir comme les autres parties de l'ouest ; un désordre des finances tel qu'aucune nation n'en avait jamais supporté ; une succession de banqueroutes partielles qui prolongeaient l'opprobre de la banqueroute générale ; le trésor public pillé sur tous les chemins, dans les maisons même des receveurs, et dont le vide ne pouvait se remplir, même par les plus violentes exactions ; un Directoire manquant tout à la fois de force, de concorde et de volonté ; deux Conseils divisés, dont chaque jour et chaque événement nouveau faisait et défaisait la majorité ; les paisibles amis des lois réduits à garder entre les partis la honteuse neutralité de la faiblesse : tel était l'état de la France, lorsqu'on apprit que Bonaparte avait débarqué à Fréjus.

# CHAPITRE VIII.

Révolution du 18 brumaire. — Bonaparte premier consul. — Il propose la paix à l'Angleterre
qui la refuse et entraîne l'Autriche à continuer la guerre. — Situation des armées françaises.


Une année avait suffi à Bonaparte pour tirer de l'Egypte tout ce qu'elle pouvait lui donner de gloire et d'illustration. En y prolongeant son séjour, surtout après la bataille d'Aboukir, il ne pouvait plus que se répéter. Dès lors il dut désirer de pouvoir quitter un théâtre épuisé et dangereux. Mais lorsqu'il apprit, par l'intermédiaire du commandant de la croisière anglaise, les désastres de la République : *Eh bien ! s'écria-t-il, mon pressentiment ne m'a pas trompé, l'Italie est perdue, tout le fruit de nos victoires a disparu, il faut que je parte.*

La cause déterminante de son départ fut donc dans ce cri de douleur et d'indignation.

Il avait la conscience de sa force et de sa puissance, foi dans son génie; il savait qu'il sauverait la France : la France le savait aussi, car elle l'appelait au moment même où il s'élançait vers elle.

Les pouvoirs qui s'étaient succédé depuis sept ans, se renversant, se dévorant l'un l'autre, sans rien fonder de stable, ni liberté, ni ordre, avaient amené la République française au point où était la République romaine, lorsque, fatiguée de désordres civils, sentant le besoin d'un chef unique fort et habile, elle rencontra ce chef et se courba sous son pouvoir.

Depuis Fréjus, le voyage de Bonaparte fut partout un triomphe. L'espèce de miracle qui l'a fait passer à travers les croisières anglaises donne à l'enthousiasme la force d'une superstition. C'est à Lyon surtout que ces transports éclatent sans mesure; cette ville, déjà tant éprouvée sous le régime de la Terreur, achevait de mourir sous les coups de l'anarchie; elle comprenait qu'un grand général, d'un caractère absolu, portait du moins l'ordre avec lui.

Dès que la nouvelle se fut répandue, Paris, dégoûté des faibles gouvernants, craignant de retomber sous le joug plus ignoble et plus odieux encore de l'ancien régime, n'eut plus d'autre pensée que de chercher le repos sous l'abri de la gloire.

A peine Bonaparte était-il arrivé à Paris, que Sieyes et Roger-Ducos, membres du Directoire, s'abouchèrent avec lui pour expulser leurs collègues Barras, Gohier et Moulins. Le 18 *brumaire*, les deux conseils des Anciens et des Cinq-Cents furent assemblés à Saint-Cloud. Bonaparte obtint des Anciens l'abolition du Directoire, et dispersa les Cinq-Cents sur leur refus de sanctionner le nouvel ordre de choses. Trois consuls furent nommés pour chefs du gouvernement, Sieyes, Roger-Ducos et Bonaparte ; un mois après, les deux premiers, obligés de donner leur démission, cédèrent la place à Cambacérès et à Lebrun. Une constitution parut sous le nom de *Constitution de l'an 8*, un sénat, un tribunat, un corps législatif furent organisés, et Bonaparte placé à la tête des affaires sous le nom de premier consul.

Ainsi s'acheva cette révolution. La journée du 18 brumaire fut un attentat, sans doute, mais un attentat contre les formes de la liberté bien plus que contre la liberté même. Hormis quelques jours du règne de l'Assemblée constituante, la France n'avait jamais été libre et commençait à ne pas trop se soucier de l'être.

Le gouvernement, pris en masse, voulait sincèrement le bien public ; l'amour de la patrie régnait dans les Conseils ; mais les élections y avaient introduit des éléments de discorde, en amenant sur la scène des hommes vendus au parti royaliste ou portés par leur opinion à le relever.

Ainsi, après onze ans d'une révolution inouïe dans les fastes du monde, nous étions revenus au pouvoir d'un seul. Mais, il faut le reconnaître, parce que la vérité l'ordonne, Bonaparte et sa dictature étaient une nécessité de l'époque. Sans Bonaparte, peut-être, cette France qui avait vaincu et soumis l'Europe, en aurait été dévorée, ou bien elle aurait acheté le triomphe par de nouveaux torrents de sang au-dehors et au-dedans, si toutefois elle eût encore trouvé dans son sein des hommes capables d'entreprendre son salut au prix terrible des services du Comité de salut public.

Bonaparte, devenu premier consul de la République française, montra bien vite qu'il n'était pas au-dessous de l'œuvre immense dont il s'était chargé. Son génie pourvut à tous les besoins de l'époque, et la France sembla renaître de ses ruines. En même temps qu'il développait d'une main habile les ressources créées par la Révolution, il chercha à pacifier la France et l'Europe, et fit des ouvertures de paix au roi d'Angleterre. Appuyées par Fox et Shéridan, elles furent rejetées par les intrigues de Pitt.

La lettre de Bonaparte au roi d'Angleterre était dégagée de toute les formules de l'étiquette et commençait en ces termes :

« Appelé par le vœu de la nation française à occuper la première magistrature de la République, je crois convenable, en entrant en charge, d'en faire directement part à Votre Majesté. La guerre, qui, depuis huit ans, ravage les quatre parties du monde, doit-elle être éternelle? N'est-il aucun moyen de s'entendre? Comment les deux nations les plus éclairées de l'Europe, puissantes et fortes plus que ne l'exigent leur sûreté et leur indépendance, peuvent-elles sacrifier à des idées de vaine grandeur le bien du commerce, la prospérité intérieure, le bonheur des familles? Comment ne sentent-elles pas que la paix est le premier des besoins, comme la première des gloires? etc. »

Cette lettre provoqua une réponse dans laquelle le ministre anglais déclarait au citoyen Talleyrand que le roi n'avait pas jugé à propos de se départir des formalités depuis si longtemps usitées. L'un des passages les plus remarquables de cette réponse était celui où l'on disait que la meilleure garantie de la réalité d'un retour du gouvernement français *à de meilleurs principes* serait le rétablissement des Bourbons. « Un événement semblable, ajoutait-on, eût levé et lèvera toujours tout obstacle aux négociations et à la paix. » C'était dire que la paix était impossible.

Le cabinet de Vienne, d'abord disposé à écouter les mêmes propositions, se laissa séduire par l'or de l'Angleterre et fut entraîné à continuer la guerre.

L'empereur de Russie se retira de la coalition; Bonaparte avait réuni tous les prisonniers faits sur cette nation en Suisse et en Hollande, et les renvoya sans rançon, habillés à neuf et équipés. Cette générosité toucha Paul I<sup>er</sup>, qui avait perdu l'élite de son armée en Italie et en Suisse, et il ordonna à toutes ses troupes de rentrer en Russie. Ce souverain était d'ailleurs mécontent de la politique de l'Angleterre et de ses prétentions sur la navigation des neutres, sans cesse insultés dans la Baltique ou soumis à des visites. D'un autre côté, les changements survenus dans les principes du gouvernement français depuis le 18 brumaire avaient neutralisé, suspendu sa haine contre la Révolution : il estimait le caractère du premier consul, et s'il n'abandonna pas la coalition, du moins lui refusa-t-il le concours de ses forces.

Bonaparte n'avait pas négligé de s'occuper de la Vendée, de nouveau soulevée; les royalistes manquant de chefs habiles, et n'étant pas unis entre eux, furent promptement soumis par les généraux Brune et Hédouville. Délivré des inquiétudes qu'avaient données jusqu'alors les partis et la renaissance de la guerre civile, le nouveau gouvernement appliqua toutes ses ressources à la guerre extérieure.

On a vu qu'en 1799 la France, alors maîtresse de la Suisse, avait formé deux armées : l'une appelée *armée du Rhin*, l'autre *armée d'Helvétie*. La première, qui devait prendre plus tard le nom *d'armée du Danube*, sous le commandement de Jourdan, passa le Rhin, traversa les montagnes Noires, arriva à Stockach, où, ayant été battue par l'archiduc Charles, elle fut obligée de repasser le Rhin, dans le même temps que celle de l'Helvétie restait dans ses positions maîtresse de tout le pays. L'armée du Rhin fut ensuite chargée de défendre la rive gauche du fleuve, vis-à-vis de Strasbourg. Bientôt l'armée d'Helvétie, qui était devenue la principale armée de la République, perdit une partie de la Suisse ; mais Masséna qui la commandait, profitant de la faute des coalisés qui venaient aussi de diviser leurs forces en deux armées, battit les Russes à Zurich, et redevint maître de la Suisse entière.

Voici quelle était, au mois de janvier 1800, la situation des armées françaises : l'armée de Hollande, commandée par Brune, forçait le reste des troupes du duc d'York à se rembarquer ; l'armée du Bas-Rhin, sous les ordres du général Lecourbe, avait pris ses quartiers d'hiver sur la rive gauche du Rhin ; l'armée d'Helvétie, victorieuse, demeurait cantonnée en Suisse. Quant à l'armée d'Italie, récemment battue à Genola, elle occupait, en désordre, les cols des Apennins. Coni avait été pris par les Impériaux ; Gênes semblait condamnée à subir le même sort, lorsque le général Saint-Cyr dégagea cette place en repoussant un corps de l'armée autrichienne au-delà de Bocchetta.

Les armées belligérantes, en Italie, entrèrent alors dans leurs quartiers d'hiver ; mais leur position respective était bien différente l'une de l'autre : les Autrichiens occupaient les belles plaines du Piémont et du Mont-Ferrat, tandis que les Français étaient placés sur les revers de l'Apennin, de Gênes au Var, dans un pays épuisé, bloqué par mer, n'ayant point de communication avec la vallée du Pô, d'où ils auraient pu recevoir des vivres.

L'armée française offrait alors le spectacle de la désorganisation la plus complète : hommes et chevaux périssaient de misère ; la disette amena des maladies contagieuses qui faisaient d'affreux ravages, et beaucoup de ceux que ces maladies épargnaient cherchaient leur salut dans la désertion. Ce dernier fléau des armées fit bientôt de tels progrès, qu'on vit des corps entiers abandonner leurs positions, et, tambour battant, drapeaux déployés, repasser le Var pour chercher sur le sol de la France un adoucissement aux maux qui les accablaient.

Ce fut alors que Napoléon, expert dans l'art de remonter le moral du soldat, adressa à l'armée d'Italie cet ordre du jour :

« Soldats, les circonstances qui me retiennent à la tête du gouvernement m'empêchent de me trouver au milieu de vous ; vos besoins sont grands ; toutes les mesures sont prises pour y pourvoir. La première qualité du soldat est la constance à supporter la fatigue et la privation ; la valeur n'est que la seconde. Plusieurs corps ont quitté leurs positions ; ils ont été sourds à la voix de leurs officiers : la 17e légère est de ce nombre. Sont-ils donc morts les braves de Castiglione, de Rivoli, de Newmarkt? Ils eussent péri plutôt que de quitter leurs drapeaux, et ils eussent ramené leurs jeunes camarades à l'honneur et au devoir. Soldats, vos distributions ne vous sont pas régulièrement faites, dites-vous? Qu'eussiez-vous fait, si, comme les 4e et 22e légères, les 18e et 32e de ligne, vous vous fussiez trouvés au milieu du désert, sans pain ni eau, mangeant du cheval et du chameau? *La victoire nous donnera du pain,* disaient-elles; et vous, vous désertez vos drapeaux ! Soldats d'Italie, un nouveau général vous commande; il fut toujours à l'avant-garde, dans les plus beaux moments de votre gloire; entourez-le de votre confiance, il ramènera la victoire dans vos rangs. Je me ferai rendre un compte journalier de la conduite de tous les corps, et spécialement de la 17e légère et de la 63e de ligne; *elles se ressouviendront de la confiance que j'avais en elles.* »

Cet appel énergique à la valeur, à la constance, à la résignation du soldat fut entendu de tous : on ne se plaignit plus; ceux qui avaient abandonné leurs rangs les reprirent; les fournisseurs infidèles tremblèrent; les vivres ne manquèrent plus, et l'armée n'eut plus d'autre désir que celui de marcher à l'ennemi. Sachant que nul mieux que Masséna ne connaissait le terrain où devait combattre l'armée d'Italie, Napoléon en donna le commandement à ce général, qui quitta la Suisse pour se rendre à son quartier-général de Gênes, où il arriva le 10 février 1800. En même temps Brune quitta l'armée de Hollande pour aller prendre le commandement de celle de l'ouest, sur la Loire, et il fut remplacé par Augereau. Ces changements étant opérés, le premier consul fit mettre à l'ordre du jour de toutes les armées cette proclamation :

« Soldats, en promettant la paix au peuple français, j'ai été votre organe; je connais votre valeur : vous êtes les mêmes hommes qui conquirent la Hollande, le Rhin, l'Italie, et donnèrent la paix sous les murs de Vienne. Soldats, ce ne sont plus vos frontières qu'il faut défendre, ce sont les Etats ennemis qu'il faut envahir. Il n'est aucun de vous qui ait fait campagne qui ne sache que la qualité la plus essentielle d'un soldat, c'est de savoir supporter les privations avec constance : plusieurs années d'une mauvaise administration ne peuvent être réparées en un jour. Premier magistrat de la République, il me sera doux de faire connaître à la nation entière les corps qui mériteront, par leur discipline et leur valeur, d'être les soutiens de la patrie. Soldats, lorsqu'il en sera temps, je serai au milieu de vous, et l'Europe se souviendra que vous êtes de la race des braves. »

L'œuvre de réparation était commencée; elle se continua avec cette activité que Bonaparte savait communiquer à toutes les branches de l'administration : les troupes furent habillées, soldées; les rangs se grossirent; l'armée d'Helvétie fut réunie à celle du Rhin, et, sous ce dernier nom, Moreau en prit le commandement. Cette armée ne comptait pas moins de 150,000 hommes; jamais la République n'en avait eu de plus belle et de plus solide.

Le génie de la guerre venait de reparaître parmi nos soldats, et les pertes de vingt défaites successives ne tardèrent pas à être promptement réparées.

L'Autriche n'avait pas paru s'effrayer beaucoup de l'abandon de la Russie ; elle comptait sur ses propres forces, qui s'élevaient alors à près de 250,000 hommes, divisés en deux grandes armées, dont l'une de 140,000 hommes, sous le commandement du feld-maréchal Mélas, devait prendre l'offensive, et avait pour mission de s'emparer de Gènes, de Nice et de Toulon ; sous les murs de cette dernière ville, cette armée déjà si formidable devait être rejointe par une armée anglaise de 18,000 hommes, rassemblée à Mahon, et par l'armée napolitaine, forte de 20,000. Mélas se proposait en outre d'insurger le midi de la France, où l'on croyait que les Bourbons avaient de nombreux partisans. L'autre armée autrichienne, forte de 120,000 hommes, y compris les troupes de l'empire à la solde de l'Angleterre, était destinée à couvrir l'Allemagne, et avait pour général en chef le feld-maréchal Kray. Ce dernier, dont le quartier-général était à Donau-Schingen, divisa son armée en quatre corps, un sur le Mein, commandé par le général Starray ; un autre dans le Tyrol, sous les ordres du prince de Reuss. Les deux autres formaient quatre divisions, dont deux étaient sur le Danube ; une troisième, sous les ordres du prince Ferdinand, occupait les villes forestières aux environs de Bâle, et la quatrième, commandée par le prince de Vaudémont, était vis-à-vis Schaffhouse.

Telle était la situation : des deux côtés on se disposait à prendre l'offensive, les Autrichiens se croyant sûrs de pénétrer aisément au milieu de la Provence, et le premier consul ne doutant pas que son armée du Rhin serait bientôt sur l'Inn. De ce côté les forces des Français étaient presque doubles de celles de l'Autriche ; mais, en revanche, l'armée autrichienne d'Italie était plus que double de l'armée française.

# CHAPITRE IX.

Plan de Bonaparte. — Reprise des hostilités. — Prise de Savone par les Autrichiens. — Retraite de Masséna sur Gênes. — Combats de Voltri, de la Taggia. — Attaque du Var. — Capitulation de Gênes. — Opérations de l'armée de réserve en Italie. — Passage du Mont-St-Bernard. — Prise d'Ivrée. — Entrée à Milan. — Batailles de Casteggio, de Montebello et de Maringo.

Le dessein de Bonaparte, était, après avoir sauvé le territoire national, de reprendre d'abord aux alliés l'Italie, ce premier théâtre de sa gloire. Deux moyens s'offraient d'atteindre ce but ; la question pouvait être décidée dans les états héréditaires de l'Autriche, ou au cœur même de l'Italie. Il semblerait, d'après des documents authentiques, que Bonaparte aurait eu d'abord la pensée d'adopter le premier de ces deux moyens. Laissant Masséna sur la défensive dans l'Appenin et sur les Alpes, il aurait pris le commandement de l'armée de réserve rassemblée à Dijon et dans les départements voisins, aurait rejoint Masséna par la Suisse, quand ce général se serait dirigé sur Ulm, et avec 200,000 hommes pleins d'ardeur, il aurait forcé l'Autriche à subir la loi de sa volonté.

Il paraît que des difficultés survenue avec Moreau le firent renoncer à ce plan. Ils se décida dès lors à porter la guerre en Lombardie, et on donna pour prétexte les succès de Mélas et le blocus de Masséna dans Gênes.

Cependant l'Italie entière était au pouvoir des Autrichiens. Turin, Rome, Florence étaient occupés par leurs troupes, dont le nombre s'élevait à 140,000 hommes. Fière des succès de la campagne précédente, cette armée était pleine de confiance et de force, et rien ne lui semblait au-dessus de ses destinées ; elle considérait Gênes et Nice comme ses premières proies, puis de là elle devait passer le Var, se réunir à l'armée anglaise de

Mahon, dans le port de Toulon, et aller planter l'aigle autrichienne sur les murs de l'antique Marseille, après quoi elle prendrait ses quartiers d'hiver et se reposerait sur les rives de la Durance et du Rhône.

Ce fut avec la ferme résolution d'exécuter de tous points ce programme, que Mélas leva ses cantonnements dans les premiers jours de mars. Il laissa en arrière sa grosse artillerie et la plus grande partie de sa cavalerie, qu'il jugeait ne devoir lui être utiles que lorsqu'il aurait passé le Var. Il mit 30,000 hommes d'infanterie sous les ordres des généraux Wuccassowich, Laudon, Haddich et Kaim, pour garder les places et les débouchés du Splagen, du Saint-Gothard, du Simplon, du Saint-Bernard, du Mont-Cenis, du Mont-Genèvre, d'Argentière ; et avec soixante-dix à quatre-vingt mille hommes il s'approcha de l'Apennin ligurien ; sa droite, sous les ordres du feld-maréchal-lieutenant, se porta sur Bobbio, d'où elle poussa une avant-garde sur Sestri de Levante, pour communiquer avec l'escadre anglaise, et attirer de ce côté l'attention du général français. Avec le centre et le quartier-général, il se porta à Acqui, et il confia sa droite au feld-maréchal-lieutenant Elsnitz.

Masséna, comme on l'a vu, n'avait trouvé, en arrivant en Italie, que des soldats pâles, languissants , mourant de faim , couverts de lambeaux, des brigades affaiblies par la désertion de bataillons entiers ; mais en homme de génie, il réorganisa rapidement cette armée qui conservait le feu sacré : il donna le commandement de la droite au général Soult, celui de la gauche au général Suchet, et il laissa la réserve aux généraux Victor et Lemoine.

L'armée française voyait avec confiance à sa tête Masséna, le vainqueur de Zurich ; elle était appelée à combattre sur un terrain où chaque pas lui retraçait un souvenir de gloire. Il n'y avait pas encore quatre ans révolus qu'elle avait, quoique peu nombreuse et dans le plus grand dénûment, suppléant à tout par son courage et la force de sa volonté, remporté de nombreuses victoires, planté en cinquante jours ses drapeaux sur les rives de l'Adige, sur les confins du Tyrol, et porté au plus haut degré la gloire du nom français.

L'administration était complétement réorganisée ; la solde était régulière, et d'immenses convois de subsistances avaient ramené l'abondance dans cette armée dont l'effectif ne se montait qu'à 40,000 hommes, mais qui avait des cadres pour 100,000. Et puis l'esprit de faction avait cessé de souffler, et 30 millions de Français réunis autour du chef de l'Etat étaient forts de la confiance réciproque qu'ils s'inspiraient.

Le quartier-général était à Gènes ; le général de brigade Oudinot était chef d'état-major, le général Lamartellière commandait l'artillerie. Masséna avait confié la gauche de son armée au lieutenant-général Suchet, qui avait sous ses ordres quatre divisions : la première occupait Rocca-Barbena ; la deuxième, Settepani et Mélogno ; la troisième, Saint-Jacques et Notre-Dame-de-Nève; la quatrième était en réserve à Finale et sur les hauteurs de San-Pantaleone : sa force était de 12,000 hommes. Le lieutenant-général Soult commandait le centre, fort de 12,000 hommes, et partagé en trois divisions : celle du général Gardanne défendait Cadibone, Vado, Montelegino, Savone; les flanqueurs, les hauteurs de Stella; le général Gasan défendait les débouchés en avant et en arrière, et sur les flancs de la Bocchetta; le général Marbot commandait la réserve; le lieutenant-général Miollis commandait la droite, forte de 5,000 hommes : il barrait la rivière du Levant, occupait Recco par sa droite, le Mont-Cornua par son centre, et par sa gauche le col de Toriglio, situé à la naissance de la vallée de la Trébia. Une réserve de 5,000 hommes était dans la ville; l'armée entière était forte de trente-quatre à trente-six mille hommes. Les cols, depuis Argentières jusqu'aux sources du Tanaro, étaient encore obstrués de neige. Une division de 4,000 hommes, sous les ordres du général Garnier, était repartie pour les observer, et fournir aux garnisons de Saorgio, de Nice, de Montalban, de Vintimille et des batteries des côtes. L'approche de l'armée ennemie décida le général en chef à ordonner la levée des cantonnements; et, quoique la saison fût rigoureuse, qu'il y eût toujours des neiges sur les hauteurs, les troupes quittèrent leurs camps, et occupèrent des positions culminantes. Des escarmouches ne tardèrent pas à avoir lieu entre les avant-postes. La situation de l'armée française était délicate; elle exigeait beaucoup de vigilance : tous les jours elle poussait en avant de fortes reconnaissances, dans lesquelles elle avait toujours l'avantage; elle faisait des prisonniers, enlevait des magasins et des bagages. L'occupation de Sestri de Levante gênait l'arrivée des convois de blé; les paysans de la vallée de Fontana-Bona, de tout temps dévoués à l'oligarchie, profitant du voisinage de l'armée autrichienne, s'étaient mis sous les armes, et déclarés pour l'ennemi. Le lieutenant-général Miollis y marcha sur deux colonnes : l'une entra dans la vallée, désarma les insurgés, brûla cinq de leurs villages, et prit des otages; l'autre longea la mer, chassa de Sestri l'avant-garde de Ott, la poussa au-delà des Apennins, et se saisit d'un convoi de six mille quintaux de blé qu'elle fit entrer dans Gênes.

Dès les premiers jours de mars, le vice-amiral anglais Keith, commandant l'escadre anglaise de la Méditerranée, notifia aux consuls des diverses nations le blocus de tous les ports et côtes de la république de Gênes, depuis Vintimille jusqu'à Sarzane. Dans les premiers jours d'avril, il établit sa croisière devant Gênes, ce qui rendit difficile les communications avec la Provence, et l'arrivée des approvisionnements qui abondaient dans les ports de Toulon, Marseille et Antibes.

Le 6 avril les opérations commencèrent. Le feld-maréchal Mélas, avec quatre divisions, attaqua à la fois Montelegino et Stella : le lieutenant-général Soult accourut avec sa réserve au secours de la gauche. Le combat fut assez vif tout le jour : la division Palfy entra dans Cadibone et Vado ; celles de Saint-Julien et de Lattermann entrèrent à Montelegino et Arbizola ; Soult rallia sa gauche sur Savone, compléta la garnison de la citadelle, et se retira sur Vareggio pour couvrir Gènes ; trois vaisseaux de guerre anglais mouillèrent dans la rade de Vado. Mélas porta son quartier-général à la Madona de Savone, et fit investir le fort : il trouva à Vado plusieurs pièces de 36 et de gros mortiers qui armaient les batteries des côtes. Dès cette première journée, la ligne française se trouva coupée. Suchet, avec la gauche, fut séparé du reste de l'armée : mais il conserva sa communication avec la France.

Le même jour, Ott, avec la gauche, déboucha par trois colonnes sur Miollis ; celle de gauche, le long de la mer, celle du centre par Monte-Cornua, celle de droite par le col de Toriglio : il fut partout vainqueur ; occupa le Monte-Faccio, le Monte-Ratti, et investit les trois forts de Quezzi, de Richelieu et de San-Tecla ; il établit le feu de ses bivouacs à une portée de canon de cette ville. L'atmosphère, jusqu'au ciel, en était embrasée : les Génois, hommes, femmes, vieillards, enfants, accoururent sur les murailles pour considérer un spectacle si nouveau et si important pour eux : ils attendaient le jour avec impatience ; ils allaient donc devenir la proie de ces Allemands, que leurs pères avaient repoussés, chassés de leur ville avec tant de gloire ! Le parti oligarchique dissimulait mal sa joie ; mais le peuple tout entier était consterné. Au premier rayon du soleil, Masséna fit ouvrir les portes ; il sortit avec la division Miollis et la réserve, attaqua le Monte-Faccio, le Monte-Ratti, les prit à revers, et précipita dans les ravins et les fondrières les divisions de l'imprudent Ott, qui s'était approché avec tant d'inconsidération, seul et si loin du reste de son armée. La victoire fut complète ; le Monte-Cornua, Recco, le col de Toriglio, furent repris. Le soir, 1,500 prisonniers, un général, des canons et 7 drapeaux, trophées de cette journée, entrèrent dans Gènes au bruit des acclamations et des élans de joie de tout ce bon peuple.

Pendant cette même journée du 7, Elsnitz, avec la droite de Mélas, attaqua par cinq colonnes le lieutenant-général Suchet ; celle qui déboucha par le Tanaro et le Saint-Bernard fut battue, rejetée au-delà du fleuve par la division française qui était à Rocca-Barbena ; celles qui attaquèrent Settepani, Melogno, Notre-Dame-de-Nève, Saint-Jacques, eurent des succès variés ; le général Séras se maintint à Melogno ; mais Saint-Jacques fut occupé par Elsnitz, comme les hauteurs de Vado l'étaient de la veille par le général Palfy. Suchet se retira sur la Pietra et Loano ; il prit la ligne de Borghetta, et renforça sa gauche pour assurer ses communications avec la France, sa seule retraite.

Le 9, le feld-maréchal-lieutenant Ott fit attaquer et occuper par le général Hohenzollern la Bocchetta. Mélas avait atteint son principal but ; il avait coupé l'armée française de la France, et en avait séparé un corps : mais il fallait prévenir le retour offensif des Français, marcher sur Gènes, cerner la ville, et concentrer son armée. L'intervalle de quatorze lieues qui existait entre sa gauche et son centre était bien périlleux ; il déboucha, le 10, avec son centre sur plusieurs colonnes : celle de droite, commandée par Lattermann, longea la mer par Varaggio ; celle du centre, conduite par Palfy, se porta sur les hauteurs de cette ville ; celle de Saint-Julien partit de Sospello pour se porter sur Monte-Fayale, dans le temps que Hohenzollern, de la Bocchetta, se portait sur Ponte-Decimo, et dirigeait ses flanqueurs de droite par Marcarolo sur les hauteurs de la Madona-dell'Aqua, près Voltri. pour effectuer sa jonction avec le centre.

Masséna, le même jour 9 avril, était à Varaggio avec la moitié de ses forces ; Soult, à Voltri, avec l'autre moitié ; Miollis gardait Gènes ; Suchet, prévenu à temps, sortait des lignes de Borghetta, et se portait à l'attaque de Saint-Jacques. Le but du général Masséna était de rétablir, à quelque prix que ce fût, ses communications avec sa gauche et la France. Soult devait se porter de Voltri sur Sassello, Masséna sur Melta, Suchet sur Cadibone ; sa jonction devait se faire sur Montenotte-Supérieure. A l'aube du jour, Soult se mit en marche ; mais ses coureurs ayant eu connaissance que des flanqueurs de Hohenzollern s'approchaient de Voltri, il quitta sa route, fit un à droite, marcha sur eux, les poussa de hauteurs en hauteurs, les précipita, le soir, dans la fondrière du torrent de la Piota, tua, blessa ou prit 3,000 hommes. Le 11, il exécuta son mouvement sur Sassello, où il entra, et apprit que le général Saint-Julien en était parti le matin pour se porter sur Monte-Fayale ; il marcha aussitôt à lui, le défit et le rejeta sur Montenotte, après lui avoir fait grand nombre de prisonniers ; de là il se porta sur le Monte-l'Hermette, dont il s'empara après des combats fort vifs où l'audace, l'intrépidité et la nécessité de vaincre suppléèrent au nombre. Pendant ce temps, Masséna avait été moins heureux ; il attendit, le 10, avec impatience, que Soult arrivât sur sa droite ; ne le voyant pas venir, il partit le 11 de Varaggio et marcha sur Stella ; mais Lattermann, qui longeait la mer, entra dans Varaggio et menaça Voltri dans le temps que Palfy et Bellegarde l'attaquaient de front ; il craignit d'être cerné : il battit en retraite sur Cogareto. Le lendemain il détacha le général Fressinet par sa droite pour soutenir Soult : Fressinet arriva à propos ; il décida de l'occupation du Monte-l'Hermette. De son côté, Suchet attaqua et prit Settepani, Melogno, San-Pantaleone ; mais il fut repoussé à Saint-Jacques. Les 10, 11, 12, 13, 14 et 15 se passèrent en marches, manœuvres et combats : souvent les colonnes des deux armées se côtoyèrent en sens inverse, séparées entre elles par des torrents, des fondrières qui les empêchaient de se combattre dans leurs marches, quoique très-près l'une de l'autre. Masséna reconnut l'impossibilité de rétablir ses communications : le défaut de concert entre les attaques de Masséna et celles de Suchet empêcha qu'elles ne fussent simultanées; mais la perte de l'ennemi, dans les combats, fut double de celle des Français. Le 21, Masséna évacua Voltri pour s'approcher des remparts de Gênes, dans laquelle il fit défiler devant lui 5,000 prisonniers. Le colonel Mouton, du 3e de ligne, depuis le comte de Lobau, se couvrit de gloire dans toutes ces attaques; il sauva l'arrière-garde au passage du pont de Voltri par sa bonne contenance. Le peuple de Gênes, témoin de l'intrépidité du soldat français, du dévouement, de la résolution des généraux, se prit d'enthousiasme et d'amour pour l'armée.

L'armée de Masséna, dès ce jour, 21 avril, cessa d'avoir l'attitude d'une armée en campagne; elle n'eut plus que celle d'une forte et courageuse garnison d'une place de premier ordre. Cette situation lui offrit encore des lauriers à cueillir; peu de positions étaient plus avantageuses que celle que Masséna occupait. Maître d'un aussi grand camp retranché qui barre toute la chaîne de l'Apennin, il pouvait en peu d'heures se porter de là droite à la gauche en traversant la ville, ce que l'ennemi n'aurait pu faire en plusieurs jours de marche. Le général autrichien ne tarda pas à sentir tous les avantages que donnait à son ennemi un pareil théâtre. Le 30, par une attaque combinée, il s'approcha des murailles de Gênes, dans le temps que l'amiral Keith engageait une vive canonnade avec les batteries des môles et des quais. La fortune sourit d'abord à toutes ses combinaisons : il s'empara du plateau des Deux-Frères, cerna le fort de Diamant, surprit le fort de Quezzy, bloqua celui de Richelieu, occupa tous les revers de Monte-Ratti, de Monte-Faccio et même de la Madone-del-Monte; il voulait y mettre vingt mortiers en batterie, pendant la nuit, sur la position d'Albana, brûler la superbe Gênes et y porter l'incendie et la révolte. Mais, dans l'après-midi, Masséna ayant concentré toutes ses forces derrière les remparts, prit des mesures pour la garde de la ville, déboucha sur Monte-Faccio, qu'il cerna de tous côtés, et le reprit malgré la plus vive résistance: ses troupes rentrèrent dans le fort de Quezzi. Soult marcha alors par le plateau des Deux-Frères; il s'en rendit-maître. L'ennemi perdit toutes les positions qu'il avait prises le matin. Le soir, le général en chef rentra dans Gênes, menant à sa suite 1,200 prisonniers, des drapeaux, les échelles dont l'armée autrichienne s'était munie pour l'escalade qu'elle avait voulu tenter au point de réunion des deux enceintes, du côté de Bisogno.

Suchet se maintint longtemps maître de Saint-Pantaléone et de Melogno; mais enfin il se retira dans la position de Borghetto, n'espérant plus rien de ses efforts pour rétablir la ligne de l'armée.

Après le désastre de cette journée, les généraux autrichiens renoncèrent à toute attaque de vive force sur un théâtre qui leur était si contraire. Gênes n'avait pas de vivres et ne pouvait tarder à capituler. Conformément aux principes de la guerre de montagnes, ils occupèrent de fortes positions autour de cette place pour empêcher les vivres d'y entrer par terre, comme l'escadre anglaise les interceptait par mer : ce serait donc au général français à prendre l'offensive, à les déposter s'il voulait communiquer avec la campagne, ouvrir les routes pour se procurer les fourrages et les vivres qui lui étaient indispensables.

D'un autre côté, la cour de Vienne était alarmée de la grande supériorité de l'armée française du Rhin et des immenses préparatifs que faisait le premier consul pour porter la guerre sur le Danube ; elle pressait une diversion sur la Provence. Mélas se porta sur le Var et laissa le feld-maréchal-lieutenant Ott avec 30,000 hommes pour bloquer Gènes de concert avec l'escadre anglaise. Ott occupa plusieurs camps, déjà fortifiés par la nature, et auxquels il ajouta tous les secours de l'art, qui lui donnait le double avantage de maîtriser les débouchés, de s'opposer ainsi à l'arrivée des convois et de placer les troupes dans de fortes positions, où elles n'avaient rien à redouter de la *furie française*.

Tranquille sur le sort de Gènes, qui devait lui ouvrir ses portes sous quinze jours, Mélas, avec 30,000 hommes, marchait à Suchet ; il fit tourner la ligne de Borghetta par une division qui déboucha par Ormea, Ponte-di-Nave et la Pieva. Il attaqua, le 7 mai, les hauteurs de San-Bartholomeo, espérant couper aux Français le chemin de la Corniche à port Maurice, et obliger ainsi Suchet à poser les armes. Mais le général Pujet, qui était en position à Saint-Pantaleone, donna le temps à son général de faire sa retraite, bien qu'avec quelque désordre et une assez grande perte, derrière la Taggia, où il eût pu tenir quelques jours si la brigade Gorrup, partie de Coni, ne s'était pas emparée, dès le 6, du col de Tende. Déjà ses avant-postes étaient au défilé de Saorgio. Suchet jugea, avec raison, devoir repasser la Roya et le Var en toute hâte. Il fit aussitôt travailler à retrancher la tête de pont, et fit venir de la grosse artillerie d'Antibes et des canonniers de la côte. Il avait laissé garnison dans le fort Vintimille, dans le château de Ville-Franche et au fort Montalban, qui, situé sur la hauteur qui sépare le golfe de Ville-Franche de la rade de Nice, domine ces deux villes et tout le cours du Paglione. Il y fit établir un télégraphe, et eut ainsi sur les derrières de l'ennemi une vedette qui l'instruisait de tous ses mouvements, soit sur le chemin de Gènes par le col de Turbie, soit sur la chaussée de Turin par la vallée du Paglione.

Le général de division Saint-Hilaire commandait la 8e division militaire ; il accourut sur le Var ramassant à Marseille et à Toulon toutes les troupes disponibles ; des compagnies de garde nationale se rangèrent aussi sous ses ordres. Les places de Colmars, Entrevaux, Antibes étaient en bon état de défense ; dès le 15 mai, le corps de troupes réunies sur le Var était de 14,000 hommes.

Tous les courriers de Paris apportaient en Provence des nouvelles de la

## MASSÉNA (André).

Né à Nice le 6 mai 1758, — maréchal de France, duc de Rivoli. — Général en chef de l'armée d'Helvétie en 1799, — de l'armée d'Italie en 1805, — de l'armée de Portugal en 1810. — Mort le 4 avril 1817.

**Bataille de Zurich (1799.)**

marche de l'armée de réserve ; déjà l'avant-garde arrivait sur le Saint-Bernard. Le résultat de cette manœuvre était évident pour les soldats comme pour les citoyens ; le moral des troupes, comme celui des habitants, était au plus haut degré d'espérance.

Le 11 mai, Mélas fit son entrée à Nice : l'ivresse des officiers autrichiens était extrême ; ils arrivaient enfin sur le territoire de la République, après avoir vu les armées françaises aux portes de Vienne. Une croisière anglaise mouilla à l'embouchure du Var ; elle annonçait l'arrivée de l'armée embarquée à Mahon, qui devait investir la place de Toulon. Pour cette fois l'Angleterre voulait faire sauter les superbes bassins et détruire de fond en comble cet arsenal, d'où était sortie l'armée qui menaçait son empire des Indes.

Le Var est un torrent guéable, mais qui en peu d'heures grossit. Les gués n'y sont pas sûrs ; d'ailleurs la ligne que défendait Suchet était courte, la gauche s'appuyait à des montagnes difficiles, la droite, de la mer à six cents toises. Il avait eu le temps de couvrir de retranchements et de batteries de gros calibre la tête de pont qu'il occupait en avant du village de Saint-Laurent. Dès la première entrée des Français dans le comté de Nice, en 1792, le génie avait construit un grand nombre de batteries sur la rive droite pour protéger le pont, qui a trois cents toises de longueur ; un défilé aussi considérable avait attiré toute la sollicitude des généraux français, pendant les années 1792, 1793, 1794, 1795. Le champ de bataille qu'allait défendre Suchet était préparé de longue main. Le 14, après quelques jours de repos, les divisions Elsnitz, Bellegarde et Lattermann attaquèrent la tête de pont avec opiniâtreté : la défense fut brillante ; l'ennemi, écrasé par les batteries de la rive droite, reconnut l'impossibilité de réussir ; il prit position ; il poussa par la gauche des postes jusqu'à la croisière anglaise, et appuya sa droite aux montagnes. Mélas était résolu à passer le Var plus haut : le corps de Suchet tourné eût été obligé de se reployer sur Cagnes et les défilés de l'Esterelles, lorsque le 21 il reçut enfin les nouvelles du passage du Saint-Bernard par l'armée de réserve, et de l'arrivée de Napoléon à Aoste. Mélas partit aussitôt avec deux divisions, passa le col de Tende, entra à Coni le 23 ; le 24 il apprit à Savigliano la prise d'Ivrée : il s'était fait précéder depuis quelques jours par la division Palfy. Il se flattait encore que toutes ces nouvelles étaient exagérées ; que cette armée, si redoutable, ne serait qu'un corps de quinze à vingt mille hommes au plus qu'il pouvait facilement contenir avec les troupes qu'il amenait avec lui et ce qu'il avait réuni dans la plaine d'Italie, sans renoncer à Gênes, ajournant seulement ses projets sur la Provence.

Aussitôt que Masséna fut instruit qu'il n'était plus bloqué que par trente à trente-cinq mille hommes, que Mélas, avec une partie de l'armée, s'était porté sur le Var, il sortit de Gênes avec l'espérance fondée de culbuter le corps d'armée du blocus, et de terminer la campagne. Quinze mille Français dans sa position valaient mieux que 30,000 Autrichiens : l'ennemi fut effectivement repoussé de tous ses postes avancés.

Le 10 mai, le lieutenant-général Soult, avec 6,000 hommes, se porta dans la rivière du Levant sur les derrières de la gauche de Ott, et rentra dans Gènes avec des vivres et des prisonniers par Monte-Faccio ; les attaques furent renouvelées le 13 mai. Ott concentra ses troupes sur Monte-Creto : le combat fut opiniâtre et sanglant ; Soult, après avoir fait des prodiges de valeur, tomba grièvement blessé et resta au pouvoir de l'ennemi.

Masséna rentra dans Gènes, ayant perdu l'espoir de faire lever le blocus ; les vivres devenaient rares et fort chers. La population souffrait, la ration du soldat avait été diminuée ; cependant, malgré la vigilance des Anglais, quelques bâtiments de Marseille, de Toulon et de Corse parvinrent à entrer dans Gènes. Ce secours eût été suffisant pour l'armée, mais il était bien faible pour une population de 50,000 âmes. On parlait de capituler, lorsque, le 26 mai, arriva le chef d'escadron Franceschi, qui, le 24 avril, avait quitté cette ville pour se rendre à Paris : témoin du passage du Saint-Bernard, il annonçait la prochaine arrivée de Napoléon sous les murs de Gènes. Cet intrépide officier s'était embarqué à Antibes sur un bâtiment léger ; au moment d'entrer dans le port, sa felouque étant sur le point d'être prise, il n'eut d'autre ressource, pour sauver les dépêches, que de se jeter à la nage. Les nouvelles qu'il apportait remplirent d'allégresse l'armée et les Génois : l'idée d'une prompte délivrance fit endurer avec patience les maux présents. Les ennemis de la France furent consternés, leurs complots s'évanouirent ; le peuple suivait sur les cartes exposées aux portes des boutiques le mouvement d'une armée en laquelle il avait placé sa confiance, et que conduisait un général qu'il aimait : il savait, par l'expérience des campagnes précédentes, tout ce qu'il devait en attendre.

Cependant un convoi de blé, annoncé de Marseille, était attendu avec la plus grande impatience ; un des bâtiments qui en faisait partie entra le 30 mai dans le port, et annonça qu'il était suivi par le reste du convoi : la population tout entière se porta sur le quai, dès la pointe du jour, pour devancer l'arrivée de ce secours ardemment attendu. Son espérance fut trompée, rien n'arriva, et le soir on annonça qu'il était tombé au pouvoir de l'ennemi. Le découragement devint extrême, les magistrats de la ville eurent recours aux magasins de cacao, dont il existait une grande quantité chez les négociants. Cette ville est l'entrepôt qui en fournit à toute l'Italie. Il s'y trouvait aussi des magasins de millet, d'orge, de fèves. Dès le 24 mai, la distribution du pain avait cessé ; on ne recevait plus que du cacao. Les denrées de première nécessité étaient hors de prix : une livre de mauvais pain coûtait 30 fr.; la livre de viande, 6 fr.; une poule, 32 fr. Dans la nuit du 1er au 2, on crut entendre le canon. Les soldats, les habitants se portèrent avant le jour sur les remparts; vaine illusion, ces espérances déchues accroissaient le découragement : la désertion était assez considérable, ce qui est rare dans les troupes françaises; mais les soldats n'avaient pas une nourriture suffisante. Huit mille prisonniers autrichiens étaient sur les pontons et dans les bagnes : ils avaient reçu jusqu'alors les mêmes distributions que les soldats; mais enfin il n'était plus possible de leur en délivrer. Masséna le fit connaître au général Ott; il leur demanda qu'il leur fît passer des vivres, et donna sa parole qu'il n'en serait rien distrait. Ott pria l'amiral anglais d'en envoyer à ses prisonniers; celui-ci s'y refusa, ce qui fut une première source d'aigreur entre eux. L'armée de blocus elle-même ne vivait que par le secours de la mer, et dépendait en cela de la flotte. Le 2 juin, la patience du peuple parut à bout; les femmes s'assemblèrent tumultueusement, demandant du pain ou la mort. Il y avait tout à craindre du désespoir d'une aussi nombreuse population; il n'y avait que dix jours que le colonel Franceschi était arrivé, mais déjà dix jours sont longs pour des affamés! « Depuis qu'on nous annonce l'armée de réserve, disaient-ils, si elle devait venir, elle serait déjà arrivée; ce n'est point avec cette lenteur que marche Napoléon; il a été arrêté par des obstacles qu'il n'a pu surmonter, il a eu quatre fois le temps de faire le chemin. L'armée autrichienne est trop forte, la sienne trop faible, il n'a pu déboucher des montagnes, nous n'avons aucune chance; cependant la population entière de notre ville contracte des maladies qui vont nous faire tous périr. N'avons-nous donc pas montré assez de patience et d'attachement à la cause de nos alliés? N'y a-t-il pas de la férocité à exiger davantage d'une population si nombreuse, composée de vieillards, de femmes et d'enfants, de citoyens paisibles peu accoutumés aux horreurs de la guerre? »

Masséna céda enfin à la nécessité : il promit au peuple que si, sous vingt-quatre heures, il n'était pas secouru, il négocierait. Il tint parole : le 3 juin, il envoya l'adjudant-général Andrieux au général Ott. Fatalité des choses humaines! Il se rencontra dans l'antichambre de ce général avec un officier d'ordonnance autrichien qui arrivait en poste du quartier-général de Mélas : il était porteur de l'ordre de lever le blocus et de se rendre en toute hâte sur le Pô; il lui annonçait que Napoléon était à Chivasso depuis le 26, et marchait sur Milan. Il n'y avait plus un moment à perdre pour sauver l'armée.

Andrieux entra à son tour; il débuta, comme c'est l'usage, par déclarer que son général avait encore des vivres pour un mois pour son armée; mais que la population souffrait, que son cœur en était ému et qu'il rendrait la place si on consentait qu'il sortît avec ses armes, bagages et canons sans être prisonnier.

Ott accepta avec empressement en déguisant sa surprise et sa joie. Les négociations commencèrent aussitôt; elles durèrent vingt-quatre heures.

Masséna se rendit en personne aux conférences, au pont de Conegliano, où se trouvèrent l'amiral Keith et le général Ott : l'embarras de ce dernier était extrême; d'un côté, le temps était bien précieux, il sentait toute la conséquence d'une heure de retard dans de pareilles circonstances. Le 4, dans la journée, il apprit que l'armée de réserve avait forcé le passage du Tésin, était entrée à Milan, occupait Pavie, et que déjà les coureurs étaient sur l'Adda : cependant, s'il accédait aux demandes de Masséna, et qu'il le laissât sortir de Gênes sans être prisonnier de guerre, avec armes et canons, il n'aurait rien gagné. Le général avait encore 12,000 hommes, il se réunirait à Suchet qui en avait autant, et, ainsi réunis, ils manœuvreraient contre lui Ott, qui se serait affaibli d'une division qu'il fallait qu'il laissât à Gênes. Il ne pourrait donc se porter sur le Pô qu'avec environ 30 bataillons, qui, réduits par les pertes de la campagne, fourniraient à peine 15,000 hommes.

Ott proposa que l'armée française se rendît à Antibes par mer, avec armes et bagages, et sans être prisonnière. Cela fut rejeté, et on convint que 8,500 hommes de la garnison sortiraient par terre et prendraient la chaussée de Voltri, et que le reste serait transporté par mer, ce qui fut exécuté.

Tandis que tout cela se passait, le premier consul déployait une activité plus étonnante encore que tout ce qu'il avait fait sous ce rapport en Italie et en Orient. Inaccessible à la fatigue, il semblait se délasser par la variété des travaux entre lesquels se distinguait surtout la création de l'armée de réserve, dont il avait donné le commandement titulaire à Berthier, par une espèce de ménagement pour l'opinion, qui aurait pu s'offenser de voir le premier consul, un magistrat civil, remplir les fonctions de général en chef. Incertain encore de la position exacte de Masséna, et calculant les deux partis que ce général pourrait prendre en cas de revers, il écrivit à Berthier : « Il est temps que l'armée de réserve donne à plein collier en Italie. » Sa lettre contenait des instructions pour la descente de l'armée, soit par le Saint-Bernard, soit par le Simplon. Berthier aurait voulu avoir auprès de lui, pour franchir les Alpes, le général Lecourbe, qui connaissait bien la Suisse et s'était distingué dans la lutte avec les Russes dans les montagnes; mais Moreau ne voulait pas se priver de l'un de ses meilleurs lieutenants. Enfin, averti par le chef d'escadron Franceschi, aide-de-camp du général Soult, que Masséna était enfermé dans Gênes, où, à compter du 3 floréal, il n'avait plus de vivres que pour vingt-cinq jours, le premier consul donna aussitôt les ordres nécessaires pour que l'armée de réserve, forte de 60,000 hommes, se glissât rapidement en Italie.

Cette armée de réserve, dont on n'avait rassemblé à Dijon qu'un faible noyau, et dont les émissaires de l'ennemi pouvaient révoquer en doute l'existence, se composait d'une des divisions de Lecourbe, des corps que l'on avait placés sur le Haut-Rhin en présence du prince de Reuss, de la division qui, depuis le commencement des hostilités, occupait le Valais, et des troupes de toutes armes que, de divers points de l'intérieur, on avait fait filer sans bruit sur les rives du lac de Genève. Les ingénieurs français avaient sondé tous les cols des Apennins, et l'on s'était arrêté au projet de pousser les deux divisions de droite par le Mont-Genève, le Mont-Cenis, le Petit-Saint-Bernard ; de mettre toute la gauche sous les ordres de Moncey, pour déboucher par le Simplon et le Saint-Gothard ; enfin, de faire descendre le corps de bataille des sommets du Grand-Saint-Bernard.

Le premier consul quitta Paris le 6 mai ; vingt-cinq heures après son départ il était arrivé à Dijon, passait en revue les bataillons de nouvelle formation, organisait une autre armée au commandement de laquelle il appela le général Brune, retiré du conseil d'Etat ; le 13 mai, il passa à Lausanne la revue de l'avant-garde de l'armée de réserve ; c'était le général Lannes qui la commandait ; elle était composée de six vieux régiments d'élite, parfaitement habillés, équipés et munis de tout. Elle se dirigea aussitôt vers Saint-Pierre. Les divisions suivaient en échelons. Cela formait, non compris ce qui était resté en France, un effectif de 36,000 combattants, en qui l'on pouvait avoir confiance ; elle avait un parc de 40 bouches à feu. Les généraux Victor, Loison, Vatrin, Boula-Chambarlhac, Monnier, commandaient dans cette armée.

Le premier consul avait préféré le passage du Grand-Saint-Bernard à celui du Mont-Cenis : l'un n'était pas plus difficile que l'autre. Il y a de Lausanne à Saint-Pierre, village au pied du Saint-Bernard, un chemin praticable pour l'artillerie, et depuis le village de Saint-Remi à Aoste, on trouve également un chemin praticable aux voitures. La difficulté ne consistait donc que dans la montée et dans la descente du Saint-Bernard : cette difficulté était la même pour le passage du Mont-Cenis ; mais en passant par le Saint-Bernard, on avait l'avantage de laisser Turin sur sa droite, et d'agir dans un pays plus couvert et moins connu, et où les mouvements seraient plus cachés que sur la grande communication de la Savoie, où l'ennemi devait nécessairement avoir beaucoup d'espions. Le passage prompt de l'artillerie paraissait une chose impossible. On s'était pourvu d'un grand nombre de mulets ; on avait fabriqué une grande quantité de petites caisses pour contenir les cartouches d'infanterie et les munitions des pièces. Ces caisses devaient être portées par les mulets, ainsi que des forges de montagne, de sorte que la difficulté réelle à vaincre était le transport des pièces. Maison avait préparé à l'avance une centaine de troncs d'arbre, creusés de manière à pouvoir recevoir les pièces qui y étaient fixées par les tourillons : à chaque bouche à feu ainsi disposée, 100 soldats devaient s'atteler ; les affûts devaient être démontés et portés à dos de mulets. Toutes ces dispositions se firent avec tant d'intelligence par les généraux d'artillerie, Gassendy et Marmont, que la marche de l'artillerie ne causa aucun retard : les troupes mêmes se piquèrent d'honneur de ne point laisser leur artillerie en arrière, et se chargèrent de la traîner. Pendant toute la durée du passage, la musique des régiments se faisait entendre; ce n'était que dans les pas difficiles que le pas de charge donnait une nouvelle vigueur aux soldats. Une division entière aima mieux, pour attendre son artillerie, bivouaquer sur le sommet de la montagne, au milieu de la neige et d'un froid excessif, que de descendre dans la plaine, quoiqu'elle en eût eu le temps avant la nuit. Deux demi-compagnies d'ouvriers d'artillerie avaient été établies dans les villages de Saint-Pierre et de Saint-Remi, avec quelques forges de campagne, pour le démontage et le remontage de diverses voitures d'artillerie. On parvint à passer une centaine de caissons.

Le 16 mai, le premier consul alla coucher au couvent de Saint-Maurice, et toute l'armée passa le Saint-Bernard les 17, 18, 19 et 20 mai. Le premier consul passa lui-même le 20; il s'arrêta une heure au couvent des Hospitaliers, et opéra la descente à la Romassa, sur un glacier presque perpendiculaire. Le froid était encore vif; la descente du Grand-Saint-Bernard fut plus difficile pour les chevaux que ne l'avait été la montée; néanmoins on n'eut que peu d'accidents. Les moines du couvent étaient approvisionnés d'une immense quantité de pain, de vin, de fromage qu'ils distribuèrent avec une charité vraiment évangélique, et il n'y eut pas un soldat qui ne reçût au passage une forte ration.

Le 16 mai, le général Lannes, avec les 6e demi-brigade légère, 28e et 44e de ligne, 11e, 12e régiments de hussards, et 21e de chasseurs, arriva à Aoste, ville qui fut pour l'armée d'une grande ressource. Le 17, cette avant-garde arriva à Châtillon, où un corps autrichien de quatre à cinq mille hommes, qu'on avait cru suffisant pour défendre la vallée, était en position; il fut aussitôt attaqué et culbuté : on lui prit 3 pièces de canon et quelques centaines de prisonniers.

L'armée française croyait avoir franchi tous les obstacles; elle suivait une vallée assez belle, où elle trouvait des maisons, de la verdure et le printemps, lorsque tout à coup elle fut arrêtée par le canon du fort de Bard.

Ce fort, entre Aoste et Ivrée, est situé sur un mamelon conique, et entre deux montagnes, à vingt-cinq toises l'une de l'autre; à son pied coule le torrent de la Doria, dont il ferme absolument la vallée; la route passe dans les fortifications de la ville de Bard, qui a une enceinte et est dominée par le feu du fort. Les officiers du génie, attachés à l'avant-garde, s'approchèrent pour reconnaître un passage, et firent le rapport qu'il n'en existait pas d'autre que celui de la ville. Le général Lannes ordonna, dans la nuit, une attaque pour tâter le fort; mais il était partout à l'abri d'un coup de main. Comme il arrive toujours, en pareille circonstance, l'alarme se communiqua rapidement dans toute l'armée, et reflua sur ses derrières. Des ordres mêmes furent donnés pour arrêter le passage de l'artillerie sur le Saint-Bernard; mais le premier consul, déjà arrivé à Aoste, se porta aussitôt devant Bard : il gravit, sur la montagne de gauche, le rocher Albaredo, qui domine à la fois et la ville et le fort, et bientôt reconnut la possibilité de s'emparer de la ville. Il n'y avait pas un moment à perdre : le 25, à la nuit tombante, la 58ᵉ demi-brigade, conduite par le chef Dufour, escalada l'enceinte et s'empara de la ville qui n'est séparée du fort que par le torrent de la Doria. Vainement, toute la nuit, il plut une grêle de mitraille, à une demi-portée de fusil, sur les Français qui étaient dans la ville : ils s'y maintinrent, et enfin, par considération pour les habitants, le feu du fort cessa.

L'infanterie et la cavalerie passèrent un à un, par le sentier de la montagne de gauche, qu'avait gravie le premier consul, et où jamais n'avait passé aucun cheval : c'était un sentier connu seulement des chevriers.

Les nuits suivantes, les officiers d'artillerie, avec une rare intelligence, et les canonniers, avec la plus grande intrépidité, firent passer leurs pièces par la ville. Toutes les précautions avaient été prises pour en cacher la connaissance au commandant du fort : le chemin avait été couvert de matelas et de fumier; les pièces, couvertes de branchages et de paille, étaient traînées, à la bricole, dans le plus grand silence. On traversait ainsi un espace de plusieurs centaines de toises, à portée de pistolet des batteries du fort. La garnison ne se doutant de rien, faisait cependant des décharges de temps en temps, qui tuèrent ou blessèrent bon nombre de canonniers; mais cela ne ralentit en rien leur zèle : le fort ne se rendit que dans les premiers jours de juin. On était alors parvenu, avec des peines extrêmes, à monter plusieurs pièces sur l'Albaredo, d'où elles foudroyèrent les batteries du fort. S'il en eût fallu attendre la prise pour faire passer l'artillerie, tout l'espoir de la campagne eût été perdu.

Cet obstacle fut plus considérable que celui du Grand-Saint-Bernard lui-même, et cependant ni l'un ni l'autre ne retardèrent d'un seul jour la marche de l'armée. Le premier consul connaissait bien l'existence du fort de Bard; mais tous les plans et tous les renseignements à ce sujet permettaient de le supposer facile à enlever. Cette difficulté, une fois surmontée, eut un effet avantageux. L'officier autrichien qui commandait le fort expédia lettre sur lettre à Mélas, pour l'instruire qu'il voyait passer plus de 30,000 hommes au moins, trois ou quatre mille chevaux, et un nombreux état-major; que ces masses se dirigeaient sur sa droite, par un escalier dans le rocher Albaredo : mais qu'il promettait que ni un caisson, ni une pièce d'artillerie ne pourraient passer; qu'il pouvait tenir un mois, et qu'ainsi, jusqu'à cette époque, il n'était pas probable que l'armée française osât se hasarder en plaine, n'ayant pas encore reçu son artillerie. Lors de la reddition du fort, tous les officiers de la garnison furent étrangement surpris d'apprendre que toute l'artillerie française avait passé de nuit, à trente ou quarante toises de leurs remparts.

S'il eût été tout à fait impossible de faire passer l'artillerie par la ville de Bard, l'armée française aurait-elle repassé le Grand-Saint-Bernard? Non : elle aurait également débouché jusqu'à Ivrée, mouvement qui eût nécessairement rappelé Mélas de Nice. Elle n'avait rien à craindre, même sans artillerie, dans les excellentes positions que lui offrait l'entrée des gorges, d'où, protégeant le siége du fort de Bard, elle en eût attendu la prise. Ce fort tomba naturellement au pouvoir des Français le 1er juin; mais il est probable qu'il eût été pris plus tôt s'il avait arrêté le passage de l'armée et qu'il en eût attiré tous les efforts, au lieu de ceux d'une brigade de conscrits commandés par le général Chabran, qui avait été laissée pour en faire le siége. Ce dernier corps avait passé par le Petit-Saint-Bernard.

Cependant, depuis le 12 mai, Mélas avait fait refluer des troupes sur Turin et renforcé les divisions qui gardaient la vallée d'Aoste et celle du Mont-Cenis; lui-même, de sa personne, était arrivé le 22 à Turin. Le même jour, le général Turreau, qui commandait sur les Alpes, attaqua avec 3,000 hommes le Mont-Cenis, s'en empara, fit des prisonniers et prit position entre Suse et Turin : diversion qui inquiéta Mélas et l'empêcha de porter tous ses efforts sur la Dora-Baltéa.

Le 24, le général Lannes, avec l'avant-garde, arriva devant Ivrée; il y trouva une division de cinq à six mille hommes. Depuis huit jours, on avait commencé l'armement de cette place et de la citadelle, 15 bouches à feu étaient déjà en batterie; mais, sur cette division de 6,000 hommes, il y en avait 3,000 de cavalerie qui n'étaient pas propres à la défense d'Ivrée, et l'infanterie était celle qui avait été déjà battue à Châtillon. La ville, attaquée avec la plus grande intrépidité, d'un côté par le général Lannes, et de l'autre par le général Vatrin, fut bientôt enlevée, ainsi que la citadelle, où l'on trouva de nombreux magasins de toutes espèces; l'ennemi se retira derrière la Chiusella et prit position à Romano pour couvrir Turin, d'où il reçut des renforts considérables.

Le 26, le général Lannes marcha contre l'ennemi; il l'attaqua dans sa position; et, après un combat fort chaud, le culbuta et le rejeta en désordre sur Turin. L'avant-garde prit aussitôt la position de Chivasso, d'où elle intercepta le cours du Pô, et s'empara d'un grand nombre de barques chargées de vivres, de blessés, et enfin de toute l'évacuation de Turin. Le premier consul passa, le 28 mai, la revue de l'avant-garde à Chivasso, harangua les troupes, et distribua des éloges aux corps qui la composaient.

Cependant on disposa les barques prises sur le Pô pour la construction d'un pont; cette menace produisit l'effet qu'on en attendait : Mélas affaiblit

les troupes qui couvraient Turin sur la rive gauche, et envoya ses principales forces pour s'opposer à la construction du pont.

C'était ce que souhaitait le premier consul, afin de pouvoir opérer sur
Milan sans être inquiété.

Un parlementaire autrichien fut envoyé aux avant-postes par le général
Mélas. Son étonnement fut extrême en voyant le premier consul si près de
l'armée autrichienne; cette nouvelle, rapportée par cet officier à Mélas, le
remplit de terreur et de confusion. Toute l'armée de réserve, avec son artillerie, arriva à Ivrée les 26 et 27 mai.

Le quartier-général de l'armée autrichienne était à Turin, mais la moitié
des forces ennemies était devant Gènes, et l'autre moitié était en chemin
pour venir, par le col de Tende, renforcer les corps qui étaient à Turin.
Dans cette circonstance, le premier consul résolut de laisser Mélas sur ses
derrières, de passer la Sésia, le Tésin, pour se porter sur Milan et sur
l'Adda et faire sa jonction avec le corps de Moncey, composé des 15,000
hommes venant de l'armée du Rhin, et qui avaient débouché par le Saint-
Gothard. En conséquence, le 27 mai, le général Murat se dirigea sur Ver-
ceil et passa la Sésia. Le 31 mai, le premier consul se porta rapidement
sur le Tésin. Les corps d'observation que le général Mélas avait laissés
contre les débouchés de la Suisse, et les divisions de cavalerie et d'artillerie
qu'il n'avait pas menées avec lui au siége de Gènes, se réunirent pour défendre le passage du fleuve et couvrir Milan. Le Tésin est extrêmement
large et rapide.

L'adjudant-général Girard, officier du plus haut mérite et de la plus rare
intrépidité, passa le premier le fleuve. Le combat fut chaud toute la
journée sur la rive gauche. L'armée française n'avait pas de pont : elle
passait sur quatre nacelles; mais comme le pays est très-coupé et boisé, et
que l'on était favorisé par la position du Naviglio de Milan, la cavalerie
ennemie ne s'engagea qu'avec répugnance sur un tel terrain.

Le 2 juin 1800, Murat occupa Milan. Trois heures après, le premier
consul, avec son état-major, fit une entrée triomphale dans cette ville, au
milieu des transports d'un peuple immense joyeux d'être délivré de la domination des Autrichiens, et qui, trompé par des bruits mensongers,
croyait ne jamais revoir son libérateur.

Tous les genres d'oppression, d'insulte et de pillage pesaient sur la Lombardie depuis l'occupation autrichienne : le sexe, l'âge, le rang, la naissance, les talents, rien n'avait trouvé grâce devant ces nouveaux barbares,
incapables de respecter la terre classique du génie et la mère de tant de
races de grands hommes. En un moment, tout l'ouvrage de la tyrannie fut
renversé; il ne resta d'irréparables que les brigandages et les vols de la
rapacité de l'ennemi, qui aurait emporté avec lui, s'il l'avait pu, le sol
même avec les moissons de toute espèce. Au risque de déplaire aux philo-

sophes, qu'il appelait athées, Bonaparte voulut assister au *Te Deum* chanté dans la cathédrale pour célébrer la délivrance de l'Italie. C'était la même politique qui lui avait dicté au Caire une proclamation en l'honneur de Mahomet ; mais ici se joignait un certain penchant pour la religion qu'il pensait réconcilier en France avec le gouvernement. Le même jour, Berthier, général en chef de l'armée de réserve, publiait une proclamation aux peuples de la Cisalpine pour les appeler aux armes, les inviter à la concorde, et leur annoncer que la République serait organisée sur les bases fixes de la religion, du bon ordre et de l'égalité aussitôt après l'expulsion des ennemis. Cette renaissance de la Cisalpine fut pour Bonaparte un moyen de rallumer dans toute son énergie l'enthousiasme des Italiens pour lui ; de tous les points de la Lombardie on accourait le voir, et son nom n'était prononcé qu'avec des transports de reconnaissance ; mais, en jouissant de ce triomphe légitime, il n'oubliait pas de parler le langage de la gloire à nos intrépides défenseurs: « Soldats ! leur disait-il, après leur avoir retracé la consternation du midi de la France, l'invasion du territoire de Gènes, les malheurs de la Cisalpine, vous marchez.... et déjà le territoire français est délivré ; la joie et l'espérance succèdent dans notre patrie à la consternation et à la crainte. Vous rendez l'indépendance et la liberté au peuple de Gènes ; il sera délivré pour toujours de ses éternels ennemis. Vous êtes dans la capitale de la Cisalpine ! L'ennemi, épouvanté, n'aspire plus qu'à regagner ses frontières. Vous lui avez enlevé ses hôpitaux, ses magasins, ses parcs de réserve : le premier acte de la campagne est terminé. » Et en effet, grâce au génie, à l'audace, à la célérité inouïe de Bonaparte, tous ces avantages étaient obtenus, et nous volions à une victoire assurée, mais non pas exempte de périls et de chances de revers.

Le général Lannes, arrêtant à Chivasso son mouvement sur Turin, prit la direction du gros de l'armée, occupa Catale, Mortara et Grupello sans résistance, et emporta de force Pavie, où il trouva 200 bouches à feu et des magasins considérables. Dans le même temps, les reconnaissances envoyées sur différents points par le général en chef occupèrent Lodi, Crémone, Pizzighetone, Brescia, Plaisance et Saint-Cypriano. Mélas apprit la présence de Napoléon à Milan en même temps que la convention de Gènes. Cette circonstance le força de changer son plan d'opération : il concentra ses forces sur Alexandrie. Le général Ott, qui venait de s'emparer de Gènes, reçut l'ordre de s'avancer à marches forcées sur Pavie. Napoléon, jugeant nécessaire de livrer bataille avant que la marche des troupes autrichiennes pût être réunie, ordonna aux généraux Lannes, Murat et Victor d'attaquer le corps du général Ott. Les Autrichiens furent battus à Casteggio et à Montebello, poursuivis jusqu'à Voghera et Tortone, et obligés de passer la Scrivia pour se porter à San-Giuliano. Cette victoire fut d'autant plus remarquable qu'on la dut à l'intrépidité des soldats de nouvelle levée, qui, pour leur début, se trouvaient en face des plus vieilles bandes autrichiennes; elle était le prélude d'une autre bataille bien plus célèbre et non moins sanglante.

Mélas, apprenant la défaite du général Ott, et voyant sa ligne d'opération coupée sur tous les points, résolut de tenter un engagement général pour se frayer un chemin à travers l'armée française, passer de là à Turin pour se rendre à Milan ou se replier sur Novi. En conséquence, le premier consul, poursuivant le cours de ses succès, passa la Scrivia et disposa ses divisions dans la plaine de San-Giuliano. Etonné de ne pas trouver l'ennemi rangé en bataille dans cette plaine, il se persuada que Mélas opérait une marche de flanc, et il dispersa imprudemment ses divisions, faute qui faillit lui coûter cher. Mais rien ne pouvait faire soupçonner au général français qu'il se trouvait tout près de Mélas, résolu à nous attaquer le lendemain. Il avait cependant fait battre par la cavalerie légère toute la plaine; lui-même l'avait parcourue avec ses escortes, mais cette exploration n'était pas suffisante, puisqu'il ignorait la présence de l'armée qu'il s'était flatté de surprendre, d'affamer et de réduire aussi presque sans coup férir. Trompé dans ses espérances par des avis arrivés de toutes parts, le premier consul ne s'occupa plus qu'à faire les dispositions précipitées qu'exigeait l'imminence du danger.

Toutes les chances de succès étaient en faveur des Autrichiens, qui comptaient près de 40,000 combattants, dont 8,000 d'excellente cavalerie et 200 pièces de campagne. L'armée française en ligne n'était que de 20,000 hommes. Ainsi, tant de génie dépensé à surprendre Milan, le passage miraculeux des montagnes, les merveilleux succès qui avaient trompé l'ennemi et dérangé tous les plans, pouvaient être perdus, et nous courions le risque d'être écrasés par la supériorité du nombre, sans que les 20,000 hommes restés sur la rive gauche du Pô, sous les ordres de Moncey, eussent le temps de venir au secours de notre armée principale au moment opportun.

L'ennemi avait hâte de combattre avant que Suchet eût opéré sa jonction avec le premier consul. Le 13 juin, les deux armées se trouvèrent en présence sur les rives du Pô; Napoléon résolut d'engager une affaire générale : il fut prévenu.

Le 14, à l'aube du jour, les Autrichiens défilèrent sur les trois ponts de la Bormida, et attaquèrent avec fureur le village de Marengo. La résistance fut opiniâtre et longue.

Le premier consul, instruit par la vivacité de la canonnade que l'armée autrichienne attaquait, expédia sur-le-champ l'ordre au général Desaix (1)

_____

(1) Desaix n'était à l'armée d'Italie que depuis trois jours. A son retour d'Egypte, ayant écrit au premier consul : « Ordonnez-moi de vous rejoindre; général ou soldat, que m'importe, pourvu que je combatte près de vous, » il reçut le commandement des divisions Boudet et Mounier, avec le titre de lieutenant-général.

de revenir avec son corps sur San-Giuliano. Il était à une demi-marche de distance sur la gauche.

Le premier consul arriva sur le champ de bataille à dix heures du matin, entre San-Giuliano et Marengo. L'ennemi avait enfin emporté Marengo, et la division Victor, après la plus vive résistance, ayant été forcée, s'était mise dans une complète déroute. La plaine, sur la gauche, était couverte de nos fuyards qui répandaient partout l'alarme, et même plusieurs faisaient entendre ce cri funeste : *Tout est perdu!*

Le corps du général Lannes, un peu en arrière de la droite de Marengo, était aux mains avec l'ennemi, qui, après la prise de ce village, se déployant sur sa gauche, se mettait en bataille devant notre droite qu'il débordait déjà. Le premier consul envoya aussitôt son bataillon de la garde consulaire, composé de 800 grenadiers, l'élite de l'armée, se placer à cinq cents toises, sur la droite de Lannes, dans une bonne position, pour contenir l'ennemi. Le premier consul se porta lui-même, avec la 72ᵉ demi-brigade, au secours du corps de Lannes, et dirigea la division de réserve Cara Saint-Cyr sur l'extrême droite, à Castel-Cériolo, pour prendre en flanc toute la gauche de l'ennemi.

Cependant, au milieu de cette immense plaine, l'armée reconnaît le premier consul entouré de son état-major et de 200 grenadiers à cheval, avec leurs bonnets à poil; ce seul aspect suffit pour rendre aux troupes l'espoir de la victoire. La confiance renaît; les fuyards se rallient sur San-Giuliano, en arrière de la gauche du général Lannes.

Cette manœuvre obligea Mélas, comme on l'avait prévu, à engager sa réserve composée de 6,000 grenadiers hongrois qui rétablirent les affaires en attaquant à leur tour. Les chefs des deux armées se trouvèrent alors en présence et purent apprendre à se connaître. Mélas eut deux chevaux tués sous lui; un boulet de canon effleura la jambe gauche du premier consul. Assailli par des forces supérieures, le corps de Lannes opérait sa retraite au milieu de cette vaste plaine avec un ordre et un sang-froid admirables. Ce corps mit trois heures pour faire en arrière trois quarts de lieue, exposé en entier au feu de mitraille de 80 bouches à feu, dans le temps que, par un mouvement inverse, Cara Saint-Cyr marchait en avant, sur l'extrême droite, et tournait la gauche de l'ennemi. La cavalerie allemande multiplia les attaques contre la colonne de la garde consulaire. Cette phalange, semblable à une redoute de granit, ne put être ébranlée qu'après des efforts inouïs; enfin, accablés par le nombre et entamés sur plusieurs points, ces braves, sans cesser de combattre, se retirèrent sur Poggi.

Mélas, qui croyait la victoire décidée, accablé de fatigue, et souffrant des suites d'une chute grave, repassa les ponts et rentra dans Alexandrie, laissant au général Zach, son chef d'état-major, le soin de poursuivre l'armée française. Celui-ci, croyant que la retraite de cette armée s'opérait sur la chaussée de Tortone, cherchait à arriver sur cette chaussée derrière San-Giuliano; mais, au commencement de l'action, le premier consul avait changé sa ligne de retraite, et l'avait dirigée entre Sale et Tortone, de sorte que la chaussée de Tortone n'était d'aucune importance pour l'armée française.

En opérant sa retraite, le corps de Lannes refusait constamment sa gauche, se dirigeant ainsi sur le nouveau point de retraite; et Cara Saint-Cyr, qui était à l'extrémité de la droite, se trouvait presque sur la ligne de retraite dans le temps que le général Zach croyait ces deux corps coupés et qu'en exécutant les ordres de son chef avec plus de zèle que de prudence, il avait dépassé la ligne autrichienne de manière à ne plus pouvoir en être soutenu.

C'est alors, vers les trois heures après-midi, que le corps de Desaix arriva, et, par l'ordre du premier consul, prit position sur la chaussée, en avant de San-Giuliano.

Le général en chef prit au moment même les dispositions de la nouvelle bataille qui allait renverser les rêves de gloire du vieux Mélas, occupé à chanter victoire, pendant que sa ruine se préparait. Toute l'armée était reformée en ligne; Desaix, qui n'avait point combattu, se trouvait en tête; en arrière, on apercevait la division Victor, qui avait tant souffert, ralliée et brûlant d'impatience d'en venir de nouveau aux mains. Toute la cavalerie, aux ordres de Murat, massée sur la droite de Desaix, et en arrière de la gauche de Lannes, se tenait prête à s'élancer au premier signal. Les boulets et les obus tombaient sur San-Giuliano; la colonne de 6000 grenadiers de Zach en avait déjà gagné la gauche.

Bonaparte, après avoir disposé lui-même l'attaque confiée à Desaix, parcourt rapidement tout le front de l'armée, et la prudence faisant tout à coup place à l'audace : « C'est assez reculer, s'écrie-t-il, marchons en avant. Soldats! souvenez-vous que mon habitude est de coucher sur le champ de bataille ! » Les cris de : *Vive Bonaparte!* accueillirent cette courte harangue.

Un choc terrible se préparait; Zach marchait avec confiance, comptant enlever San-Giuliano sans coup férir. Bonaparte commande à Desaix de se précipiter avec ses divisions sur la colonne autrichienne, et à la réserve d'appuyer cette attaque. C'était risquer le tout pour le tout. Un général qui s'honorait alors de sa confiance, lui faisant observer qu'il serait peut-être prudent de garder sa réserve pour assurer sa retraite en cas de nécessité : « Point de retraite, lui répondit-il; aujourd'hui tout se décidera ici. » Desaix court à l'ennemi. Précédée par une batterie de 15 pièces que Marmont ne fit démasquer qu'en touchant presque aux rangs des Autrichiens, la colonne d'attaque, suivie du corps de Victor et flanquée à droite par la cavalerie de Kellermann, aborda l'ennemi avec impétuosité. La mêlée devint terrible et plusieurs de nos braves y trouvèrent la mort. Ce fut alors que

Desaix, qui avait été saisi d'un pressentiment funeste en revoyant la terre d'Europe, atteint d'une balle au cœur, tombe en exhalant avec son dernier soupir un dernier vœu pour la patrie. A peine eut-il le temps de dire à Lebrun, l'un de ses aides-de-camp, ces mots : « Allez dire au premier consul que je meurs avec le regret de n'avoir pas assez fait pour la postérité. — Pourquoi ne m'est-il pas permis de pleurer ! » furent les seules paroles prononcées par Bonaparte en apprenant la perte de son illustre lieutenant.

Ce malheur ne dérangea en rien le mouvement, et le général Boudet fit passer facilement dans l'âme de ses soldats ce vif désir dont il était lui-même pénétré, de venger à l'instant un chef tant aimé. La 9e légère, qui, là, mérita le titre d'incomparable, se couvrit de gloire. En même temps le général Kellermann, avec 800 hommes de grosse cavalerie, faisait une charge intrépide sur le milieu du flanc gauche de la colonne : en moins d'une demi-heure, ces 6,000 grenadiers furent enfoncés, culbutés, dispersés ; ils disparurent.

Le général Zach et tout son état-major furent faits prisonniers.

Le général Lannes marcha sur-le-champ en avant au pas de charge. Cara Saint-Cyr, qui à notre droite se trouvait en potence sur le flanc gauche de l'ennemi, était beaucoup plus près des ponts sur la Bormida que l'ennemi lui-même. Dans un moment, l'armée autrichienne fut dans la plus épouvantable confusion. Huit à dix mille hommes de cavalerie, qui couvraient la plaine, craignant que l'infanterie de Saint-Cyr n'arrivât au pont avant eux, se mirent en retraite au galop, en culbutant tout ce qui se trouvait sur leur passage. La division Victor se porta en toute hâte pour reprendre son champ de bataille au village de Marengo. L'armée ennemie était dans la plus horrible déroute ; chacun ne pensait plus qu'à fuir. L'encombrement devint extrême sur les ponts de la Bormida, où la masse des fuyards était obligée de se resserrer ; et à la nuit tout ce qui était resté sur la rive gauche tomba au pouvoir de l'armée française.

Il serait difficile de se peindre la confusion et le désespoir de l'armée autrichienne. D'un côté, l'armée française était sur les bords de la Bormida, et il était à croire qu'à la pointe du jour elle la passerait ; d'un autre côté, le général Suchet, avec son armée, était sur ses derrières, dans la direction de sa droite.

Où opérer sa retraite ? En arrière ? Elle se trouverait acculée aux Alpes et aux frontières de France ; sur la droite vers Gènes ? Elle eût pu faire ce mouvement avant la bataille ; mais elle ne pouvait plus espérer pouvoir le faire après sa défaite, et pressée par l'armée victorieuse.

Cette journée coûta aux Autrichiens 4,500 morts, 8,000 blessés, 7,000 prisonniers, 12 drapeaux et 30 pièces de canon ; ils furent en outre contraints d'accepter une capitulation dont les principaux articles étaient la restitution à la France du Piémont, de la Ligurie, de la Lombardie ; la cession de douze places fortes pour la garantie du traité, et la retraite de l'armée autrichienne sur Mantoue.

Le général Suchet se dirigea sur Gènes, et entra le 24 juin dans cette ville, que lui remit le général Hohenzollern, au grand déplaisir des Anglais, dont l'avant-garde venant de Mahon, était arrivée à la vue du port, pour prendre possession de cette place. Les places de Tortone, Alexandrie, Coni, Fenestrelles, Milan, Pizzighetone, Peschiero, Urbin et Ferrare furent successivement remises à l'armée française avec toute leur artillerie. L'armée de Mélas traversa la Stradella et Plaisance par divisions, et reprit sa position derrière Mantoue.

La joie des Piémontais, des Génois, des Italiens, ne peut s'exprimer; ils se voyaient rendus à la liberté, sans passer par les horreurs d'une longue guerre, que déjà ils voyaient reportée sur leurs frontières, et sans éprouver les inconvénients des siéges de places fortes, toujours si désastreux pour les villes et les campagnes environnantes.

En France, cette nouvelle parut d'abord incroyable. Le premier courrier arrivé à Paris fut un courrier du commerce : il portait la nouvelle que l'armée française avait été battue; il était parti le 14 juin entre dix heures et midi, au moment où le premier consul arrivait sur le champ de bataille. La joie n'en fut que plus grande quand on apprit la victoire remportée par le premier consul, et tout ce que ses suites avaient d'avantageux pour la République.

Peu de jours après cette célèbre journée du 14 juin, tous les patriotes italiens sortirent des cachots de l'Autriche, et entrèrent en triomphe dans la capitale de leur patrie, au milieu des acclamations de tous leurs compatriotes, et des *Viva el liberatore dell' Italia!*

Dès que le traité d'Alexandrie avait été ratifié, Napoléon s'était rendu à Milan, où il avait été reçu avec enthousiasme par les habitants; il y resta peu de jours : pendant ce temps, il s'occupa de la réorganisation de la république cisalpine. Il réunit l'armée de réserve à l'ancienne armée d'Italie sous la dénomination commune d'armée d'Italie, en donna le commandement au général Masséna, et partit de Milan le 24 juin. Il arriva à Paris le 2 juillet au milieu de la nuit, et sans être attendu ; mais aussitôt que, le lendemain, la nouvelle en fut répandue dans les divers quartiers de cette vaste capitale, toute la ville et les faubourgs accoururent dans les cours et les jardins du palais des Tuileries : les ouvriers quittaient leurs ateliers simultanément; toute la population se pressait sous les fenêtres, dans l'espoir de voir celui à qui la France devait tant. Dans le jardin, les cours et sur les quais, partout les acclamations de la joie se faisaient entendre. Le soir, riche ou pauvre, chacun à l'envi illumina sa maison.

Il y avait longtemps que la France n'avait vu un si beau jour.

Lunéville avait été choisi pour le lieu des conférences entre les ambassadeurs des puissances : l'Angleterre, alliée de l'Autriche, voulut s'interposer dans les négociations, et les fit échouer. Cependant l'Autriche, soudoyée par cette puissance, prolongeait sous différents prétextes la durée de l'armistice, afin de mettre au complet ses armées d'Allemagne et d'Italie. L'île de Malte, insurgée par les Anglais, s'était révoltée, et le général Vaubois, commandant de la garnison, après une défense héroïque, avait été forcé de capituler pour sauver la vie à ses soldats manquant de vivres et de munitions. Alors Bonaparte, convaincu de la mauvaise foi de l'Autriche et de l'Angleterre, dénonça la fin de l'armistice : les hostilités recommencèrent le 12 novembre 1800.

De son côté, Macdonald, commandant en chef l'armée des Grisons, forte d'environ 15,000 hommes, traversait le Splugen, dans les Alpes tyroliennes, pour descendre sur Pisogne. Opéré dans les premiers jours de décembre, le passage de cette montagne offrait plus de difficultés et de dangers que celui du Saint-Bernard, exécuté par Bonaparte ; il fallut également démonter l'artillerie pour la transporter à bras, ainsi que les voitures et les caissons. Le courage et le dévouement des soldats surmonta tous les obstacles. Après avoir opéré ce passage, Macdonald reçut l'ordre de se porter, par le val Camonica, dans la direction de l'armée d'Italie, dont son corps devait former l'aile gauche, et dont les opérations devaient désormais être subordonnées à celles du général Brune.

Aussitôt que Macdonald fut assez avancé dans le Tyrol, et que le général Dupont, qui venait de soumettre la Toscane, fut rentré en ligne sur l'aile droite, Brune marchant en avant s'empara des positions de Volta, de Mozambano, de Ponti, puis il passa le Mincio, et livra bataille à l'armée impériale à Pozzolo, le 26 décembre 1800. Les Autrichiens, bien que quatre fois plus nombreux que les Français, furent complétement battus ; ils perdirent plus de 5,000 hommes, tués ou blessés, 3,000 prisonniers, 11 pièces de canon et 3 drapeaux. Battus de nouveau à Montebello, à Castel-Franco, les Impériaux nous abandonnèrent Trévise, et bientôt fut conclu dans cette ville un armistice d'après lequel Mantoue, Pischiera et plusieurs autres places fortes nous furent livrées, comme garantie de la paix que l'Autriche demandait à conclure avec la France sans le concours de l'Angleterre.

Le cabinet de la Grande-Bretagne était le seul dès lors qui s'opposât à la paix générale ; il continuait à soudoyer le roi des Deux-Siciles, misérable instrument qui semblait n'avoir pas conscience de sa position et de l'irrésistible puissance qui devait l'écraser. Murat, envoyé contre ce prince aveuglé par la passion, chassa ses troupes des Etats de Rome, et il allait le détrôner, lorsque, par l'intermédiaire de l'empereur de Russie, on conclut un armistice d'après lequel les Deux-Siciles seraient comprises dans le traité de paix qui devait se négocier entre les puissances européennes et la France.

Cette paix, après laquelle soupiraient tous les peuples de l'Europe, fut conclue à Lunéville, le 9 février 1801, sous la condition que l'Autriche ratifierait de nouveau la cession de la Belgique à la France, garantie par le traité de paix de Campo-Formio, et que les Etats du Piémont, de la Lombardie et de la Toscane seraient indépendants sous la protection de la République française. Alors les armées françaises évacuèrent le territoire étranger ; seulement on laissa environ 20,000 hommes dans la Lombardie et le Piémont ; et Murat, avec le corps qu'il commandait, resta sur les frontières de Naples, qu'il ne devait quitter qu'après la conclusion de la paix avec cette puissance ; car Napoléon avait refusé de la comprendre dans le traité de Lunéville, afin de forcer le roi de Naples à une paix séparée qui le détachât complétement de l'Angleterre. Cette paix, dont Murat régla les conditions, fut signée le 28 mars 1801 ; il y était stipulé que la principauté de Piombino et l'île d'Elbe seraient réunies au royaume d'Etrurie (1), que le gouvernement français venait d'établir. En conséquence Porto-Longone fut remis par les Napolitains au général Watrin ; mais les Anglais possédaient Porto-Ferrajo, capitale de l'île ; ils refusèrent de la rendre, et le général Watrin se disposa à en faire le siége.

Il y avait à peine sept ans que, soit hostilité contre la révolution, soit découragement et impéritie, les classes cultivées, désertant les affaires publiques, avaient livré la société à la domination des classes inférieures. Dans la première ivresse, les castes si longtemps avilies, opprimées, voués à tous les maux qui affligent l'humanité, avaient cru que le pouvoir était une occasion de vengeance, et elles avaient aveuglément réagi sur un passé rempli de misères, en immolant parmi ces riches, ces puissants toujours envies, ceux que le fanatisme de l'époque leur signalait comme ennemis des réformes dont ils attendaient leur bien-être, comme ces gens ou complices des étrangers qui accouraient en armes pour y mettre obstacle. De là cette triste période de désordres sans exemple et d'excès qu'on ne peut trop déplorer. Mais telle est en France la puissance de la civilisation ! Le peuple, abandonné à lui-même, sentit bientôt le besoin de se discipliner, de se subordonner à l'impulsion d'une force de nature semblable à celle dont il aspirait à se démettre. Après cinq années d'essais, qui n'avaient point satisfait ces instincts des masses, Bonaparte se montra dans une heure de péril, et le sentiment public reconnut en lui l'homme éminent en qui la révolution devait se confier ce qui devait la finir.

Dès le début, comme pour justifier le vœu général, le premier consul donna des lois à l'Europe entière ; et par une administration habile, il donna au commerce et à la prospérité intérieure un développement depuis longtemps inconnu. Jamais gloire ne fut plus belle, et ses éclats rejaillissent autant sur la nation que sur le génie puissant qu'elle a produit et exalté.

# CHAPITRE X.

Paix d'Amiens. — Consulat à vie. — Rupture de la paix avec l'Angleterre. — Conquête du Hanovre. — Invasion de la Bavière par les Impériaux. — Passage du Rhin par les Français. — Passage du Danube. — Capitulation d'Ulm. — Opérations en Italie et dans le Tyrol. — Jonction des deux armées françaises. — Bataille d'Austerlitz. — Paix de Presbourg. — Opérations dans le royaume de Naples.

La France était en paix avec toutes les puissances du continent ; il ne lui restait plus qu'un seul ennemi, l'Angleterre, qui, privée de ses alliés, ne pouvait soutenir la lutte avec avantage ; d'ailleurs la France prenait, contre cet unique ennemi, une attitude menaçante. Une flotte redoutable, réunie à Boulogne, s'apprêtait à une descente en Angleterre. Le cabinet de Londres ne pouvait plus temporiser. Le 20 mars 1801, lord Hawkesbury, remit au chargé d'affaires de France une note ainsi conçue :

« Le soussigné a reçu l'ordre du roi de communiquer au gouvernement français les dispositions de Sa Majesté d'entamer immédiatement des négociations pour le rétablissement de la paix, et de déclarer que Sa Majesté est prête à envoyer à Paris, ou dans tout autre endroit qui pourra être convenu entre les gouvernements, un ministre pleinement autorisé à donner toutes explications nécessaires, et à négocier et conclure, au nom de Sa Majesté, un traité entre ce pays-ci et la France. »

Après quelques mois de négociations, les articles préliminaires furent signés à Londres le 1er octobre 1801, et le traité définitif fut signé à Amiens le 22 mars de l'année suivante. Par ce traité, l'Angleterre restituait à la République française et à ses alliés toutes les possessions et colonies qui leur appartenaient et qui avaient été conquises par les armées britanniques, à l'exception de l'île de la Trinité et des possessions hollandaises dans l'île de Ceylan, qu'elle se réserva. Les limites des Guianes française et portugaise furent fixées à la rivière d'Arawari. La république des Sept-Iles fut reconnue. Les îles de Malte, de Gozo et Comico devaient être rendues à l'ordre de Jérusalem, et la garnison anglaise devait évacuer cette île dans les trois mois après l'échange des ratifications.

Ainsi la France, rétablie dans tous ses rapports avec les deux mondes, mettait fin, par ce traité, à une guerre de neuf années, guerre pendant laquelle, aux prises avec l'Europe entière, elle avait surpassé tous les prodiges des peuples dont l'héroïsme et la vertu étaient restés dans l'univers comme des modèles qu'on ne pouvait atteindre.

Dès que cette paix fut conclue, Napoléon travailla à consolider son influence sur les nouvelles républiques qu'il avait créées, et il voulut conserver la présidence de la République italienne. Un concordat avec le pape, une nouvelle organisation de l'Université, la création de la Légion-d'Honneur, furent les premiers fruits des loisirs de la paix. Bientôt Napoléon fut élu consul à vie. Cependant l'Angleterre, qui, en signant le traité d'Amiens, avait moins en vue de réparer ses pertes que de conserver l'intégrité de son empire et son influence sur ses alliés, en éludait les conditions; elle éleva des prétentions qui étaient une violation manifeste de la paix. Cette puissance voulait surtout le monopole du commerce, et, pour l'obtenir et le conserver, la guerre était nécessaire.

En vue d'amener une rupture, le cabinet anglais commença par refuser d'évacuer l'île de Malte, ainsi que l'y obligeait le traité d'Amiens, sous le prétexte que le premier consul, exerçant une trop grande influence sur l'Italie, la Hollande et la Suisse, il fallait que cette île fût gardée par une garnison russe, autrichienne, prussienne et napolitaine. Le premier consul consentit à cette nouvelle condition; mais l'Angleterre, qui était résolue à la guerre, ne borna pas là ses prétentions : elle y ajouta, comme ultimatum, la faculté de conserver une garnison dans Malte pendant dix ans, la cession de l'île de Lampedouse, l'évacuation de la Hollande et de la Suisse par les troupes françaises, et une indemnité pour le roi de Sardaigne. Le premier consul ayant repoussé ces nouvelles exigences, Georges III ordonna, suivant un code du droit des gens à l'usage de la seule Angleterre en ce temps-là, un embargo général sur les vaisseaux français et bataves le 17 mai 1803, et la guerre fut déclarée.

Le premier consul, pour punir le roi d'Angleterre de son agression, commanda au corps d'armée cantonné en Hollande de marcher sur le Hanovre. A la nouvelle de l'arrivée des Français, le duc de Cambridge abandonna le commandement de l'armée hanovrienne au général Walmoden, qui forma sa ligne de bataille sur la Hunte, près de Diepholtz. Le général Mortier s'empara de cette ville le 1er juin, poursuivit l'ennemi sur la route de Sublingen, et arriva à la tête du pont de Nienburg sur le Wéser. Mais le général Walmoden, pressé par les habitants d'éviter à leur pays les suites funestes d'une occupation forcée, conclut avec Mortier une convention pour remettre tout l'électorat d'Hanovre à l'armée française; ses troupes devaient se retirer derrière l'Elbe, promettant de ne point porter les armes contre la France et ses alliés tant que cette puissance aurait la guerre avec l'Angleterre. Le premier consul refusa de ratifier cette convention et ordonna que l'armée hanovrienne mît bas les armes et fût dissoute; en conséquence, Mortier s'avança sur Hambourg pour y passer l'Elbe. Walmoden ayant assemblé son conseil de guerre, il fut décidé, le 4 juillet 1803, que l'armée hanovrienne, au nombre de 18,000 hommes, déposerait les armes, et que les soldats rentraient dans leurs foyers.

L'invasion du Hanovre avait excité en Europe une certaine rumeur. La Russie avait quelque intérêt au sort de la Hollande, et l'Autriche ne voyait pas sans déplaisir le sol germanique violé par l'entrée dans le Hanovre. Mais comme elle voyait la France en guerre avec l'Angleterre, elle ne pouvait lui interdire de justes représailles contre un de ses États. Tout se borna à l'échange de quelques notes diplomatiques insignifiantes.

L'Angleterre, alarmée des préparatifs de la France, réussit, pour détourner le danger, à entraîner encore une fois les puissances de l'Europe contre sa rivale. Elle pressa tellement les armements de l'Autriche, qu'elle détermina François II à mettre en mouvement ses armées avant l'arrivée des secours de la Russie. La Suède devait attaquer la Hollande; le roi de Naples devait faire une diversion sur l'État romain pour inquiéter le royaume d'Italie, pendant que l'archiduc Charles descendrait par le Tyrol. Le 7 septembre 1805, le général Mack passa l'Inn, et quatre jours après entra dans Munich, que l'armée bavaroise venait de quitter, trop faible pour lutter contre les colonnes autrichiennes.

A la nouvelle des hostilités commencées par l'Autriche, Napoléon fit un appel aux anciens militaires et aux gardes nationales des départements voisins des côtes maritimes et des frontières du Rhin; tous répondirent à cet appel avec enthousiasme. Les troupes du camp de Boulogne, rappelées en toute hâte, traversèrent la France avec allégresse, passèrent le Rhin et se réunirent au corps d'armée venu de Hollande, et commandé par le maréchal Bernadotte, qui avait aussi sous ses ordres l'armée bavaroise. Les maréchaux Soult, Davoust, Ney, Lannes dirigeaient chacun un corps d'armée; le maréchal Murat commandait la cavalerie; le maréchal Bessières la garde impériale; ils avaient sous leurs ordres les généraux Suchet, Marmont, Rivaud, Drouet, Kellermann, Eblé, Wrède, Deroi, Oudinot, Dupont, Loison, Malher, Baraguay-d'Hilliers, Vandamme, Legrand, Saint-Hilaire, Friant, Gudin, Boursier, Duroc, Caffarelli, Claparède, Rapp. Le 1er octobre, l'Empereur se mit à la tête de la grande armée, la conduisit sur les rives du Danube, tourna les positions de l'armée ennemie, eut avec elle des engagements partiels à Wertingen, Gunzbourg, Memmingen, entra dans Munich le 12 octobre, passa le pont d'Elchingen défendu par 15,000 Autrichiens, força, par des manœuvres habiles, le général Mack à s'enfermer dans Ulm avec 30,000 hommes, et à lui livrer la place le 17 octobre; il poursuivit ensuite les débris des colonnes ennemies, et détruisit en une campagne de quinze jours une armée de 100,000 hommes, sans avoir livré une seule bataille. Dans ce court espace de temps, il fit 60,000 prisonniers, dont 29 officiers généraux et 2,000 officiers inférieurs; il s'empara de 200 pièces de canon et de 90 drapeaux. De si brillants résultats, dus aux savantes combinaisons de l'Empereur et à la bravoure de ses soldats, ne coûtèrent à la grande armée que 2,000 hommes tués ou mis hors de combat.

L'Autriche, en recommençant la guerre, avait l'intention de porter la plus grande partie de ses forces en Italie ; mais la rapidité de la marche de Napoléon déconcerta ses mesures, et les différents détachements qu'elle fut forcée de retirer de ce pays pour soutenir l'armée d'Allemagne empêchèrent le prince Charles d'agir offensivement. Le maréchal Masséna, qui commandait l'armée d'Italie, profita de ces circonstances pour attaquer l'ennemi. Ses troupes réunies présentaient un effectif de 45,000 hommes commandés par les généraux Gouvion-Saint-Cyr, Dubesme, Gardanne, Molitor, Verdier, Partouneaux, Séras, Pully, Mermet, Espagne, Lacombe Saint-Michel, Reynier ; son quartier-général était à Zévio sur l'Adige. Le 18 octobre, l'armée française passa cette rivière, força la ligne des Autrichiens, les battit à San-Michele, à Caldiero, fit déposer les armes à une colonne de 5,000 hommes à Cara-Albertini ; passa ensuite la Brenta, la Piava, le Tagliamento, l'Isonzo, et les battit de nouveau à Castel-Franco. Après ces succès, c'est-à-dire vers la fin de novembre, l'armée d'Italie fit sa jonction avec le corps du maréchal Ney, et prit la dénomination de huitième corps de la grande armée avec laquelle elle venait de rivaliser de gloire et de bravoure.

Cependant Napoléon, après avoir détruit la plus grande partie de l'armée autrichienne, brûlait d'en venir aux mains avec l'armée russe qui accourait à marches forcées, mais qui ne pouvait plus arriver que trop tard.

Quelque superbes que fussent les dédains qu'étalait le général russe Kutusoff et pour les Autrichiens vaincus et pour les Français vainqueurs: non seulement il n'osa point, lorsqu'il fut arrivé sur le théâtre de la guerre, prendre l'offensive, mais il ne tint même pas ferme dans les différentes lignes de défense qui couvraient Vienne, où Murat et Lannes entrèrent sans résistance le 14 novembre. Le général russe ne put pas cependant empêcher que les Français et les Russes ne se heurtassent plusieurs fois sur les rives du Danube. Il y avait à vider entre les deux nations une supériorité militaire demeurée en suspens malgré Zurich. « Soldats, avait dit Napoléon après Ulm, nous marchons à cette armée russe que l'or des Anglais a transportée des extrémités de l'univers ; et, à l'issue du combat qui va se livrer est attaché plus spécialement l'honneur de l'infanterie : là va se décider, pour la troisième fois, cette question qui l'a déjà été en Suisse et en Hollande, si l'infanterie française est la première ou la seconde de l'Europe. »

On trouve dans cette manière de présenter la question aux soldats, non comme décidée en leur faveur, mais comme à décider, une profonde connaissance du caractère national. De leur côté, les généraux russes, moins délicats, ou peut-être appréciant également bien le génie particulier de leurs troupes, leur parlaient de leur supériorité, non comme d'un fait à établir, mais comme d'un fait établi. De sorte qu'un large point d'honneur, ce stimulant si incisif sur les cœurs qui battent sous l'uniforme, aiguillonnait les deux armées l'une contre l'autre.

Avant que l'arrêt solennel et sans appel d'Austerlitz eût été rendu, la contestation avait déjà été partiellement jugée en faveur des Français toutes les fois qu'ils avaient pu atteindre les Russes depuis les bords de l'Inn jusque sous les murs de Vienne. Aux journées de Dierenstein, les plus brillantes peut-être de la campagne, 5,000 Français avaient complétement battu 30,000 Russes.

Enfin se leva le soleil du 2 décembre. Les armées coalisées, vaincues par de savantes manœuvres, étaient en pleine déroute avant la nuit; ce qui échappa ne dut son salut qu'à la protection des ténèbres. Telle fut la bataille d'Austerlitz, que la présence de Napoléon, d'Alexandre et de François sur le théâtre de l'action, fit aussi nommer : *Bataille des trois Empereurs*.

Le résultat immédiat de la bataille d'Austerlitz fut de raffermir la Prusse dans une neutralité jusque-là douteuse. La victoire fit cesser les incertitudes de cette cour, et M. de Haugwitz s'empressa de venir présenter à Napoléon les félicitations de son maître : « Voilà, dit en souriant l'Empereur, un compliment dont la fortune a changé l'adresse. »

Cependant, les mouvements de l'armée française ne s'étaient pas ralentis; elle manœuvra pendant quelques jours autour de l'armée austro-russe qui se vit bientôt enveloppée de toutes parts. Alexandre et François étaient en péril d'être faits prisonniers. A la vue d'un danger aussi imminent, l'empereur d'Autriche sentit s'évanouir ses dispositions belliqueuses. Le 24 décembre, il arriva lui-même au camp des Français. Napoléon le reçut à son bivouac : « Je n'habite pas d'autre palais depuis six mois, lui dit-il. — Vous savez si bien tirer parti de cette habitation, répondit François, qu'elle doit vous plaire. » Un généreux armistice fut accordé. Les Russes obtinrent la faveur de se retirer des Etats autrichiens par journées d'étape à travers les monts Krapacks. Alexandre s'éloigna précipitamment du théâtre des négociations, et une fois rentré dans les limites de son empire, il ne se crut pas astreint à donner son assentiment aux clauses du traité de paix, qui fut signé à Presbourg le 26 décembre.

Par ce traité, l'Autriche reconnaissait Napoléon comme roi d'Italie, et lu cédait les Etats de Venise, la Dalmatie et l'Albanie. La principauté d'Augsbourg, le Tyrol, la Souabe autrichienne furent partagés entre l'électeur de Bavière, les ducs de Wurtemberg et de Bade. Le titre de roi récompensa la fidélité des deux premiers.

Le système impolitique d'aveugle cruauté qui avait suivi la restauration de Ferdinand sur le trône de Naples s'était prolongé jusqu'à l'époque de la victoire de Marengo. Alors le cabinet napolitain, frappé de crainte, avait accordé une amnistie au petit nombre de révolutionnaires qui restaient encore à immoler. Prêt à combattre l'Autriche, Bonaparte, bien qu'abusé plusieurs fois sur la politique fallacieuse de la cour des Deux-Siciles, consentit à reconnaître diplomatiquement sa neutralité. Un traité fut conclu sur cette base entre l'empire français et le royaume de Naples, le 21 septembre 1805.

Malgré cet engagement solennellement juré, la reine, dans un voyage qu'elle fit à Vienne, s'associe à la nouvelle coalition formée contre la France, et Naples reçoit une armée anglo-russe dont le débarquement fut annoncé au quartier-général de Napoléon au moment où la victoire d'Austerlitz venait de dénouer la coalition. La vengeance fut éclatante et ne se fit pas attendre. L'Empereur résolut aussitôt de détrôner ce fantôme de roi, et de donner le royaume de Naples à son frère Joseph Napoléon. Le maréchal Masséna et le général Saint-Cyr furent chargés de cette facile conquête, et on lut dans *le Moniteur* :

« Le général Saint-Cyr marche à grandes journées sur Naples, pour punir la trahison de la reine et précipiter du trône cette femme criminelle qui, avec tant d'impudeur, a violé tout ce qui est sacré parmi les hommes. On a voulu intercéder pour elle auprès de l'Empereur ; il a répondu : « Les « hostilités dussent-elles recommencer, et la nation soutenir une guerre « de trente ans, une si atroce perfidie ne peut être pardonnée. La reine de « Naples a cessé de régner. Ce dernier crime a rempli sa destinée ; qu'elle « aille à Londres augmenter le nombre des intrigants. »

Dès les premiers jours de janvier, une armée française de 50,000 hommes destinée à entreprendre la conquête des Deux-Siciles se mit en mouvement. Joseph Napoléon, en l'absence de son frère, la commandait avec le titre de généralissime, et le maréchal Masséna dirigeait les opérations ; elles furent conduites avec la plus grande activité. A peine nos avant-gardes eurent-elles pénétré sur le territoire napolitain, que les troupes de la coalition abandonnèrent la frontière et regagnèrent leurs vaisseaux, en évitant de passer par la capitale du royaume, dans la crainte d'y trouver la population insurgée contre elles. Leur retraite occasionna la dispersion des milices nationales nouvellement levées. Les troupes réglées, peu nombreuses, restèrent seules fidèles à leurs drapeaux. Elles furent réparties dans les forts de Naples et dans les places les plus importantes de la Pouille ; mais ces préparatifs de défense étaient insuffisants pour rassurer la cour. Le roi Ferdinand, après avoir vainement employé les supplications, afin de conjurer l'orage prêt à fondre sur lui, ne songea plus qu'à chercher un refuge. Le 23 janvier, il s'embarqua et fit voile pour Palerme, laissant à son fils aîné des pouvoirs illimités. Ce jeune prince et la reine sa mère firent tous leurs efforts pour organiser la résistance ; ils armèrent les lazzaroni et parurent vouloir se mettre à leur tête, tandis que quelques affidés de la couronne essayaient de soulever les provinces. La nouvelle de ces tentatives hâta la marche des Français. L'armée de Joseph, divisée en trois corps, passa le Garigliano le 8 février, et quatre jours après, Naples, Capoue et Pascara avaient ouvert leurs portes. Joseph fit, le surlendemain, son entrée dans la première de ces villes, d'où la reine s'était enfuie, emportant avec elle tout l'argent des caisses publiques et les effets précieux des palais. On trouva dans l'arsenal 200 pièces de canon, 200 milliers de poudre, et dans le port plusieurs navires richement chargés. Les habitants, à l'aspect de nos aigles, rendirent grâces au ciel de les avoir enfin délivrés de l'odieuse tyrannie qui pesait sur eux. Jamais nos drapeaux ne furent salués par les acclamations d'une joie plus sincère.

Cependant on apprit bientôt que le prince royal venait de rassembler dans la Calabre une armée de 20,000 hommes, presque entièrement composée de malfaiteurs, à qui l'on avait promis l'impunité de leurs crimes et le pillage de la capitale. Le général Reynier, à la tête d'un corps, se porta à la rencontre de cette réunion de brigands, l'atteignit à Campo-Tenese le 9 mars, l'attaqua dans son camp retranché, enleva ses redoutes, la défit et la dispersa. Deux mille prisonniers tombèrent en notre pouvoir; le reste de cette multitude se jeta dans les montagnes en se dirigeant vers le rivage, où, par un prompt embarquement, elle se déroba à la poursuite. Cette victoire était décisive. Napoléon, en ayant appris la nouvelle, annonça qu'il conférait le titre et la dignité de roi de Naples à son frère Joseph. Ce prince reçut, le 13 avril, à Bagnara, le sénatus-consulte qui l'élevait au trône. Aussitôt il se fit proclamer et partit pour visiter les provinces méridionales de son royaume. Un mois après, il rentra à Naples, où le peuple laissa éclater les mêmes transports de joie qui l'avaient partout accueilli sur son passage.

Les Napolitains bénissaient le retour de la paix et l'administration de leur nouveau monarque. Après cinq mois d'un siége glorieux, où avaient succombé les généraux Wallongue et Grigny, le brave prince de Hesse-Philipstadt avait capitulé et remis entre les mains de Masséna la forteresse de Gaële. La littoral était tranquille et surveillé; rien ne semblait plus devoir troubler le calme rendu à ces contrées, lorsque les Anglais, qui avaient antérieurement échoué dans une tentative contre les îles de Procida et d'Ischia, résolurent de faire une descente en Calabre. Déjà, à la faveur de l'obscurité des nuits, ils avaient vomi sur les côtes plusieurs milliers de forçats tirés des prisons et des bagnes de la Sicile, et ils avaient réussi à réveiller chez les Calabrais cet esprit de mécontentement et d'insurrection qui fait le fond de leur caractère. Les anciennes bandes réorganisées attendaient avec impatience le moment de se montrer : il arriva enfin. Au commencement de juillet, un convoi, sorti de Messine sous la protection de plusieurs vaisseaux de haut-bord, débarqua, vis-à-vis Santa-Euphemia, 10,000 hommes de troupes anglo-siciliennes, auxquelles se joignirent aussitôt 4,000 insurgés. Le général Reynier courut précipitamment pour s'opposer à leurs progrès; mais, battu dans un premier engagement contre des forces dix fois supérieures, il ne put empêcher le torrent de l'insurrection de se grossir avec une effrayante rapidité. Artisans, prêtres, paysans, tous prirent les armes et vinrent se placer dans les rangs ennemis. Après un échec, il fallait se décider à battre en retraite et à soutenir le choc d'une population entière. Plusieurs de nos généraux avaient été grièvement blessés; le désordre était à son comble, et tout était perdu, si la belle résistance du colonel Abbé, à la tête du 23e régiment d'infanterie légère, n'eût arrêté les Anglo-Siciliens sur les bords de l'Amato et donné à nos soldats le temps de se rallier.

Reynier, avec sa division, se replia sur Catanzaro, d'où il demanda des renforts. Les insurgés, au nombre de plus de 12,000, vinrent l'assiéger dans cette position; mais il les repoussa avec vigueur et se maintint jusqu'à la nouvelle de l'arrivée prochaine du corps de Masséna à Cassano. Reynier partit aussitôt pour le rejoindre, et, au milieu des périls dont il était de toutes parts environné, il culbuta dans vingt combats tous les rassemblements qui lui disputaient le passage. Partout les insurgés furent battus, soit qu'ils se présentassent en rase campagne, soit qu'ils se renfermassent dans les villes. Strongoli, Corgliano et Lauria, où ils s'étaient retranchés, furent emportés d'assaut. Castro-Villari et Morano, craignant le même sort, ouvrirent leurs portes à la première sommation. Ce fut devant cette dernière ville que les avant-gardes de la division Reynier et du corps de Masséna se rencontrèrent. Dès que la jonction se fût opérée, les Anglais, qui, quelques jours auparavant, étaient si fiers d'un premier succès et surtout de la prise de l'île de Capri, du château de Reggio et du fort de Sylla, dans lequel le chef de bataillon du génie Michel s'était immortalisé par une résistance héroïque, désespérèrent de vaincre les forces qui allaient leur être opposées. Leur amiral, Sidney-Smith, ayant tenté une seconde attaque de l'île de Procida, avait été contraint de renoncer à s'en emparer; nos troupes, maîtresses du littoral, étaient parvenues à intercepter toute espèce de communication entre la flottille anglo-sicilienne et les bandes qui infestaient le pays. Dans de telles conjonctures, le général anglais Stuart, commandant en chef de l'armée ennemie, jugea prudent de ramener ses soldats en Sicile. Les insurgés, livrés à eux-mêmes, furent promptement détruits ou dispersés. Un moine apostat, le fameux Fra-Diavolo, le plus terrible chef de ces brigands, succomba le dernier. La ville de Saura, dans laquelle il s'était réfugié, ayant été prise d'assaut par le général   Espagne, on crut un instant qu'il était tombé en notre pouvoir; mais il disparut au milieu du combat et erra quelque temps dans les montagnes sans qu'on sut ce qu'il était devenu; découvert enfin dans un village, ce misérable, souillé de tous les crimes, périt sur un échafaud.

# CHAPITRE XI.

Campagne de 1809. — L'Autriche renouvelle les hostilités. — Opérations en Italie. — Invasion de l'Italie et du Tyrol par les Autrichiens. — Bataille de la Rave. -- Jonction pour la grau d armée. — Bataille de Raab. — Armistice de Znaynr. — Diversion anglaise dans le royaume de Naples. — Enlèvement du pape.

Depuis quatre ans, l'Autriche dévorait en silence l'humiliation du traité de Presbourg. Profondément blessée du droit que Napoléon avait conquis en Allemagne, depuis la paix de Tilsit et la confédération du Rhin ; non moins ulcérée de n'avoir pas été représentée aux conférences d'Erfurth, elle se préparait sans éclat à la guerre et s'efforçait d'entretenir le mécontentement excité par les nouvelles divisions territoriales. Les villes anséatiques détestaient le système continental qui les privait du commerce maritime ; la Westphalie supportait impatiemment la domination de Jérôme, et le Tyrol était prêt à se soulever, en haine du régime bavarois. De plus, le cabinet de Vienne savait que la Prusse désirait la guerre, et qu'elle était toute prête à porter son armée à 100,000 hommes.

L'Angleterre contribua à cette guerre nouvelle par un subside de 100 millions, et promit d'envoyer, aussitôt que la guerre serait commencée, un corps de 40,000 hommes pour opérer une diversion, soit sur les côtes de l'empire français, soit dans le nord de l'Allemagne.

L'Autriche se proposait d'attaquer la France sur trois points à la fois, en Bavière, en Italie et en Pologne. Elle suivit et imita dans la composition de son armée l'organisation de l'armée française. Six corps de 25,000 hommes chaque et une forte réserve formèrent la grande armée aux ordres du prince Charles. Cette armée, rassemblée en Bohême, fut chargée d'envahir la Bavière. Deux corps, d'ensemble 50,000 hommes de troupes de ligne et 25,000 soldats miliciens, composèrent l'armée d'Italie aux ordres de l'archiduc Jean ; enfin, une troisième armée de 40,000 hommes, commandée par l'archiduc Ferdinand, devait occuper le duché de Varsovie. Le total des forces de l'armée ennemie s'élevait à 450,000 hommes, non compris la landwehr. L'artillerie de cette armée était de 700 pièces.

Avec des forces nombreuses et des soldats aguerris, l'archiduc Jean, en Italie, n'obtint aucun succès. On avait pensé, à la cour d'Autriche, que les peuples des diverses contrées de la péninsule italique seraient faciles à soulever contre la France, et qu'il suffirait pour cela de leur promettre des institutions plus libérales que celles qu'elles tenaient de Napoléon. Pour atteindre ce but, on avait réuni tous les transfuges italiens, nobles, prêtres ou intrigants, qui n'avaient quitté leur pays que pour se soustraire à la loi commune qui avait anéanti les priviléges. C'était à ces singuliers apôtres de la liberté qu'était confié le soin de prêcher contre l'oppression et la tyrannie des Français, et ce fut entouré de ce cortége que l'archiduc se mit en campagne. Mais ce fut en vain qu'ils prêchèrent la révolte en donnant pour exemple les Espagnols qui combattaient si vaillamment pour leur indépendance, les Italiens sentirent bien qu'il n'y avait entre eux et les Espagnols aucune similitude ; on tenta alors de les émouvoir en exagérant les malheurs du pape, qui, prisonnier à Savone, n'avait d'espoir qu'en eux pour recouvrer sa liberté. Le pape lui-même intevrint, lança des bulles d'excommunication sur les auteurs de sa captivité; tout cela n'aboutit qu'à faire naître quelque fermentation parmi les restes de l'ancienne aristocratie : le peuple ne bougea point. L'archiduc se décida alors à combattre, et ayant réuni ses forces entre la Save et le golfe adriatique, il envoya aux avant-postes français la déclaration de guerre de l'empereur d'Autriche.

Le prince vice-roi d'Italie, fils adoptif de Napoléon, qui se trouvait alors à Udine, activa la concentration de ses troupes, qu'il devait commander en personne. Le 10 avril, les Autrichiens débouchèrent en colonnes par la vallée de Fella, et attaquèrent le poste de la Chiusa, occupé par un faible détachement sous les ordres du capitaine Schneider. Ces braves gens se défendirent vigoureusement; mais il était impossible qu'ils résistassent longtemps aux forces qui les enveloppaient ; ils furent obligés de se rendre. La division du général Broussier, dont ils faisaient partie, se replia aussitôt pour avoir le temps de se reconnaître, et alla se ranger en bataille en avant d'Ospidaletto. Attaquée dans cette position le 11 au matin, elle soutint le combat pendant toute la journée contre des forces qui lui étaient bien supérieures en nombre, et elle resta maîtresse du champ de bataille après avoir tué, blessé ou pris à l'ennemi plus de 1,200 hommes. Notre perte fut beaucoup moindre; mais nous comptâmes parmi nos blessés le général Desaix, atteint de deux coups de feu.

Pendant la nuit, le général Broussier passa avec sa division sur la rive droite du Tagliamento, où se trouvait alors le vice-roi. Ce dernier paraissait alors décidé à se maintenir dans cette position ; mais les manœuvres de l'archiduc le firent changer de résolution. Ce dernier, en effet, ayant passé l'Isonzo avec le gros de son armée, mettait son adversaire dans la nécessité de se mettre en mouvement. Le vice-roi fit donc rompre les ponts de Dignano et de Spilimbergo, puis il alla, avec cinq divisions, prendre position sur la Livenza. Le 14, il porta son quartier-général à Sacile. Le lendemain, le second engagement, dans lequel les Autrichiens prirent encore l'initiative, eut lieu devant Perdenone, où le colonel Breissant, à la tête du 35e de ligne, se signala par la belle résistance qu'il opposa pendant cinq heures aux masses les plus formidables. Deux jeunes officiers, les lieutenants Hoot et Richard de Tussac, quoique blessés l'un et l'autre au commencement de l'action, soutinrent chacun, avec 20 hommes, une charge de cavalerie hongroise qui voulait forcer les portes de la ville pour couper la retraite à notre infanterie. Les deux pelotons étaient inébranlables à leur poste, quand, accablé par le nombre et cerné de toutes parts, le colonel Breissand fut forcé de se rendre avec 400 de ses intrépides soldats. Perdenone tomba au pouvoir de l'archiduc; mais il ne put s'empêcher d'honorer la valeur avec laquelle on lui en avait disputé l'entrée. Lorsque les prisonniers parurent devant lui : « Colonel, dit-il à leur chef, un brave tel que vous ne peut rester désarmé. Je vais faire chercher votre épée sur le champ de bataille; si elle ne se trouve pas, je vous donnerai la mienne. »

Quoique peu important, ce revers affligea profondément le prince Eugène, qui résolut aussitôt de prendre l'offensive et d'attaquer vigoureusement l'archiduc avant qu'il n'eût complété la réunion de ses forces. Le 16 au matin, toutes ses divisions se mirent en mouvement et s'avancèrent par échelons, celle du général Severoli marchant la première. Bientôt le combat s'engagea sur toute la ligne. Italiens et Français, tous, dans une généreuse émulation, rivalisaient de courage et d'ardeur. Les généraux Seras, Grenier, Broussier, Barbon, Roussel, Abbé, Saint-Sulpice et Garreau passèrent successivement par toutes ces alternatives de l'attaque et de la résistance. Les deux derniers furent grièvement blessés en conduisant une charge à la baïonnette. Le colonel Gifflenga, à la tête d'un escadron de dragons de la garde royale, fit des prodiges. Officiers et soldats, tous se dévouaient, tous montraient la même résolution que si l'Empereur eût été au milieu d'eux. Ceux que n'avaient point respecté les balles oubliaient leurs souffrances et refusaient toute espèce de secours dans la crainte d'occasionner quelque désordre. Un lieutenant du 84e de ligne, le brave Pellegrin, venait d'avoir une jambe emportée par un boulet; quelques voltigeurs veulent l'enlever du champ de bataille : « Non, mes amis, leur dit il avec énergie, laissez-moi, retournez à vos rangs, où votre présence est nécessaire; il ne faut pas que le régiment perde sept hommes au lieu d'un seul. » Tant d'efforts d'une bravoure presque surnaturelle auraient dû fixer la victoire; l'intrépidité la mieux soutenue et l'habileté des manœuvres échouèrent contre l'immense supériorité numérique d'un ennemi qui se présentait sans cesse avec de nouveaux bataillons. Après dix heures d'une lutte inégale, le prince Eugène ordonna à ses troupes de rétrograder sur Sacile pour reprendre les postes qu'ils occupaient la veille. Le général Broussier couvrit glorieusement cette retraite, qui s'effectua avec le plus grand ordre. Cet échec détermina le vice-roi à se rabattre sur Caldiero et à s'établir sur l'Adige, en attendant les différents corps qui, de l'intérieur du royaume d'Italie, de la Toscane et des Etats de Naples, accouraient pour renforcer son armée. Il ne fut point inquiété dans son mouvement. La lenteur des Autrichiens lui laissa le temps nécessaire pour rassembler les éléments épars qui devaient composer l'armée sous son commandement. Les premières divisions qui le rejoignirent furent celle du général Lamarque et celle de dragons du général Pully.

Bien que son armée ne fût pas, à beaucoup près, complétement réunie, le vice-roi n'avait pas laissé de jeter des garnisons suffisantes dans les places dont il avait été forcé de s'éloigner. La première de ces places que les Autrichiens investirent fut celle de Palma-Nova, que le général Btelfeld ne tarda pas à faire sommer. Le général Schilt, qui en avait accepté la défense, prouva tout d'abord, par de vigoureuses sorties, qu'il n'était pas homme à capituler sans combattre. Le général Barbou, qui, avec deux de ses brigades, était allé occuper Venise, fit aussi respecter cette ville. Assiégé, le 23 avril, dans le fort Malghera, dont les travaux à peine ébauchés présentaient un abord facile, il répondit aux parlementaires qu'il ne traiterait que sur la brèche. Cette fermeté irrita l'archiduc, qui, à la tête d'un corps nombreux, s'avança pour donner l'assaut. Le 25, ses colonnes parvinrent jusqu'au bord du fossé; elles se disposaient à le franchir, quand elles furent accueillies par une décharge terrible de toute l'artillerie du fort qui avait été réunie sur le point menacé. Plus de 800 Autrichiens restèrent sur le carreau. Le désordre et la terreur se répandirent dans leurs rangs; il devint impossible de les former pour une seconde attaque, et le siége de Malghera, qu'ils avaient espéré emporter de vive force, fut converti en un simple blocus.

L'archiduc ayant reçu, à cette époque, l'ordre du conseil aulique de suspendre son mouvement afin de ne pas s'écarter davantage des Etats héréditaires, se prépara à revenir sur ses pas. Le vice-roi fut bientôt informé de cette disposition. Le 29, il ordonna une reconnaissance générale. En vain l'archiduc essaya-t-il de dissimuler sa retraite, en ne rappelant que tardivement ses avant-gardes, et même en les renforçant; malgré ces précautions, elles furent partout surprises, attaquées et battues. Les généraux Bonfanti et Sorbier acquirent la plus grande gloire dans ces combats partiels. Le dernier fut tué près des hauteurs de Bastia, à la tête des grenadiers de la garde italienne, qu'il électrisait par l'exemple de son courage.

Dans la nuit du 30 avril au 1er mai, l'armée du vice-roi s'ébranla pour se porter en avant. Le 2, à cinq heures du matin, l'avant-garde française atteignit l'arrière-garde ennemie près de Montebello, et la mena battant jusqu'à Olmo, dont le 9e régiment de ligne s'empara, après avoir forcé le pont de ce village. Le général Debroc fut dangereusement blessé dans cette action; mais il ne continua pas moins à marcher avec sa brigade.

Nous avions décidément repris l'offensive. L'armée autrichienne, après avoir passé l'Alpon et la Brenta, avait pris position sur la Piave, dont elle paraissait vouloir disputer le passage. Le général Dessaix fit sonder le gué de Lovadina, et l'avant-garde franchit la rivière, sans que l'archiduc s'y opposât. Il fit au contraire replier ses grand'gardes, et par cette ruse, attirant nos premiers corps sous le feu de ses batteries, il les accueillit par de violentes décharges. En même temps la cavalerie ennemie fit volte-face et ramena les assaillants en désordre. Le général Dessaix fit aussitôt ses dispositions et résista à ce choc avec tant de fermeté, qu'il donna au prince Eugène le temps de le soutenir. L'action s'engagea alors sur plusieurs points; mais tous nos efforts durent se borner d'abord à couvrir le passage du reste des troupes, qu'une crue subite de la Piave avait arrêtées. A trois heures, l'armée française, à l'exception de quelques brigades, se trouva sur la rive gauche, et la mêlée devint générale. Les Autrichiens défendirent leurs positions avec fureur; mais le prince Eugène, qui parcourait les rangs au milieu d'une grêle de balles, excita, par sa présence, l'enthousiasme des soldats. Protégés par le feu de l'artillerie, ils se précipitèrent à la baïonnette dans toutes les redoutes, et s'en rendirent maîtres. A huit heures du soir, l'ennemi déposté se retira en désordre sur Conegliano. Le vice-roi fit alors avancer 24 pièces de canon, et ordonna aux divisions Grouchy et Pully de charger en masse sur la réserve de l'archiduc. Cette manœuvre décida la victoire, et termina glorieusement la journée.

La bataille de la Piave, qui devait amener l'entière libération de l'Italie, coûta aux Autrichiens 10,000 hommes tués, blessés ou faits prisonniers; plusieurs drapeaux, 15 canons, 30 caissons, et un grand nombre de voitures de munitions et de bagages. Trois généraux ennemis étaient parmi les morts; trois autres furent conduits au quartier-général du vice-roi.

Le 9 mai, l'armée française poursuivit les vaincus, et le général Dessaix défit leur arrière-garde à Viganosa. Le lendemain, le général Grenier leur fit éprouver un plus grand désastre encore à San-Daniele, où il leur prit 2,000 hommes et 2 drapeaux. De semblables engagements, tous également favorables à nos armes, eurent lieu successivement, et l'archiduc Jean, à qui de nouvelles dépêches prescrivaient d'accélérer sa retraite sur la Carinthie, ne chercha plus à retarder nos progrès, que pour avoir le temps de faire filer son artillerie, et de détruire ses magasins.

L'occupation de Venzone, d'Osopo et d'Ospedaletto fut le premier résultat de la fuite des Autrichiens. Le passage de l'Izonzo à la vue d'un ennemi bien supérieur en nombre, la prise de Prewald et de Trieste, des forts de Malborghetto et de Pradel, mais surtout la belle victoire de Tarvis, complétèrent, en peu de jours, la gloire de l'armée d'Italie. Maîtresse de toutes les positions qui couvrent les frontières de la Carinthie, elle s'avança, avec une nouvelle impétuosité sur plusieurs points. Le général Macdonald, arrivé depuis peu auprès du vice-roi, se présenta, avec les divisions Lamarque et Pully, à Ober-Leybach, devant le camp retranché du général Meerveldt. L'ennemi, sommé de se rendre, osa se confier à la force de ses redoutes, qu'il regardait comme inexpugnables; mais bientôt les dispositions de Macdonald l'obligèrent à demander une capitulation qui mit en notre pouvoir 3 drapeaux, 63 bouches à feu, 4,000 prisonniers et des magasins considérables. Dans le même temps, le prince Eugène manœuvrait pour arrêter les mouvements des généraux Chasteler et Jellachich, qui, pressés par un des corps de la grande armée, cherchaient à se réunir à l'archiduc. Battu complétement à San-Michele, Jellachich y perdit 800 hommes tués, 1,200 blessés et 5,000 prisonniers. Rottenmann, Leoben, Bruck et Gratz subirent la loi du vainqueur; enfin, le 31 mai, le général Seras rencontra, à Schottvien, au-delà de Somering, les patrouilles de la division Montbrun, faisant partie de la grande armée.

Le même jour, le corps d'armée de Dalmatie se réunissait aux forces du vice-roi. Le général Marmont, qui commandait ce corps, avait suivi, d'après les ordres de l'Empereur, les mouvements des troupes d'Italie vers les frontières de l'Istrie et de la Carniole. Le général autrichien Stoïssarvick avait essayé de le contenir; mais, obligé d'obéir à la marche rétrograde de l'archiduc Jean, il n'avait pas tardé à éprouver tous les revers d'une semblable position. Battu d'abord à Mont-Kilta et devant Gratzchatz, il avait essuyé dans Gospitsch un dernier échec, qui ne lui avait laissé aucun espoir d'empêcher la jonction du général Marmont et du prince Eugène.

L'armée d'Italie continua à poursuivre l'archiduc Jean vers la Hongrie. Le général Grouchy battit l'arrière-garde autrichienne le 7 et le 10 juin; le 11, le général Grenier emporta de vive force le pont de Karako; le 12, la ville de Papa fut occupée; et, le 14, le prince Eugène attaqua l'ennemi, qui avait pris position sur la Raab. Ses soldats célébrèrent dignement, dans cette journée, l'anniversaire de Marengo et de Friedland. Le général Seras, chargé d'enlever la ferme de la Maison-Carrée, aborda les Autrichiens avec un rare courage; mais, trois fois repoussé par le feu le plus violent et le plus meurtrier, il allait échouer dans son entreprise, lorsque n'écoutant plus que son désespoir, il prit la résolution de recommencer un assaut général. Après avoir ranimé l'ardeur de ses bataillons, il leur demande un dernier effort, fait battre la charge, et se précipite le premier sur les retranchements ennemis; en un instant, les murs sont escaladés, les portes brisées : les Français immolent à leur fureur tout ce qui leur oppose de la résistance, et parmi leurs adversaires ceux que le fer a épargnés deviennent la proie des flammes qui bientôt éclatent de toutes parts.

Un combat non moins sanglant s'était engagé dans Szabadbegy. Ce village, que sa situation rendait très-important, fut perdu et repris trois fois. Le général Durutte, appuyé par la division Pacthod, l'occupa définitivement après quatre heures d'une lutte opiniâtre. La retraite de l'ennemi s'effectua aussitôt sur Saint-Yvan; mais le général Montbrun ayant coupé la route qui y conduit, l'archiduc se dirigea sur celle de Comorn, où il fut suivi par le général Sahuc. La nuit suspendit le cours de nos succès. Quatre mille Autrichiens étaient restés sur le champ de bataille, et 3,000 avaient été blessés. Les Français eurent à regretter le brave colonel Thierry, tué à la tête du 23ᵉ régiment d'infanterie légère. Les généraux Grenier, Montbrun, Seras, Grouchy, Colbert et Danthouars furent cités comme ayant particulièrement contribué à la victoire. L'artillerie, commandée par le général Sorbier, mérita aussi de grands éloges.

Le prince Eugène, en s'éloignant de Raab, laissa, pour faire le siége de cette place, les troupes de l'aile gauche, aux ordres du général Baraguay-d'Hilliers. La canonnade commença dès le 15, et fut continuée avec tant d'activité, que, sept jours après, la garnison demanda à capituler. Le 24, les Français entrèrent dans Raab, où ils trouvèrent 18 pièces de gros calibre et des magasins considérables.

Dans le temps que ces grandes opérations avaient lieu, les divisions Rusca et Broussier, qui étaient restées dans la Carinthie et dans la Styrie, s'illustraient par des combats moins importants peut-être, mais aussi glorieux pour le nom français. Le général Rusca, chargé spécialement de protéger les communications de l'armée contre les entreprises des Tyroliens, avait concentré ses troupes autour de Klagenfurt. Informé que le marquis de Chasteler s'avançait en force pour l'attaquer, il prit lui-même la résolution d'aller au-devant de lui. Le 5 juin, il culbuta l'avant-garde ennemie sur la route de Villach et lui fit 500 prisonniers. Le 6, il battit une seconde fois les troupes tyroliennes, fit encore 600 prisonniers et ramassa 3,000 fusils abandonnés par les fuyards. Cette retraite d'un corps formidable par le nombre fut tellement précipitée, que le général Rusca fut obligé de rentrer à Klagenfurt, sans avoir pu atteindre l'arrière-garde.

Le général Broussier bloquait Schelsberg, lorsqu'il apprit que le général Giulay accourait, avec des forces prodigieuses, pour le contraindre à lever le siége de cette forteresse. Éloigné de plus de cinquante lieues

## AUGEREAU (Pierre-François-Charles).

Né à Paris en 1757. — Général de division à l'armée des Pyrénées-Orientales, — à l'armée d'Italie. — Général en chef de l'armée de réserve en 1799. — Maréchal de France. — Mort en 1816.

**Bataille de Loano** (le 24 novembre 1795).

des armées d'Allemagne et d'Italie, sans espoir de secours, à la veille de voir ses communications interceptées, il se décida à prendre une position concentrée sur la rive droite de la Muhr, après avoir évacué Gratz. Ce mouvement fut exécuté ; mais, sur l'avis de l'arrivée prochaine du corps de Dalmatie, le général français résolut d'attirer de son côté l'attention de l'ennemi par une prompte attaque ; en conséquence, il détacha sur Callsdorf, où le général Giulay cherchait à s'établir, le 9ᵉ régiment de ligne. Ce corps se porta à la baïonnette contre ce village, renversa tout ce qu'il trouva devant lui, et poussant successivement la première ligne sur la seconde, et celle-ci sur la troisième, en moins d'une demi-heure, il mit en pleine déroute une armée de 20,000 hommes, ayant 30 bouches à feu et 2,000 chevaux. Les Autrichiens, saisis d'épouvante, se dispersèrent de tous côtés. Les généraux et les soldats, l'artillerie et les bagages se précipitèrent pêle-mêle et ne s'arrêtèrent qu'à Wildon. La nuit, qui survint, put seule les sauver d'une destruction totale. Ce combat extraordinaire ne coûta au 9ᵉ régiment que 40 hommes tués ou blessés.

Le général Broussier, avant d'aller se joindre au général Marmont, qui venait d'arriver à Libog, ordonna au colonel Gambin, du 84ᵉ de ligne, de rentrer dans Gratz avec deux bataillons et deux pièces de quatre. Celui-ci partit du pont de Weinzerbbruck vers sept heures du soir. A peine avait-il fait un trajet d'une demi-lieue, que son avant-garde rencontra et dispersa un détachement de cavalerie ennemie. Il se porta alors sur le faubourg de Graben, d'où il débusqua les Autrichiens, qu'il poussa jusqu'au cimetière de Saint-Léonard, où un corps plus nombreux s'était retranché. Il était minuit ; mais le colonel Gambin, jugeant qu'il n'y avait pas un instant à perdre pour culbuter, à la faveur des ténèbres, des forces aussi considérables, fit aussitôt ses dispositions. La résistance fut aussi vigoureuse que l'attaque. Le feu le plus meurtrier partait des créneaux du cimetière, et les Autrichiens lançaient, des hauteurs de Saint-Léonard, une grêle de mitraille. Ces obstacles n'arrêtèrent pas le général Gambin : il aborda les retranchements avec la plus grande intrépidité, et chassa de leur enceinte les troupes ennemies, qui, dans leur fuite, abandonnèrent leurs armes et leurs munitions.

Cette action n'était que le prélude d'un combat plus terrible encore. A peine établi dans le cimetière, le colonel Gambin fut cerné par le corps de Giulay, qui, après sa défaite, s'était porté sur Gratz par un long détour. Assaillis de tous côtés, les Français répondirent en faisant usage de leurs deux pièces ; mais enfin leurs cartouches et leurs munitions se trouvant épuisées, leur chef prit la résolution de se faire jour à la baïonnette. Aussitôt il fit battre la charge, et, se précipitant sur les Autrichiens, il les enfonça et se dirigea sur le chemin de Weinzerbbruck, où il rencontra une colonne qui venait à son secours. Le colonel Nagle, qui la commandait, partagea, avec le colonel Gambin, les cartouches de ses soldats, et tous deux marchèrent contre l'ennemi, qui fut mené tambour battant jusque sous les murs de Gratz. Le 48e régiment se couvrit de gloi e dans cette occasion, où il lutta avec avantage contre des forces dix fois supérieures. Quatre cent cinquante prisonniers et deux drapeaux furent les trophées qu'il recueillit. Le comte de Giulay eut 1,200 hommes tués et un nombre de blessés plus considérable. Trente-trois Français furent comptés parmi les morts ; 53 furent mis hors de combat.

Les Autrichiens, épouvantés, se retirèrent pendant la nuit, et Gratz fut immédiatement occupé.

Le 1er juillet, la division Broussier et le corps du général Marmont reçurent l'ordre de rejoindre l'armée d'Italie, qui, six jours après, se réunit elle-même à la grande armée.

Napoléon résolut de terminer la campagne en détruisant les restes de 'armée de l'archiduc. Il marcha droit à l'ennemi, le battit de position en position jusqu'à Znaïm. A sept heures du soir, au moment où Znaïm allait être enlevée, la nouvelle arriva que le prince de Lichtenstein était parvenu jusqu'à l'Empereur, et que Napoléon consentait à la paix. Aussitôt les deux armées s'arrêtèrent, le combat resta suspendu, et Napoléon rassembla dans sa tente un conseil où furent appelés les principaux chefs L'armistice fut signé dans la nuit du 11 juillet.

Cependant, pour mieux cimenter son alliance avec la cour de Vienne, le gouvernement anglais s'était engagé à prendre une part active à la guerre ; c'était à lui qu'était dévolue la tâche d'opérer des diversions qui obligeassent Napoléon à diviser ses forces. Deux expéditions furent entreprises dans ce but ; la première fut dirigée contre le royaume de Naples, dont deux provinces, les Abruzzes et la Calabre étaient en insurrection. Le cabinet de Saint-James, de concert avec la cour de Palerme, espérait, en portant des secours aux mécontents, doubler leur nombre et leur audace, et réduire l'empereur des Français à la nécessité d'employer, pour protéger Murat, une partie de l'armée du prince vice-roi d'Italie. Le général Stuart, commandant les troupes que l'Angleterre n'avait pas cessé d'entretenir en Sicile, eut ordre de tout disposer pour une descente : il commença aussitôt ses préparatifs, dans lesquels il fut secondé par le commodore Martin. Toutefois, quel que fût son désir de les terminer promptement, il lui fallut quatre mois avant d'être en mesure d'agir ; mais, tandis que les Anglais rassemblaient ainsi à grands frais tout ce qui pouvait assurer le succès de leur entreprise, Murat, qui depuis longtemps était instruit de leurs projets, n'avait négligé aucun des moyens qui pouvaient le mettre à même d'opposer une invincible résistance. Après avoir étouffé la rebellion et rétabli la tranquillité dans ses Etats, il répartit ses troupes sur les côtes, ordonna des levées extraordinaires, et forma des camps autour de sa capitale, qui fut métamorphosée tout à coup en une ville de guerre. La plus grande activité régnait dans les arsenaux et dans les autres établissements militaires ; tous les habitants s'empressaient à l'envi d'aider aux travaux ou de courir aux armes ; des jeunes gens, appartenant aux familles les plus nobles et les plus riches, composaient la garde du roi Joachim : il les avait appelés près de lui, autant pour satisfaire à son goût pour le faste et la représentation, qu'afin d'avoir sous sa main des otages qui répondissent de la fidélité des parents. Murat, entouré de cette élite, dont l'élégant costume était tout chamarré d'or et de broderies, passait de fréquentes revues, et cherchait, par l'appât des titres et des récompenses, à enflammer l'ardeur des officiers et des soldats. Jamais on n'avait vu tant d'enthousiasme aux Napolitains, jamais un monarque n'avait obtenu d'eux tant de vigilance. Il était difficile que le général Stuart pût surprendre un adversaire qui se tenait aussi bien sur ses gardes.

La flotte anglaise parut enfin ; elle était forte de 200 voiles, parmi lesquelles 2 vaisseaux de ligne, 5 frégates, plusieurs bricks et cutters, ainsi qu'un grand nombre de chaloupes canonnières et de bâtiments de transport ; elle portait 15,000 soldats anglais ou siciliens, et plusieurs centaines d'officiers isolés, qui, brevetés par le roi Ferdinand, étaient destinés à enrégimenter les habitants que l'on supposait prêts à se lever en foule à l'heure du débarquement : 25,000 uniformes avaient été confectionnés à Londres pour équiper cette milice.

L'amiral anglais longea d'abord la côte de Calabre ; mais, après avoir louvoyé pendant dix jours sans trouver un seul point qui ne fût pas sévèrement gardé par les troupes aux ordres du général Partouneaux, il se rabattit tout à coup sur la petite île d'Ischia.

Le 25 juin, dans la matinée, la flottille napolitaine soutint dans ces parages un combat dans lequel elle remporta l'avantage contre des forces bien supérieures. A trois heures et demie du soir, une corvette et la frégate *la Cérès*, qui, sous le commandement du capitaine Bauzan, avait pris une part glorieuse à cette première action, furent attaquées de nouveau à la pointe de Pausilippe par 22 bâtiments, dont plusieurs de haut rang ; mais elles se défendirent longtemps avec la plus grande résolution, repoussèrent l'abordage avec vigueur, et réussirent, quoique criblées de coups de canon et presque désemparées, à rentrer dans le port de Naples, où elles furent reçues aux cris mille fois répétés de : *Vivent le roi Joachim et l'empereur Napoléon !* Pendant cette lutte, qui avait duré près de trois jours, une frégate des assaillants avait été mise hors de service, et le capitaine qui la montait avait eu le bras droit emporté par un boulet. Ce succès coûta aux Napolitains 50 hommes tués et 120 blessés. Murat combla d'éloges et de récompenses les marins qui avaient soutenu avec tant de fermeté l'honneur de son pavillon.

Le lendemain, à quatre heures du matin, une division de 30 chaloupes

canonnières, revenant de Gaëte, se trouva enveloppée par la flotte du commodore : l'engagement commença aussitôt et se continua de part et d'autre avec acharnement; un brick des Anglais fut brûlé, une de leurs canonnières fut coulée bas, plusieurs autres furent fortement endommagées.
Cependant, contrariés par le vent, les Napolitains éprouvèrent aussi des
pertes; 16 de leurs chaloupes seulement entrèrent dans le port. Des 14 autres, 6 avaient sombré sous la bordée des vaisseaux ennemis, 3 avaient été
incendiées, 5 s'étaient jetées à la côte.

A la suite de ce combat, les Anglais qui, depuis la veille, étaient maîtres
de l'île de Procida dont ils s'étaient emparés sans coup férir, débarquèrent 6,000 hommes dans celle d'Ischia, et investirent sur-le-champ le
château-fort où le général Colonna commandait une faible garnison. Cet
officier, sommé de se rendre, répondit qu'il tiendrait jusqu'à la dernière
extrémité. Quelques jours après, le général Stuart fit contre le fort de
Scylla une tentative qui n'eut pour lui d'autre résultat que la perte de tout
son attirail de siége, ainsi que d'une grande quantité de munitions et de
vivres, qu'il laissa entre les mains du général Partouneaux, dont la seule
présence avait suffi pour l'engager à se rembarquer. Deux cents cavaliers
anglais, qui s'étaient avancés dans l'intérieur des terres, furent coupés et
pris par le général Cavaignac. La flotte ennemie continua à croiser sur les
côtes, sans oser rien entreprendre; seulement, de temps à autre, elle
lança sur le rivage quelques-uns de ces bandits qui, dans les campagnes
précédentes, ne s'étaient signalés que par le viol, le pillage, l'incendie et le
meurtre. On sait que le gouvernement sicilien était depuis longtemps familiarisé avec l'emploi de tels auxiliaires, et l'on a déjà vu les Anglais s'y
prêter avec complaisance. Quoi qu'il en soit, les agents de l'insurrection
se livrèrent à de trop coupables excès pour ne pas inspirer de l'horreur
pour ceux qui les employaient. Leur conduite fut si atroce, que le général
Stuart et le commodore Martin se crurent obligés de les désavouer dans
une proclamation.

Enfin, le 22 juillet, le général Stuart, désespérant d'atteindre le but de
l'expédition, se décida à revenir en Sicile. Une maladie épidémique, qui
s'était manifestée sur la flotte et y faisait d'affreux ravages, fut sans doute
la principale cause qui le détermina à renoncer à une entreprise sur laquelle les cours de Londres et de Palerme avaient fondé de si hautes espérances. Le 24, l'île de Procida et celle d'Ischia, où le général Colonna avait
continué de se maintenir à son poste, furent évacuées, et le 26, les 200
voiles qui portaient l'armée anglo-sicilienne étaient hors de vue.

D'un autre côté, le pape, ainsi qu'on l'a vu plus haut, encouragé par les
événements qui se passaient, et qu'on lui exagérait, rompit tout à fait avec
nous. La source de cette aigreur tenait à des circonstances politiques qui
étaient déjà loin de cette époque. La coalition de 1805 avait surpris un

corps de quinze à vingt mille Français dans la presqu'île d'Otrante. Les Anglais croisaient dans la Méditerranée ; les Russes étaient attendus à Naples ; les alliés pouvaient d'un instant à l'autre se saisir de la citadelle d'Ancône, qui était sur notre ligne de communication, et que le pape n'avait point armée. Napoléon demanda au souverain pontife de la mettre en état ou de la laisser occuper par un corps capable d'assurer nos derrières. Pie VII s'y refusa, prétendit qu'il était également le père de tous les fidèles, qu'il ne pouvait ni ne devait armer contre aucun d'eux. La France répliqua que ce n'était point contre des fidèles qu'il s'agissait d'agir, mais seulement de fermer l'Italie aux hérétiques ; qu'il n'y avait pas encore longtemps que le cabinet papal avait armé : la bannière de saint Pierre avait récemment marché contre la France à côté de l'aigle autrichienne ; elle pouvait donc marcher aujourd'hui contre l'Autriche à côté de l'aigle française. Le pape persista, accueillant tous les agents de troubles que la coalition soudoyait en Italie ; les circonstances devinrent plus fâcheuses, il fallut assurer nos communications avec Naples ; on fut obligé d'occuper Rome et de saisir les Marches. Le conclave se répandit en menaces ; on les méprisa. La cour pontificale, à laquelle on laissait librement exhaler sa bile, s'imagina qu'on la craignait et devint plus audacieuse. La guerre d'Autriche éclata, elle crut la circonstance favorable et lança sa bulle d'excommunication. La bataille d'Essling eut lieu, l'agitation se répandit dans le peuple, le pape se barricada ; les troupes françaises étaient bravées, insultées, l'exaspération était à son comble. Un engagement pouvait avoir lieu d'un instant à l'autre ; le général français ne voulut pas en courir la responsabilité. Il fit prévenir le pape du danger auquel ses mesures de défense l'exposaient ; mais, n'obtenant rien du souverain pontife, dont les intrigues avaient poussé à cette guerre, il le fit enlever, afin de prévenir un malheur qu'une balle perdue, un incident quelconque pouvait amener.

L'Empereur n'apprit l'événement qu'après coup ; il n'y avait plus à s'en dédire. Il approuva ce qui avait été fait, réunit Rome à l'empire français, en annulant la donation de Charlemagne, et fit conduire le pape à Fontainebleau, où un million de rentes fut assuré à ce prêtre qui avait fait vœu de pauvreté, et qui, traité si généreusement, cria néanmoins à la persécution, et fut représenté par ses légats comme un saint martyr. On ne prit intérêt au pape que parce que cela offrait un moyen de nuire à l'Empereur.

Depuis longtemps, Napoléon était mécontent de la cour de Rome ; elle avait cherché à souffler la discorde en France en envoyant secrètement des bulles à des maisons religieuses, quoique cette conduite fût opposée aux stipulations du concordat. L'administration publique avait été obligée d'intervenir dans cette affaire. Au moment de toutes les insurrections partielles de l'Italie, l'on soupçonna les prêtres d'en être les moteurs et de n'agir qu'en vertu des instructions de Rome ; c'est en grande partie parce que l'on reconnut cette cour ennemie des idées libérales que l'on voulait consolider en France et en Italie, que l'on se détermina à l'attaquer ouvertement, parce que l'on crut que cela ne coûterait pas plus de temps ni de soins qu'il n'en faudrait pour triompher de toutes les tracasseries qu'elle ne cessait de susciter partout où elle faisait pénétrer son influence. On y serait indubitablement parvenu si l'Empereur n'eût pas été engagé dans des travaux qui fixaient son attention, et l'empêchaient de donner aux affaires de Rome toute celle qu'elles méritaient.

# CHAPITRE XII.

État de l'armée d'Italie à la fin de 1813. — Les Autrichiens passent la Drave. — Reprise de Villach par les Français.—Combats sur la Drave, la Save et le littoral de l'Adriatique. — Retraite du vice-roi. — Marche du roi de Naples. — Opérations des armées en Espagne.

On a vu quelle fut la belle conduite et le noble dévouement du prince Eugène, vice-roi d'Italie, lorsque le roi de Naples, Murat, désertant le poste d'honneur que lui avait confié Napoléon en le chargeant du commandement de l'armée lors de la retraite de Moscou, força le prince à prendre ce commandement sous le prétexte que ses sujets à lui roi de Naples le rappelaient dans ses Etats. Plein de confiance en son fils adoptif qui lui avait donné dans ces derniers temps tant de preuves de dévouement, Napoléon, dès les premiers jours de mai 1813, l'avait chargé de se rendre en Italie, pour y presser la levée et la formation d'une nouvelle armée, destinée à contenir l'Autriche dont il pressentait la défection prochaine.

La tâche était grande et difficile; car les cadres de cette armée n'existaient pas même sur le papier, bien que le prince de Neufchâtel eût affirmé à l'Empereur qu'il ne s'agissait de remplir que quelques-uns de ces cadres, la plupart étant organisés complétement. L'erreur venait de ce que le prince avait dans l'effectif de cette armée des régiments de Croates qui existaient bien réellement, mais que dans l'état de choses actuel on ne pouvait obliger à quitter leur pays. Le maréchal Berthier avait aussi compris dans cet effectif les Napolitains que Murat se fût bien gardé de laisser sortir de ses Etats, les réservant pour le moment prévu où, pour conserver l'espoir de garder sa couronne il serait obligé de tourner ses armes contre son bienfaiteur. De cette prétendue armée, il n'existait en réalité que quelques officiers sans troupes, rentrés dans leurs foyers et mis en disponibilité après la désastreuse retraite de Moscou. Les sous-officiers instructeurs manquaient complétement; et alors qu'il s'agissait d'armer 80,000 hommes, chiffre fixé par Napoléon, on n'avait pas 20,000 fusils, et l'artillerie, quant au matériel, était à peu près réduite à zéro.

Ces difficultés, loin d'effrayer le vice-roi, ne firent que stimuler son zèle : il appela la conscription non seulement du royaume d'Italie, mais aussi celle des provinces italiennes réunies à la France et des départements français les plus voisins des Alpes. C'était alors pour les peuples soumis à la domination de Napoléon un lourd fardeau que cette conscription levée par anticipation de deux ans, et la plupart de ces enfants faisaient de chétifs soldats; mais, à défaut des forces physiques qui leur faisaient défaut, le cœur ne leur manquait pas, et partout les levées s'opéraient sans difficulté. Eugène eut donc bientôt un nombre de soldats suffisant. Sur l'avis qui lui fut donné de la disette d'instructeurs, l'Empereur ordonna qu'on fît venir en poste de l'armée d'Espagne trois ou quatre cents officiers et sous-officiers des plus capables, ce qui eut lieu; enfin on prit toutes les armes de rebut entassées dans différents arsenaux; on établit des ateliers pour les faire réparer, et cela fut mené avec une telle activité, les instructeurs formèrent si rapidement d'autres instructeurs, que cette armée improvisée se trouva bientôt en état d'entrer en ligne. L'habillement et l'équipement de ces troupes était loin d'être suffisant il est vrai : le plus grand nombre des soldats étaient en veste, coiffés d'un simple bonnet de police, et obligés, à défaut de gibernes, de mettre leurs cartouches dans leurs poches; mais cela n'empêchait pas qu'ils manœuvrassent avec précision, et ils prouvèrent bientôt qu'il n'est pas besoin de longues études pour brûler courageusement des cartouches contre l'ennemi. « Lorsque cette armée entra en campagne, dit le lieutenant-général Vignolle, qui était alors chef d'état-major du vice-roi, on vit des recrues, la plupart en veste et en bonnet de police, conduits par d'autres recrues portant leurs cartouches dans leurs poches, combattre vaillamment, et soutenir la réputation du corps auquel ils appartenaient, et dont ils n'avaient reçu en héritage que le nom seul. »

Il s'en fallait de beaucoup toutefois que la force numérique de cette armée atteignît le chiffre. On y suppléa, en apparence du moins et en vue de donner le change à l'ennemi, en comprenant dans l'effectif des régiments entiers qui avaient été détruits en Russie, et dont il ne restai. que le numéro. Plusieurs corps français devaient en outre être dirigés sur cette armée par le duc de Feltre, ministre de la guerre, et on les comprenait également dans l'effectif, bien que le ministre, on ne sait pourquoi, se montrât fort peu disposé à exécuter à cet égard l'ordre qu'avait donné l'Empereur.

Au commencement de juin, l'armée d'Italie, qui était alors censée compter 64 bataillons et 20 escadrons, fut formée en 5 divisions, non compris celle de cavalerie; le prince Eugène reçut du duc de Feltre l'avis que 12 bataillons français allaient se mettre en marche pour se rendre en Italie; mais, quels que fussent les efforts faits et l'activité déployée, l'armée du vice-roi ne se composait encore au 15 juillet en réalité que de 72 bataillons, y compris les bataillons de la garde royale, au nombre de 6; encore la plupart de ces bataillons n'étaient-ils pas complets. La rupture avec l'Autriche étant alors imminente, ces 5 divisions occupèrent les places les plus voisines des frontières orientales, où elles furent réparties en trois corps ou lieutenances dont voici l'état de situation :

*Première lieutenance*, sous les ordres du général Grenier.  15,977 hommes.

*Deuxième lieutenance*, commandée provisoirement par le

général Verdier. . . . . . . . . . . . . . . 14,675

*Troisième lieutenance*, aux ordres du général Pino.  . . . 17,453

En tout. . . . . . . 48,105

Il faut ajouter à ce total, la réserve, composée de trois batail-

lons, commandée par le général Bonfanti. . . . . . 2,469

Douze escadrons, sous les ordres du général Mermet. . . 1,800

Soit. . . . . . 52,574 hommes.

Et 130 bouches à feu.

Mais, à raison de la jeunesse des conscrits qui les rendait incapables de supporter les fatigues de la guerre, et dont un grand nombre peuplaient les hôpitaux, l'effectif réel ne peut pas être évalué au-delà de 45,000 combattants.

Cette armée, placée sous le haut commandement du prince vice-roi, avait pour chef d'état-major général le général de division Vignolle; l'artillerie était commandée par le général Saint-Laurent, et le génie était sous les ordres du colonel Simon-Moydier.

Dès les premiers jour d'août, toutes ces forces avaient passé l'Adige. Le 12 de ce mois, le vice-roi, qui avait son quartier-général à Vidine, commença à déployer son armée par la gauche, de manière à garder avec la plus grande partie de ses meilleures troupes les principaux débouchés de l'Italie.

Mais si le vice-roi, dans ces quatre derniers mois, avait déployé une grande activité, l'Autriche, de son côté, s'était mise en mesure de prendre l'offensive avant que l'armistice de Dresde eut été conclu et rompu; elle avait rassemblé une armée formidable destinée à opérer en Italie, sous le commandement en chef du général Hiller. La Croatie, nation guerrière, appartenait alors partie à l'Autriche, partie à la France; mais les Croates ne s'étaient soumis en partie qu'avec répugnance à la domination des Français, de sorte que le gouvernement autrichien fut entendu dès qu'il appela les régiments croates de la partie de la Croatie qu'il avait conservée, tandis que les cantons soumis à la France ne répondirent à l'appel du prince Eugène que par des mouvements insurrectionnels, qui, soutenus par l'Autriche, pouvaient avoir les suites les plus désastreuses. Évidemment c'était là le côté faible; aussi le général Hiller avait-il fait ses dispositions en conséquence; car, bien que l'armistice ne fût pas encore rompu, tout annonçait qu'il le serait bientôt, et qu'alors la guerre serait poussée de part et d'autre avec plus de fureur que jamais.

Vers le milieu d'août, le général autrichien avait concentré ses troupes à Volkermarkt, de manière à ce que sa gauche s'étendît jusqu'à Agram, et que sa droite menaçât Villiach. Le prince Eugène s'empressa aussitôt

11.

de quitter les positions qu'il avait prises; le 19, il porta son quartier-général à Gorizia, et prit position sur la Save et s'étendit jusqu'à Adelsberg. Le lendemain, la première lieutenance, commandée par le général Grenier, fit marcher une de ses divisions de manière à couvrir Trieste, tandis que l'autre prenait position entre Alben et Wipach.

Cependant le gouvernement autrichien continuait activement ses menées tendant à insurger la partie de la Croatie cédée à Napoléon. Dès le 17 août, un parti autrichien s'étant avancé vers Karlstadt, ville de la Croatie où commandait le général Jamin, ce dernier, dont les soldats étaient presque tous Croates, voulut se mettre en défense, et, afin d'arrêter l'ennemi, il ordonna de couper le pont de la Kulpa, sur la route d'Agram à Karlstadt; mais aussitôt les habitants de cette ville s'insurgèrent et s'opposèrent à ce que le pont fût détruit. Le général tenta vainement de retenir ses soldats dans le devoir, tous l'abandonnèrent pour courir se placer dans les rangs des Autrichiens. La position du général était des plus critiques : il n'avait, pour se défendre contre la fureur de la populace menaçante, qu'un petit nombre de Français; il fit néanmoins bonne contenance, s'ouvrit un passage au travers des insurgés et parvint à se retirer à Fiume. Les Français employés dans l'administration de la province ne furent pas tous aussi heureux : on pilla leurs demeures, on les traîna par les rues de la ville comme des malfaiteurs, et plusieurs n'échappèrent à la mort que par une sorte de miracle.

L'insurrection fit des progrès rapides; travaillés par les agents autrichiens, la Dalmatie, le pays de Raguse se soulevèrent en même temps, et chassèrent les généraux français qui commandaient dans ces contrées, et qui n'avaient d'autres forces que quelques bataillons croates et une poignée de soldats italiens. A chaque instant la situation du prince Eugène devenait plus difficile : indépendamment de l'appui des populations auxquelles il avait fait prendre les armes, le général Hiller n'avait pas sous ses ordres moins de 60,000 hommes de troupes d'élite, bien armés et abondamment pourvus de toutes choses. Que pouvaient contre de telles forces les 450,000 hommes du vice-roi, mal vêtus, mal armés, manquant de l'instruction militaire et des forces physiques suffisantes pour supporter de longues marches? Prendre l'offensive était impossible, force lui fut de se tenir sur la défensive. Déjà les Autrichiens avaient complétement envahi la Croatie, l'Illyrie, la Dalmatie; le général Hiller occupait Klagenfurt avec 25,000 hommes, et ses mouvements annonçaient l'intention de pénétrer dans le Tyrol en forçant la position de Willach; l'important était donc de retarder sa marche autant que possible, sinon de l'arrêter complétement; en ne cédant le terrain que lentement, on donnait le temps aux conscrits de s'aguerrir graduellement, et aux autres corps de nouvelle formation qui étaient en marche, celui de rejoindre l'armée. Dans cette situation le succès d'une première affaire devait avoir la plus grande influence sur celui de la campagne. En présence de ces diverses considérations, le prince Eugène fit occuper le camp retranché de Tarvis par 2 divisions sous les ordres des généraux Verdier et Marcognet, tandis qu'une autre division marchait sur Laybach, une quatrième sur Frukenstein, et que lui-même, à la tête de la garde royale, de trois divisions et d'une brigade de cavalerie, remontait l'Isonzo.

Ces divers mouvements commencèrent le 23 août. Le même jour, le général Gratien, qui occupait Villach, menacé par des forces supérieures, avait évacué cette ville ; il se disposait à se rapprocher du gros de l'armée quand il apprit que le vice-roi s'avançait ; pouvant dès lors compter sur un appui, il se retourna sur Villach que les Autrichiens occupaient déjà, et fit aussitôt attaquer cette ville par trois bataillons sous les ordres du colonel Duché. Heureux de pouvoir enfin montrer que leur courage n'était pas inférieur à celui des vieux soldats, ces braves conscrits marchèrent avec tant de résolution et mirent tant d'élan dans leur attaque, qu'après une heure de combat, ils rentraient de vive force dans la ville et faisaient 300 prisonniers.

C'était un beau début ; mais pour l'ennemi cet échec était peu important : le colonel Duché, sur l'ordre du vice-roi, dut de nouveau évacuer Villach pour se porter sur Federaun. L'ennemi venant de jeter sur la Drave, à Roseck, des ponts qu'il avait fait couvrir par des ouvrages sur la rive droite, le vice-roi avait eu l'intention d'abord de l'attaquer sur ce point ; mais il résolut ensuite de l'attaquer en même temps par Villach, et le général Gratien reçut l'ordre de reprendre cette dernière ville, en même temps que le général Quesnel marcherait sur Roseck. Le succès de ce dernier fut rapide et complet : il poussa tout d'abord l'ennemi si vigoureusement, qu'il le força à repasser la Drave en lui laissant à peine le temps de détruire ses ponts. Le général Gratien éprouva plus de difficulté dans l'accomplissement de ses opérations : parti de Federaun avec neuf bataillons, il en avait laissé trois aux Bains et s'était présenté résolument devant Villach avec les six autres, et attaqua l'ennemi avec vigueur ; mais, malgré tous ses efforts, il ne put s'emparer que des faubourgs, et ce n'était pas sans peine qu'il s'y maintenait, lorsque le général Quesnel, qui avait complétement chassé les Autrichiens de Roseck, détacha plusieurs de ses bataillons sur Villach. Informés de l'arrivée prochaine de ce renfort, les Autrichiens ne l'attendirent pas ; le 29, ils mirent le feu à la ville et l'évacuèrent sur-le-champ. L'incendie éclata sur plusieurs points en même temps, et le lendemain, à six heures du matin, les trois quarts de la ville étaient consumés. Ce jour-là même le général Gratien en prit possession, et le quartier-général s'y rendit. Ce fut alors que le général Verdier prit le commandement de la 2ᵉ lieutenance, et que la division qu'il avait commandée jusque-là fut mise sous les ordres du général Rouyer.

Telle était, à la fin d'août, la position de l'aile gauche de l'armée franco-italienne : elle occupait Federaun, Roseck, Villach, San-Marem et Wurtzen. L'aile droite était en moins bonne position : elle avait en tête l'aile gauche de l'armée autrichienne qui occupait Neustadt, et qui, en achevant de se déployer, s'était emparée de Fiume et de Scheplane, forçant le général Garnier, qui avait successivement occupé et évacué ces deux places, de se retirer sur Materia. Pendant que cette retraite s'opérait, le général Pino, en vue de rétablir l'équilibre, attaquait les retranchements des Autrichiens sur le mont Léobel. L'intention était bonne, et le mouvement pouvait avoir d'importants résultats; malheureusement les forces chargées de l'opérer n'étaient pas suffisantes : le général n'avait pu disposer pour cette opération que d'une brigade ; battus par des forces infiniment supérieures en nombre, les Franco-Italiens furent obligés de se retirer sur Krainburg , d'où, serrés de près par l'ennemi, ils opérèrent bientôt leur retraite sur Zwischen-Vasser, et coupèrent le pont de Tshernutz pour arrêter l'ennemi.

Mécontent de cette retraite et des opérations qui l'avaient amenée, le vice-roi s'empressa d'envoyer au général Pino l'ordre positif d'arrêter son mouvement rétrograde, lui enjoignant en même temps de faire reprendre Krainburg par la brigade qui l'avait évacué trop brusquement, et d'appuyer l'attaque de cette place en faisant occuper Lohistsch par douze ou quinze cents hommes. L'ordre étant précis, on se mit aussitôt en mouvement pour l'exécuter : attaqués à leur tour dans Krainburg les Autrichiens se défendirent vigoureusement ; mais les Franco-Italiens avaient une revanche à prendre ; ils se battirent comme des lions, et emportèrent la place le 1er septembre.

Quelques jours se passèrent en observation de part et d'autre : la prise de Villach et la destruction des ponts de Roseck empêchant les Autrichiens de tenter de nouveau le passage de la Drave, ils cherchèrent à remédier à cette difficulté en élevant des retranchements à Feistritz, afin que, complètement assurés de la possession de ce point, il leur fût possible de s'avancer dans la vallée de la haute Save et d'occuper Tarvis , forçant ainsi l'armée du vice-roi à se retirer derrière les Alpes-Juliennes. Le prince Eugène, qui avait deviné le plan dès les premiers mouvements faits pour l'exécuter, ne voulut pas laisser à l'ennemi le temps de l'accomplir, et il ordonna au général Grenier de concentrer ses forces à Krainburg , ce qui fut fait le 5 septembre au soir. Le lendemain ce général fit ses dispositions pour attaquer Feistritz. La première division, sous les ordres du général Quesnel, se mit en mouvement du camp de Saint-Jacob, pour déboucher sur deux colonnes. Celle de droite, commandée par le général Campi, et composée de trois bataillons de la 30e demi-brigade provisoire, du 92e de ligne et de l'artillerie régimentaire, du 84e, se dirigea sur Malschack. Arrivé en cet endroit, le général Campi dut y laisser en réserve un bataillon du 92e avec deux pièces d'artillerie. Cette réserve devait établir des postes sur le ravin de Feistritz, afin de couvrir le flanc de la colonne. Celle-ci continuant sa marche par Altonisch, Prasinger et l'habitation de Storing, laissa à ce dernier poste un autre bataillon de réserve. De Storing la colonne, gagnant le chemin qui conduit de Bleyberg à Feistritz, se porta sur les hauteurs qui dominent ce dernier lieu, et prit position à Sampretsch et Oliptelschidolo, se préparant à l'attaque.

La colonne de gauche, commandée par le général Quesnel, et composée du 84ᵉ régiment, d'une demi-batterie d'artillerie à pied, du régiment de dragons de la reine, et d'une batterie à cheval, se mit en mouvement immédiatement après la colonne de droite, et sut prendre position à Schwitzchach en se couvrant de l'artillerie ennemie jusqu'au moment de l'attaque. Le général Quesnel se mit en communication avec le poste de Malschach par des postes intermédiaires. Avant de passer le second ravin, le général Quesnel fit fouiller le bois qui le borde et en fit chasser les postes ennemis; ensuite il plaça dans la partie de ce bois qui s'étend à gauche vers la Drave, un bataillon du 84ᵉ, afin d'éclairer les mouvements de l'ennemi à la rive gauche.

Le général de brigade Schmitz, de la deuxième division, s'étant mis en mouvement du camp de Saint-Jacob, à neuf heures du matin, immédiatement après la première division, suivit la même direction, et fut s'établir en première position sur la lisière du bois, en avant du second ravin. Sa droite appuyait à la gauche du général Quesnel, et sa gauche s'étendait vers la Drave. Un bataillon de cette brigade releva à gauche celui du 84ᵉ, qui rejoignit son corps.

Le général Quesnel établit le 84ᵉ régiment en deux lignes, jetant des tirailleurs dans le ravin d'Ober-Feistritz, afin d'arriver sur la rive droite, au-dessus des retranchements ennemis. Le général Schmitz, sous les ordres du général Rouyer, après avoir également établi ses troupes sur deux lignes, devait tâcher de s'emparer d'Ober et de Mittel-Feistritz, et placer des troupes dans les maisons de ces villages, d'où elles pouvaient tirer à couvert sur les canonniers ennemis, dans leurs retranchements mêmes. Cette attaque devait être secondée par l'artillerie des deux divisions qui devait, en éteignant le feu des batteries ennemies, faciliter aux troupes le passage du ravin et l'abord des retranchements.

Toutes les dispositions prescrites eurent leur exécution; la brigade seule du général Campi n'en avait point reçu d'absolues, et cela par sa disposition, qui était la clef de l'attaque. Tout dépendait des mouvements de ce général, et ces mouvements pouvaient varier en raison de la marche des autres attaques. La brigade Campi, placée à l'extrême droite, devait non seulement appuyer les mouvements des autres troupes, mais encore les seconder en attaquant l'ennemi à revers. Elle-même se trouvait à l'abri des attaques de l'ennemi, qui ne pouvait venir à elle que par des défilés. Pendant la marche des colonnes, le prince vice-roi avait fait diriger, par les montagnes, plusieurs colonnes de chasseurs à pied de la 4e division, qui repoussèrent les postes ennemis, et contribuèrent au succès de la journée, en facilitant surtout la marche de la brigade Campi, qui remplit parfaitement l'objet auquel elle était destinée. Un bataillon du 35e de ligne avait été placé au camp Saint-Jacob, avec ordre de pousser de fréquentes patrouilles le long de la Drave, depuis le pont de Roseck jusqu'à Maria-Elend, et de porter deux compagnies sur le plateau de ce village, où se trouvait la réserve d'artillerie de la première division.

A trois heures après-midi, le général Campi ayant attaqué l'ennemi à revers, avec une partie de ses troupes, l'action fut également engagée sur le front de la ligne par le 84e et la brigade Schmitz. Quatre bataillons de la brigade Campi parvinrent à tourner, par la droite de l'attaque, la principale position de l'ennemi. La résistance des Autrichiens fut vive; ils essayèrent même de faire diversion en plaçant à la rive gauche de la Drave de l'artillerie pour prendre l'attaque en flanc; mais cette artillerie fut obligée de se retirer, et les retranchements furent enlevés sur tous les points. Une partie des troupes autrichiennes, s'étant retirée dans le château de Feistritz, fut obligée de se rendre à discrétion.

Pendant le mouvement de la colonne du général Schmitz, elle eut d'abord à combattre l'ennemi sur la hauteur à la droite de Schwitschach, où un bataillon du 84e se trouvait fortement engagé. Ensuite il lui fallut attaquer le cimetière de l'église Sainte-Croix et une redoute placée à mi-côte du grand ravin de Feistritz. Le chef de bataillon Fourielle, du 7e de ligne, reçut ordre de passer avec son demi-bataillon de droite derrière la ligne des tirailleurs, et de tâcher de s'emparer de la redoute. Le chef de bataillon Charrier, avec le 4e bataillon du 9e de ligne, se porta sur la ligne des tirailleurs pour protéger le mouvement que le major Bruyère devait surveiller avec le restant du 7e de ligne. La redoute fut enlevée après une assez faible résistance, et la garnison passée au fil de l'épée.

Aussitôt que l'ennemi posté au cimetière de Sainte-Croix vit que le chef de bataillon Fourielle avait dépassé le grand ravin, il abandonna son poste en se retirant vers le château d'Ober-Feistritz. Le général Schmitz s'étant mis à la tête de la quatrième compagnie de grenadiers du 9e de ligne, et de son peloton de réserve, s'avança au pas de charge sur le château, soutenu par le 84e de ligne, qui était en colonne serrée appuyé au coteau. La droite du château d'Ober-Feistritz se trouva garnie d'abatis qui arrêtèrent pendant quelque temps le général Schmitz sous un feu très-vif partant de toutes les croisées et de tous les endroits qui en offraient les moyens. Ayant cependant découvert un petit passage à sa droite, il y fit défiler quelques hommes pour tourner le château, espérant obliger par là les

Autrichiens l'abandonner. Mais ceux-ci s'obstinant à le défendre, malgré diverses sommations, le général Schmitz ordonna d'y mettre le feu, ce qui fut exécuté. Alors les ennemis se rendirent au nombre de 112 hommes, dont quatre officiers.

Le pont du ravin ayant été débarrassé, par le 84ᵉ de ligne, des barricades et des chevaux de frise que l'ennemi y avait placés, les tirailleurs des 7ᵉ et 9ᵉ régiments furent lancés dans le camp ennemi. Le 84ᵉ suivit ce mouvement, et traversa la plaine en colonne serrée, appuyant les tirailleurs par quatre pelotons en masse. Arrivées dans cet ordre au premier village, qui est Steintsdorf, les troupes de la 2ᵉ division prirent position en arrière du ravin qui couvrait la première position de l'ennemi. Celui-ci s'apercevant que ses troupes ralentissaient leur feu et rappelaient leurs tirailleurs, reprit courage et se reporta en avant. Mais le général Schmitz, appuyé par une partie du 84ᵉ, reprit aussitôt l'offensive, et l'ennemi fut repoussé jusqu'au village de Saint-Jean. Là, il engagea une vive fusillade avec un bataillon de la brigade Campi, qui était descendue de la montagne pour précipiter la retraite des Autrichiens. Pendant ce temps, deux bataillons du 9ᵉ de ligne étant placés en avant de Schwitschach, et ayant devant eux la deuxième compagnie de voltigeurs du même régiment, en tirailleurs dans la plaine, cette compagnie fut chargée par un escadron de hulans. Elle reçut et soutint la charge avec la plus grande intrépidité ; on vit des voltigeurs attendre de pied ferme les hulans, et en tuer les chevaux à coups de baïonnette.

A cinq heures après midi, et malgré la plus forte pluie, la position et les retranchements de Feistritz étaient complétement enlevés, et le général Grenier, à la grande satifaction du vice-roi, avait entièrement atteint le but que ce prince s'était proposé. Toutes les troupes combattirent avec la plus grande valeur ; les jeunes soldats qui voyaient le feu pour la première fois se comportèrent toute la journée comme d'anciens et braves militaires, et sur la fin même de l'affaire, rendirent nuls les efforts de plusieurs bataillons hongrois, envoyés au secours du corps déjà battu. Poursuivis jusque fort avant dans la soirée, les Autrichiens ne durent qu'à l'obscurité de la nuit de n'être pas entièrement détruits; ils avaient perdu 1,500 hommes, dont 500 prisonniers ; les troupes du prince Eugène ne comptaient qu'une centaine d'hommes tués et environ trois cents blessés.

L'ardeur de notre armée, loin de se refroidir, augmentait chaque jour ; l'occupation des retranchements de Feistritz suffit pour faire oublier ce qu'ils avaient coûté ; avant que l'ennemi fût remis du désordre dans lequel s'était faite sa retraite, le vice-roi, se hâtant de profiter de la victoire, avait étendu les postes de sa droite jusqu'au-delà de Hohlenburg, et les communications entre la division Quesnel et celle du général Marcognet furent rétablies par Léoben.

Le vice-roi qui, le 8, avait transporté son quartier-général à Krainburg, prévoyant que le général autrichien Nugent ne tarderait pas à se porter sur Trieste, et ayant lui-même l'intention de marcher sur Stein, fit marcher le général Belotti sur le pont de Tshernuz, tandis que le général Palombini recevait l'ordre de prendre position à San-Marein, mouvements qui avaient le double avantage de faciliter l'attaque projetée sur Stein et de rendre plus difficile la marche de Nugent sur Trieste; aussi le prince Eugène fut-il fort surpris lorsque le général Pino vint lui annoncer que, malgré ces dispositions, les Autrichiens s'avançaient en force sur Trieste, Ce n'était qu'une fausse alerte; le général Pino avait été trompé par des rapports inexacts; mais il n'en résulta pas moins que l'attaque sur Stein fut suspendue, ce qui était d'autant plus fâcheux que les succès précédents étaient en quelque sorte garants de ceux que l'on eût obtenus sur ce point. Le prince se borna donc pour le moment à faire marcher le général Palombini sur Adelsberg, avec ordre de pousser des reconnaissances jusqu'à Lippa, où les Autrichiens venaient d'établir un camp.

Pendant que cela se passait, le général Bellotti continuait sa marche sur Tshernuz; il devait suivre le cours de la Save par Perbacz et Slodnig, ce qui lui permettait, en se tenant sur les coteaux qui bordent cette rivière, de dérober ce mouvement à la connaissance de l'ennemi; malheureusement il céda aux conseils des guides qu'il avait pris, et qui lui proposèrent de le conduire par un chemin plus court et qui aurait en outre l'avantage de rendre beaucoup plus facile le transport de son artillerie. Il consentit donc à passer par Sornig et Navreg, quittant ainsi la grande route, qu'il devait reprendre à Ftritzen; mais à peine avait-il traversé Navreg, qu'il se trouva en vue des camps autrichiens formés à Stein et à Stob, d'où sortirent aussitôt des masses qui, avant qu'il eût eu le temps de se reconnaître, l'attaquèrent avec impétuosité. Culbuté, poursuivi jusqu'au-delà de Navreg, il essaya vainement de rallier ses troupes fuyant en déroute dans tous les sens; atteint d'un coup de feu, il fut fait prisonnier; 400 de ses soldats eurent le même sort; l'ennemi s'empara en outre d'une grande quantité de bagages et de deux pièces de canon.

Les suites de ce malheureux événement furent très-fâcheuses. Le vice-roi ne pouvait plus songer à attaquer Stein, obligé qu'il allait être de combattre à Siurne où l'ennemi concentrait des forces imposantes, en vue de menacer les communications de l'armée, ainsi que l'annonçaient les rapports des généraux Gresia et Pino. Ce dernier, s'attendant à chaque instant à être attaqué, s'empressa de rappeler le général Palombini, qui était à Alsberg, faute grave dont le général autrichien Nugent profita pour s'étendre jusqu'à Adelsberg et pousser des reconnaissances jusqu'à Materia; en même temps que les agents de l'Autriche, secondés par ceux de l'Angleterre, soufflaient sans relâche le feu de l'insurrection, l'Istrie était entièrement soulevée, et les étrangers non seulement étaient armés de fusils, mais avaient une artillerie formidable et des munitions en abondance, que l'Angleterre leur prodiguait. Menacé de toutes parts, le vice-roi se montra constamment à la hauteur de la difficile mission qui lui était confiée ; calme dans les revers comme dans les succès, il s'attachait surtout à parer les coups les plus prochains ; aussi prit-il a résolution de se dégager des entreprises du général Nugent qui le serrait d'assez près pour gêner ses mouvements. Il commença donc par assurer la défense de la Drave, sur laquelle se porta, par son ordre, le général Verdier avec les divisions des généraux Gratien et Rouger ; en même temps il faisait marcher la division Palombini sur Lippa, et il faisait déployer le reste de son armée dans la vallée de la Save, de manière à appuyer son centre sur Laybach. La défense de la Haute-Save était confiée au général Grenier, qui assura ses communications avec le général Verdier, en plaçant deux bataillons sur le Léobel ; enfin, placée devant Laybach, la division Marcognet occupa le pont de Tshernuz, ainsi que les postes de Valtenbrunn et de Salleck. Ces diverses manœuvres étant opérées, le vice-roi porta le 11 septembre son quartier-général à Laybach, où il se rendit le même jour, à la tête de la garde royale d'Italie.

De son côté l'ennemi manœuvrait de manière à ce que sa gauche menaçât sans cesse l'aile droite de l'armée franco-italienne ; elle ne cessait de se renforcer de ce côté, et les diverses reconnaissances faites pour pressentir ses intentions démontraient que le général Hiller, qui avait longtemps menacé Tarvis, se proposait maintenant de changer de direction et de marcher sur Trieste. Dans ces conjonctures, il était important d'occuper San-Marein ; le prince Eugène y plaça une avant-garde composée d'une partie de la garde royale ; malheureusement cette force n'était pas suffisante ; attaquée par les Autrichiens, elle ne put garder sa position. Le prince, plus persuadé que jamais que l'ennemi avait l'intention de se porter sur Trieste par Adelsberg, fit marcher sur San-Marein la division Marcognet, n'en laissant qu'un régiment au pont de Tshernuz. Lorsque cette division arriva à San-Marein, les Autrichiens en étaient partis ; on les poursuivit, et le général Jeanin, les ayant atteints à Weichselburg, les attaqua et les força à se retirer sur Treffen ; après quoi, la division Marcognet retourna à Laybach. Toutes ces manœuvres, ces marches et contremarches fatiguaient énormément les soldats sans amener de résultat ; mais le prince, n'ayant point de forces suffisantes pour prendre l'offensive, ne pouvait espérer de grands succès ; l'important, dans la situation où il se trouvait, était de gagner du temps jusqu'à ce que l'Empereur pût envoyer des renforts qui permissent de frapper des coups décisifs.

Pendant que ces événements se passaient au corps principal de l'armée, la division de réserve, commandée par le général Bonfanti, avait quitté

Montechiaro pour se rendre à Trente, où elle fut réunie du 8 au 12 septembre. Presque en même temps, un corps de troupes autrichiennes enleva, à Muhlbach, la compagnie de voltigeurs du 1er étranger qui y avait été postée, et marcha sur Botzen. Ce mouvement causa quelques alarmes à Trente, qui fut abandonné momentanément. Peu de jours après, le prince vice-roi fit remplacer le général Bonfanti par le général Gifflenga dans le commandement de la réserve du Tyrol.

Le prince vice-roi se voyant menacé par sa droite, devant laquelle l'ennemi rassemblait des forces considérables à Cilly et Neustadt, et ayant également appris que les Autrichiens manœuvraient en force devant Villach, dans le dessein apparent de passer la Drave, jugea sa ligne trop étendue pour laisser l'armée dans l'organisation où elle était; il la divisa en deux corps.

Le 1er, dit *corps de droite*, sous le commandement immédiat du vice-roi, fut composé des 1re, 4e et 5e divisions, commandées par les généraux Quesnel, Marcognet et Palombini, et d'une division de cavalerie sous les ordres du général Mermet.

Le 2e, dit *corps de gauche*, sous le commandement du général Grenier, comprit les 2e, 3e et 6e divisions, sous les ordres des généraux Rouyer Gratien et Gifflenga.

Le général comte Verdier devait se rendre au quartier-général, à la disposition du vice-roi.

Peu de jours auparavant, ce général avait détaché à Saint-Hermagor le général Piat avec quelques troupes pour s'opposer au mouvement que les Autrichiens faisaient de ce côté. Les ennemis s'étant étendus, par leur droite, dans le vallon de la Drave, jusqu'au-delà de Spital et Sachsemburg, s'étaient rapprochés de l'aile gauche de l'armée qu'ils débordaient, et qu'ils menaçaient de tourner en s'emparant de Tarvis. Le général Piat fut attaqué le 16 à Saint-Hermagor, que l'adjudant commandant Hector avait repris le 12 sur l'ennemi, par des forces très-supérieures et battu sur ce point avec quelque perte. Les Autrichiens ayant passé le même jour la Drave à Roseck, le général Verdier, se voyant menacé de deux côtés, jugea à propos de retirer à lui les troupes qui occupaient Villach et Paternion, et qui pouvaient se trouver compromises. Il concentra toutes ses troupes entre Arnoldstein et Regersdorf. Se trouvant privé de communication avec le corps de droite par la retraite des postes de correspondance qui étaient à Assling, Wurtzen et Weissenfeld, il ne pouvait pas savoir si la colonne ennemie, qui avait passé la Drave à Roseck et qui n'avait point remonté le Gail, ne s'était pas jetée dans le vallon de la Haute-Save. Il craignit donc d'être tourné par Vurtzen, et se décida à commencer son mouvement de retraite sur Tarvis. Mais, dans ce moment, le général Grenier, qui se rendait à l'aile gauche pour en prendre le commandement, l'ayant prévenu que la brigade du général Campi occupait le vallon de la Save, entre Neumarkt et Assling, il rappela les troupes qui étaient en marche et reprit sa position à Arnoldstein et Regersdorff.

Le prince vice-roi avait décidé d'attaquer, le 21, le corps autrichien qui était à San-Marein, en face de la 4e division. Ce mouvement devait être appuyé par la 5e division, qui devait se porter d'Aelsberg sur Zirknitz et Studentz. Mais le corps ennemi de San-Marein, favorisé par un fort brouillard qui ne se dissipa que très-tard, s'était retiré de grand matin. La 4e division dépassa San-Marein et prit position à Grosslup. Le lendemain, le général Jeanin, avec deux bataillons et un escadron du 19e de chasseurs, s'avança jusqu'à Weichselburg, où il prit position, envoyant des reconnaissances sur Posendorff. Pendant ce temps, le général Palombini, qui occupait Zirknitz et Studentz, avait envoyé à Obergurk le général Perreymond avec deux bataillons et un escadron. Les troupes ennemies qui étaient devant le général Jeanin, se voyant menacées de front et en flanc, prirent le parti de se retirer d'un côté sur Treffen et de l'autre sur Littay : on leur fit quelques prisonniers du régiment Franzcarl. Le 23, la 4e division se replia sur San-Marein, où elle prit position; la 5e division resta à Zirknitz et Studentz, et le général Perreymond fut placé en avant de Gros-Lachitz. Le 25, une colonne autrichienne d'environ 3,000 hommes vint attaquer la tête du pont de Tchernütz, qui était défendue par un bataillon du 84e de ligne français, un du 3e de ligne italien et 100 chasseurs à pied de la garde.

Après quatre heures de combat, et sans avoir obtenu un seul instant le moindre avantage, l'ennemi fut contraint à la retraite avec perte de 400 hommes. Nous eûmes 12 hommes tués et 76 blessés; parmi les premiers, le capitaine de grenadiers Lecarlé, du 84e régiment, vivement regretté; il s'était distingué.

La brigade du général Campi, en conséquence de la dernière organisation de l'armée et des mouvements de l'ennemi sur sa gauche, avait quitté sa position entre Neumarkt et Assling, et appuyant la droite à cette dernière place, s'était étendue sur la Haute-Save, jusqu'à Wurtzen. Le 23, ce général fut attaqué à Assling, et forcé de se concentrer à Wurtzen. Les Autrichiens, à la faveur des nombreux passages que les Alpes Juliennes offrent entre Tarvis et Saint-Hermagor, inquiétaient journellement les postes que le général Grenier avait établis pour garder les débouchés à sa gauche : celui de Ponteba fut même enlevé par un parti ennemi. D'un autre côté, le corps autrichien de Klagenfurt, qui se trouvait maître des passages de la Drave entre Hohlenburg et Roseck, se mit en mesure de profiter de la lacune qui existait entre le corps de droite et celui de gauche, que les circonstances avaient forcé de se concentrer, chacun à l'extrémité de son aile. Cette lacune laissait à découvert tout l'intervalle compris entre Krain-

burg et Assling. Des colonnes ennemies assez considérables se portèrent sur Krainburg-Neumarkt et Ratmansdorff, menaçant de pénétrer en
Frioul par Tulmino.

Il était impossible à l'armée d'Italie de réunir assez de forces à Krainburg
pour rejeter de ce côté l'ennemi derrière la Drave, sans dégarnir et peut-
être compromettre les passages qui devaient, en cas d'événement, servir à
la retraite de l'armée. Il était encore à craindre que les Autrichiens, qui paraissaient menacer en force la 5ᵉ division, ne parvinssent à forcer le poste
d'Adelsberg, circonstance qui aurait fortement compromis l'aile droite. A
ces motifs qui ont pu influer sur la détermination du vice-roi, il s'en joignait un dernier d'un intérêt majeur, et dont les conséquences étaient trop
importantes pour être négligées. Les plus fortes raisons portaient à croire
que la Bavière était au moment de se détacher de l'alliance de la France.
La conduite de cette puissance, depuis la reprise des hostilités, avait eu
pour base une neutralité plus nuisible qu'utile. L'armée bavaroise, qui
se trouvait aux frontières de l'Autriche, était restée dans l'inaction, et aucun mouvement n'avait été fait pour arrêter ceux des Autrichiens, qui s'a-
vançaient en force par les vallons de la Drave vers le Tyrol. L'instant où
la Bavière se détachait des intérêts de l'empire français, était celui où le
cœur du royaume d'Italie allait se trouver menacé. L'armée d'Italie, se
trouvant alors plus éloignée du Haut-Adige que l'ennemi, aurait couru
bien des dangers, même pour repasser le Pô vers son embouchure, et se
mettre à la merci d'un allié infidèle, qui déjà négociait sa défection. Le
vice-roi se décida donc à faire un premier pas rétrograde, et à se rendre
plus maître de ses mouvements, en mettant entre lui et l'ennemi les défilés qu'il avait à passer pour rentrer en Italie. Les dispositions furent
prises pour que l'armée vînt occuper la ligne de l'Isonzo.

Le 25, en même temps que les Autrichiens faisaient une tentative sur le
pont de Tchernütz, ils attaquèrent le général Perreymond à Gros-Laschitz.
Ce général fut forcé d'abandonner cette position et de se replier sur la
5ᵉ division, qui elle-même se vit obligée de se concentrer à Zirknitz. Le surlendemain, le général Palombini fut attaqué à Zirknitz et forcé de se replier à Manitz, après avoir perdu un bataillon du 2ᵉ léger italien. Le 28, il
prit position à Adelsberg. Il exprima son mécontentement de la conduite
du 4ᵉ léger dans ces différentes affaires, et donna des éloges à celle des 1ᵉʳ,
3ᵉ de ligne et 3ᵉ léger, ainsi que du piquet de chasseurs à cheval qui, vaillamment commandé par le lieutenant Viceré, avait, dans des moments importants, vigoureusement chargé et constamment repoussé les hussards
ennemis.

L'artillerie avait parfaitement soutenu le mouvement rétrograde, dans
lequel, quoique très-inférieur en forces, on combattit l'ennemi pendant
trois jours consécutifs, en lui disputant le terrain pied à pied, et ne faisant

n retraite que trois lieues par jour, au plus. Le corps autrichien auquel
n eut à faire était fort de sept mille hommes environ, et composé presque
n entier de Croates, commandés par le général Chocovick.

Le 27, l'ennemi attaqua avec vigueur et le double de forces des nôtres
us les avant-postes de la division Rouyer à Regersdorff, sans doute dans le
essein de faire une reconnaissance sur toute la ligne que cette division
ccupait ; mais, malgré tous ses efforts et les quatre pièces d'artillerie qu'il
vait placées au-delà du ravin, en avant du village de Saint-Léonard, et qui
rèrent presque toujours à mitraille, il ne put déboucher dans la plaine, et
t repoussé avec perte sans avoir atteint son but.

Le même jour la 4e division quitta sa position de San-Marein pour venir à
ber-Laybach. Le quartier-général s'y était déjà rendu de Laybach, après
voir laissé dans le château de cette ville une petite garnison, composée
n grande partie de convalescents, commandés par le colonel Léger, qui
e rendit lorsqu'une plus longue résistance se trouvait sans objet. La bri-
ade Pegot, 1re division, fit l'arrière-garde. Le même jour l'ennemi s'étant
orté en force sur Trieste, le général de division Fresia, commandant en
lyrie, évacua définitivement cette place, après avoir laissé une petite gar-
ison dans le château, sous les ordres du colonel Rabié, qui capitula, le 29
ctobre suivant, après une belle défense.

Le corps de droite continua son mouvement rétrograde par échelons.
es 1re et 4e divisions suivirent la grande route de Gorizia par Adelsberg et
Vippach , en marchant à une étape de distance l'une de l'autre. La 5e di-
ision, de Prewald se dirigea sur Senosetch et Opschina jusqu'à Duéno, où
lle reprit la direction de Gorizia. L'ennemi débouchant par Zirknitz à la
uite de la 5e division, suivit le mouvement de l'armée de très-près, et atta-
ua deux fois l'arrière-garde ; la 1re à Alben ou Planina, le 30 septembre,
t la seconde à Adelsberg, le 1er octobre. Chaque fois il fut repoussé avec
erte, et depuis lors il cessa d'inquiéter l'armée. Le 6 octobre le mouve-
ent fut achevé. La 4e division occupa la rive droite de l'Isonzo, de Gra-
isca jusqu'en face de Gorizia. La 5e division s'étendit depuis Gradisca jus-
u'à la mer. La 1re division fut placée en réserve derrière Gradisca. Le
uartier-général occupa cette dernière ville.

Dans le Tyrol, le général Gifflenga étant arrivé le 21 septembre à
rente, mit sa division en mouvement le même jour, se dirigeant sur
rixen. Les Autrichiens, après l'occupation de Muhlbach dans les premiers
urs de septembre, et la reconnaissance qu'ils avaient faite sur Botzen, s'é-
aient repliés en arrière de Brixen. Le corps qui avait poussé aussi en
vant n'étant qu'une faible avant-garde, n'avait pas pu penser à se soute-
ir à une aussi grande distance de son armée. Occupant donc Muhlbach
fin de couvrir le mouvement du général Fenner, qui s'avançait par Lientz,
oblach et Prunecken , il avait placé une avant-garde d'environ huit cents

hommes vers Aicha, sur la route de Brixen. Le général Gifflenga s'avança sans obstacles jusqu'à Brixen, où il arriva le 25 septembre. Le même jour le général Mazzuchelli, qui commandait son avant-garde, attaqua l'ennemi à Aicha, le battit, lui fit beaucoup de prisonniers, et le renversa sur Muhlbach, qui fut abandonné.

A l'aile gauche, le général Grenier ayant appris que les Autrichiens occupaient Tulmino, et s'étendaient sur l'Isonzo, d'un côté vers Cana et de l'autre vers Caporetto, jugea nécessaire de commencer son mouvement rétrograde. Le 4 octobre, il concentra devant Tarvis les 2e et 3e divisions, et rapprocha à Weissenfeld la brigade du général Campi ; un bataillon du 92e de ligne de cette brigade fut détaché à Caporetto, afin de conserver le passage de Pletz. Le 6, le corps de gauche commença sa retraite en échelons par la vallée de la Fella ; la brigade Campi se dirigea par Pletz sur Caporetto, d'où elle rejoignit la 1re division, à laquelle elle avait appartenu. Le 7, une colonne autrichienne de 9 bataillons avec 4 pièces de canons, déboucha de Feistritz sur le Gail, et vint attaquer le poste de Saffnitz, qui était gardé par trois bataillons des 42e, 102e et 131e de ligne. Ces trois bataillons soutinrent le choc avec la plus grande vigueur, et parvinrent à repousser l'ennemi et à le chasser au-delà de la montagne. La perte des Autrichiens s'éleva à plus de 600 hommes hors de combat, et 80 prisonniers du régiment de Bianchi et des chasseurs n° 8. La nôtre fut d'environ cent hommes tués ou blessés.

Le 11, le mouvement rétrograde du corps de gauche fut achevé et il se trouva réuni dans la vallée de Tagliamento, au débouché de la plaine du Frioul. La 2e division occupa Venzone et la 3e Ospedaletto. Depuis le combat de Saffnitz, l'ennemi n'inquiéta plus le mouvement de l'aile gauche qu'il ne suivit même que d'assez loin. Le 13, le général Grenier voulant en avoir des nouvelles poussa en avant une forte reconnaissance, commandée par le général Schmitz. Les Autrichiens furent rencontrés à Rescmutta. Le général Schmitz les attaqua et les culbuta en leur faisant quelques prisonniers du régiment de Chasteller et du 9e de tirailleurs.

Ce général se loua beaucoup de la conduite des troupes sous ses ordres, notamment de celle des 200 voltigeurs du 9e régiment d'infanterie de ligne que commandait le chef de bataillon Gayard ; il en fut fait mention à l'ordre de l'armée ainsi que des capitaines Bonnet et Parmentier, l'un et l'autre grièvement blessés, et qui donnèrent des preuves de la plus brillante valeur.

Le prince vice-roi pensa, dès son arrivée à Gradisca, à recompléter l'armée qui avait éprouvé d'assez fortes pertes dans un grand nombre de combats partiels qu'elle avait dû livrer dès le commencement de la campagne. Quoique la victoire ait presque toujours été fidèle aux drapeaux de l'armée d'Italie, le résultat n'en avait pas moins été une diminution sensible dans tous les corps. Sans doute que le vice-roi aurait évité cette con-séquence funeste et inévitable des combats partiels, s'il avait eu à com-mander de vieilles troupes accoutumées au feu, et avec lesquelles il eût pu être maître de ses mouvements. Mais l'armée d'Italie était composée de conscrits qui passaient presque sans intervalle de leurs foyers aux combats, et qu'il importait avant tout d'aguerrir, c'était par des combats partiels qu'il fallait les préparer à une bataille qui pouvait devenir inévitable. Aucun des moyens qu'un général expérimenté peut mettre en usage pour épargner les hommes ne pouvait, pour ainsi dire, être employé. La disproportion des forces de l'ennemi obligeait l'armée d'Italie à une si stricte défensive, qu'il n'était pas possible au vice-roi de tenter une de ces entreprises hardies et bien combinées qui, par leur audace et leur succès, augmentent dans l'âme des soldats le sentiment de leurs propres forces. Il ne fallait pas même penser à des mouvements nocturnes; la jeunesse des soldats qui ne pouvaient résister au sommeil, les rendait impraticables.

Le prince Eugène, dans la situation des affaires en Allemagne qui néces-sitaient de nombreux renforts à la grande armée, ne pouvait plus espérer des secours actifs de la France. La 25ᵉ demi-brigade provisoire et le 1ᵉʳ ré-giment étranger qui étaient en marche, formaient, avec le 31ᵉ de chasseurs et le 1ᵉʳ de hussards, à peu près le *nec plus ultrà* des ressources qu'il pou-vait attendre. La défection de la Bavière fut consommée et connue à cette époque, et le vice-roi vit approcher l'instant où il lui faudrait se rapprocher des débouchés du Tyrol. Il n'y avait donc pas un moment à perdre pour faire usage dés dernières ressources qui étaient en son pouvoir. Dès le 5 octobre, étant à Gorizia, il ordonna la formation d'une division de ré-serve, qui devait se réunir à Vérone et se composer de 6 bataillons italiens, tirés en grande partie des compagnies de réserve départementale. Le 11, une levée de 15,000 conscrits fut ordonnée dans le royaume d'Italie; une proclamation qui accompagnait un décret engagea les Italiens à réunir tous leurs efforts pour la défense de leur patrie. Les finances du royaume d'Italie furent, dans le même temps, l'objet de ses soins, et un décret prescrivit, à cet égard, les mesures que nécessitaient les circonstances.

Dans le même temps la garnison de Palmanova fut augmentée de 3 bataillons, et celle de Venise devait être portée à 12,000 hommes; mais elle n'arriva jamais à ce nombre, l'armée ayant été obligée de dépasser cette place avant d'être en état d'y envoyer assez de troupes. L'ordre fut donné également pour compléter l'approvisionnement de la garnison de Venise pour un siége de six mois, et il fut à peu près exécuté par les soins de M. Maillot, commissaire général de la marine, aidé de l'autorité du gou-verneur et des moyens mis à sa disposition par le ministre de la guerre du royaume d'Italie. Un ordre semblable fut donné pour les habitants de Venise et des lieux compris dans l'arrondissement de défense; mais on sait assez comment des ordres de ce genre sont exécutés. La défense terrestre de la place de Venise, dont le général de division Séras était gouverneur, fut divisée en quatre arrondissements. La défense maritime resta au contre-amiral Duperré.

Le premier arrondissement, commandé par le général de brigade Dupeyroux, s'étendait de l'Adige à la bouche de Malamocco, et comprenait la redoute de la Cavanella, les ouvrages de Brondalo, Chioggia, les forts de Saint-Félix, Caromau, Saint-Pietro et le littoral de Palestrina.

Le contre-amiral Duperré réunit à la défense maritime celle du second arrondissement, qui s'étendait de la bouche de Malamocco et du Lido, les îles de Saint-Erasme et de Tréporti, les villages de Burano, Mazorbo et Torcello jusqu'aux forts, redoutes et autres ouvrages de défense de ces différents points.

Le troisième arrondissement, commandé par le général de brigade Schill, ne comprenait que le fort de Malghera qui est la clef de la Lagune.

Le quatrième arrondissement, commandé par le général de brigade Daurier, comprenait la place de Venise, Murano, Compalto, Carbonara, Tessera, Saint-Secondo, Saint-Giorgio in Alga et Saint-Angelo.

Le 14 octobre, l'organisation de l'armée éprouva quelques légers changements. La brigade Campi étant rentrée à la 1re division, la garde royale passa à la réserve du quartier-général. Le général de brigade Soulier passa à la 1re division, en remplacement du colonel Pegot, nommé général de brigade. Le général Deconchy remplaça le général Dupeyroux à la 4e division. Le général Bonnemains fut employé à la division de cavalerie.

En Tyrol, le général Gifflenga s'était avancé de Brixen à Pruneken. Le 3 octobre, il eut un engagement assez vif avec l'avant-garde du général Fenner qu'il battit, et à laquelle il causa une perte de 400 hommes, dont 25 prisonniers. Mais cette avant-garde se trouvant appuyée le lendemain par le corps d'armée, le général Gifflenga se vit contraint de rétrograder sur Botzen et successivement sur Trente, qu'il abandonna même le 15 pour se replier sur Volano, où il prit position. Ce qui, ainsi qu'on le voit, n'eut cependant lieu qu'après douze jours de la plus belle résistance.

Le général Mazuchelly est cité dans le rapport du général Gifflenga comme ayant fait de bonnes dispositions et contenu l'ennemi; il y est aussi fait mention de la belle conduite du colonel Mayer, du 1er étranger, de celle du major Fournier et du chef de bataillon Thunot, du 16e de ligne.

Dans le même temps un corps autrichien détaché de Toblach, et commandé par le général Eckard, s'était porté sur Bellune. Le 18, l'adjudant commandant Bonin, qui commandait le département de la Piave, fut attaqué. Il se défendit autant qu'il lui fut possible; mais il fut forcé, grièvement blessé, de se retirer.

Aussitôt que le vice-roi eut appris par les rapports du général Gifflenga la marche du général Fenner, il se décida à commencer le mouvement rétrograde de l'armée d'Italie, d'abord sur le Tagliamento, et puis successivement vers l'Adige.

Le 17, le général Palombini reçut ordre de partir sur-le-champ avec la brigade Calimberti, pour se rendre le 20 à Conegliano, à la disposition du général Grenier. La brigade Ruggieri de la même division, laissant un seul bataillon sur l'Isonzo, se réunit à Palmanova, d'où elle devait occuper la tête de pont du Tagliamento, près Codroipo. Le général Grenier partit de sa position de Venzone et Ospedaletto, avec les divisions Rouyer et Gratien, pour passer le Tagliamento, et s'approcher de Feltre et de Bellune. Le prince Eugène n'ignorait pas le mouvement que le général Hiller faisait vers le Tyrol avec la droite et le centre de l'armée autrichienne, et jugeait que le premier objet de l'ennemi, maître de Trente et de Bellune, serait de porter des troupes par Bassano et Ceneda sur le flanc gauche de l'armée d'Italie. Il crut que, détachant le général Grenier avec deux divisions, dont la marche devait précéder de trois jours celle du reste de l'armée, il forcerait les corps avancés de l'ennemi à se replier plus avant dans le Tyrol et à se rapprocher de leur armée, qui n'était pas encore arrivée à Pruneken. Ainsi dégagé sur sa gauche et assuré de ses communications avec Vérone, le prince espérait avoir le temps de prendre une position derrière la Piave et d'y tenir quelques jours. Il devait y arriver lorsque déjà le général Grenier était devant Bassano. La division Quesnel réunit la brigade Campi à Cividale; la brigade Soulier fut envoyée Ospedaletto pour remplacer le corps de gauche. La division Marcognet ce concentra à Cormons. La brigade Bonnemains (de cavalerie) joignit le général Grenier. Le quartier-général et la réserve restèrent à Gradisca.

Le 23, le quartier-général se transporta à Udine, et la brigade Soulier reçut ordre de se replier le lendemain sur Saint-Daniel. Mais ce général ayant été attaqué le 24, avant même d'avoir reçu l'ordre, fut forcé dans sa position, et obligé à la retraite qu'il fit dans le meilleur ordre. Il arriva le 25 à Saint-Daniel et passa de suite le Tagliamento pour s'établir à Spilimbergo : le quartier-général était à Codroipo. Le mouvement rétrograde continua le 26, et le 30, l'armée était sur la Piave, le quartier-général à Spréziano. A cette époque le général Grenier se trouvait en position en avant de Castel-Franco, entre Rossano et San-Zenone, faisant ses dispositions pour attaquer Bassano où l'ennemi avait jeté un corps après l'occupation de Trente.

Le 26, le général Gifflenga fut attaqué à Volano par les Autrichiens; il avait repoussé avec assez de succès les attaques de front de l'ennemi, mais le général Mazzuchelli, qui était chargé de couvrir la droite, ayant été forcé et rejeté sur Naviglio, le général Gifflenga fut obligé de se retirer en arrière d'Ala. Le 28, il attaqua, à son tour, le général Fenner à Ala. Le commencement du combat fut toujours à l'avantage de la 6ᵉ division, mais peu après le désordre se mit dans les troupes, et un bataillon de la réserve de Vérone jeta même les armes pour s'enfuir. L'ennemi gagna du terrain, et ce ne fut pas sans peine que le général Gifflenga vint à bout de rallier ses troupes et d'arrêter les Autrichiens. Le chef de bataillon Reisch, du régiment dalmate, et le capitaine Fortis, commandant l'artillerie légère, servirent très-bien dans cette circonstance. Obligé cependant de se retirer sur Vérone, il y dirigea sa division qui y arriva le 29. La perte des Autrichiens fut de 1.500 hommes environ; le général Fenner fut du nombre des blessés. Nous ne perdîmes pas moins de 1,000 hommes, en grande partie du bataillon départemental, qui avait causé le désordre. A la première nouvelle de l'évacuation de Trente par la 6e division, la brigade Galimberti, qui avait marché sur Conegliano, reçut ordre de se rendre à Vérone pour soutenir le général Gifflenga dont la retraite sur cette place était aisée à prévoir.

Cependant, le général Grenier étant arrivé le 25 à Postuma, à la hauteur de Trévise, se mit en mouvement le lendemain avec ses deux divisions et la brigade Bonnemains pour s'approcher de Bassano. Le corps ennemi qui avait occupé cette place, la couvrait et faisait face à Castel-Franco. Le général Grenier vint prendre position à Rossano et San-Zenone. Un bataillon d'élite et un peloton de chasseurs, qui faisaient l'avant-garde, engagèrent le même jour vers le soir avec l'avant-garde ennemie un combat qui finit à la nuit, sans avantage de part ni d'autre. De faux rapports ayant exagéré la force de l'ennemi à Bassano, le 27 et le 28 se passèrent en reconnaissances; le temps était mauvais, la pluie était forte et presque continue. Le 29, les Autrichiens firent occuper Casoni par un bataillon et quelques troupes légères, afin d'observer et de gêner la communication entre la 2e division à Rossano et la 3e à San-Zenone. Le général Grenier ordonna alors au général Bonnemains d'attaquer et d'occuper Casoni. Le même jour, vers cinq heures du soir, le général Bonnemains partit de Besega avec un bataillon du 7e de ligne (28e demi-brigade provisoire), deux compagnies du 9e de ligne et un escadron du 31e de chasseurs. Un autre escadron du même régiment fut dirigé par Cassola pour prendre l'ennemi en flanc. Le chef de bataillon Fonvielle, du 7e de ligne, arrivé devant Casoni, attaqua le village immédiatement. La résistance fut vive, mais il fut enlevé et les Autrichiens obligés de se retirer à Bassano. La nuit mit fin au combat; mais la cavalerie rouvrit la communication avec San-Zenone, et fit quelques prisonniers. Le général Bonnemains laissa un demi-bataillon avec un peloton de chasseurs à Casoni; le reste des troupes se porta au château de Camora, pour observer la grande route de Bassano. Les deux compagnies de voltigeurs du 9e furent placées en échelons entre Casoni et Besega.

Le 30 au matin, trois bataillons autrichiens et quelques escadrons se portèrent sur Casoni pour reprendre ce village, auquel il paraît que l'ennemi attachait beaucoup d'importance. Le demi-bataillon qui était en avant du village fut forcé de se replier dans le cimetière et de s'y défendre. Le général Bonnemains fit avancer encore les trois compagnies qui se trouvaient en réserve dans le village de Casoni, et ordonna à l'escadron du 31ᵉ de chasseurs de manœuvrer sur la droite de l'ennemi. Ces dispositions suffirent pour faire échouer les desseins de l'ennemi; il fut battu et forcé de se retirer sur Bassano. La perte des Autrichiens fut assez forte en morts et en blessés, et on leur fit 100 prisonniers. L'aide-de-camp Sereville, le chef de bataillon Fonvielle et le capitaine de voltigeurs de son bataillon se distinguèrent à cette affaire.

Le 31, le général Grenier attaqua et prit Bassano, à la tête des divisions Rouyer et Gratien et de la brigade de cavalerie du général Bonnemains. L'attaque se fit en trois colonnes, dont celle de gauche par la route de Casoni, et celle de droite, à la tête de laquelle se mit le vice-roi en personne, par la route de Mussolenti. Les ennemis, commandés par le général Eckard, forcés de se retirer en montant la vallée de la Brenta, furent poursuivis jusqu'auprès de Primolano. Leur perte fut de 4 à 500 morts, un grand nombre de blessés, 300 prisonniers, et une pièce de canon. Les troupes qui se distinguèrent le plus à cette affaire furent les 3ᵉ et 6ᵉ bataillons du 42ᵉ de ligne. La colonne de droite, composée d'une brigade de la 3ᵉ division, marchant par le revers des montagnes, dépassa Mussolenti, et arriva jusque sur la route de Bassano à Trente. La colonne du centre attaquait alors la ville, où l'ennemi avait quelques troupes; le reste était déjà parti. Le mouvement rapide de cette colonne obligea les débris du corps autrichien à se retirer sur Sette-Communi.

Le général Grenier eut à se louer, et il l'exprima de la manière la plus honorable, des généraux Rouyer, Gratien et Bonnemains. La conduite de l'adjudant Montfalcon mérita également ses éloges.

Le 1ᵉʳ novembre, l'armée continua son mouvement vers l'Adige, en se dirigeant sur Legnago et Vérone, les 1ʳᵉ 2ᵉ et 3ᵉ divisions passèrent Castel-Franco et Vicence. La 4ᵉ division se dirigea par Trévise et Padoue, afin de couvrir le mouvement du grand parc d'artillerie, qui fut dirigé par Legnago sur Vallegio. Une partie des troupes qui avaient combattu à Bassano y restèrent avec le prince Eugène et se rendirent le 2 avec lui à Vicence. Le 4, le quartier-général arriva à Vérone, où se trouvait la division Palombini. C'est à cette époque que finit le mouvement de l'armée d'Italie de l'Isonzo à la ligne de l'Adige, où elle prit position, ne laissant à la rive gauche que quelques troupes pour couvrir Vérone. Le général Bonnemains, avec trois bataillons d'infanterie et sa brigade de cavalerie, composée des 31ᵉ de chasseurs français et du 4ᵉ de chasseurs italiens, forma l'arrière-garde.

Le vice-roi ayant appris à Bassano le résultat de l'affaire de Volano, forma le projet d'attaquer le général Fenner et de le forcer à reculer dans la vallée de l'Adige, afin d'appeler l'attention de l'ennemi sur Roveredo, et l'empêcher de se porter sur Brescia et les derrières de l'armée. Mais, pour l'exécution de ce projet, il importait de retarder la marche des colonnes ennemies qui arrivaient par Bassano et par Castel-Franco. En conséquence, le général Bonnemains reçut l'ordre de retarder autant que possible la marche de son arrière-garde, et de détruire tous les ponts. Le 2, l'arrière-garde prit position à San-Pietro Engù et détruisit les ponts de Bassano et de Fontaniva sur la Brenta. Le 3, le général Bonnemains vint à Vicence. Le 4, après avoir fait évacuer les magasins et les hôpitaux, il vint à Soave et Villabella. Pendant cette marche on rompit également les ponts de Montebello et Villanova, ce qui empêcha l'ennemi, vu, d'ailleurs, les pluies abondantes de cette saison, qui avaient grossi les rivières, d'inquiéter ni même suivre l'arrière-garde. Enfin, le 6 seulement, le général Bonnemains prit position à Saint-Martin, devant Vérone, ayant ses avant-postes à Vago et sa réserve à Saint-Michel.

La garnison de Palma-Nova avait été complétée avant que l'armée ne repassât le Tagliamento; celle de Venise reçut un renfort d'une brigade et d'une demi-batterie, après que l'armée eut repassé la Piave. La défense maritime des lagunes de Venise venait d'être organisée; des divisions de Prames, batteries flottantes, chaloupes et bateaux canonniers avaient été stationnées dans tous les canaux accessibles à l'ennemi; toutes les entrées avaient été barricadées par des pieux et des estacades flottantes : cette première ligne de défense était protégée par le feu des bâtiments de guerre. L'armement des prames, batteries flottantes, etc., montait à 336 bouches à feu, soit canons, caronades ou obusiers de tous calibres. Outre cet armement, beaucoup plus considérable qu'il ne l'avait jamais été, on mit en construction un nombre de barques de chaque espèce, soit pour augmenter l'armement, soit pour remplacer les pertes. L'artillerie de ces bateaux de réserve pouvait être prise dans l'arsenal ou sur les vaisseaux. La garnison, en y comprenant le renfort que le prince vice-roi venait d'y faire entrer, et les malades de l'armée, ne montait qu'à 8,000 hommes de troupes de terre, dont 6,000 en état de faire le service. Les marins étaient au nombre de 3,200.

Le 3 novembre, le général Schilt quitta Trévise, où il commandait, pour se jeter dans le fort de Malghera. Le même jour, à midi, Mestre fut occupé par l'ennemi. Le lieutenant-général autrichien Marschals fut chargé du blocus de Venise.

L'armée d'Italie, en arrivant sur l'Adige, se trouva considérablement diminuée. La nécessité de compléter les garnisons des places qu'on laissait à découvert en avait distrait un certain nombre de bataillons. Les nombreux combats qu'elle avait livrés et les maladies avaient singulièrement affaibli les bataillons restants. Cette circonstance détermina le prince Eugène à supprimer la 3ᵉ division et à la fondre dans les autres. Il réduisit aussi le nombre des bataillons de chaque régiment; les cadres des bataillons supprimés furent renvoyés dans les dépôts, et à Alexandrie, pour les compléter sur la prochaine conscription. L'armée d'Italie se trouva ainsi réduite à quatre divisions, auxquelles le prince ajouta deux corps détachés, l'un à droite, l'autre à gauche. Le corps de droite fut chargé de surveiller et de défendre le bas Adige, celui de gauche de garder les vallées qui aboutissent sur Brescia. Cette nouvelle organisation eut lieu le 6 novembre.

L'armée d'Italie, réunie le même jour à la rive droite de l'Adige, occupait les positions suivantes :

La 1ʳᵉ division à Vérone, s'étendant sur la droite par ses postes jusqu'à Zévio.

La 4ᵉ division dans les environs de Legnago, s'étendant par sa gauche jusqu'à Ronco.

La 2ᵉ division à Vérone, s'étendant par sa gauche jusqu'à Bussolengo.

La 5ᵉ division, dans les positions de Rivoli et de la Corona.

Le corps détaché de droite, depuis Legnago jusqu'à Roverchiaro.

Le corps détaché de gauche, à Desenzano, Salo et les vallées du Brescian.

L'avant-garde, composée de trois bataillons de la 1ʳᵉ division et de la brigade de cavalerie du général Bonnemains, était à Saint-Michel, Saint-Martin et Vago, à la gauche de l'Adige.

La cavalerie avait ses deux autres brigades; l'une à Isola Porcarizza et Saint-Pietro di Legnago, et l'autre à Saint-Giovanni Lupatolo.

La garde royale italienne était à Villafranca, et au quartier-général de l'armée à Vérone.

La réserve d'artillerie était à Goito et Roverbella; le grand parc à Valeggio.

Le 9 novembre, une colonne autrichienne, ayant pénétré dans la Valcamonica, s'avança vers Brescia. Le général Gifflenga s'y porta avec une partie de son corps, et la força à repasser les monts.

Le même jour, le prince vice-roi se mit en mouvement sur Roveredo avec la 2ᵉ lieutenance. La brigade Schmitz se dirigea sur Ala en deux colonnes, l'une par la Val Pantena, l'autre par la Val Palisella. La brigade Darnaud et une partie de la brigade Galimberti marchèrent sur la grande route sous les ordres du général Rouyer. Tout ce qui restait disponible dans la division Palombini déboucha de Rivoli, en deux colonnes; l'une par la rive droite de l'Adige, et l'autre par la Corona et la Ferrara. Le même jour, le général Darnaud rencontra l'ennemi en position à Ossenigo au-dessus de Peri ; il l'attaqua et força la position. Le général Palombini chassa les Autrichiens de Belluno. Le 10, le général Darnaud attaqua et enleva les positions retranchées de Vo, de Struzzino, et d'Ala, et poussa l'ennemi jusqu'à Marani. Le général Palombini emporta les retranchements de Campagnola et arriva à Pilcanto. Les troupes qui se distinguèrent le plus, furent les voltigeurs des 9e et 35e de ligne, les voltigeurs du 3e de ligne italien et deux bataillons des régiments étrangers. Le 11, le prince Eugène ayant atteint son but, qui était d'appeler l'attention de l'ennemi sur Roveredo, et de l'obliger à retirer les troupes qu'il faisait marcher sur Brescia, replia la 2e lieutenance, qui rentra dans ses positions. Un autre motif détermina le vice-roi à se contenter d'une simple démonstration sur Roveredo, sans se porter jusqu'à cette ville ; ce fut l'approche de l'aile gauche des ennemis, qui avait déjà dépassé Vicence et qui allait menacer ses derrières. La perte des Autrichiens, dans ces différentes affaires, fut de près de 800 hommes hors de combat, et plus de 800 prisonniers des régiments de Zeckler, Duka, Spleni, Hohenlohe, Barsteinstein, hussard Frimond et chasseurs n° 8. Notre perte s'éleva à environ 250 hommes. Le général Verdier fut au nombre des blessés. Ce général, accoutumé à ces infortunes de guerre, eut une part honorable aux éloges du prince qui, s'étant trouvé à portée de rendre justice aux bonnes dispositions des officiers généraux, à l'audace et au courage des troupes, s'empressa de leur en témoigner par un ordre du jour son extrême satisfaction, notamment aux généraux Verdier, Palombini et Darnaud.

Le 10, un vaisseau anglais débarqua, à l'embouchure de la Piave, 500 hommes, moitié Autrichiens, moitié Anglais, qui s'emparèrent du fort de Cortelazzo, et le lendemain de la redoute de Cavalino.

Le même jour, l'ennemi s'étant avancé de Villanova à Caldiéro, le colonel Desmichels, du 31e de chasseurs à cheval, reçut l'ordre de faire une reconnaissance sur Caldiéro avec 200 chevaux et un bataillon d'infanterie. Ce colonel rencontra, à peu de distance de Vago, une reconnaissance avec laquelle il échangea quelques coups de fusil. Le 12, 3 bataillons et 2 escadrons ennemis avec 4 canons attaquèrent les avant-postes de l'armée à Vago. Une compagnie de voltigeurs et un piquet de 50 chevaux tinrent ferme derrière le canal. Le général Bonnemains fit alors avancer de Saint-Martin 4 compagnies du 53e, 2 escadrons et un obusier sous les ordres du chef de bataillon Moreau. Ce renfort suffit pour repousser les Autrichiens jusqu'à Caldiéro. On leur fit une vingtaine de prisonniers, et on leur tua environ 50 hommes.

L'armée autrichienne était cependant arrivée en présence, et avait pris position à Caldiéro, où elle commençait à se retrancher. Cette disposition paraissait annoncer le projet d'une attaque sur Vérone, ou au moins celui de forcer le passage de l'Adige entre Zevio et Ronco, ainsi qu'il était déjà arrivé en 1796. Le prince vice-roi résolut en conséquence d'attaquer l'ennemi à Caldiéro, afin de détruire ses ouvrages et de retarder l'exécution de ses projets. Les dispositions d'attaque avaient été faites pour le 14. Mais le mauvais temps la fit remettre au lendemain ; le 15, la division Marcognet et la brigade de cavalerie du général Bonnemains avec 12 bouches à feu, débouchèrent de Vago, se portant de front sur la position de l'ennemi. La division Quesnel, débouchant par Fontana, dirigea sa brigade de droite sur la droite de l'ennemi à Colognola, et celle de gauche plus haut, vers Illasi, afin de déborder la ligne autrichienne et de tourner Caldiéro; cette division agissant dans un terrain montueux ne devait avoir qu'un escadron et une demi-batterie. Le général Mermet, avec la première brigade de la division Rouyer, la brigade de cavalerie légère du général Perreymond et six bouches à feu, déboucha de Saint-Martin, se dirigeant entre l'Adige et la grande route, de manière à croiser le chemin de Caldiéro à Arcole, tourner la gauche de l'ennemi et tâcher de le prévenir au pont de Villanova. Le général Rouyer, avec sa seconde brigade, devait soutenir le général Marcognet. La garde royale resta en réserve à Saint-Martin, ayant deux bataillons à Vérone. Un bataillon du 14ᵉ léger fut laissé sur les hauteurs de Pogliano.

L'attaque commença vers les dix heures du matin. La brigade Jeanin ayant successivement fait replier les postes ennemis jusqu'au coteau de Saint-Pietro, à gauche de la poste de Caldiéro, enleva cette position par une brusque attaque du 53ᵉ de ligne. Ayant ainsi dépassé le mamelon qui est à droite de la route, et qui était attaqué de front par la brigade Deconchy, il se rabattit dessus, et le prit à revers. Un peloton, du 31ᵉ de chasseurs, commandé par le lieutenant Charbonnier, s'élança dans les retranchements qui couronnaient ce mamelon, et tout ce qui s'y trouvait fut fait prisonnier. Aucun ne put échapper, les voltigeurs de la colonne du général Mermet, réunis à ceux de la colonne du centre, ayant déjà tourné ce même mamelon.

Le général Bonnemains, débouchant par la grande route, parvint à faire passer en avant sa batterie d'artillerie à cheval, et la mit en batterie à demi-portée de fusil des retranchements ennemis, en la faisant soutenir par quelques escadrons. Le feu de cette batterie, principalement dirigé sur la ligne ennemie, qui était en position sur les hauteurs entre Colognola et la grande route, fut si avantageusement servi, qu'il fut impossible aux Autrichiens de tenir leur poste. Alors la division Quesnel, débarrassée du premier obstacle qu'elle devait rencontrer, acheva son mouvement, et poussant l'ennemi de position en position, le renversa sur Soave. Le centre des Autrichiens, poussé également la baïonnette dans les reins, fut rejeté au-delà de l'Alpon. L'avant-garde du général Mermet fit 23 prisonniers à la hauteur de Gombio.

La brigade du général Bonnemains suivit l'ennemi sur la grande route jusque près du pont de Villanova, et le renversa chaque fois qu'il voulut prendre position. Près de Villanova, la batterie de ce général engagea une canonnade très-vive, qui fit beaucoup de mal à l'ennemi. Le général Grenier ayant mis une seconde batterie à la disposition du général Bonnemains, celui-ci la plaça à sa gauche, et la dirigeant sur les hauteurs de Soave, contribua à décider le mouvement de retraite de la droite ennemie. Les deux batteries étant éclairées et soutenues par la brigade du général Bonnemains, continuèrent leur feu jusqu'à la nuit.

La perte de l'ennemi fut d'environ 1,500 hommes hors de combat, 900 prisonniers et 2 canons. La nôtre monta à 500 hommes. Toutes les troupes méritèrent des éloges par leur conduite.

La journée du 16 fut employée à enlever les blessés et à détruire les retranchements de l'ennemi. Le 17, l'armée rentra à Vérone. Mais la brigade Jeanin, de la division Marcognet, resta en position à Saint-Martin et derrière le torrent de Vago. La brigade Deconchy fut détachée vers Ronco et Roverchiaro.

Le 18, les Autrichiens attaquèrent Vago en forces ; la brigade Jeanin les contint, mais le général Marcognet voyant que l'ennemi portait ses principales forces sur Lavagno et dans la direction de Montorio, craignit une attaque de flanc, et fit replier la brigade Jeanin à Saint-Martin. Le 19, l'ennemi attaqua le général Marcognet dans cette dernière position, avec tant d'impétuosité et des forces tellement supérieures, que le prince fut obligé de le faire replier entre Saint-Martin et Saint-Michel, où le combat, quoique ce général n'eût que 6 bataillons appartenant aux 20e, 53e, 101e et 102e régiments, se soutint jusqu'à la nuit. Il reçut à la vérité, vers le soir, un renfort de deux bataillons du 1er étranger, conduit par le général Darnaud, de la 2e division, qui prirent une part brillante à la dernière réception qui fut faite à l'ennemi sur le point de Saint-Michel, et qui le décida à la retraite. Le 1er régiment de hussards rendit de bons services par ses manœuvres sur toute la ligne de Saint-Michel à Montorio, ainsi que le 4e bataillon du 20e de ligne, commandé par le chef de bataillon Mandrillon, qui fut tué en repoussant avec vigueur toutes les attaques de l'ennemi, et contribuant efficacement par là à maintenir la communication entre les troupes qui défendaient Saint-Michel et celles de Montorio.

Les pertes de l'ennemi dans ces deux journés s'élevèrent à environ 1,200 hommes hors de combat; on fit 200 prisonniers. Le 20, la brigade Jeanin, de la division Marcognet, qui avait fatigué et souffert dans les combats précédents, rentra à Vérone, et fut remplacée par la division Rouyer, en entier. La brigade Campi resta à Ronco.

Le 18 novembre, un décret impérial accorda sur la conscription un renfort de 15,000 hommes pour l'armée d'Italie, et prescrivit, en outre, la formation d'une armée de réserve forte de 43 bataillons, en 3 divisions, et qui devait être composée des troupes qui se réunissaient en Piémont et particulièrement à Alexandrie. Mais les circonstances subséquentes rendirent illusoires les effets de ce décret. Pendant ce temps le général Nugent,

**DESAIX (Louis-Charles-Antoine).**

Né en Auvergne en 1768. — Général de division en 1796, — de l'armée d'Egypte, — de l'armée d'Italie en 1800. — Tué à Marengo.

**Bataille de Marengo (1800).**

à la tête d'un corps de 3,000 hommes, avait débarqué le 15 à l'embouchure du Pô de Volano. L'archiduc Maximilien était avec le général Nugent. Ce corps, composé d'Anglais et de déserteurs de toutes les nations, et auquel se joignit un nombre de malfaiteurs, se dirigea sur Ferrare, dont le général Nugent se rendit maître le 20. Dès le 17, au premier avis que le prince vice-roi avait reçu du débarquement de l'ennemi, il avait détaché le major Merdier, du 42ᵉ de ligne, avec un bataillon de son régiment et un du 1ᵉʳ étranger, pour couvrir Ferrare, ou le reprendre en cas que l'ennemi y fût déjà. Le 22, les Autrichiens firent mine de tenter le passage de l'Adige à Ronco. La brigade Jeanin, de la division Marcognet, reçut ordre de se rendre à Isola Porcarizza, en seconde ligne de la brigade Deconchy. Mais le prince s'étant aperçu que ce mouvement n'était qu'une démonstration tendant à couvrir celui qui s'opérait sur le bas Adige, se décida à y envoyer des troupes. Le général Deconchy, avec la 29ᵉ demi-brigade provisoire et le 3ᵉ de chasseurs italiens, reçut l'ordre de se rendre à Trecenta et Ferrare. Le 25, la colonne du major Merdier étant arrivée à Malabergo, le général Pino, qui commandait la 4ᵉ division à Bologne, vint le joindre. Le 26, le major Merdier, alors sous les ordres de ce général, attaqua l'ennemi, et le culbuta jusqu'à la ville devant laquelle il fut arrêté par le feu des remparts. La perte de l'ennemi fut d'une soixantaine de morts et de 100 prisonniers. Dans la nuit le général Nugent évacua la ville où les troupes du major Merdier entrèrent le 27. Le 26, les chasseurs de la colonne du général Deconchy surprirent les avants-postes de l'ennemi près de Occhiobello, sur le Pô. Le 27, à la pointe du jour, le vice-roi fit sortir de Legnago, sous les ordres du général Mermet, une forte reconnaissance d'infanterie et de cavalerie, soutenue par un bataillon du 53ᵉ de ligne et un du 2ᵉ étranger. Cette reconnaissance, faite en la présence du prince qu'une balle atteignit à la cuisse, poussa tous les postes ennemis jusqu'à Bevilacqua, et rentra le même jour avec 75 prisonniers.

Vers ce même temps, le vice-roi reçut du général Miollis, gouverneur de Rome, l'itinéraire d'un corps de troupes napolitaines qui se dirigeait vers la Haute-Italie, était-il dit. La 1ʳᵉ division, commandée par le lieutenant-général Carascosa, forte de 4 régiments (8 bataillons) d'infanterie, 2 de cavalerie et 8 bouches à feu, devait arriver à Rome du 25 novembre au 2 décembre. Cette division devait être suivie par 5 bataillons et 8 escadrons de la garde, aux ordres du lieutenant-général Millet. La 2ᵉ division, commandée par le lieutenant-général d'Ambrosio, forte de 9 bataillons, devait arriver à Ancône du 2 au 4 décembre. Quoique le roi de Naples méditât dès lors sa défection, et qu'il fût déjà en négociation avec les ennemis de la France, il ne cessait pas de protester de sa fidélité à remplir ses engagements. Rien d'officiel ne transpirait contre lui, et l'empereur Napoléon même paraissait trompé. Il demanda que la libre dis-

position des magasins de vivres et de munitions fût accordée à ses troupes,
dans les places dépendantes du royaume d'Italie, et il n'y avait point de
motif qui pût faire refuser cette demande. Le mouvement eut en effet lieu
ainsi qu'il avait été annoncé, et les premières troupes napolitaines arrivèrent à Rome vers la fin de novembre. Mais non seulement il y arriva
une division de plus, qui était la 3ᵉ composée de 8 bataillons, aux ordres
du lieutenant-général Pignatelli Cuchiara, mais le passage dura pendant
tout le mois de décembre. Le roi de Naples, qui voulait attendre l'issue
de ses négociations avec les alliés avant de faire un mouvement décisif,
laissa d'assez longs intervalles entre la marche des différentes colonnes ; en
outre, d'après les instructions qu'il leur donna, les généraux trouvèrent
toujours des prétextes pour prolonger le séjour de leurs troupes dans chaque endroit. La 1ʳᵉ et la 3ᵉ division et la garde royale passèrent par Rome.
La 3ᵉ division resta dans cette ville. La 1ʳᵉ division et la garde se dirigèrent
en partie sur Ancône, par Marcerata, partie sur Fano, par le Furlo, et le
restant sur Florence, par Viterbe. La 2ᵉ division traversa les Abruzzes, et
marcha directement sur Ancône. Ces 4 corps formaient un total de 30 bataillons et 16 escadrons au grand complet, ayant à leur suite 50 bouches
à feu.

La force des troupes françaises dans la 30ᵉ division militaire ne montait
à cette époque qu'à 4,000 hommes, dont 2,500 combattants, et se composaient des cadres des 3ᵉ et 4ᵉ bataillons, du 6ᵉ de ligne, des dépôts des 14ᵉ et
22ᵉ légers et du 2ᵉ étranger, un bataillon de volontaires romains, une compagnie d'artillerie, trois de gendarmerie et deux de gardes-côtes. Ces
troupes étaient à Civita-Vecchia, au château Saint-Ange et sur le littoral.
Le 27 novembre, le général Deconchy occupa Fratta et Villanova, sur le
Scortico, envoyant des reconnaissances sur Rovigo, et se liant par Landinara avec le poste de Badia. Ce général ayant reçu l'avis, dans la nuit du
27 au 28, que l'ennemi avait fait occuper une île sur l'Adige, entre Badia
et Masi, et qu'il y réunissait des bateaux, fit renforcer la garnison de Badia
par deux compagnies de voltigeurs, du 102ᵉ régiment, et se porta avec sa
colonne sur Landinara pour observer l'ennemi. Les reconnaissances qu'il
avait envoyées vers Rovigo, et ses émissaires lui annoncèrent alors qu'un
corps autrichien, dépendant de celui du blocus de Venise, s'était porté à
Boara, et paraissait y vouloir passer l'Adige. L'obscurité d'une nuit plu-
vieuse l'empêcha de partir sur-le-champ. Il se mit en marche le 29 au
matin ; mais, ayant trouvé à son arrivée les Autrichiens en forces supérieures
à Boara, il fut obligé de se replier à Fratta et Villanova. Le 30, il se retira
à Trecenta, pour y attendre les renforts et l'artillerie qu'il avait demandés.
Cependant la colonne du général Nugent, qui avait passé l'Adige à Boara,
s'était dirigée sur Crespino pour y passer le Pô, et n'avait rien laissé à Rovigo. Le 1ᵉʳ décembre au soir, le général Deconchy, voulant couper la

communication entre le corps du général Nugent et celui du général Marschall, se décida à marcher à Rovigo et à Boara. L'ennemi venait de passer l'Adige sur ce dernier point, le général Deconchy résolut de l'attaquer, et de le forcer à repasser le fleuve. Le 2, il vint à Fratta ; les reconnaissances qu'il poussa en avant ne trouvèrent aucun ennemi à Lendinara, à Villanova, et à Costa. Le 3, à sept heures du matin, il se mit en marche dans la direction de Rovigo, par les deux rives de l'Adigetto, en passant par Villanova et par Costa ; des détachements de chasseurs à cheval éclairaient l'Adige et le Canal blanc. Bientôt le général Deconchy rencontra l'ennemi. Dans la nuit le général Marschall avait placé le régiment d'infanterie de Benjowski en échelons sur l'Adigetto, un bataillon à Landinara, un à Villanova, un à Costa et un à Roverdière. Les trois derniers bataillons furent successivement enlevés par le général Deconchy, qui n'avait avec lui que deux bataillons et deux escadrons. La ville de Rovigo fut prise, et l'ennemi chassé en désordre au-delà de l'Adige. Le bataillon ennemi qui était à Lendinara et qui aurait pu inquiéter les derrières du général Deconchy, se trouva en présence de deux compagnies du 106e de ligne, qui le continrent. Ces deux compagnies étaient parties de Badia, pour rejoindre le général Deconchy à Villanova. Cependant ce général, qui n'ignorait pas qu'il y avait un bataillon ennemi à Lendinara, mais qui ne pouvait pas diviser sa colonne, déjà inférieure aux troupes qu'il allait attaquer, avait laissé un demi-bataillon du 106e à Villanova, afin de se garder et d'assurer sa retraite sur Trecenta. Cette même faiblesse relative de la colonne qu'il avait avec lui et qui n'excédait pas de beaucoup les prisonniers qu'il avait faits, l'obligea à se replier le même soir sur Fratta et Villanova. La perte de l'ennemi monta à 400 hommes hors de combat et 900 prisonniers, dont un major et 12 officiers Le vice-roi jugeant que le but des manœuvres de l'ennemi sur le Bas-Adige était de pousser le corps du général Nugent dans la Romagne, et de maintenir la communication entre lui et le corps du général Marschall, se décida à faire marcher une division sur ce point (Bas-Adige) ; mais l'attention de l'ennemi était trop sérieusement portée sur les mouvements qu'il faisait vers Rovigo et Ferrare. Ils n'étaient que le résultat des pourparlers qu'il savait alors exister entre les Autrichiens et le roi de Naples ; si ces négociations réussissaient, c'était par là qu'il devait s'unir aux Napolitains ; si, au contraire, elles manquaient, le libre passage de l'Adige et du Pô leur était nécessaire pour assurer la retraite du général Nugent. La brigade Campi fut envoyée à Saint-Michel pour relever la brigade Schmitz, et celle-ci vint prendre poste à Ronco. La division Marcognet se mit alors en mouvement vers le Bas-Adige. Le 6, elle prit position entre Landinara et l'Adige, appuyant sa gauche à Rotta-Sabadina, et liant sa droite par des postes avec le général Deconchy, à Villanova. Le 8, le général Marcognet ayant laissé en réserve à Lendinara un bataillon du 106e de ligne, se porta en avant sur trois colonnes. Celle de gauche fut dirigée vers Concadirame, celle du centre par la rive gauche de l'Adigetto; le général Deconchy, qui formait la colonne de droite, marcha par la rive droite du même canal. La colonne de gauche arrivée à Concadirame, se trouva fortement engagée avec l'ennemi; le général Jeanin fut même repoussé. Mais la colonne du centre qui était alors à sa hauteur, lui ayant envoyé un bataillon du 53e de ligne, le combat se soutint sur ce point autant que le général Marcognet en put juger par les feux, un épais brouillard empêchant de distinguer les objets. Les généraux Marcognet et Deconchy continuèrent leur marche et forcèrent la gauche de l'ennemi à rentrer dans la tête de pont qu'il avait construite à Boara-Polesina. Mais vers les dix heures du soir, les Autrichiens reçurent des renforts. Ils firent alors une vigoureuse sortie de la tête de pont, et ayant en même temps repris l'offensive à Concadirame, le général Marcognet se vit forcé à la retraite, et le 9, il reprit position à Villanova et Fratta, appuyant sa gauche à Rotta-Sabadina. Le 53e de ligne souffrit beaucoup à cette affaire, et son brave colonel Grosbon y fut blessé. Le général Marcognet continuant sa retraite, prit position le 10 à Trecenta, Ceuda, Salvaterra et Landinara, après avoir éprouvé les plus grands obstacles dans les deux journées précédentes. Le 11, d'après les ordres du prince viceroi, cette division se replia en arrière du Castagnaro, sa gauche à Villa Bartolomea, et sa droite à Trecenta; on fit une tête de pont à la Ratta.

Pendant que ceci se passait à la droite, une colonne autrichienne venant du Tyrol avait passé le Mont-Tonal et marchait sur Edolo, se dirigeant sur Brescia par le Val Camonica. Cette colonne fut attaquée le 7 par un bataillon du 16e de ligne (25e demi-brigade provisoire) de la brigade Gifflenga, et par un petit corps de troupes italiennes venu de la Valteline, sous les ordres du colonel Neri, qui se distingua. L'ennemi fut battu et repoussé au-delà des montagnes, ayant perdu beaucoup de monde, tués, blessés ou égarés dans les neiges, 100 prisonniers, ses bagages et ses munitions. Après le combat de Boara, le général Nugent voyant les communications assurées marcha sur Ravenne et poussa des postes vers Forli. De Ravenne, le 10 décembre, ce général adressa une proclamation aux peuples d'Italie, remplie des plus brillantes promesses, qui leur assurait le souverain bonheur sous le gouvernement de la maison d'Autriche. Pendant la campagne de 1813, les proclamations étaient devenues à la mode, et s'y sont conservées même longtemps après, malgré le ridicule que leur donnaient les exagérations et l'inconvenance de la plupart. Anglais, Russes, Prussiens, Autrichiens, généraux, officiers, sous-officiers, commissaires de police, tout le monde s'en mêlait et faisait placarder tant sur les poteaux, plantés au croisé des routes, qu'aux murs d'une cabane, ou à la porte d'un palais, sa sollicitude pour le genre humain, et l'engagement qu'il prenait de rendre les peuples heureux.

Les différents mouvements de l'ennemi, le retard des troupes napolitaines, et peut-être l'incertitude des véritables intentions du roi de Naples, obligèrent le vice-roi à jeter les yeux sur la rive droite du Pô. Il ordonna en conséquence la construction d'un pont à Borgo-Forte, et fit armer le fort de Plaisance. Le 5 décembre, la place de Zara (Dalmatie), après un mois d'attaques préliminaires de siége, et de bombardement effectué, et par suite de l'insurrection d'un bataillon croate, fort de 900 hommes, qui composait la majeure partie de la garnison, et qu'il fallut consentir à faire sortir de la place, capitula et se rendit, avec condition de ne servir qu'après échange, au général Tamassich, commandant les troupes autrichiennes en Dalmatie, et au capitaine de frégate Cadogan, commandant une division maritime de sa majesté britannique. Tous les honneurs militaires furent accordés à la garnison, réduite alors à 840 hommes, y compris même les 200 marins illyriens qui faisaient partie de l'équipage des 17 bâtiments, réduits à 11, des deux flottilles d'Albanie et de Dalmatie, commandées par les capitaines de frégate de *la Chadeneda* et de *Taulignau*. Ces 200 marins, comme tous les Dalmates qui avaient servi dans la défense de la place, rentrèrent chez eux. Les troupes italiennes, 73 gendarmes et 45 canonniers français, furent conduits, par la voie de terre, à l'armée d'Italie sur l'Adige.

A Venise, la désertion, fomentée parmi les troupes italiennes par les manifestes de l'ennemi, commença à se faire fortement sentir. Le 2, l'ennemi tenta de surprendre la redoute de Triporte, et fut repoussé. A cette époque l'ennemi resserra tellement le blocus de Venise, que toute communication avec le continent devint impossible.

Le 19, le prince Eugène n'ayant laissé à Castagnaro que le général Deconchy, avec deux bataillons du 106ᵉ de ligne et un du 36ᵉ léger, fit porter la division Marcognet à Roverchiaro. La division Rouyer appuya sur Vérone, ayant la brigade Schmitz à Ronco. Le 24, environ 3,000 Autrichiens attaquèrent le général Deconchy à Castagnaro. Ils furent repoussés avec perte d'environ 400 hommes hors de combat ; la nôtre fut de 10 morts et 100 blessés. Parmi les premiers se trouvait le capitaine Martinet, des voltigeurs du 106ᵉ, vivement regretté. Le 25, un bataillon du 53ᵉ régiment et le 5ᵉ du 1ᵉʳ étranger, qui se trouvaient à Forli, avec deux canons, furent attaqués par le général Nugent avec des forces très-supérieures. Ces deux bataillons furent presque entièrement détruits ou dispersés. A la même époque, la tête des troupes napolitaines arriva à Rimini et à Imola. Les Autrichiens occupaient Césène et Faenza, sans être inquiétés par les premiers qui se disaient pourtant encore nos alliés. Mais ils refusèrent de concourir à une expédition sur Ravenne, sous prétexte d'un armistice avec les Autrichiens, et parce que, disaient les généraux, ils ne pouvaient agir sans ordre du roi. Cette réponse faite par le général Filangieri au commandant de Forli et au général commandant à Bologne ; les inquiétudes que témoignait le général Barbou, sur la place d'Ancône, où les Napolitains s'étaient introduits à la faveur de leur alliance et des ordres du gouvernement ; tout contribua à obliger le vice-roi à des mesures de précaution. La conduite plus qu'équivoque des Napolitains à notre égard les exigeait impérativement. Le 30 décembre, la brigade napolitaine du général Filangieri venant de la Toscane, entra à Bologne. Le général Fontane, qui y commandait, fit partir pour Milan et Mantoue les troupes et les dépôts qui s'y trouvaient.

Vers la fin du mois, les troupes italiennes qui étaient en Espagne étant rentrées, et les divers corps de l'armée ayant reçu un assez grand nombre de conscrits, armés, habillés, équipés, et assez bien instruits au dépôt d'Alexandrie, le vice-roi réorganisa son armée en six divisions.

On ne saurait trop admirer la constance, la sagesse et l'habileté qui présidèrent à toutes les opérations du prince vice-roi pendant les six derniers mois de cette fatale année. Avec une poignée de conscrits, il soutint la lutte avec succès contre une armée formidable qui semblait devoir l'écraser au premier choc, n'opérant les mouvements rétrogrades qu'avec lenteur, en défendant le terrain avec une persévérance et une intrépidité inouïes. Malheureusement il n'est ni talent ni vaillance qui ne doivent succomber à la fin contre de gros bataillons sans cesse renouvelés ; c'est ce qui devait arriver en Italie comme en France dans les premiers mois de 1814, époque aux événements de laquelle sera consacrée la première partie de notre quatrième volume, forcés que nous sommes ici de quitter l'Italie pour nous occuper de ce qui s'était passé en Espagne depuis la désastreuse bataille de Vittoria.

Vittoria! tout bon Français ne peut prononcer ce nom sans éprouver un sentiment pénible. C'est sous les murs de cette ville que nos armées ont été humiliées sans être vaincues ; c'est dans ces plaines que l'ennemi, étonné d'un succès inespéré, a décidé du sort de l'Espagne, et s'est trouvé maître de tout le matériel de notre armée. La journée du 20 juin 1813 a porté le nom de Wellington plus loin qu'il n'avait encore été, et cependant c'est la seule imprévoyance des chefs français qui lui valut cette renommée.

# CHAPITRE XIII.

## OCCUPATION D'ANCONE.

Description de cette ville. — Ses monuments. — Son histoire. — Le pape s'en empare par ruse. — Siége qu'elle soutient en 1799. — Troubles en Italie en 1832. — Les Autrichiens dans la Romagne et les Légations. — Expédition française pour l'occupation d'Ancône. — On enfonce les portes de la ville. — Entrée des Français dans la citadelle. — Les autorités et les troupes papales se retirent. — Fin de l'occupation.

D'un brillant aspect extérieur, Ancône, l'une des principales villes d'Italie, est au-dedans laide et rechignée. Le bagne et le *Glutto* ou quartier des Juifs qu'elle renferme en son sein, ajoutent encore à la répulsion qu'elle inspire. Impérissable souvenir de la Rome des Césars, l'arc de Trajan humilie les maisons mal bâties, confusément entassées à ses pieds. Sa courbe de marbre blanc comme la neige' s'illumine des moindres feux du soleil. Çà et là sous les constructions modernes surgissent de vigoureux débris d'un immense amphithéâtre. Un ancien temple de Vénus, bâti sur une hauteur, est devenu la cathédrale. La Bourse d'Ancône a un caractère que n'offrent pas ailleurs de semblables monuments : sa façade est gothique, et sa voûte offre à l'admiration du visiteur les superbes fresques de Tibaldi, *Hercule domptant les monstres*, habile et prudente imitation du grandiose terrible de Michel Ange.

Capitale de la délégation et de l'ancienne Marche d'Ancône, la ville d'Ancône, située dans le golfe de Venise, est le siége d'un évêché et possède environ 18,000 habitants, dont 5,000 juifs. Les plus anciens auteurs ont parlé avec éloge de cette ville et de son magnifique port. Trajan avait fait entourer ce port de quais en marbre. En mémoire de ce bienfait, les habitants lui élevèrent, sur le môle, l'arc triomphal dont nous avons parlé tout à l'heure. Malgré la vase dont souvent il est embourbé, le port n'en est pas moins fréquenté tous les ans par onze à douze cents vaisseaux. En 1732, Ancône fut déclarée port libre. Le commerce y est considérable, et les manufactures y sont dans un état florissant. Il y existe aussi un très-beau lazaret. Comme forteresse, Ancône est connue de temps immémorial. Plusieurs fois conquise et détruite par les Romains, les Goths, les Lombards, les Sarrasins, du milieu de ses ruines, par ses propres forces, elle s'éleva, puissante et libre, au rang de république. En 1532, le pape s'en empara par ruse et l'incorpora, avec les domaines qui en dépendaient, aux

États de l'Église. Assiégée en 1799 par les Russes, les Autrichiens et les Turcs, Ancône succomba malgré la belle défense du général Meunier. Cette affaire fut remarquable en ce que le drapeau russe, arboré sur les remparts, en fut arraché par les Autrichiens, ce qui donna lieu à la mésintelligence de l'empereur Paul III, père d'Alexandre, avec les alliés. Depuis 1815, il ne reste à Ancône d'autres fortifications que la citadelle.

La révolution française de 1830 avait fait jaillir sur l'Italie quelques étincelles qui couvèrent jusqu'en 1832, où éclatèrent plusieurs mouvements insurrectionnels. L'Autriche se hâta de saisir ce prétexte pour inonder de ses soldats les États pontificaux. La Romagne et les Légations furent occupées. Justement alarmé de ces démonstrations, le gouvernement français crut devoir occuper de son côté une ville importante des États du pape, jusqu'à ce que les Autrichiens se fussent retirés. Ancône fut choisie à cet effet.

Le 7 février 1832, une division navale, composée du vaisseau le *Suffren* et de deux frégates, sous les ordres du capitaine de vaisseau Gallois, partit de Toulon, emmenant deux bataillons de guerre du 66ᵉ de ligne, en tout onze cents hommes commandés par le colonel Combes. Le général Cubières avait été nommé chef de l'expédition; mais, en raison de diverses circonstances, il ne devait la rejoindre qu'un peu plus tard. Quelques jours après, un second convoi de deux corvettes de charge prit à bord le 3ᵉ bataillon du 36ᵉ et une compagnie d'artillerie avec une batterie montée. Les vents contraires contraignirent à rentrer au port l'une des corvettes ayant reçu de grandes avaries. Pendant ce temps, le *Suffren* et les deux frégates qui l'accompagnaient étaient arrivés en vue d'Ancône. Pour faire les préparatifs du débarquement, on attendit la nuit. Il s'effectua sans difficultés. A trois heures du matin, une partie des troupes descendues à terre marcha sur la ville. Les portes étaient fermées. A une sommation de les ouvrir, faite par le colonel Combes, on répondit par un refus formel. Aussitôt, agissant en vertu des instructions qu'il avait reçues, le colonel donna l'ordre de les enfoncer. Les sapeurs du 66ᵉ, aidés d'un certain nombre de matelots, parvinrent en peu de temps à en briser une à coups de hache. Les Français entrèrent dans ses murs; ils coururent aux différents postes et les désarmèrent. Au point du jour, toute la ville était en leur pouvoir. Au même instant s'effectuait le débarquement général des troupes. A la tête d'un bataillon, le colonel Combes se porta, vers midi, à la citadelle. A son approche, le commandant arbora le drapeau parlementaire. Des pourparlers eurent lieu, et il fut convenu que les soldats français seraient introduits en nombre égal aux troupes papales, et feraient le service concurremment avec ces dernières. Bientôt les couleurs de la France flottèrent au sommet des murailles à côté de la bannière du chef de l'Église catholique. Tout était ainsi disposé quand arriva le général Cubières. Dans une

proclamation pleine de modération et de convenance, il exposa les intentions toutes pacifiques du gouvernement français. Il s'efforça ensuite de
calmer, à force de bons procédés, l'irritation qu'avait pu causer au
Saint-Siége une mesure nécessaire. Malgré ces prévenances, le souverain pontife se fâcha, donna des ordres pour faire sortir de la ville les
troupes et les autorités, transféra à Osimo le gouvernement de la province,
et fit enlever de tous les édifices d'Ancône les emblèmes de l'autorité papale. En même temps, par l'intermédiaire du nonce apostolique, il fit faire
à Paris d'énergiques réclamations. Le gouvernement de Louis-Philippe
tint bon, et ce ne fut qu'en 1837, alors que les Autrichiens eurent évacué
les États du pape et les Légations, que les troupes françaises furent retirées
d'Ancône.

Dans cette occupation, le corps expéditionnaire fit honneur à l'armée
par sa bonne tenue, sa rigoureuse discipline et sa conduite pleine d'égards
pour les habitants.

---

## SIÈGE DE ROME EN 1849.

En juin 1848, un horrible soulèvement provoqué surtout par la misère,
suite de l'anéantissement du travail, déchira le sein de la patrie. Nous ne
nous prêterons point à raconter ces scènes douloureuses de la plus épouvantable guerre civile qui ait ensanglanté les annales de l'humanité. Quelles
ont été, outre la faim, les causes de cette sombre insurrection ? Il vaut
mieux les couvrir d'un voile que de les rechercher. Quoi qu'il en soit, les
principaux généraux des guerres d'Afrique se retrouvèrent à Paris, combattant contre les insurgés. Dans cette lutte, Négrier, Duvivier, Damesme,
Bourgond, Bréa versèrent leur sang et laissèrent leur vie. Cavaignac fut
nommé chef du Pouvoir exécutif. En Algérie, le reste de l'année 1848
s'écoula sans autres événements que l'apparition et la reddition d'un
nouveau prophète soldat nommé Muley-Mohammed, et une expédition sans
grande importance dans la Kabylie. Le 10 décembre 1848, Louis-Napoléon
Bonaparte fut élu président de la République.

Des événements graves avaient appelé sur l'Italie l'attention du gouvernement français. Le pape avait été renversé par une révolution, et l'on
avait établi à Rome la république. En prévision d'une intervention probable dans les États pontificaux, des brigades avaient été formées à Marseille.

Bientôt la situation s'étant compliquée, ces brigades furent renforcées et organisées en un corps qui prit le nom de *corps expéditionnaire de la Méditerranée.* En voici la composition : *État-major général* : général en chef, Oudinot de Reggio, général de division ; chef d'état-major : Lebarbier de Tinan, colonel d'état-major ; sous-chef d'état-major : De Montesquiou Fezensac, chef d'escadron d'état-major ; aide-de-camp : Espivant de Ville-boinet, chef d'escadron d'état-major ; officier d'ordonnance : Oudinot de Reggio, capitaine d'infanterie ; commandant de l'artillerie : Thiry, général de brigade ; commandant du génie : Vaillant, général de division ; intendance : Pâris de Bolladière, intendant militaire ; service de santé : Finot, médecin ordinaire de 1re classe. — 1re *division.* Commandant : Regnaud de Saint-Jean-d'Angely, général de division ; chef d'état-major : De Vaudrimey-Davout, lieutenant-colonel ; aide-de-camp : Durand de Viller, capitaine. — 1re *brigade.* Commandant : Mollière, général de brigade ; 1er bataillon de chasseurs à pied ; 26e régiment de ligne ; 33e de ligne. — 2e *brigade.* Formée par la brigade de cavalerie. — 2e *division.* Commandant : Rostolan, général de division ; chef d'état-major : Lebrun, chef d'escadrons d'état-major ; aide-de-camp : Soitont, capitaine d'état-major. — 1re *brigade.* Commandant : Levaillant (Charles), général de brigade ; 22e léger ; 32e de ligne ; 66e de ligne. — 2e *brigade.* Commandant : Chadeysson, général de brigade ; 16e léger ; 17e de ligne ; 20e de ligne. — 3e *division.* Commandant : de Guesviller, général de division ; chef d'état-major : de Tilly, lieutenant colonel d'état-major ; aide-de-camp : Boucher de Morlaincourt, capitaine d'état-major. — 1re *brigade.* Commandant : Levaillant (Jean), général de brigade ; 36e de ligne ; 53e de ligne ; 68e de ligne. — 2e *brigade.* Commandant : Sauvan, général de brigade ; 13e léger ; 13e de ligne. — TROUPES AUXILIAIRES : 3 batteries du 3e d'artillerie, 1 du 5e, 1 du 7e, 1 du 8e, 2 du 11e, 1 du 14e ; 1 compagnie de pontonniers ; 1 compagnie d'ouvriers d'artillerie ; 3 compagnies du 1er régiment du génie ; 3 compagnies du 2e du génie ; 2 compagnies du 4e escadron du train des parcs. — *Brigade de cavalerie.* Commandant : Morris, général de brigade ; 4 escadrons du 1er chasseurs à cheval ; 4 escadrons du 11e dragons.

Le 22 avril 1849, à sept heures du soir, la flottille expéditionnaire quitta le mouillage d'Hyères ; le 25 on arriva devant Civita-Vecchia ; à midi, du consentement des autorités et sans coup férir, la ville fut occupée par 1,800 hommes d'infanterie. Voici comment le message du président de la république Louis-Napoléon Bonaparte (9 juin 1849) explique l'intervention de la France dans les affaires de Rome : « Nous n'avions que trois partis à adopter : ou de nous opposer par les armes à toute espèce d'intervention et, dans ce cas, nous rompions avec toute l'Europe catholique, pour le seul intérêt de la République romaine que nous n'avions pas reconnue ; ou laisser les trois puissances coalisées (l'Autriche, l'Espagne, les Deux-Siciles)

rétablir à leur gré et sans ménagement l'autorité papale; ou bien enfin, exercer de notre propre mouvement une action directe et indépendante. Le gouvernement de la République adopta le dernier parti. Il nous semblait facile de faire comprendre aux Romains que, pressés de toutes parts, ils n'avaient de chances de salut qu'en nous; que si notre présence avait pour résultat le retour de Pie IX, ce souverain, fidèle à ses souvenirs, amènerait avec lui la réconciliation et la liberté; qu'une fois à Rome, nous garantissions l'intégrité du territoire en ôtant tout prétexte à l'Autriche d'entrer dans la Romagne. Nous pouvions même espérer que notre drapeau, arboré sans contestation au centre de l'Italie, aurait étendu son influence protectrice sur la Péninsule tout entière, dont aucune des douleurs ne peut nous trouver indifférents. L'expédition de Civita-Vecchia fut donc résolue de concert avec l'Assemblée nationale, qui vota les crédits nécessaires. Elle avait toutes les chances de succès. Les renseignements reçus s'accordent à dire qu'à Rome, excepté un petit nombre d'hommes qui s'étaient emparés du pouvoir, la majorité de la population attendait notre arrivée avec impatience. La simple raison devait faire croire qu'il en était ainsi, car entre notre intervention et celle des autres puissances, le choix ne pouvait être douteux. Un concours de circonstances malheureuses en décida autrement. Notre corps expéditionnaire peu nombreux, car une résistance sérieuse n'était pas prévue, débarqua à Civita-Vecchia, et le gouvernement est instruit que s'il eût pu arriver à Rome le même jour, on lui en aurait ouvert les portes avec joie; mais pendant que le général Oudinot notifiait son arrivée au gouvernement de Rome, Garibaldi y entrait à la tête d'une troupe formée de réfugiés de toutes les parties de l'Italie et même du reste de l'Europe, et sa présence, on le conçoit, accrut subitement la force du parti de la résistance. Le 30 avril, 6,000 de nos soldats se présentèrent sous les murs de Rome. Ils furent reçus à coups de fusil, quelquesuns même, attirés dans un piége, furent faits prisonniers. Nous devons tous gémir du sang répandu dans cette triste journée. Cette lutte inattendue, sans rien changer au but final de notre entreprise, a paralysé nos intentions bienveillantes et rendu vains les efforts de nos négociations. »
Les négociations furent longues et infructueuses; pendant ce temps, le corps expéditionnaire avait été renforcé, et le 30 mai, les troupes françaises occupaient le Mont-Sacré qui domine une partie de la ville. Afin de pouvoir commencer les travaux du siége, on se résolut à chasser les Romains de la villa Panfili, de l'église de San-Pancrazio, des villas Corsini et Valentini. Deux fortes colonnes, commandées par les généraux Mollière et Levaillant (Jean), reçurent l'ordre de les enlever. L'attaque eut lieu avec une vigueur qui ne trouva d'égale que dans la défense; cependant les positions restèrent aux Français et l'on put commencer le siége. Le 4 juin, à huit heures du matin, la tranchée fut ouverte à 300 mètres environ de l'enceinte.

La première parallèle était terminée dans la journée du 5, et, dans la nuit du 5 au 6, armée de batteries. Le 8 juin, on continua le cheminement vers la place. Le feu habilement dirigé de l'ennemi ne cessa d'inquiéter les travailleurs; mais leur sang-froid et leur intrépidité triomphèrent de tous les obstacles, ils parvinrent à établir les batteries, les places d'armes et les cheminements nécessaires. Pendant la nuit du 10, on déboucha de la partie gauche de San-Pancrazio pour faire une seconde parallèle : au centre, le cheminement de la place d'armes, sur la droite de la batterie qui devait ruiner le bastion n° 7, fut étendu, et on arriva à 120 mètres de l'enceinte. A droite, une sape double fut poussée sur les escarpements qui dominent la vallée du Tibre, et l'on commença la batterie n° 5, destinée à jouer le rôle de contre-batterie et de batterie de brèche contre le bastion n° 7; au matin du 11, elle était couverte. Le travail des plates-formes et des magasins à poudre fut terminé dans la journée.

Dans les premiers jours du siége on avait établi un pont sur le Tibre, au milieu de San-Palo. Le 11, vers minuit, un brûlot fut lancé sur le Tibre; il se composait de trois barques remplies de poudre et de matières incendiaires. Les marins de garde l'ayant aperçu, deux boulets lancés du rivage changèrent sa direction, et il vint échouer sur la rive droite sans aucun accident pour les travaux. Dans la journée du 12, une sommation fut adressée au gouvernement romain; cette sommation étant demeurée sans effet, toutes les batteries commencèrent à tirer dans la journée du 13, environ 30 coups par pièces; la partie inférieure des bastions fut écrêtée, les défenseurs abandonnèrent les remparts, et l'artillerie de la place cessa son feu. Pendant ce temps, des colonnes mobiles parcouraient les deux rives du fleuve pour battre la campagne, intercepter les communications, arrêter les approvisionnements, et prendre toutes les dispositions de nature à inquiéter l'ennemi et à resserrer l'investissement. Du 13 au 14, la deuxième parallèle fut exécutée et reliée par un boyau de 54 mètres. Pendant cette même nuit, l'ennemi répara l'épaulement qui avait été démoli et le couronna de créneaux; la batterie de brèche tira 77 boulets de 24 et 70 de 16; la batterie de mortiers, 4 bombes par heure; la batterie n° 1, 4 coups d'obusiers et 10 de canons de 16; la batterie n° 2, 40 coups. Le feu de la place fut très-vif pendant la nuit du 14 au 15; on fit 80 mètres de place d'armes, à 60 mètres de la face droite du bastion n° 6, et environ 120 mètres de zig-zag pour la rallier à la deuxième parallèle. Une redoute fut établie à la villa Corsini; le feu de la batterie n° 4 fit taire la face droite du bastion n° 6 qui fut ruinée jusqu'au cordon; et le feu de la batterie n° 6 ruina également jusqu'au cordon la face gauche du bastion n° 7. La 3ᵉ parallèle fut commencée; le 15 juin l'ennemi eut la pensée de disputer aux troupes françaises la possession de Ponte-Molle, et de les refouler sur la rive droite du Tibre : il établit sur les hauteurs du Monte-Pariole plusieurs batteries d'ar-

tillerie, et se dirigea sur le Ponte-Molle. Le général Guesviller se porta au-
devant de l'ennemi, à la tête de la brigade Sauvan ; l'attaque eut lieu à la
baïonnette. Après une vive résistance, les troupes romaines furent refoulées
jusqu'à leurs pièces. Un grand nombre d'officiers et de soldats romains restèrent sur le champ de bataille. Le 16 au soir, le général Guesviller, résolu à
déloger entièrement l'ennemi, couronna les hauteurs du Monte-Pariole ;
mais elles venaient d'être abandonnées ; et les troupes françaises arrivèrent
sans brûler une amorce, jusqu'à la villa Borghèse. Ce mouvement donna
toute liberté d'action sur le Haut-Tibre. Les travaux continuèrent du 15
au 20. Le 21, à trois heures de l'après-midi, les généraux commandant
l'artillerie et le génie vinrent annoncer au général en chef que les brèches faites aux deux faces internes des bastions 6 et 7 et à la courtine qui
les reliait, seraient praticables le soir même. A neuf heures et demie du
soir, une compagnie de grenadiers et une de voltigeurs des 32e, 36e, 53e de
ligne forment trois colonnes d'attaque sous les ordres des chefs de bataillons de Cappe, Dantin et de Sainte-Marie. Elles s'élancent sur les brèches.
Reçues par un feu général auquel elles ne répondent pas, elles chargent
vigoureusement à la baïonnette, coupent la ligne de retraite de l'ennemi,
lui font quelques prisonniers et s'emparent de plusieurs caissons de poudre.
Derrière elles s'avancent les travailleurs, qui ferment par un épaulement
la gorge des bastions. En vain les troupes romaines font des efforts surhu-
mains et déploient le plus grand courage pour reprendre leurs positions ;
elles sont contraintes de battre en retraite devant la bravoure des soldats
qui leur sont opposés. A trois heures, l'ennemi ouvre, du haut des monts
Orio et San-Colo, un feu terrible ; mais un pli de terrain abrite et dérobe
les soldats français, tandis qu'au milieu d'une pluie de boulets, de mitraille et d'obus, l'artillerie s'occupe de construire les batteries de couron-
nement des brèches. Pendant ce temps, deux diversions étaient opérées,
l'une sous le commandement du général Guesviller, qui s'avance jusqu'auprès de la porte du Peuple, l'autre sous les ordres du lieutenant-colonel
Espinasse, qui attire à lui une grande partie des défenseurs de la ville, ce
qui permet enfin aux travailleurs d'achever leur dangereuse entreprise.
Le 22, on exécuta des communications couvertes en arrière des brèches,
et l'on commença, sur la gauche, un cheminement qui, partant de la villa
Corsini, serrait le bastion n° 8, dont la gorge, défendue par une artillerie
nombreuse, était difficilement abordable par l'intérieur de la place. Ce
cheminement fut relié au saillant du bastion n° 7. Du 23 au 24 juin on
donna de la consistance aux travaux, on établit des batteries nouvelles, de
façon à être en mesure d'éteindre promptement les feux de l'ennemi et à
faire taire les points qui offriraient encore de la résistance. Du 24 au 25, le
travail des batteries continua, on obtint un commencement de brèche sur la
face du bastion n° 9 Dans la journée du 28, un vigoureux combat d'artil-

lerie eut pour résultat d'ouvrir une brèche dans le flanc gauche du bastion n° 8, véritable forteresse qui communiquait par des tranchées et des caponnières à San-Pietro-di-Montorio ; le 29, l'assaut fut donné à ce bastion : quatre colonnes de trois compagnies d'élite furent désignées à ce sujet ; à deux heures et demie du matin, elles s'élancèrent ; tous les défenseurs accoururent, mais les feux qui se croisaient en cet étroit passage ne purent empêcher les soldats français de prendre pied sur le terre-plein et de gagner du terrain. Plusieurs officiers furent blessés. En même temps, une sortie, faite du bastion n° 7, enlève un grand retranchement, appuyé sur l'enceinte aurélienne ; on tue les défenseurs à coups de baïonnettes, et on lutte obstinément contre les maisons crénelées qui incommodent les attaques. Cependant, la défense s'opiniâtre sur ce point ; toutes les maisons qui ont vue sur le bastion se remplissent de tirailleurs, et l'ennemi s'avance en force pour reprendre le bastion. Alors, la réserve est engagée, les grenadiers du 36e poussent vigoureusement l'ennemi, le précipitent à coups de baïonnettes dans les pas-de-souris par-dessus l'escarpe, et s'emparent des maisons qui dominent la porte San-Pancrazio. Pendant ces combats, le général Guesviller avait tenté une diversion sur la porte du Peuple ; et ses batteries jetaient l'épouvante dans des quartiers qui se croyaient à l'abri de toute atteinte ; en même temps, les Romains tentaient une seconde fois, et avec autant d'inutilité que la première, de brûler le pont du mouillage Saint-Paul, et le général Sauvan détruisait la poudrière de Tivoli. Ainsi, sur tous les points à la fois, les troupes françaises obtenaient des avantages décisifs.

Les Romains comprirent l'impossibilité d'une défense plus longue ; la municipalité romaine chargea une députation de venir proposer au général Oudinot les conditions auxquelles aurait lieu la reddition de la place ; mais ces conditions n'étaient pas admissibles, et après quelques pourparlers, où les intentions du général en chef furent exposées, la députation consentit à lui livrer la ville sans capitulation, et à s'en remettre à sa parole. La prise de possession des portes eut lieu dans la nuit du 2 au 3 juillet et s'acheva le jour suivant. Garibaldi et les siens sortirent de Rome ; une brigade, lancée à leur poursuite, ne put les atteindre, mais les États pontificaux ne tardèrent pas à se soumettre à l'armée française. Ici s'arrête la partie militaire des événements de Rome. Le reste est du ressort de la diplomatie. Un corps d'occupation fut laissé dans les États romains ; il s'y trouve encore au moment où nous écrivons (mai 1856). Le mois de juin 1849 avait vu la mort du maréchal Bugeaud, succombant à une attaque de choléra.

# OPINIONS ET JUGEMENT

DE

## L'EMPEREUR NAPOLÉON I<sup>er</sup>

SUR

## L'ITALIE ET SES HABITANTS

---

### SUR L'ARMÉE D'ITALIE EN 1796.

J'ai trouvé cette armée non-seulement dénuée de tout, mais sans discipline, dans une insubordination perpétuelle. Le mécontentement était tel que les malveillants s'en étaient emparés ; l'on avait formé une compagnie du Dauphin et l'on chantait des chansons contre-révolutionnaires. J'ai fait traduire à un conseil militaire deux officiers prévenus d'avoir crié : « Vive le roi ! » Soyez sûr que la paix et l'ordre s'y rétabliront. (Œuvres de Napoléon, Lettre au Directoire, du 8 avril 1796.)

Toutes les ressources désormais ne pouvaient s'attendre que de la victoire. Ce n'était que dans les plaines d'Italie que l'on pouvait organiser les transports, atteler l'artillerie, habiller les soldats, monter la cavalerie. On conquérait tout cela, si l'on forçait l'entrée de l'Italie. L'armée française n'avait guère, à la vérité, que trente mille hommes, et on lui en présentait plus de quatre-vingt-dix mille ; si ces deux armées eussent eu à lutter dans une bataille générale, sans doute l'infériorité du nombre de l'armée française et son infériorité en artillerie et cavalerie ne lui eussent pas permis de résister ; mais ici on pouvait suppléer au nombre par la rapidité des marches ; à l'artillerie, par la nature des manœuvres ; au manque de cavalerie, par la nature des positions, et le moral de nos troupes était excellent. Tous les soldats avaient fait les autres campagnes d'Italie ou celles de Pyrénées. (Dicté par Napoléon à Sainte-Hélène.)

Je le dis avec une vraie satisfaction, il n'est point d'armée qui désire davantage la conservation de la constitution sacrée, seul refuge de la liberté et du peuple français. L'on hait ici et l'on est prêt à combattre les nouveaux révolutionnaires, quel que soit leur but. Plus de révolution, c'est l'espoir le plus cher du soldat. (Lettre au Directoire, 28 décembre 1796.)

### SUR LA PREMIÈRE CAMPAGNE D'ITALIE.

Ce fut un spectacle sublime que l'arrivée de l'armée sur les hauteurs du Montezemoto : de là elle découvrit les immenses et fertiles plaines du Piémont; le Pô, le Tanaro, une foule d'autres rivières serpentaient au loin ; cette ceinture blanche de neige et de glace, d'une prodigieuse élévation, ornait à l'horizon ce riche bassin de la terre promise. Ces gigantesques barrières qui paraissaient les limites d'un autre monde, que la nature s'était plu à rendre si formidables, auxquelles l'art n'avait rien épargné, venaient de tomber comme par enchantement. « Annibal a forcé les Alpes, dit Napoléon en fixant ses regards sur ces montagnes, nous, nous les avons tournées! » Phrase heureuse qui exprimait en deux mots la pensée et l'esprit de cette campagne. (*Mémoires de Napoléon.*)

### HEUREUX EFFETS DE LA PREMIÈRE CAMPAGNE D'ITALIE.

Les savants, dans Milan, n'y jouissaient pas de la considération qu'ils devaient avoir retirée dans le fond de leur laboratoire; ils s'estimaient heureux que les rois et les prêtres voulussent bien ne pas leur faire de mal. Il n'en est pas ainsi aujourd'hui, la pensée est devenue libre dans l'Italie; n'y a plus ni inquisition, ni intolérance, ni despotes. (OEuvres de Napoléon, Lettre au citoyen Oriani, du 24 mai 1796.)

### LES LÉGIONS DE L'ARMÉE D'ITALIE EN 1797.

La confiance que les différents peuples qui ont vu de près l'armée d'Italie ont dans sa bonne discipline, et l'esprit de justice qui anime les officiers et les soldats, est un des fruits les plus doux d'une bonne conduite qui leur assure un titre plus sûr à la reconnaissance de l'humanité que les victoires qu'ils ont remportées. (Lettre au Directoire, du 20 mai 1797.)

L'armée d'Italie a procuré quarante millions à la République, indépendamment de l'équipement, de l'habillement, de la solde et de tout l'entretien d'une des premières armées de la République; mais la postérité en feuilletant l'histoire des siècles qui nous ont précédé, observera de cela qu'il n'y a aucun exemple. Qu'on ne s'imagine pas que cela ait pu se faire sans imposer des privations à l'armée d'Italie, elle en a souvent éprouvé ; mais je savais que les autres armées, que notre marine, que le gouvernement avaient de plus grands besoins encore. (Lettre au ministre des finances, du 3 septembre 1797.)

### DES AUXILIAIRES DE L'ARMÉE FRANÇAISE EN ITALIE.

Je n'ai point eu depuis que je suis en Italie pour auxiliaire l'amour des peuples pour la liberté et l'égalité, ou du moins cela a été un auxiliaire très-faible. Mais la bonne discipline de l'armée, le grand respect que nous avons tous eu pour la République, surtout une grande activité et une grande promptitude à réprimer les malintentionnés et à punir ceux qui se déclaraient contre nous : tel a été le véritable auxiliaire de l'armée d'Italie. Voilà l'historique. (Lettre au ministre des relations extérieures, du 7 octobre 1797.)

### SUR L'IMMORALITÉ DES ADMINISTRATIONS DE L'ARMÉE D'ITALIE ET DES MOYENS DE LA RÉPRIMER.

Plus j'approfondis, dans mes moments de loisir, les plaies incurables des administrations de l'armée d'Italie, plus je me convaincs de la nécessité d'y porter un remède prompt et infaillible. La comptabilité de l'armée est dans un désordre frappant; tout se vend; les principales actrices d'Italie sont entretenues par les employés de l'armée française; le luxe, la dépravation et la malversation sont à leur comble; les lois sont insuffisantes, il n'y a qu'un seul remède, il est à la fois analogue à l'expérience, à l'histoire et à la nature du gouvernement républicain : c'est une syndicature; magistrature qui serait composée d'une ou de trois personnes, dont l'autorité durerait seulement trois ou cinq jours, et qui pendant ce court espace aurait le droit de faire fusiller un administrateur quelconque de l'armée; cette magistrature, envoyée tous les ans aux armées, ferait que tout le monde ménagerait l'opinion publique et garderait une certaine décence, non-seulement dans les mœurs et dans la dépense, mais encore dans le service journalier. (Lettre au Directoire, le 6 janvier 1797.)

### SUR LA RÉVOLUTION ITALIENNE EN 1796.

Bologne, Modène, Reggio et Ferrare se sont réunis en congrès; l'enthousiasme le plus vif et le patriotisme le plus pur les animent; déjà ils voient revivre l'ancienne Italie; leur imagination s'enflamme, leur patriotisme se remue et les citoyens de toutes les classes se serrent; je ne serais pas étonné que ce pays-ci et la Lombardie, qui forment une population de deux à trois millions d'hommes produisissent vraiment une grande secousse dans toute l'Italie; la révolution n'a pas ici le même caractère qu'elle a eu chez nous; d'abord parce qu'elle n'a pas les mêmes obstacles à vaincre, et parce que l'expérience a éclairé les habitants. (Lettre au Directoire, le 17 octobre 1796.)

Dans toutes les circonstances, je ferai tout ce qui sera en mon pouvoir pour vous donner des preuves du désir que j'ai de voir se consolider votre liberté et de voir la misérable Italie se placer enfin avec gloire, libre et indépendante des étrangers, sur la scène du monde, et reprendre parmi les grandes nations le rang auquel l'appellent la nature, sa position et le destin. (A la municipalité de Venise, le 26 mai 1797.)

J'espère que le bien inestimable de la liberté donnera à ce peuple une énergie nouvelle et le mettra dans le cas d'aider puissamment la République française dans les guerres futures que nous pourrons avoir. (OEuvres de Napoléon, Lettre au Directoire, 8 mai 1799.)

Que l'on ne s'exagère pas l'influence des prétendus patriotes cisalpins et génois, et que l'on se convainque bien que si nous retirons d'un coup de sifflet notre influence morale et militaire, tous ces prétendus patriotes seraient égorgés par le peuple. Il s'éclaire tous les jours et il s'éclairera bien davantage ; mais il faut le temps et un long temps. (Lettre au ministre des relations extérieures, du 26 septembre 1797).

### SUR LES PEUPLES D'ITALIE EN 1797.

La révolution gagne véritablement toutes les têtes en Italie, mais il faudrait encore bien du temps pour que les peuples de ce pays pussent devenir guerriers et offrir un spectacle sérieux. (Lettre au Directoire, le 24 mars 1797).

L'opinion publique en France s'égare étrangement sur les Italiens. Il faudrait être un législateur habile pour leur faire venir le goût des armes. C'est une nation bien énervée et bien lâche. J'emploie tout mon talent à les échauffer et à les aguerrir, et je ne réussis tout juste qu'à contenir et à disposer ces peuples dans leurs bonnes intentions. (Lettre au ministre des relations extérieures, du 7 octobre 1897.)

### CONSEILS AUX ITALIENS.

Si les Italiens d'aujourd'hui sont dignes de recouvrer leurs droits et de se donner un gouvernement libre, l'on verra un jour leur patrie figurer glorieusement parmi les puissances du globe ; mais n'oubliez pas que les lois ne sont rien sans la force. Votre premier regard doit se porter sur votre organisation militaire. La nature vous a tout donné, et, après l'unité et la sagesse, il ne vous manque plus, pour atteindre au but, que d'avoir des bataillons aguerris et animés du feu sacré de la patrie. (Lettre au président du congrès cispadan, le 3 janvier 1797.)

#### INFLUENCE DES PREMIÈRES CAMPAGNES D'ITALIE SUR LES MŒURS ITALIENNES.

Dès ce moment, les mœurs italiennes changèrent. Quelques années après, ce n'était plus la même nation. La soutane, qui était l'habit de mode pour les jeunes gens, fut remplacée par l'uniforme ; au lieu de passer leur vie aux pieds des femmes, les jeunes Italiens fréquentèrent les manéges, les salles d'armes, les champs d'exercice ; les enfants ne jouaient plus à la chapelle, ils avaient des régiments de fer-blanc et imitaient dans leurs jeux les événements de la guerre. Dans les comédies, dans les farces des rues, on avait toujours représenté un Italien bien lâche, quoique spirituel, et une espèce de gros capitan quelquefois français et le plus souvent allemand, bien fort, bien brave, bien brutal, finissant par administrer quelques coups de bâton à l'Italien aux grands applaudissements des spectateurs ; le peuple ne souffrit plus de pareilles allusions : les auteurs mirent sur la scène, à la satisfaction du public, des Italiens braves faisant fuir des étrangers pour soutenir leur honneur et leurs droits.

L'esprit national s'était formé. L'Italie avait ses chansons à la fois patriotiques et guerrières ; les femmes repoussaient avec mépris les hommages des hommes qui pour leur plaire affectaient des mœurs efféminées. (*Mémoires de Napoléon.*)

#### SUR LE PLAN DE LA TROISIÈME CAMPAGNE D'ITALIE DITE DE MARENGO.

Le quartier général de l'armée autrichienne était à Turin ; mais la moitié des forces ennemies était devant Gênes, et l'autre moitié était supposée et était effectivement en chemin pour venir par le col de Tende renforcer les corps qui étaient à Turin. Dans cette circonstance, quel parti prendra le premier consul ? Marchera-t-il sur Turin pour en chasser Mélas, se réunir avec Turreau, et se trouver ainsi assuré de ses communications avec la France et avec ses arsenaux de Grenoble et de Briançon ? jettera-t-il un pont à Chivasso, profitant des barques que la Fortune a fait tomber dans son pouvoir, et se dirigera-t-il à tire-d'aile sur Gênes pour débloquer cette place importante? ou bien, laissant Mélas sur ces derrières, passera-t-il la Sésia, le Tessin, pour se porter sur Milan et sur l'Adda, faire sa jonction avec le corps de Moncey, composé de 15,000 hommes, qui venait de l'armée du Rhin et qui avait débouché par le Saint-Gothard? Dans ces trois partis, le premier était contraire aux vrais principes de la guerre, puisque Mélas avait des forces assez considérables avec lui ; l'armée française courait donc la chance de livrer une bataille n'ayant pas de retraite assurée, le fort de Bard n'étant pas encore pris. D'ailleurs si Mélas abandonnait Turin et se portait sur Alexandrie, la campagne était manquée, chaque armée se trouvait dans une position naturelle : l'armée française, appuyée au Mont-Blanc et au Dauphiné, et celle de Mélas aurait eu sa gauche à Gênes et derrière elle les places de Mantoue, Plaisance et Milan. Le deuxième parti ne paraissait pas praticable : comment s'aventurer au milieu d'une armée aussi puissante que l'armée autrichienne entre le Pô et Gênes sans avoir aucune ligne d'opération, aucune retraite assurée? Le troisième parti, au contraire, offrait tous les avantages : l'armée française maîtresse de Milan, on s'emparait de tous les magasins, de tous les dépôts, de tous les hôpitaux de l'armée ennemie; on se joignait à la gauche que commandait le général Moncey; on avait une retraite assurée par le Simplon et le Saint-Gothard. Le Simplon conduisait sur le Valais et sur Sion, où l'on avait dirigé tous les magasins de vivres pour l'armée; le Saint-Gothard conduisait sur la Suisse, dont nous étions en possession depuis deux ans, et que couvrait l'armée du Rhin, alors sur l'Iller. Dans cette position, le général français pouvait agir selon sa volonté; Mélas marchait-il avec son armée réunie de Turin sur la Sésia et le Tessin, l'armée française pouvait lui livrer bataille avec l'immense avantage que, si elle était victorieuse, Mélas, sans retraite, serait poursuivi et jeté en Savoie, et, dans le cas où l'armée française serait battue, elle se retirait par le Simplon et le Saint-Gothard.

Si Mélas, comme il était naturel de le supposer, se dirigeait sur Alexandrie pour s'y réunir à l'armée qui venait de Gênes, on pouvait espérer, en se portant à sa rencontre, en passant le Pô, de le prévenir et de lui livrer bataille, l'armée française ayant ses derrières assurés sur le fleuve et Milan, le Simplon et le Saint-Gothard; tandis que l'armée autrichienne, ayant sa retraite coupée et n'ayant aucune communication avec Mantoue et l'Autriche, serait exposée à être jetée sur les montagnes de la rivière de Ponent, et entièrement détruite ou prise au pied des Alpes, au col de Tende et dans le comté de Nice. Enfin, en adoptant le troisième parti et une fois maître de Milan, il convenait au général français de laisser passer Mélas et de rester entre le Pô, l'Adda et le Tessin; il avait ainsi sans bataille reconquis la Lombardie et le Piémont, les Alpes maritimes, la rivière de Gênes, et fait lever le blocus de cette ville : c'étaient des résultats assez beaux. (*Mémoires de Napoléon.*)

### CE QUE DEVAIENT FAIRE LES ITALIENS EN 1802.

Vous n'avez que des lois particulières, il vous faut des lois générales; votre peuple n'a que des habitudes locales, il faut qu'il prenne des habitudes nationales; enfin vous n'avez point d'armées, les puissances qui pourraient devenir vos ennemies en ont de fortes; mais vous avez ce qui peut les produire, une population nombreuse, des campagnes fertiles et l'exemple qu'a donné, dans toutes les circonstances essentielles, le premier peuple de l'Europe. (Discours aux départements de la république cisalpine, 26 janvier 1802.)

### SUR LA BELLE CONDUITE DES TROUPES D'ITALIE EN 1809.

Les troupes du royaume d'Italie se sont couvertes de gloire. Leur belle conduite a sensiblement touché le cœur de l'Empereur; elles sont, à la vérité, composées, pour la plupart, des corps formés par Sa Majesté pendant la campagne de l'an v. Les vélites italiens sont aussi sages que braves; ils n'ont donné lieu a aucune plainte, et ils ont montré le plus grand courage. Depuis les Romains, les peuples d'Italie n'avaient pas fait la guerre en Espagne; depuis les Romains, aucune époque n'a été si glorieuse pour les armes italiennes. (26ᵉ bulletin, du 7 janvier 1809.)

Les régiments d'Italie qui s'étaient distingués en Pologne et qui avaient rivalisé d'intrépidité dans la campagne de Catalogne avec les plus vieilles bandes françaises se sont couverts de gloire dans toutes les affaires. Les peuples d'Italie marchent à grands pas vers le dernier terme d'un heureux changement. Cette belle partie du continent, où s'attachent tant de grands et d'illustres souvenirs, que la cour de Rome, que cette nuée de moines, que ses divisions avaient perdur, reparaît avec honneur sur la scènede l'Europe. (13ᵉ bulletin, du 28 mai 1809.)

### INFLUENCE DE LA CONFIGURATION DE L'ITALIE SUR LES DESTINÉES DE CE PAYS.

La configuration singulière de la presqu'île italienne a incontestablement contribué aux destinées de ce beau pays. Si la presqu'île, au lieu de quarante à cinquante lieues de large, avait eu quatre-vingt-dix ou cent lieues et avait été moins longue de moitié, le point central aurait été plus rapproché de toutes les extrémités; les intérêts seraient devenus plus communs, la nation répandue sur de petites distances aurait eu plus d'uniformité, elle aurait lutté avec plus d'avantage contre les actes qui tendaient à la morceler, et la force d'adhérence qui a constitué la France, l'Angleterre, l'Espagne, eût également agi sur l'Italie.

Tant que l'Italie a été livrée à elle-même ou que l'influence de l'Allemagne et de la France n'a été qu'auxiliaire et n'a pas tout maîtrisé, l'Italie s'est divisée en trois masses qui sont les divisions géographiques naturelles.

1° Au nord, la vallée du Pô, comprenant tous les pays qui versent les eaux dans le Pô. Ils sont sur un même niveau et peuvent communiquer entre eux. C'est la Belgique et la Hollande de l'Italie, et Venise est l'Amsterdam. Ils comprennent : le Piémont, la Lombardie, les légations et la république de Venise.

2° Au milieu de la Péninsule, d'un côté la Toscane et les États du pape à l'ouest de l'Apennin : c'est la vallée de l'Arno et du Tibre; de l'autre, tous les pays situés à l'est de l'Apennin, entre la vallée du Pô et la frontière napolitaine ; en totalité, ils comprennent le grand-duché de Toscane, les États de l'Église et la république de Lucques.

3° Enfin au midi, le royaume de Naples, qui a toujours fait une division géographique et politique distincte.

Dans cette définition, la Romagne doit faire partie de l'Italie du nord, parce que c'est une plaine qui continue la plaine du Pô. Mais toute cette grande population professant la même religion, jouissant également des douceurs d'un climat très-tempéré, ayant le même langage, la même littérature, doit s'influencer réciproquement et finir par s'agglomérer comme l'ont fait les divers royaumes britanniques, les diverses provinces de l'Espagne, celles de la France ; comme le feront peut-être un jour celles de l'Allemagne. Les parties italiennes ont eu et ont encore plus de choses communes entre elles que n'en avaient toutes celles-là. Si jamais ce grand événement avait lieu, quelle serait la capitale ? L'Italie, par sa configuration, n'a pas de ville centrale; serait-ce Rome, Milan, Bologne ou Florence? Gênes ni Venise ne sauraient y prétendre, elles sont trop aux extrémités.

1° Rome par ses souvenirs, par ce qu'elle est déja et par sa position pourrait espérer de redevenir encore la capitale de cette belle contrée ; elle se trouverait à cent trente lieues de tous les points de la frontière des Alpes où l'Italie peut être attaquée par la France ou l'Allemagne; elle serait à cent lieues des extrémités méridionales du royaume de Naples et des côtes de la Sicile, un peu moins de celles de la Sardaigne. Paris, la capitale de la France, est à soixante lieues de ses frontières du nord, à quarante lieues de la Manche, à cent lieues du golfe de Gascogne et à cent cinquante lieues de la Méditerranée. La malsaineté de l'air, l'infertilité de ses environs, le manque d'un grand port et d'une rade à portée seraient les grands défauts de Rome prise pour capitale.

2° Si l'Italie finissait avec les duchés de Parmes Plaisance et Guastalla, c'est-à-dire si elle ne comprenait que la vallée du Pô et n'avait point de presqu'île, alors Milan serait sa capitale naturelle ; encore serait-ce un grand défaut que cette ville ne pût avoir la ligne du Pô pour se défendre contre les invasions de l'Allemagne. Mais dans l'agglomération du peuple italien, Milan ne saurait devenir sa capitale étant trop rapprochée des frontières de l'invasion et trop éloigné des autres extrémités exposées au débarquement.

3° Dans ce dernier cas, Bologne serait infiniment préférable, parce que, dans le cas de l'invasion, les frontières forcées, elle aurait encore pour défense la ligne du Pô, et que sa position géographique, ses canaux, la mettent en communication immédiate ou prompte avec le Pô, Livourne, Gênes, Civita-Vecchia, les ports de la Romagne, Ancône et Venise, et qu'elle est beaucoup plus rapprochée des côtes de Naples.

4° Si l'Italie finissait au royaume de Naples, et que partie de Naples et de la Sicile pût venir remplir le vide qui la sépare de la Corse, alors seulement Florence pourrait prétendre à être la capitale de l'Italie, parce qu'elle se trouverait dans une position centrale. (Dicté par Napoléon à Sainte-Hélène.)

### AVENIR DE L'ITALIE.

L'Italie, isolée dans ses limites naturelles, séparée par la mer et par de très-hautes montagnes du reste de l'Europe, semble être appelée à former une grande et puissante nation, mais elle a, dans sa configuration géographique, un vice capital que l'on peut considérer comme la cause des malheurs qu'elle a essuyés et du morcellement de ce beau pays en plusieurs monarchies ou républiques indépendantes. Sa longueur est sans proportion avec sa largeur. Si l'Italie eût été bornée par le mont Vellino, c'est-à-dire à peu près à la hauteur de Rome, et que toute la partie de terrain comprise entre le mont Vellino et la mer d'Ionie, y compris la Sicile eût été jetée entre la Sardaigne, la Corse, Gênes et la Toscane, elle eût eu un centre près de tous les points de la circonférence ; elle eût eu une unité de rivière, de climat et d'intérêts locaux ; mais, d'un côté, les trois grandes îles qui sont un tiers de sa surface et qui ont des intérêts, des positions, et sont dans des circonstances isolées ; d'un autre côté, cette partie de la Péninsule au sud du mont Vellino et qui forme le royaume de Naples sont étrangères aux intérêts, au climat et aux besoins de toute la vallée du Pô. Ainsi, pendant que les Gaulois passaient les Alpes cottiennes, 600 ans avant Jésus-Christ, et s'établissaient dans la vallée du Pô, les Grecs débarquaient sur les côtes méridionales par la mer Ionienne et fondaient les colonies de Tarente, de Salente, de Crotone, de Sabaryte, États qui furent connus sous le nom générique de Grande-Grèce. Rome, qui subjuga et la Gaule et la Grèce, rangea toute l'Italie sous ses lois quelques siècles après Jésus-Christ. Lorsque le siége des empereurs fut transporté à Constantinople, les Barbares passèrent l'Isonzo et l'Adige et fondèrent divers États ; le trône de la puissante monarchie des Lombards s'établit à Paris. Les flottes de Constantinople maintinrent la domination impériale sur les côtes de la partie méridionale ; plus tard, les rois de France pénétrèrent souvent en Italie par les Alpes cottiennes, et les empereurs d'Allemagne par les Alpes cottiennes et rhétiennes. Les papes opposèrent ces princes les uns aux autres et se maintinrent par cette politique dans une espèce d'indépendance et aussi à la faveur des divisions et de l'anarchie qui s'établirent dans les villes ; mais quoique le sud de l'Italie soit, par sa situation, séparé du nord, l'Italie est une seule nation et l'unité des mœurs, de langage, de littérature, doit, dans un avenir plus éloigné, réunir ses habitants sous un seul gouvernement. (*Mémoires de Napoléon.*)

### INFLUENCE DE L'UNITÉ DE L'ITALIE SUR LE BONHEUR DE L'EUROPE.

Si la Péninsule était monarchique, le bonheur de l'Europe voudrait qu'elle formât une seule monarchie qui tiendrait l'équilibre entre l'Autriche et la France, et sur mer entre la France et l'Angleterre.

### SOUVENIRS D'ITALIE A SAINTE-HÉLÈNE.

Quels souvenirs, quelle époque me rappelle cette belle Italie ! Je touche encore au moment où je pris le commandement de l'armée qui la conquit; j'étais jeune, plein de vivacité, d'ardeur, j'avais la conscience de mes forces, je bouillais d'entrer en lice, j'avais donné des gages, on ne contestait pas mon aptitude; mais mon âge déplaisait à ces vieilles moustaches qui avaient blanchi dans les combats. Je m'en aperçus et sentis la nécessité de racheter ce désavantage par une sévérité de principes que je ne démentis jamais. Il me fallait des actions d'éclat pour me concilier l'affection et la confiance du soldat : j'en fis. Nous marchâmes, tout s'éclipsa à notre approche. Mon nom était aussi cher aux peuples qu'aux soldats : ce concert d'hommages me toucha ; je devins insensible à tout ce qui n'était pas la gloire. L'air retentissait d'acclamations sur mon passage : tout était à ma disposition, tout était à mes pieds ; mais je ne voyais que mes braves, la France et la postérité.

(ANTOMARCHI.)

## EUGÈNE (BEAUHARNAIS).

Né à Paris, le 3 déc. 1781; duc de Leuchtenberg; vice-roi d'Italie; mort le 12 fév. 1824

**Bataille de la Moskowa.**

# BATAILLES ET COMBATS

## LIVRÉS PAR LES FRANÇAIS EN ITALIE

### DE 1795 A 1815.

---

### 1795. BATAILLE DE LOANO.

Du commandement de l'armée des Pyrénées-Orientales, le général Schérer venait de passer au commandement de l'armée d'Italie. Il la trouva dans le plus complet dénûment, sans pain et sans souliers, mais pleine d'énergie et de confiance. Sa misère n'avait point affecté son moral, et elle demandait le combat, à grands cris, pour sortir à tout prix de sa détresse, et pour arracher à l'ennemi les vivres et les objets d'équipement dont elle manquait ; c'étaient d'ailleurs de vieilles et bonnes troupes, faites au feu. Aussi le général en chef, quoique les renforts qu'il avait amenés de l'armée des Pyrénées-Orientales lui eussent à peine complété une masse de trente-cinq mille combattants, ne craignit pas d'attaquer l'armée austro-sarde, forte de plus de cinquante-cinq mille hommes, et occupant des positions excellentes. Comme il ne connaissait point le terrain sur lequel il allait avoir à agir, Schérer eut le bon esprit de réunir, en conseil de guerre, les généraux qui commandaient sous lui et qui avaient la pratique des lieux, et de leur demander, en quelque sorte, le plan de la bataille qu'il voulait livrer, pour inaugurer sa prise de commandement. Masséna était, sans contestation, le plus habile de ces généraux ; ce fut lui qui dicta le plan, dont l'exécution amena la belle victoire de Loano.

L'armée austro-sarde avait sa gauche appuyée à la mer, et sa droite aux montagnes : un ravin profond la séparait de l'armée française, rangée parallèlement, avec sa droite à la mer et sa gauche sur les hauteurs. Une ligne formidable de fortifications et cent pièces de canon couvraient le front des Autrichiens. Masséna proposa d'enfoncer le centre des ennemis, et, après l'avoir percé, de se replier en arrière sur son aile gauche et de l'écraser. Pour prix de cette conception hardie, il demandait à conduire l'attaque du centre, dont l'exécution devait être assurée par une fausse attaque, faite sur l'aile droite des ennemis, pour la forcer à garder ses positions, et pour l'empêcher de secourir le centre, et par une attaque plus vive sur l'aile droite, qui serait dirigée, dans le même but, par le général Schérer. Ce plan de Masséna fut adopté dans toutes ses parties. Au point du jour, Masséna lança ses colonnes contre le centre des ennemis. Elles enlevèrent les positions malgré les difficultés du terrain, malgré les feux plongeants de l'artillerie, et malgré la résistance opiniâtre des Autrichiens.

A quatre heures du soir, l'opération avait; réussi le centre des ennemis était enfoncé, et leur aile gauche gravement compromise. Cette aile gauche avait été vigoureusement attaquée et battue avec grandes pertes par Schérer, tandis que Masséna avait agi sur le centre. La position de cette division semblait désespérée. Masséna manœuvrait déjà sur son flanc droit et sur ses derrières; la mer la repoussait sur la gauche, et Schérer victorieux la pressait de front; elle allait être détruite lorsqu'il s'éleva un orage terrible, qui, fouettant les Français au visage, les contraignit de s'arrêter, et qui se prolongea jusqu'à la nuit. Au moment de cette halte forcée, les deux généraux français combinaient leurs mouvements pour envelopper l'ennemi. Pendant la nuit, les Autrichiens décampèrent, de sorte que le lendemain les vainqueurs purent à peine atteindre l'arrière-garde fugitive. Quoique cet accident atmosphérique eût enlevé aux Français le principal résultat qu'ils attendaient du succès de leur plan, en sauvant l'aile gauche des ennemis, la victoire n'en était pas moins complète; l'armée autrichienne, vivement poursuivie, avait été obligée de s'éparpiller pour fuir par les sentiers et par les défilés des montagnes. Son mouvement de retraite continua jusqu'à la vallée de la Bormida, où elle ne put qu'à grand'peine rallier ses divisions éparses et rompues. Les succès de Masséna contre le centre des Autrichiens et ceux de Schérer contre leur aile gauche, avaient compromis les Piémontais, par lesquels était formée l'aile droite de l'armée austro-sarde. Serrurier, qui commandait l'aile gauche française, après les avoir menés tambour battant, pendant trois jours, les obligea de se réfugier dans leur camp retranché de Céva. « Ainsi, dans cette circonstance mémorable, trente-deux mille Français sans cavalerie (elle fourrageait sur les rives du Rhône), sans pain, sans souliers et sans habits, avaient vaincu cinquante à soixante mille Autrichiens et Piémontais fournis de toutes les choses nécessaires à la vie et à la guerre, postés sur des montagnes escarpées, derrière des retranchements défendus par cent pièces de canon. Les résultats de cette brillante journée, dont Masséna pouvait avec raison revendiquer toute la gloire, furent immenses pour les Français. En effet, les ennemis, obligés d'abandonner aux vainqueurs toutes leurs positions et la plus grande partie de leur artillerie, laissèrent, en outre, sur le champ de bataille, quatre mille morts ou blessés, et cinq mille prisonniers, parmi lesquels on remarquait plus de deux cents officiers de tous grades. Les Français obtenaient encore l'avantage de se trouver maîtres de tout le pays occupé auparavant par les Austro-Sardes, et surtout de Finale, de

Vado et de Savone, lesquelles villes renfermaient tous les approvisionnements de guerre et de bouche de l'ennemi. La victoire de Loano ouvrait enfin aux Français le Milanais, et quand, l'année suivante, le général Schérer remit au jeune Bonaparte le commandement de cette brave armée, il put dire aussi qu'il lui remettait la clef de l'Italie, en le rendant l'héritier des avantages remportés à Loano. »

Le parti immense que Bonaparte tira de cette position a servi de preuve pour condamner l'inaction dans laquelle Schérer rentra après la journée de Loano. Il semblerait, en effet, que sa victoire aurait pu être plus fructueuse ; le gouvernement en jugea ainsi, puisqu'il lui ôta son commandement quelques mois après. Cependant, il y a peut-être injustice à prendre Bonaparte pour point de comparaison ; c'est vouloir rapetisser un général que de le mesurer sur le jeune vainqueur de l'Italie. De ce que Bonaparte a exécuté une campagne merveilleuse, il ne s'ensuit pas qu'elle fût exécutable par un autre que lui.

### 1796. BATAILLE DE MONTENOTTE.

Une formidable coalition menaçait la France ; elle était composée de l'Angleterre, de l'Autriche, du Piémont, du royaume de Naples, de la Bavière et de tous les petits États de l'Allemagne et de l'Italie, mais la France ne faisait réellement la guerre qu'à l'Autriche, et c'était en Italie qu'il fallait la chercher. Lorsque le général Bonaparte prit le commandement de l'armée qui semblait oubliée dans ce pays (23 février 1796), on sait qu'elle était dans un dénûment absolu : l'infanterie, composée d'environ 28,000 hommes, n'avait ni solde, ni habits, ni souliers ; la cavalerie ne comptait que 3,000 chevaux dans l'état le plus déplorable. Les arsenaux de Nice et d'Antibes étaient assez bien pourvus d'artillerie, mais on manquait de moyens de transport et l'on ne put atteler que douze pièces de campagne ; les subsistances étaient mal assurées, et depuis longtemps les soldats ne recevaient plus ni viande ni eau-de-vie ; enfin la pénurie du trésor et la rareté du numéraire étaient telles, que le Directoire n'avait pu réunir que deux mille louis pour cette campagne. La position empirait tous les jours, il fallait avancer ou reculer. La victoire seule pouvait, en lui ouvrant les portes d'Italie, offrir à l'armée toutes les ressources dont elle avait besoin ; mais l'Italie était défendue par les Alpes, par des places fortes et par des armées trois fois plus fortes que celles de la République. Les Autrichiens, sous les ordres de Beaulieu, comptaient plus de 60,000 combattants, et les Piémontais, commandés par le général autrichien Colli, présentaient plus de 30,000 hommes en ligne. Les places étaient gardées, et ces armées pouvaient encore se renforcer des troupes du pape, de Naples, de Parme et de Modène. L'abondance régnait dans les camps ennemis.

En présence de toutes ces difficultés, le général français aperçut, avec le coup d'œil du génie, quelles étaient ses ressources ; il avait sous ses ordres des généraux tels que Masséna, Augeréau, La Harpe, Serrurier, Joubert. Le moral de son armée était excellent.

Il sentit qu'il fallait suppléer au nombre par la rapidité des marches, à l'artillerie et à la cavalerie par la nature des positions. Il n'entrait point dans son plan de franchir les Alpes ; il voulait les tourner, pénétrer en Italie par les sources de la Bormida, surprendre et séparer les deux armées ennemies par des manœuvres inattendues, et étourdir les généraux autrichiens par des succès éclatants. A peine arrivé au quartier-général de Nice, Bonaparte passe en revue ses troupes et leur dit : « Soldats ! vous êtes nus, mal nourris ; on nous doit beaucoup, on ne peut rien nous donner. Votre patience, le courage que vous montrez dans ces rochers sont admirables, mais ils ne vous procurent aucune gloire. Je viens vous conduire dans les plus belles plaines du monde : de riches provinces, de grandes villes sont en notre pouvoir, et là vous aurez richesses, honneurs et gloire. Soldats d'Italie, manquerez-vous de courage ? » Cette proclamation est accueillie avec transport. L'armée s'ébranle et court se ranger sur son extrême droite. Serrurier arrive à Garezzio pour observer les camps du général Colli ; La Harpe occupe Voltri ; Masséna et Augereau sont en réserve à Loano, Finale et Savone. Le passage de l'ordre défensif à l'ordre offensif s'opère en moins de dix jours : Gênes est menacée. Le général Beaulieu alarmé court en toute hâte au secours de cette ville, porte son quartier-général à Novi, et partage son armée en trois corps afin de couper l'armée française et de lui couper la route de la Corniche ; il divise ainsi ses forces, tandis que les troupes françaises sont placées de manière à se réunir en peu d'heures et à tomber en masse sur chacun des corps ennemis séparés par des montagnes.

Dans la journée du 10 avril, le centre de l'armée ennemie, commandé par le général d'Argentau, avait pris position devant les redoutes de Mante-Legino, défendues par le général Rampon, et que l'ennemi se disposait à enlever le lendemain. Beaulieu avait débouché sur Gênes dans le dessein d'attaquer la division La Harpe à Voltri. Pendant la nuit du 10 au 11, les troupes françaises firent de grands mouvements ; la division La Harpe arriva à la pointe du jour derrière le général Rampon ; Bonaparte marcha avec les divisions Augereau et Masséna par le col de Cadibonne, et déboucha derrière Montenotte. Le centre de l'armée ennemi se trouva enveloppé. Les généraux Rampon et La Harpe l'attaquèrent en tête, Masséna et Augereau le prirent en queue et sur les flancs. La déroute fut complète :

tout ce corps fut écrasé, tandis que Beaulieu se présentait à Voltri, où il ne trouvait plus personne. Ce général n'apprit que le lendemain le désastre de Montenotte et l'entrée des Français en Piémont; il dut alors se hâter de replier ses troupes, mais les mauvais chemins, dans lesquels elles s'étaient engagées, en retardèrent une partie, qui ne put arriver à Millesimo que trois jours après.

Quinze cents ennemis laissés sur le champ de bataille, 2,500 prisonniers et plusieurs drapeaux furent le résultat de cette journée qui ouvrit avec éclat la première campagne du premier guerrier du monde.

### 1796. BATAILLE DE MILLESIMO.

Quelque avantageuse qu'eût été la bataille de Montenotte, l'ennemi avait trouvé dans sa supériorité numérique de quoi réparer les pertes de cette journée; il s'était retiré sur Millésimo et Dégo, afin de couvrir les deux grands débouchés du Piémont et du Milanais et recevoir les renforts que pourrait lui fournir la Lombardie; mais dès le 13 avril, la division Augereau, formant la gauche de l'armée française, poussa la droite de l'ennemi et lui enleva les gorges de Millesimo. Le lendemain, les deux armées en vinrent aux mains. Les généraux Masséna et La Harpe enlevèrent Dégo; Ménars et Joubert s'emparèrent des hauteurs de Bistro, et firent capituler le général autrichien Provera.

L'ennemi, vivement poursuivi dans les gorges de Spigno, y laissa une partie de son artillerie, beaucoup de drapeaux et de prisonniers.

La séparation des deux armées autrichienne et sarde fut dès lors complète.

Le général Beaulieu se porta à Acqui pour couvrir le Milanais, et le général Colli se retira sur Ceva pour garantir Turin.

Le lendemain (15 avril), l'alarme se répandit un instant au quartier général de l'armée républicaine; une division de grenadiers autrichiens presque égarée était arrivée sur les derrières de cette armée et s'était emparée de Dégo après en avoir chassé ses avant-postes; Dégo fut repris après deux heures d'un combat très-chaud et la division ennemie resta presque toute prisonnière.

C'est au village de Dégo, que Bonaparte distingua Lannes; il était alors chef de bataillon, et fut promu au grade de chef de brigade.

### 1796. BATAILLE DE MONDOVI.

Après la bataille de Millesimo et le combat de Dégo qui l'avait suivie (14 avril 1796), Bonaparte se contenta de tenir les Autrichiens en échec, afin de porter de plus grands coups aux Piémontais. Le général Beaulieu, très-affaibli, ne s'occupait qu'à rallier et à réorganiser son armée. A la suite de quelques légers engagements, le général Colli fut obligé d'évacuer le camp retranché de Ceva ainsi que les hauteurs de Montezomato ; il se retira derrière la Cursaglia, après avoir laissé toute son artillerie à Ceva, sous la protection du château. Le général français arriva bientôt à Ceva, l'armée passa le Tanaro, et déboucha ainsi dans les fertiles plaines du Piémont· Colli, placé au confluent de la Cursaglia et du Tanaro, sentit le danger de sa situation et alla prendre position à Mondovi. Les Français ne tardèrent pas à l'y joindre ; le général Serrurier enleva la redoute de la Bicoque ; le général Steingel, ayant sous ses ordres la cavalerie, chargea l'ennemi en plaine et y trouva une mort glorieuse ; Murat, qui était alors colonel, le remplaça et poursuivit les Piémontais. La ville de Mondovi et tous ses magasins tombèrent au pouvoir des Français ; l'abondance fit cesser tous les désordres qu'entraîne la disette, et permit de rétablir une discipline sévère.

La prise de Chérasque suivit de près la victoire de Mondovi. Les Français n'étaient plus qu'à 10 lieues de Turin ; la cour de Sardaigne effrayée demanda un armistice, qui fut accordé à Chérasque même, le 28 avril, sous la condition expresse que le roi quitterait la coalition et enverrait un plénipotentiaire à Paris pour y traiter de la paix définitive.

En moins d'un mois, l'armée française avait tourné les Alpes, gagné trois batailles et livré plusieurs combats à des troupes infiniment supérieures par leur nombre et par par leur matériel, fait quinze mille prisonniers, tué ou blessé dix mille ennemis, pris cinquante-cinq pièces de canon, vingt et un drapeaux, et s'était mise en communication directe avec l'intérieur du royaume. Tous ces résultats n'étaient que l'accomplissement de la première partie du plan de campagne de Bonaparte. Ses victoires avaient retenti dans toute la France ; le Corps législatif avait décrété cinq fois que l'armée d'Italie avait bien mérité de la patrie, lorsque l'arrivée du colonel Murat, chargé de présenter au Directoire les drapeaux pris sur l'ennemi dans cette courte et brillante campagne, vint mettre le comble à l'enthousiasme.

## 1796. BATAILLE DE LODI.

Le 8 mai, Bonaparte avait passé le Pô à Plaisance, et culbuté, à Fombio, les troupes envoyées contre lui par le général Beaulieu. Il ne lui fallait plus, pour arriver à Milan, que traverser l'Adda, derrière lequel les Autrichiens s'étaient retirés. Après les avoir forcés par d'habiles démonstrations à disséminer leurs forces le long de la rivière qu'il avait l'intention de passer le long du pont de Lodi, il se porte tout à coup sur ce point. Le pont de Lodi a cent toises de longueur. Beaulieu ne l'avait pas fait couper, mais il n'en était pas plus facile à franchir. Dix mille hommes le défendaient. Trente pièces de canon étaient prêtes à foudroyer tout ce qui se présenterait. Plein de confiance dans la force de son artillerie, le général autrichien n'avait laissé en avant du pont qu'un bataillon et quelques escadrons pour en disputer l'accès. Le général Dallemagne, qui commandait l'avant-garde de l'armée française, les force à repasser l'Adda, après avoir abandonné leurs pièces. Bonaparte se porte aussitôt au bord de la rivière, et sous le feu même des Autrichiens, il établit une batterie, tant pour répondre à la leur que pour les empêcher de détruire le pont, s'ils désespèrent de pouvoir le garder. On se canonna pendant quelques heures. Cependant l'armée arrivait. Elle se forme en colonne serrée, et le deuxième de carabiniers en tête, elle marche au pas de charge et se présente au débouché du pont en criant *vive la république*. Le feu de l'ennemi redouble. La mort pleut de toutes parts. La colonne paraît hésiter. Berthier, Masséna, Dallemagne, Cervoni, Lannes, Dupas s'élancent à la tête des soldats et les entraînent par leur exemple. Sans tirer un seul coup de fusil, cette masse traverse le pont, renverse tout ce qu'elle rencontre, rompt l'ordre de bataille des Autrichiens, s'empare de leur artillerie et remporte la victoire en moins de temps qu'il n'en faut pour décrire le combat.

La perte des républicains fut peu considérable, et cela se conçoit. L'impétuosité des Français ne laissa pas le temps à l'artillerie ennemie de faire tout le mal dont elle les menaçait. Mille des nôtres seulement furent mis hors de combat; deux cents périrent.

Indépendamment de vingt pièces de canons, les Autrichiens perdirent de deux à trois mille hommes.

Des traits innombrables de valeur particulière se perdirent dans la gloire générale à Lodi. Le général sut en récompenser plusieurs en les publiant. Personne n'avait plus de droit que lui aux éloges qu'il distribuait. Son intrépidité tranquille ou emportée suivant le besoin, détermina surtout le succès par des actions de la nature la plus opposée. Avant l'arrivée des colonnes, ainsi qu'on l'a dit, il avait été établir lui-même, sous la grêle meurtrière de l'artillerie ennemie, les deux premières pièces qui protégèrent le pont. Quand il vit l'hésitation de ses colonnes, au flegme qu'il avait montré jusqu'alors succéda la plus bouillante exaltation. Saisissant le drapeau d'un régiment qui ne marchait pas, il se présente en l'agitant à la troupe incertaine, et rallie à ce signal, sur le chemin de l'honneur et de la victoire, ses soldats auxquels s'est communiquée son héroïque énergie. Ce genre d'improvisation caractérise surtout Bonaparte. Nul capitaine n'a su trouver avec autant de promptitude les ressources que la circonstance fournissait et les expédients qu'elle exigeait, comme nul n'a su changer plus habilement de méthode suivant les localités.

### 1796. BATAILLE DE CASTIGLIONE.

Constamment battu depuis l'ouverture de la mémorable campagne, qui annonça au monde un grand homme de plus, le vieux général Beaulieu mandait à son gouvernement : « Je fuirai encore demain, après-demain, « tous les jours, jusqu'en Sibérie, s'il prend envie à ces diables (les Fran- « çais) *de m'y poursuivre*. » Pour réparer les terribles échecs de Monte- notte, Millésimo, Mondovi, Lodi (11, 14, 22 AVRIL et 10 MAI 1796), craignant d'ailleurs que l'armée française ne pénétrât par le Tyrol dans ses États héréditaires, l'Autriche fit choix du feld-maréchal Wurmser, et lui confia le commandement d'une armée de soixante mille hommes. Wurm- ser, qui ne devait être ni plus heureux, ni plus habile que Beaulieu, conçut le projet d'envelopper l'armée française, dont le siége de Mantoue occupait une fraction considérable. Pour exécuter ce plan, il fallait se livrer à des mouvements excentriques très-étendus, c'est-à-dire diviser ses forces. Suivant sa tactique ordinaire, Bonaparte se hâta de réunir les siennes. Dès qu'il eut appris le mouvement offensif du général autrichien, il quitta brusquement le siége de Mantoue, abandonnant devant cette place toute son artillerie. Il concentra toute son armée sur Roverbella, repoussa le général Quasnadowich dans les brillants combats de Salo et de Lonato, et le chassa dans les montagnes du Tyrol. Alors, fondant sur Wurmser avec la rapidité de la foudre, il l'écrasa près de Castiglione, et le rejeta dans le pays de Trente. Cette suite d'actions rapides, que l'armée française appela *la campagne des cinq jours* (du 1er au 5 août), coûta aux Autrichiens plus de 20,000 hommes et 50 pièces de canon. L'effet moral qu'elle produisit exerça une influence décisive sur le reste de la guerre.

### 1796. COMBAT DE ROVEREDO

Réduit à l'inaction depuis la bataille de Castiglione (5 AOUT 1796), le feld-maréchal Wurmser voulut tenter de venger sa défaite. Bonaparte re- connut d'un coup d'œil que le général autrichien avait encore commis la faute de trop disséminer ses forces. En effet, posté sur la Brenta avec 30,000 hommes, Wurmser se trouvait trop éloigné de son lieutenant, le général Davidowich, qui défendait l'entrée du Tyrol, pour pouvoir le sou- tenir ou en être soutenu. Bonaparte résolut alors de marcher sur Davido- wich et de l'écraser avant que Wurmser, qu'il ferait observer, pût lui porter secours. Le 4 septembre, à la pointe du jour, Français et Autrichiens sont en présence. Ces derniers, maîtres de positions presque inexpugnables, opposent longtemps une résistance opiniâtre : après deux heures de combat, ils plient de toutes parts. Le général Dubois se met à la tête du premier régiment de hussards, décide l'affaire, et reçoit trois balles, qui le blessent mortellement, à l'instant même où son aide-de-camp tombait mort à ses côtés. « *Je vais mourir pour la patrie*, dit-il à Bonaparte, qui « parcourant le champ de bataille, s'était approché et lui avait pris la « main, *mais avant que j'expire, apprenez-moi qu'elle a remporté encore* « *une victoire.* » Son dernier vœu fut exaucé ; il n'expira qu'après la retraite définitive des Autrichiens. Le capitaine Lemarrois, depuis lieutenant-général, le capitaine Bessières, mort maréchal de France (1er MAI 1813), se signalèrent aussi dans cette affaire, où le premier fut jeté par terre, foulé aux pieds des chevaux, couvert de blessures ; et où le second ne dut la vie qu'au courage de deux brigadiers des guides. 6,000 prisonniers, 25 pièces de canon, 50 caissons, 7 drapeaux, tels furent les trophées du combat de Roveredo, l'un des plus heureux de cette campagne mémorable. Le lendemain, le général Masséna entra dans la ville de Trente.

### 1796. COMBAT DE BASSANO.

Depuis le combat de Roveredo (4 SEPTEMBRE 1796), Bonaparte ne laissait aucun relâche à Wurmser. Celui-ci, croyant que le général français cherchait à marcher sur Inspruck, envoya une forte colonne autrichienne sur Vérone. Mais, tandis qu'il se flattait de couper l'armée française, une manœuvre pareille réussissait pleinement contre lui, grâce à une marche forcée de vingt lieues en deux jours. Les Autrichiens étaient postés sur la Brenta, près du village de Solagna. Le général Augereau se porta sur la gauche, Masséna sur la droite. D'abord les Autrichiens firent bonne contenance, mais la bravoure et l'impétuosité des soldats français les mirent bientôt en déroute. Murat lança sa cavalerie à leur poursuite. Bonaparte marcha sur Cassano : Augereau et Masséna y pénétrèrent en même temps et au pas de charge. 5,000 prisonniers, 35 pièces de canon, 2 équipages de pont, plus de 200 fourgons et 5 drapeaux, tombèrent au pouvoir des Français. Lannes, chef de brigade, qui avait pris deux drapeaux de sa main, fut fait général de brigade après l'action. Dans cette journée, le lieutenant des guides, Guérin, suivi de huit hommes seulement, chargea six cents grenadiers, qui allaient déposer les armes, lorsque, s'apercevant du petit nombre des assaillants, ils firent feu, tuèrent trois guides, et obligèrent les autres à rétrograder. Le général Wurmser et le trésor de l'armée échappèrent ainsi aux Français. Après avoir couru de grands dangers, et livré plusieurs combats, Wurmser parvint à s'enfermer dans Mantoue.

### 1796. COMBAT DE SAINT-GEORGE.

Enhardi par les deux succès obtenus le 13 et le 14 septembre, à la Favorite et à Due-Castelli, Wurmser fit sortir de Mantoue la plus grande partie de la garnison : Bonaparte, qui avait reçu le renfort de la division Augereau, prit ses mesures pour profiter de la confiance du général ennemi. Bientôt mis en déroute complète, Wurmser rentra dans Mantoue, laissant au pouvoir des Français plus de 2,000 prisonniers, 25 pièces de canon, et la position importante du pont de Saint-George.

### 1796. BATAILLE D'ARCOLE.

Dans la campagne d'Italie de 1796, si magnifique de conception et d'exécution, aucun fait militaire ne donna mieux la mesure du génie de Bonaparte que la bataillle d'Arcole.

En huit mois, l'armée française, forte de trente mille hommes et de Bonaparte, avait détruit quatre armées, fait quatre campagnes et conquis l'Italie; mais, au commencement du mois de novembre, son heure semblait venue, et au bruit des préparatifs que l'Autriche faisait encore dans le Tyrol, tous les Italiens répétaient, avec une conviction profonde, le proverbe historique, qui datait de Charles VIII : *L'Italie est le tombeau des Français.* Des victoires toujours remportées sur des ennemis supérieurs en nombre, des marches d'une rapidité mortelle et les exhalaisons des marais de Mantoue avaient épuisé l'armée française, et les renforts arrivés de l'intérieur de la France suffisaient à peine pour réparer les pertes. Ainsi Bonaparte n'avait sous ses ordres que trente-cinq mille soldats, tandis que le feld-maréchal Alvinzi, descendait du Tyrol avec quarante-cinq mille hommes, et que la garnison autrichienne de Mantoue, sous les ordres du maréchal Wurmser, en comptait une vingtaine de mille. Il fallait, malgré cette effrayante disproportion, que Bonaparte empêchât, d'un côté, Wurmser de marcher vers Alvinzi, c'est-à-dire qu'il laissât devant Mantoue une force suffisante pour maintenir la garnison ; et que, de l'autre côté, il empêchât Alvinzi d'arriver jusqu'à Mantoue, c'est-à-dire qu'il l'arrêtât et le battît sur l'Adige. Le général français attendit, pour régler son système de défense, que le plan d'attaque des ennemis se fût développé.

Le maréchal Alvinzi partagea son armée en deux divisions, l'une conduite par le général Davidowich, descendit par Trente et Roveredo; l'autre, qu'il dirigeait lui-même, arriva par Bassano sur Vérone ; cette ville était le point désigné pour la jonction des deux colonnes, qui, réunies, auraient marché à la délivrance de Mantoue. Il semble qu'il eût été plus simple et plus sûr de ne les point séparer. Pour se défendre comme il était attaqué, Bonaparte dut aussi diviser ses forces ; il opposa le général Vaubois avec dix mille hommes à Davidowich, et se chargea lui-même de repousser la principale attaque d'Alvinzi. Le but unique qu'il se proposa et qu'il atteignit, fut d'empêcher la jonction des deux généraux autrichiens, et l'importance qu'il attachait à les tenir séparés prouve qu'ils auraient dû rester unis ; ils s'étaient ainsi placés volontairement dans une position que Bonaparte eût mis tous ses efforts à leur faire prendre. Quarante-cinq mille Autrichiens, en une seule colonne serrée, auraient, en effet, selon toute probabilité, pénétré jusqu'à Mantoue, d'autant plus qu'au bruit du canon, Wurmser serait sorti au-devant d'eux, et l'Italie eût été perdue pour les Français ; car, ainsi que Bonaparte l'avoua lui-même plus tard, le génie est quelquefois impuissant contre les gros bataillons. Il semble donc, il faut le répéter, que cette division des forces, vicieuse en septembre, dans le plan du maréchal Wurmser, ne l'était pas moins en novembre dans le plan du maréchal Alvinzi.

Après avoir dit que toutes les manœuvres de Bonaparte tendaient à empêcher Alvinzi de se réunir à Davidowich, et que le maréchal autrichien faisait tous ses efforts pour opérer cette jonction, nous négligerons Vaubois et Davidowich, qui ne prirent point part à la bataille générale d'Arcole, puisque la résistance des Français aux plateaux de Corona et de Rivoli fut assez prolongée pour laisser à Bonaparte le temps de battre la division d'Alvinzi.

Les corps d'armée, commandés par les deux généraux en chef, se heurtèrent, pour la première fois, le 6 novembre, sur les bords de la Brenta. L'affaire fut chaude et meurtrière, et, quoique les Français restassent maîtres du champ de bataille, les résultats matériels de la journée étaient favorables aux ennemis ; encore quelques victoires pareilles, et l'armée française eût été anéantie, ou, du moins, mise dans l'impossibilité d'agir avec vigueur. Les Autrichiens, dès le lendemain du combat, marchèrent sur Vérone. Le 12 novembre, une seconde bataille, livrée à Caldiéro, se termina encore à l'avantage de l'ennemi, et Bonaparte, rejeté dans Vérone, affaibli moralement et physiquement, pour ainsi dire, par ces combats malheureux, avait, devant lui, Alvinzi vainqueur et menaçant ; derrière lui, Wurmser, qui pouvait forcer les lignes de Mantoue, et à sa gauche, Davidowich, qu'il s'attendait à voir tomber sur lui des hauteurs de Rivoli. Au lieu de se porter en avant avec énergie et célérité, et de franchir l'Adige, qu'il touchait, Alvinzi employa deux jours à délibérer en conseil de guerre, et lorsqu'il eut enfin arrêté ses dispositions, il était trop tard pour les exécuter, Bonaparte se mettait eu mouvement et les prodiges d'Arcole commençaient.

Pendant que les Autrichiens préparaient leurs échelles d'assaut pour escalader Vérone, le général français sortait de cette ville, que devaient garder trois mille hommes appelés de Mantoue ; il passait sur la rive droite de l'Adige, suivait le cours du fleuve, et repassait sur la rive gauche à Ronco. Le pont de Ronco débouchait sur une plaine marécageuse au milieu de laquelle s'élevait le village d'Arcole, sur le bord de l'Alpon, ruisseau profond et rapide qui se jette dans l'Adige un peu au-dessous de Ronco ; deux chaussées aboutissaient au pont de Ronco : l'une longeant la rive gauche de l'Adige, menait directement à Caldiéro, où l'armée autrichienne avait son quartier-général ; l'autre chaussée, quittant l'Adige, passant par Arcole, et remontant la rive gauche de l'Alpon conduisait sur les derrières de Caldiéro. Ce fut dans ces marais d'Arcole que Bonaparte choisit son champ de bataille. Son intention était de tomber sur les derrières d'Alvinzi, qui le croyait encore à Vérone. Indépendamment des chances favorables que promettait une attaque brusque et tout à fait imprévue, le plan du général français lui offrait encore de grands avantages. En transportant le combat sur d'étroites chaussées, il annulait en quelque sorte l'immense supériorité de l'ennemi, dont les colonnes ne devaient plus pouvoir se déployer, et il dérangeait certainement toutes les dispositions que les Autrichiens avaient dû prendre.

Le 15 novembre au matin l'armée française déboucha dans le marais d'Arcole par le pont de Ronco. Les détachements autrichiens, qui battaient la rive gauche de l'Adige, n'opposèrent qu'une faible résistance ; mais l'attaque que méditait Bonaparte sur les derrières d'Alvinzi était manquée. Averti par le canon et par des rapports certains que l'armée française occupait Ronco, le maréchal autrichien abandonna ses projets sur Vérone, fit exécuter à ses troupes un changement de front en arrière, et les lança sur les deux chaussées au-devant des Français. Le général Masséna, dont la division formait l'aile gauche de l'armée française, arrivait par la chaussée qui menait en ligne directe à Caldiéro ; il culbuta les Autrichiens, et pénétra aussi loin que ses instructions lui permettaient d'aller. Il en était autrement à l'aile droite, sur la chaussée d'Arcole, par laquelle devait s'exécuter le principal mouvement.

Tous les moyens de résistance avaient été accumulés sur le pont de l'Alpon, qu'il fallait traverser au village d'Arcole, et les Autrichiens y combattirent d'ailleurs avec le plus grand courage. Pendant toute la journée du 15 novembre, les Français, aussi ardents à attaquer que les Autrichiens étaient opiniâtres à se défendre, s'épuisèrent en tentatives inutiles pour forcer le pont. Écrasés par un feu d'autant plus épouvantable que ses effets se concentraient sur une étroite chaussée, les assaillants furent toujours repoussés. En vain l'impétueux Augereau, un drapeau à la main, s'était précipité vers le pont en appelant les grenadiers ; en vain Bonaparte, invoquant les immortels souvenirs de Lodi, avait aussi saisi le drapeau et entraîné la colonne française sur ses pas, le feu terrible des Autrichiens rendait le pont inabordable : il avait fallu reculer. Ce fut pendant ce mouvement de retraite que le cheval du général en chef le jeta à bas de la chaussée et le lança dans les marais.

Aux approches de la nuit, Bonaparte, qui ne pouvait conserver, pendant les ténèbres, une position où il aurait eu un fleuve à dos, des marais impraticables sur ses flancs, et un ennemi supérieur en face, ramena ses troupes sur la rive droite de l'Adige. Les résultats de cette journée étaient peu satisfaisants : le maréchal Alvinzi avait, il est vrai, abandonné son plan d'opérations, il avait été détourné de Vérone et éloigné de la division Davidowich (en admettant que cette division eût forcé les positions de la Corona et de Rivoli); mais ces avantages étaient au moins balancés par les pertes essuyées à Arcole, et par l'inutilité des attaques sur le pont d'Alpon. Dans la situation des choses, une victoire complète et éclatante pouvait seule sauver l'armée française et l'Italie. Bonaparte résolut de recommencer la bataille le lendemain.

Cette seconde journée du 16 novembre reproduisit les scènes et les événements de la veille. A la gauche, sur la chaussée de Caldiéro, Masséna repoussa les Autrichiens qui s'étaient avancés pendant la nuit, et leur fit éprouver des pertes considérables. A la droite, sur la chaussée d'Arcole, les Autrichiens repoussèrent la division d'Augereau, et l'arrêtèrent encore au pont de l'Alpon. Quand la nuit fut venue, le général français ramena de nouveau son armée derrière l'Adige. Les résultats de la seconde journée, non moins meurtrière que la première, étaient absolument nuls. Néanmoins, comme une retraite eût été aussi funeste pour ses conséquences qu'une défaite, il fallait poursuivre. Bonaparte prit ses mesures pour que la troisième bataille fût décisive.

Convaincu par l'inutilité des attaques dirigées le 15 et le 16 contre le pont d'Arcole, qu'il était impossible de forcer ce passage, Bonaparte fit jeter, pendant la nuit, un pont sur l'Alpon, à son embouchure ; en même temps, l'ordre arrivait à la garnison française de la ville de Lognano, placée derrière les Autrichiens, d'envoyer tout ce qu'elle pourrait de monde pour former l'extrême droite des Français, et pour agir, par conséquent, sur l'extrême gauche des ennemis. Ces deux combinaisons nouvelles produisirent tout l'effet qu'il en attendait.

La bataille du 17 commença, comme celle du 16, par un mouvement des Français en avant sur les deux chaussées. Sur la chaussée de Caldiéro,

Masséna, pour la troisième fois, repoussa les Autrichiens ; sur la chaussée d'Arcole, l'ennemi fut aussi repoussé d'abord, mais jusqu'à Arcole seulement. Tout à coup, du pont de l'Alpon, déboucha une forte colonne autrichienne, qui ramena les Français, au pas de course, jusqu'aux approches de Ronco ; là, les fuyards, trouvant des renforts, s'arrêtèrent, firent volteface, et chargèrent de front à leur tour la colonne autrichienne, tandis que Masséna, revenant vainqueur de la chaussée de Caldiéro, la chargeait en flanc et en queue ; les Autrichiens, tués, noyés ou pris, furent anéantis. Ce brillant avantage ouvrait bien la journée ; mais il n'était point décisif. L'action principale devait être engagée par la division d'Augereau qui, franchissant l'Alpon à son embouchure, marchait par la rive gauche du ruisseau sur Arcole.

Les Autrichiens l'attendaient en bataille devant le village. Le combat fut vif. Un stratagème bizarre et imité des guerres anciennes, donna la victoire aux Français. Un marais couvrait la droite des Autrichiens : Bonaparte ordonna au lieutenant de ses guides de prendre vingt-cinq cavaliers, de tourner rapidement le marais, et de sortir tout à coup des roseaux, à grand bruit, en faisant sonner la charge par plusieurs trompettes. Cette mission fut exécutée avec bonheur. A ce fracas de cavalerie, qui éclatait subitement sur leurs derrières, les Autrichiens se crurent attaqués par une force considérable ; il y eut un moment d'hésitation dans leurs rangs : c'était là tout l'effet que Bonaparte espérait de sa ruse. Augereau profita de cet instant de surprise pour charger l'ennemi avec une vigueur nouvelle ; les Autrichiens pliaient déjà, lorsque les bataillons, arrivant de Legnano, parurent sur leur extrême gauche : leur retraite devint une déroute ; Arcole, la terrible Arcole, resta au pouvoir des Français, maîtres des deux rives de l'Alpon ; et la victoire, après trois jours d'une lutte acharnée, récompensa le génie de Bonaparte, le dévouement courageux et intelligent des généraux français, et l'intrépidité confiante des soldats.

Harassé, étonné, le maréchal Alvinzi se mit en retraite sur Montébello le 18 novembre. Quelques engagements, quelques mouvements de troupes, achevèrent l'œuvre d'Arcole : la cinquième campagne était terminée ; l'Italie était sauvée, et les Italiens, saisis d'admiration et de stupeur oubliaient le vieux proverbe.


### 1797. BATAILLE DE RIVOLI.


Après la bataille d'Arcole, Alvinzi s'était replié derrière la Brenta, et Bonaparte, rentré triomphant à Vérone, sentait quels efforts il aurait à faire pour maintenir sa position en Italie ; il pressait le Directoire de lui envoyer des renforts ; on lui annonça enfin que deux divisions détachées de l'armée du Rhin avaient reçu l'ordre de le joindre. Mais le cabinet de Vienne, de son côté, s'apprêtait avec une invincible opiniâtreté à réparer les échecs que ses armées avaient essuyés en Italie; les renforts promis au général Bonaparte n'étaient point encore arrivés, et déjà il apprenait qu'Alvinzi s'avançait avec une nouvelle armée pour dégager Wurmser bloqué dans Mantoue. Le général autrichien, à la tête de quarante mille hommes, marcha sur le centre et les deux ailes de l'armée française, par Roveredo, par Vicence et par Padoue. Le 12 janvier, la colonne qui s'avançait par Vicence s'approcha de Vérone et fit plier les avant-postes de Masséna; mais ayant débouché à Saint-Michel, elle fut repoussée avec perte. Le lendemain matin, le général Joubert, attaqué de front par des forces supérieures, et menacé sur ses deux flancs, fut forcé d'évacuer la position de Corona et de se replier sur Rivoli. Bonaparte, à cette nouvelle, pénétra le plan du général autrichien; il vit que la colonne de Vicence et celle qui se dirigeait sur le bas Adige n'avaient d'autre but que de faciliter la marche du corps principal, qui s'avançait par la vallée de l'Adige; il comprit en même temps que les Autrichiens, fidèles à une habitude qui leur avait déjà été si funeste, non contents de s'affaiblir par les corps lancés sur Vérone et Legnano, avaient encore disséminé le corps principal en plusieurs détachements. Bonaparte partit aussitôt de Vérone avec la plus grande partie de la division Masséna, et envoya l'ordre au général Rey de se diriger de Salo sur Rivoli, où il avait résolu de réunir la masse de ses forces. Le plateau de Rivol étant le point où viennent se réunir les différents sentiers qui sillonnent cette contrée montagneuse, Bonaparte, maître de ce plateau, devait avoir la faculté d'agir en masse contre les colonnes séparées, à mesure qu'elles se présenteraient. Il ordonna donc à Joubert de conserver à tout prix la position de Rivoli.

Alvinzi ayant envoyé Provera avec huit mille hommes sur Legnano, et une autre division de cinq mille hommes sur Vérone, s'avança, à la tête de trente mille hommes, par Roveredo, sur la Corona. Cette armée fut subdivisée en six colonnes; trois de ces colonnes, fortes ensemble de douze mille hommes, devaient attaquer Joubert de front; une colonne de quatre mille, aux ordres du général Lusignan, devait tourner la gauche des Français en passant par le revers occidental du Monte-Baldo; une cinquième colonne de huit mille hommes, conduite par Quasdanowich, était destinée à assaillir la droite de la ligne française, en longeant la gauche de l'Adige. Cette colonne avait à sa suite la cavalerie et l'artillerie, qui ne pouvaient agir sur ce terrain montueux. Enfin, une sixième colonne de quatre mille hommes descendait la gauche de l'Adige, en se dirigeant sur la Chiusa.

Joubert était en pleine retraite quand il reçut les ordres du général en chef. Il retourna sur-le-champ dans la position de Rivoli, qu'heureusement l'ennemi n'avait pas encore occupée. Bonaparte l'y rejoignit dans la nuit. Le 14 au matin, le gros de la division Joubert fut dirigé sur Caprino, San-Giovanni et San-Marco, contre le centre des Autrichiens. Une demi-brigade, placée dans des retranchements en arrière d'Osteria, couvrait la droite et faisait face à Quasdanowich. Masséna reçut en même temps l'ordre de détacher une demi-brigade pour contenir Lusignan. Le combat s'engagea vivement. Joubert, inférieur en nombre, fut débordé par sa gauche, qui plia : ce mouvement rétrograde se communiqua à la droite, que commandait le général Vial ; mais le centre, où était le 14e de ligne, resta inébranlable. Bonaparte, accouru à la gauche, la fit soutenir par la colonne de Masséna ; l'ennemi plia à son tour, et la gauche des Français regagna les hauteurs de Trombalora. Cependant la droite était vivement poursuivie par les Autrichiens, qui descendaient des hauteurs de San-Marco. La colonne de Quasdanowich, maîtresse des retranchements d'Osteria, gravissait le plateau de Rivoli, tandis que Lusignan se dirigeait, par Asti, sur les derrières des Français. Bonaparte dirigea tous ses efforts contre Quasdanowich, certain que la victoire tenait à la défaite de ce corps. Quasdanowich, en débouchant d'un ravin profond, par lequel il avait été obligé de défiler, se vit assailli sur ses deux flancs par l'infanterie française, attaqué de front par la cavalerie et foudroyé par l'artillerie, qui enfilait le ravin dans lequel sa colonne était encore engagée. Sa tête de colonne fut culbutée et rejetée dans le ravin. La confusion se mit aussitôt dans ses troupes ; l'explosion d'un caisson porta le désordre à son comble ; la retraite devint une déroute.

Bonaparte, tranquille sur ce point, courut aussitôt soutenir le général Vial, qui était vivement poursuivi. S'apercevant que les Autrichiens s'abandonnaient imprudemment à la poursuite, il lança sur eux deux escadrons qui les mirent en pleine déroute, le centre fut bientôt entraîné ; les fuyards ne se rallièrent que derrière le Tasso.

Il ne restait que le général Lusignan, dont les efforts ne pouvaient plus changer le sort de la bataille, mais dont la défaite devait en compléter les résultats. Il s'était établi sur le mont Pipole pour couper entièrement la retraite aux Français. La division Masséna, qui lui fut opposée, entretint le combat jusqu'à l'arrivée du général Rey. Ce général ayant débouché d'Orza, Lusignan, entouré, ne put échapper à une destruction presque entière, et ne regagna le Monte-Baldo qu'avec quelques centaines d'hommes.

La retraite des Autrichiens fut féconde en desastres. Joubert ayant réussi à les prévenir sur leur ligne de retraite, porta la destruction dans leurs colonnes, et leur fit cinq mille prisonniers. L'un des plus beaux résultats de cette bataille fut la perte entière de la colonne de Provera, qui entraîna la reddition de Mantoue. Provera, ayant réussi le 13 à passer l'Adige à

Anghiari, avait marché pour débloquer Wurmser : quoique son arrière-garde eût été fortement entamée par Augereau, il arriva le 15 devant Mantoue ; mais ce même jour Bonaparte arrivait le soir à Roverbella avec la division Masséna. Provera avait cru pouvoir entrer dans Mantoue par le faubourg de Saint-George, mais il le trouva retranché et occupé par les Français. Le lendemain 16, à cinq heures du matin, il attaqua le poste de la Favorite, tandis que Wurmser attaquait celui de Saint-Antoine. Ces deux attaques furent sans succès ; Wurmser rentra dans Mantoue, et alors Provera, attaqué de front par Serrurier, sur les deux flancs par la garnison de Saint-George et par la division Masséna, et bientôt en queue par Augereau, mit bas les armes avec cinq mille hommes.

L'armée française et son général se couvrirent de gloire dans ces mémorables journées, où les combinaisons du génie, la valeur et la rapidité des marches triomphèrent de la supériorité numérique. L'armée française ne comptait que trente mille combattants ; elle fit près de vingt mille prisonniers.

### 1797. Passage du Tagliamento.

Dans l'espace de neuf mois, le jeune Bonaparte avait conquis toute l'Italie, depuis les États romains jusqu'aux montagnes du Tyrol. Un général de vingt-huit ans, qui pour la première fois commandait une armée, avait battu les plus renommés capitaines de l'Europe : Beaulieu, Wurmser, Alvinzi n'avaient paru successivement que pour voir anéantir leurs troupes et leur gloire. Mais, tandis que l'Autriche succombait en Italie, elle triomphait en Allemagne par l'habileté de l'archiduc Charles, qui rejetait au delà du Rhin les armées de Sambre-et-Meuse, de Rhin-et-Moselle. Voilà l'adversaire digne du vainqueur de Montenotte et de Rivoli : voilà le chef que l'Autriche croit devoir donner à la nouvelle armée qu'elle vient d'organiser dans le Tyrol, espérant que la fortune le suivrait sur ce nouveau théâtre.

Bonaparte venait de contraindre le pape à signer la paix, lorsqu'il apprend l'arrivée de l'archiduc Charles ; aussitôt il fait ses dispositions pour attaquer le prince avant qu'il ait reçu les renforts qu'il attend encore des bords du Rhin. Avec les divisions Bernadotte, Masséna, Serrurier, Guyeux et Dugua, réunies dans la marche Trévisane, il marche sur le Tagliamento, où le prince Charles était posté avec le gros de ses troupes. Le 10 mars, les cinq divisions françaises s'ébranlent et passent la Piave le 12, après un léger engagement. Culbutés le 13, les Autrichiens se replient entièrement derrière le Tagliamento, dont les rives étaient garnies de retranchements. Bonaparte ayant fait reconnaître le fleuve et sachant qu'il était guéable sur tous les points, donne ses ordres, et prépare son rapide succès.

L'action s'engagea par le feu des batteries placées sur un double point : deux divisions, se pliant en colonnes serrées, se jetèrent bientôt dans le fleuve et couvrirent son lit. L'adjudant général Duphot passa à la tête de la division Guyeux, le général Murat, à la tête de la division Bernadotte, qui avait dit à ses soldats récemment appelés de l'Allemagne : « Soldats « du Rhin, l'armée d'Italie vous regarde! » Vainement l'archiduc fit-il exécuter plusieurs charges de cavalerie au moment où l'infanterie française abordait la rive gauche, ces charges furent repoussées sur tous les points. Le mouvement qui s'exécuta pour déborder le flanc droit de la division Bernadotte n'obtint pas plus de succès : le général Shulz, qui commandait la cavalerie ennemie, fut fait prisonnier. Alors il n'y eut plus d'incertitude; l'armée autrichienne opéra sa retraite. Sur la gauche, quelques bataillons s'étant jetés dans le village de Gradisca, essayèrent de tenir encore pour ralentir la poursuite. Mais le général Guyeux s'en empara et manqua de faire prisonnier le prince Charles lui-même, qui encourageait ses troupes.

Le passage du Tagliamento fut suivi de plusieurs avantages, qui en étaient la conséquence ; un mois après, la France et l'Autriche signèrent les préliminaires de paix à Léoben.

### 1797. PRÉLIMINAIRES DE PAIX SIGNÉS A LÉOBEN.

La mémorable campagne commencée à Montenotte (11 avril 1796) s'était continuée, pendant un an, à travers des succès inouïs. De victoire en victoire, Bonaparte touchait aux portes de Vienne. Léoben, ville située en Styrie, n'est séparée de la capitale de l'Autriche que par une distance de quelques lieues. Le quartier-général de l'armée française s'y établit dès le 7 avril : les généraux Bellegarde et Merfeld se présentèrent aussitôt pour demander un armistice de dix jours, afin de traiter de la paix définitive : Bonaparte n'en accorda que cinq. Les plénipotentiaires arrivèrent à Léoben le 13 avril, et les préliminaires de paix furent signés le 18. C'est à Léoben que Bonaparte dit aux négociateurs autrichiens : *Votre gouvernement a envoyé contre moi quatre armées sans généraux, et cette fois un général sans armée.* Le prince Charles, auquel cet éloge était adressé, put le regarder comme un tribut légitime payé à ses talents militaires.

Les préliminaires signés à Léoben amenèrent le traité de Campo-Formio.

### 1797. OCCUPATION DE VENISE PAR L'ARMÉE FRANÇAISE.

Quand le bruit des massacres de Vérone parvint au camp fançais (24 avril 1797, *Capitulation de Vérone*), il s'y joignit celui qu'un bâtiment de la même nation avait été canonné par les forts de Venise à l'entrée des lagunes, et que le capitaine avait péri, ainsi que plusieurs hommes de l'équipage. Dès ce moment, la colère du général en chef n'eut plus de bornes ; il déclara qu'il ne voulait rien entendre avant qu'on lui eût livré les inquisiteurs d'État et les patriciens qui avaient pris part à l'action du gouvernement et ameuté le peuple. En vain les députés vénitiens essayèrent-ils de le fléchir en lui offrant des réparations d'un autre genre. «Non, «non, répondit Bonaparte avec dignité ; quand vous couvririez d'or cette «plage, tous vos trésors, tout l'or du Pérou ne peuvent payer le sang fran-«çais. »

Bonaparte, comme il l'a dit lui-même dans des notes écrites sous sa dictée, ayant intercepté une correspondance qui lui dévoilait toutes les intrigues du sénat de Venise, publia sa déclaration de guerre contre la république. Ce manifeste contenait l'énumération des griefs des Français contre les Vénitiens.

Lorsque ce manifeste parvint à Venise, les armes tombèrent des mains des oligarques. Le grand conseil de l'aristocratie se démit, et rendit la souveraineté au peuple, qui, quelques jours après, démolit les prisons de l'inquisition d'État, effaça les insignes de l'ancien gouvernement, et brûla en cérémonie le livre d'or au pied de l'arbre de la liberté.

Le 16 mai, l'armée française entra dans Venise, appelée par les habitants que menaçaient les Esclavons, et le drapeau tricolore flotta sur la place de Saint-Marc. Le parti de la liberté se réunit en assemblée populaire, et la constitution des douze cents fut proclamée. Ainsi tomba un gouvernement qui avait duré quatorze siècles. Par les articles secrets du traité conclu à Milan entre Bonaparte et les commissaires de Venise, la république s'obligeait à payer, à la France, une contribution de six millions, et à lui livrer vingt tableaux et cinq cents manuscrits.

Malgré la vigilance de Bonaparte à prévenir les dilapidations, il s'en commit alors plus qu'à aucune autre époque de la guerre. Quelques personnes furent arrêtées et punies. Lorsque l'ordre eut été rétabli dans les États vénitiens, Bonaparte fit partir pour Paris le général Bernadotte avec les trophées de ses nouvelles victoires.

## 1799. PRISE DE GAETE.

L'armée française, commandée par le général Championnet, s'avança sur Naples de victoire en victoire. La place de Gaète, défendue par une forte garnison et une nombreuse artillerie, semblait devoir opposer une longue résistance ; le général Rey s'en approche avec un bataillon, lance quelques obus : on s'imagine dans la ville que l'armée française tout entière appuie ce détachement; le gouverneur s'effraye, demande à capituler. Le général Rey exige qu'il se rende à discrétion : il obéit. Quatre mille hommes mettent bas les armes devant quatre cents Français, qui trouvent dans la place des armes et des approvisionnements pour toute une armée.

### 1799. BATAILLE DE MAGNANO.

L'expédition d'Egypte, qui entraînait Bonaparte dans l'Orient, suspendit nos succès en Italie. Entre les glorieuses campagnes de 1797 et de 1800, se plaça celle de 1799, qui ne compta presque que des revers. Dès son début, le général Schérer, voulant chasser les Autrichiens de leurs fortes positions sur le bas Adige et les rejeter sur la Brenta avant l'arrivée des Russes, que l'on annonçait comme très-prochaine, les attaqua deux fois, vers les derniers jours de mars, mais sans aucun succès. Il avait perdu six à sept mille hommes, et s'était vu réduit, pour sauver Mantoue, à découvrir la forteresse de Peschiera, dans laquelle il avait laissé une garnison.

L'armée autrichienne, dont la gauche occupait Porto-Legnano, sur l'Adige et le centre Vérone, passa l'Adige par sa droite, et, s'approchant de l'aile gauche de Schérer, masqua le lac de Guarda et la place de Peschiera. Le général Schérer, persistant dans son projet de passer l'Adige et d'en chasser les Autrichiens, porta sa droite sur Porto-Legnano, avec l'intention apparente de passer le fleuve entre cette dernière ville et l'Adige, le reste de l'armée campa dans la position de Magnano.

Le 5 avril, l'armée française s'ébranla sur trois colonnes. Dans le même moment, le général Kray ordonnait l'attaque des Français dans le même ordre; une lettre interceptée lui avait appris les plans de Schérer, et il avait résolu de les déjouer. Le général Moreau fondit vivement sur le censre des Autrichiens, le perça, le poussa jusque sous les murs de Vérone. Mais là, l'ennemi s'arrêta, sans qu'on pût parvenir à le forcer. La possession du village de Villa-Franca importait au succès de la journée : deux fois le général Serrurier s'en empara, sans réussir à pousser plus loin ses adversaires trop nombreux. Vers le soir, le général Zolph, commandant la gauche des Autrichiens, ayant débordé notre droite, la força à la retraite pour éviter d'être tournée, et décida ainsi de la victoire.

Le général Schérer, effrayé des pertes énormes qu'il avait faites, renonça enfin au passage de l'Adige. Le lendemain, il se retira précipitamment par Roverbello, et passa le Mincio, en se dirigeant sur Chiusa. Peschiera fut bombardé par les ennemis, Mantoue investi, et tous leurs postes établis sur le Pô. Le Directoire rappela immédiatement Schérer, qui remit le commandement au général Moreau, désigné pour lui succéder. L'armée d'Italie était à peine forte de trente mille hommes : elle en avait perdu dix-huit mille dans les deux combats sur l'Adige et dans la journée de Magnano.

## 1799. BATAILLE DE CASSANO.

Vaincu à Magnano, le général Schérer remit à Moreau le commandement de son armée, réduite à trente mille hommes; Suvarow venait de prendre celui de l'armée ennemie. Moreau, placé dans une position délicate, résolut de défendre le passage de l'Adda, que le général ennemi parvint à forcer. Telle fut l'issue de la désastreuse affaire de Cassano, sur laquelle un rapprochement historique vient jeter le plus vif intérêt.

En 1705, une bataille avait été livrée dans le même lieu entre le duc de Vendôme et le prince Eugène. Moreau fit, pour s'opposer au passage du fleuve, les mêmes dispositions que le duc de Vendôme avait faites; Suvarow occupait le même camp qu'avait autrefois occupé le prince Eugène. Une parfaite identité se retrouva dans plusieurs manœuvres. Cependant là où avait échoué le prince Eugène, Suvarow réussit, et là où vainquit le duc de Vendôme, le général Moreau fut vaincu. La différence de ces résultats tint à celle de la proportion des forces respectives et à l'exécution plus ou moins précise des mouvements.

## 1799. BATAILLE DE LA TRÉBIA.

Sur le même terrain où, l'an 534 de Rome, Annibal avait battu le consul Sempronius et tué 26,000 Romains, le général Magdonald soutint, pendant trois jours, contre le feld-maréchal Suwarow, une lutte sanglante qu'une faute du général Moreau rendit inutile. Appelé de Naples au secours de l'armée d'Italie, qui n'essuyait plus que des revers (5 et 27 avril 1799), Magdonald, après une longue et difficile retraite, avait repoussé les Autrichiens le 12 juin à Modène et était entré le 15 à Plaisance. Toutes ses manœuvres tendaient à faciliter sa jonction avec le général Moreau qui, à la tête de 25 mille hommes, devait venir de Gênes et se réunir à l'armée de Naples entre Parme et Plaisance. Le 17 juin, Magdonald porta son armée, forte de 30 mille hommes, en avant de Plaisance, sur la rive droite de la Trébia, torrent partout guéable et dont le lit a un mètre de largeur. Au premier bruit de cette marche, Suwarow abandonne au général Kain le siége de Turin, réunit 40 mille hommes, et se présente sur la rive gauche de la Trébia. Un combat meurtrier s'engage dès la soirée du 17 juin et n'est terminé que par la nuit; le lendemain la bataille recommence, un choc furieux s'engage sur toute la ligne et la nuit sépare encore les deux armées qui restent en présence sur les deux rives du torrent.

Magdonald, pensant que s'il quittait sa position et que Moreau vînt à déboucher ensuite, il exposait ce général à être écrasé par Suwarow victorieux, se résolut à livrer une troisième bataille le 19 juin. Les colonnes françaises passèrent la Trébia sous la mitraille, attaquèrent avec impétuosité l'infanterie russe et la mirent en déroute et enlevèrent les premières batteries. Cependant, les Russes s'étant ralliés, leur cavalerie chargea la nôtre et la culbuta. Suwarow profitant habilement de ses avantages, attaqua le centre de l'armée française et la sépara de l'aile gauche. La légion polonaise du général Dombrowski, se voyant enveloppée, se forma en carré et se défendit avec la fureur du désespoir; le carnage fut horrible; les morts et les blessés jonchèrent la plaine et le lit de la Trébia. Les Français furent obligés de revenir à la position sur laquelle ils avaient combattu la veille. Magdonald eût peut-être tenté une quatrième bataille; mais il avait perdu 10,000 hommes : plusieurs généraux avaient été tués ou blessés; lui-même, souffrant de la blessure qu'il avait reçue à Modène, était obligé de se faire transporter. Enfin, ses munitions étant épuisées, il se décida à opérer sa retraite, et l'effectua en bon ordre pendant la nuit. Cependant, au lieu de s'approcher de Plaisance, le général Moreau, qui craignait ainsi de compromettre le salut de Gênes et de perdre ses communications avec la France, s'était contenté d'envoyer le général Lapoype avec un détachement, et s'avançait sur Torlosse : le général Suwarow retourna en hâte vers le Piémont pour s'opposer à ses progrès.

## 1799. BATAILLE DE NOVI.

Joubert avait perdu un mois à célébrer ses noces, et pendant ce temps Moreau, qu'il devait remplacer, avait été forcé, par les ordres du gouvernement, à une fatale inaction. Il était trop tard lorsque ce jeune général arriva à l'armée; et son héroïque résolution de vaincre ou de mourir ne pouvait plus que lui assurer un beau trépas.

A la suite de ces lenteurs, Alexandrie et Mantoue venaient d'ouvrir leurs portes, et leur reddition ayant permis à l'ennemi de réunir toutes ses forces, Suwarow s'avançait à la tête de 60 et quelques mille Austro-Russes. Joubert avait à peine 40,000 hommes; aussi fut-il arrêté, dans un conseil de guerre, qu'on rentrerait dans l'Apennin pour s'y tenir sur la défensive, en attendant les renforts. Mais l'impétuosité de Suwarow ne permit pas d'exécuter ce mouvement; le 15 août 1799, à cinq heures du matin, il fit attaquer avec fureur l'armée française, qui occupait les hauteurs de Monte-Rotondo, en avant de Novi; dès les premiers commencements de l'action, Joubert, frappé au cœur d'une balle, expira en criant : En avant, mes amis!... en avant!... et Moreau prit le commandement; en dépit de ses fautes, Suwarow l'emporta à force d'hommes. Les Français obtinrent plus'eurs avantages partiels ; mais, accablés par le nombre, ils cédèrent la victoire, et à la fin de cette sanglante journée, ils firent retraite vers l'Apennin, laissant sur le champ de bataille leur général en chef, quatre généraux de division, 10,000 hommes, 37 bouches à feu et 4 drapeaux. La perte de l'ennemi fut au moins égale. Il était dans la destinée de cette armée d'Italie, toujours intrépide, toujours infatigable, toujours prête au combat, d'être toujours battue, et cependant elle avait de bons généraux, mais le gouvernement intervenait continuellement dans les opérations militaires.

### 1800. BATAILLE DE MARENGO.

Pendant les six jours que le premier consul crut devoir passer à Milan (2 juin 1800), l'avant-garde avait achevé la conquête de la Lombardie, et Murat était entré dans Plaisance. Une dépêche interceptée dans cette ville fournit une nouvelle preuve de l'opiniâtre aveuglement du ministère autrichien. Dans cette pièce, où l'existence de l'armée de réserve était encore traitée de fable, et où l'on annonçait que des mouvements excités à Paris avaient forcé le consul à retourner dans cette capitale, le cabinet de Vienne ordonnait au général Mélas de pousser avec vigueur ses opérations en Provence, ne fût-ce que pour rappeler en France, par une forte diversion, l'armée du Rhin, qui avait pénétré jusqu'au cœur de l'Allemagne.

Mélas, ayant abandonné Turin, paraissait se porter sur Alexandrie pour opérer sur la rive droite du Pô. Bonaparte fait garder la rive gauche par la division du général La Poype, depuis Pavie jusqu'à Crescentino, et, passant tout à coup sur la droite, il ordonne au reste de l'armée de se réunir à la Stradella. Son but, en occupant ce point, dont Mélas songeait aussi à s'assurer, était de couper les communications de ce général avec Mantoue, et de le forcer à recevoir, dans cette position, une bataille qui l'aurait acculé aux Alpes et devait débloquer Gênes.

Au moment où il se croyait près d'atteindre ce résultat, préparé par tant d'efforts, garanti par tant de succès, il apprend que Gênes s'est rendue, et que les troupes qui la bloquaient revenaient en toute hâte rejoindre Mélas sous Alexandrie. Les conditions faites à Masséna, qui, comme on sait, commandait dans Gênes, avaient été plus honorables pour lui qu'avantageuses pour l'armée de réserve. Ses troupes sortaient libres avec armes et bagages ; mais, séparées de leur général, qui se rendait par mer à Antibes, elles rétrogradaient vers Suchet, sur le Var.

Ce contre-temps toutefois ne changea rien aux résolutions du premier consul. Ne pouvant plus compter sur la diversion qu'il avait été fondé à espérer jusqu'alors, et affaibli par la nécessité de laisser, derrière lui, des corps pour garder des places, il ne s'en disposa pas moins à faire tête à toute l'armée de Mélas.

Cependant les Autrichiens s'avançaient. Le 8 juin, leur avant-garde attaque le général Lannes, qui avait traversé le Pô avec une partie de l'armée française. Lannes la repousse jusque sous le canon de l'armée dont elle avait été détachée, et devant laquelle il s'établit et passe la nuit. Forte de dix-huit mille hommes, cette armée, qui occupait Casteggio et Montebello, était celle qui avait bloqué Gênes. Elle se portait sur la Stradella, sous le commandement du général Ott. A la pointe du jour, elle attaque les Français, qui, n'étant qu'au nombre de huit mille, se tenaient sur la défensive, attendant la division Victor, qui avait passé le fleuve, mais se trouvaient encore à trois lieues du champ de bataille. L'action fut terrible. On se battit de part et d'autre avec la plus grande entrépidité. La victoire avait été incertaine pendant toute la matinée ; à midi, elle fut décidée par l'arrivée de Victor. Trois mille hommes tués, six mille prisonniers, constatèrent le gain de cette bataille. Lannes y conquit le titre de duc de Montebello (30 mai 1809). Elle assura aux Français la possession de la Stradella, où l'armée resta réunie jusqu'au 12 juin.

Toute l'armée autrichienne se rassemblait cependant autour d'Alexandrie. Ayant derrière lui Suchet, qui, repassant le Var, poursuivait ceux qui l'avaient poursuivi, et devant lui l'armée victorieuse à Montebello, Mélas semblait incertain du parti qu'il prendrait. Surpris de l'inaction de ce général, et craignant qu'il ne fît ce que lui-même eût fait en pareille situation, et qu'il ne marchât contre l'armée du Var pour l'écraser et revenir ensuite sur l'armée de réserve, le premier consul se décida à quitter la Stradella, et à s'avancer vers la Scrivia pour observer de plus près les mouvements de l'ennemi. Le 13, il arriva à San-Juliano, village situé au milieu de la vaste plaine de Marengo. N'ayant obtenu là aucun renseignement sur la position de l'armée autrichienne, il en conclut qu'elle lui échappait et se dirigeait sur Gênes. Il ordonna, en conséquence, au général Desaix, qui, tout récemment arrivé d'Egypte, avait rejoint l'armée depuis deux jours, d'aller s'établir en toute hâte, avec deux divisions, sur la chaussée qui conduit de Novi à Alexandrie ; et à la division Victor de marcher sur Marengo, et de faire éclairer, par ses coureurs, les rives de la Bormida, petite rivière qui coule entre Alexandrie et Marengo, et sur laquelle il y avait un pont fortifié. Trois ou quatre mille Autrichiens occupaient Marengo. Victor les chasse de ce poste et s'y établit ; mais la nuit l'empêche de pousser jusqu'à la rivière et de détruire le pont. Les coureurs, de retour, affirmèrent que l'ennemi n'avait fait aucun préparatif pour passer la Bormida, et qu'une simple garnison gardait Alexandrie. Point de nouvelles d'ailleurs de Mélas.

Son armée, qu'il avait achevé de réunir dans cette journée, passait cependant le Tanaro, et prenait position devant Alexandrie, où elle bivouaqua. Elle était forte de quarante mille hommes, dont six à sept mille de cavalerie, et munie d'une artillerie nombreuse. Dans l'intention de livrer bataille pour sortir de la position critique où il se trouvait, et se faire jour à travers la ligne française, rien ne pouvait mieux le servir que le parti adopté par le premier consul. En éloignant le corps de Desaix, celui-ci avait réduit l'armée française à dix-neuf mille hommes, parmi lesquels on ne comptait que deux mille cinq cents hommes de cavalerie. Mélas se hâta de profiter de cet immense avantage. Le 14, à cinq heures du matin, l'armée autrichienne passe la Bormida et le Tanaro sur des ponts jetés pendant la nuit.

Telle était alors la position de l'armée française : le corps du général Victor, dont une division occupait Marengo, était rangé à droite et à gauche de ce village, que le général Gardanne couvrait avec quelques troupes ; en seconde ligne, à six cents toises de Marengo, en avant de San-Juliano, et sur l'ancienne route de Tortone, était le corps du général Lannes; la garde des consuls était placée en réserve à cinq cents toises du général Lannes ; une brigade de cavalerie, commandée par le jeune Kellermann, formait la gauche et soutenait le général Victor ; une seconde brigade de la même arme, commandée par le général Champeaux, formait la droite et soutenait l'infanterie du général Lannes ; enfin, le général Rigaud, avec un régiment de hussards et un régiment de chasseurs placé à l'extrême droite, couvrait le chemin de Salé, point important en cas de retraite.

Le premier consul, jugeant, à la canonnade, qu'il avait affaire à toute l'armée autrichienne, expédia, dès le matin, au général Desaix, dont le corps était déjà à une demi-marche du champ de bataille, l'ordre de rétrograder sur San-Juliano.

Après avoir dispersé les troupes qui occupaient les postes avancés, à huit heures du matin, Mélas attaque Marengo, dont il voulait se faire un point d'appui. Ce village devint le centre d'un combat de quelques heures, pendant lesquelles il fut pris et repris plusieurs fois ; il resta définitivement aux Autrichiens. Le général Victor, contraint à reculer, forme, en arrière de Marengo, une nouvelle ligne de bataille, à la droite de laquelle se place le corps du général Lannes. Les troupes qui s'étaient emparées de Marengo, se déployant alors sur leur gauche, manœuvrent de manière à déborder la droite des Français, et à la prendre en flanc. Cette attaque l'avait ébranlée ; mais Lannes les repousse à leur tour, avec l'aide du général Champeaux, qui est blessé mortellement, en chargeant à la tête de ses dragons. La fortune revint toutefois aux ennemis. Vers midi, le centre et l'aile gauche de Victor, écrasés par des forces supérieures, sont mis en déroute comp'ète. Il court alors se réfugier derrière la réserve à San-Juliano. Lannes, dont le flanc gauche se trouve à découvert par ce mouvement, est lui-même obligé de le suivre. Il y cède, mais avec ordre et sans se laisser entamer. La cavalerie autrichienne, qui jusqu'alors n'avait pas donné, s'ébranle pour tourner notre droite. Cette manœuvre tendait à prendre à dos notre première ligne; elle eût été décisive en faveur de l'ennemi. Il croyait l'exécuter sans difficulté; il se trompait. Neuf cents grenadiers de la garde consulaire, envoyés par Bonaparte à trois cents pas de la droite, s'y établissent en bataillon carré. Quoique dénués d'artillerie, ils opposent un front inébranlable à la cavalerie autrichienne. C'était, dit Berthier, *une redoute de granit* contre laquelle tous les efforts vinrent se briser. Cependant l'avant-garde de Desaix était arrivée. Le général Monier, qui la commandait, se place aussitôt à la droite du général Lannes, que l'ennemi avait presque débordé, mais qui ne s'était retiré qu'après avoir jeté une brigade, commandée par Carra-Saint-Cyr, dans Castel-Cériolo, village placé à droite de Marengo, et que les Autrichiens s'efforcèrent en vain de reprendre. Il était cinq heures du soir.

Mélas, qui voyait reculer les Français, se tenait, depuis midi, pour assuré de la victoire. Ne pensant plus qu'à en profiter en leur coupant la route de Tortone, par laquelle il croyait qu'ils feraient leur retraite, que Bonaparte s'était ménagé les moyens d'opérer par la route de Salé, il avait donné ordre de tourner leur gauche; et, chargeant le général Zach, chef de son état-major, d'exécuter cette opération avec six mille grenadiers, il était allé prendre quelque repos à Alexandrie. Exécutant les ordres de son chef avec plus de zèle que de prudence, le général Zach dépasse la ligne autrichienne de manière à n'en pouvoir plus être soutenu. C'est alors que le corps de Desaix parut à la hauteur de San-Juliano. Bonaparte arrête aussitôt le mouvement de retraite. Il prend une nouvelle ligne, qui s'étend de San-Juliano à Castel-Cériolo; et la prudence faisant tout à coup place à l'audace : « C'est avoir fait trop de pas en arrière! s'écrie-t-il, le « moment est venu de marcher en avant. Souvenez-vous que j'ai l'habi-« tude de coucher sur le champ de bataille. » Puis il commande à Desaix de se précipiter, avec ses divisions, sur la colonne du général Zach, et la réserve d'appuyer cette attaque. C'était risquer le tout pour le tout. Un général, qu'il honorait alors de sa confiance, lui observant qu'il serait peut-être prudent de garder la réserve pour assurer la retraite en cas de nécessité : « Point de retraite, lui répondit-il; aujourd'hui tout se décidera « ici. » Desaix court à l'ennemi. Au moment où il ordonne la charge, atteint au cœur par une balle, il tombe en exhalant, avec son dernier soupir, un dernier vœu pour la patrie. Ce malheur, loin d'abattre le courage des soldats, ne fait qu'irriter leur fureur; ils n'en marchent à l'ennemi qu'avec plus d'impétuosité : on les croirait tous animés de l'âme du héros qu'ils courent venger. Le général Boudot, qui hérite du commandement de Desaix, achève ce que ce grand homme avait commencé. Secondé par le jeune Kellerman, qui charge la colonne avec huit cents chevaux, l'enfonce, la disperse, prend le général Zach, tout son état-major et cinq mille grenadiers. Tout le reste gisait sur le champ de bataille.

Tout en un moment avait changé de face. Partout l'armée française avait repris l'offensive. Le général Lannes marchait en avant au pas de charge ; Victor rentrait dans Marengo. Carra-Saint-Cyr avait toujours occupé Castel-Cériolo, position rapprochée de la Bormida ! Les Autrichiens, craignant qu'il ne se portât sur cette rivière pour occuper les ponts et leur fermer le passage, se dirigèrent vers elle en désordre, se hâtant d'y arriver avant les Français. Partageant la terreur commune, la cavalerie se met en retraite au galop, rompant les rangs de sa propre infanterie. La confusion s'accrut encore à l'entrée du pont, trop étroit pour recevoir ensemble tant de fuyards. Quatre mille cinq cents morts, huit mille blessés, sept mille prisonniers, douze drapeaux, trente pièces de canon, telle est à peu près la perte des Autrichiens dans cette bataille, qui dura douze heures. Deux mille morts, trois mille blessés, sept cents prisonniers, telle fut la perte des Français ; perte peu considérable, vu la situation de l'armée consulaire, qui, exposée, dans une plaine immense, aux attaques d'une armée deux fois plus forte qu'elle, et au choc d'une cavalerie nombreuse, eut à supporter, pendant toute la journée, le feu d'une artillerie formidable.

Mélas crut pendant cinq heures la bataille gagnée. En effet, pendant cinq heures, les Français se replièrent devant lui, et semblaient en retraite, s'ils n'étaient pas en déroute. Quant à Bonaparte, il ne crut jamais la bataille perdue, parce qu'il n'avait cédé du terrain que dans l'intention de gagner du temps et de laisser arriver l'occasion décisive, qu'il avait l'habitude d'attendre, et dont il savait si habilement profiter. Cette occasion, dans la journée de Marengo, fut produite par le concours de deux circonstances, la faute du général Zach et l'arrivée du général Desaix.

C'est ici la place d'une anecdote que nous tenons de M. Carrion le Nisas, homme de cœur et d'esprit, homme également recommandable comme militaire, comme littérateur et comme citoyen. « La bataille gagnée. Bo-
« naparte était entré dans une bicoque. Là, seul, il se promenait à grands
« pas, absorbé dans une rêverie profonde ; un de ses aides-de-camp,
« Gerrare Lacuée, se présente pour lui en faire un rapport. Le Consul,
« sans trop l'écouter, lui récite ces vers de la *Mort de César :*

> « J'ai servi, commandé, vaincu quarante années ;
> « Du monde, entre mes mains, j'ai vu les destinées,

« Et j'ai toujours connu qu'en tout événement
« Le destin de l'État dépendait d'un moment. »

Ce moment lui livra l'empire

Le découragement des Autrichiens, après la bataille de Marengo, fut proportionné à l'espérance qu'ils avaient eue de la gagner. Campés sous Alexandrie, un seul ruisseau les séparait du plus entreprenant des vainqueurs. Mélas ne se dissimulait pas le danger de sa position. Derrière lui les Alpes et les frontières de France, devant lui et sur les flancs les Français ; toute retraite était fermée. Engager, dans cette position, une nouvelle bataille contre un ennemi dont la confiance avait dû croître avec ses succès, c'était compromettre ses dernières ressources ; il crut, en les sauvant, mieux servir les intérêts de son souverain.

Impatient de suivre ses avantages, Bonaparte avait fait, le soir même de la bataille, ses dispositions pour enlever les ouvrages qui défendaient le pont, et pour passer la rivière de vive force. Le 15 juin, à la pointe du jour, la fusillade était déjà engagée aux avant-postes ; un parlementaire autrichien s'y présente. Berthier, à qui il est conduit, se rend aussitôt lui-même à Alexandrie, d'où il rapporte, au bout de quelques heures, la convention qu'il a stipulée avec le général Mélas, en vertu des pleins pouvoirs dont il est muni. Cette convention dégageait l'armée autrichienne et lui ouvrait la route de Mantoue ; mais elle livrait aux Français le Piémont, la Lombardie, la Ligurie, et Bonaparte recouvrait ainsi, d'un trait de plume, trois États dont la conquête et la perte avaient coûté, pendant les quatre années antérieures, tant d'efforts et tant de sang aux trois puissances à qui les vicissitudes de la guerre les avaient successivement donnés.


### 1814. BATAILLE DU MINCIO.


Pendant que Napoléon défendait pied à pied le sol de la France contre les armées de l'Europe coalisée, le prince Eugène, vice-roi d'Italie, s'opposait aux efforts d'une armée autrichienne, qui, sous les ordres du comte de Bellegarde, cherchait à pénétrer dans la Lombardie. La trahison du roi de Naples, Joachim, força le prince à se rapprocher du Mincio, et c'est sur les rives de ce fleuve qu'il remporta une victoire glorieuse. Ses habiles dispositions suppléèrent au nombre : les Autrichiens essayèrent vainement de repasser le fleuve ; ils furent vigoureusement repoussés, et, renonçant enfin à opérer sur le centre de l'armée française, ils laissèrent au vice-roi le temps de s'occuper de l'armée napolitaine.

La perte des Autrichiens s'éleva à cinq mille hommes hors de combat et à trois mille prisonniers; celle de l'armée franco-italienne ne fut que de deux mille cinq cents hommes.

### 1814. BATAILLE DE PARME.

Le prince Eugène avait soutenu glorieusement la cause française en Italie à la bataillce du Mincio. Obligé de diviser ses forces depuis la retraite du roi de Naples, il avait détaché le général Grenier, qui passa le Taro le 2 mars : l'armée austro-napolitaine se retira derrière l'Enza. Instruit que, malgré ce mouvement rétrograde, le roi de Naples avait laissé trois mille hommes dans Parme, le général Grenier forma le dessein de les enlever : en conséquence, il dispose ses brigades pour l'attaque de cette ville. Plusieurs colonnes s'approchent de front. Tandis que sous le feu de la garnison une partie des assaillants escalade les remparts, l'autre s'empare d'une porte et pénètre dans l'intérieur. Dix-huit cents Autrichiens mettent bas les armes.

Dans le même temps, une brigade, ayant passé la Parma et tourné la ville, se trouva en présence d'une colonne ennemie qui venait la secourir. En un moment, la colonne est mise en déroute, et laisse quatre cents prisonniers.

Cette brillante journée, qui ne coûta pas deux cent quarante hommes à l'armée du général Grenier, coûta à l'ennemi plus de deux mille huit cents hommes, tant morts que prisonniers, et deux pièces de canon.

### 1815. BATAILLE DE TOLENTINO.

Joachim Murat, malgré les événements qui accablèrent Napoléon en 1814, avait conservé sa couronne, et allait être reconnu par l'Angleterre même légitime roi de Naples, comme Bernadotte avait été reconnu roi de Suède; mais à la nouvelle du débarquement de son beau-frère en mars 1814, il rêva tout à coup le projet d'affranchir l'Italie. Au lieu de s'annoncer comme lieutenant de Napoléon, il se fit proclamer du nom de libérateur jusqu'aux Alpes Juliennes. Le 28 mars, à la tête de 50,000 Napolitains, Murat commence une irruption dont il annonce que le résultat doit être l'indépendance. Tel était en Italie le besoin de cette indépendance que plusieurs villes se levèrent à l'appel du roi de Naples; mais le 5 avril, le général autrichien Bellegarde répond de Milan à sa proclamation, et le général anglais Bentinck y répond aussi de Livourne, en unissant ses armes à celles de l'Autriche. Les Allemands, surpris, sont d'abord obligés de se replier ; mais les généraux Bianchi et Neipberg combinent leur mouvement, prennent à leur tour l'offensive, et chassent bientôt devant eux les bandes napolitaires.

Le 2 et le 3 mai, ils les mettent dans une déroute complète à la bataille de Tolentino. L'intention de Joachim avait été de servir Napoléon en s'élevant lui-même ; mais, par cette audacieuse entreprise, il contribua encore à la ruine de l'empereur français, en appesantissant le joug autrichien sur cette malheureuse Italie, dont la destinée ne pouvait être décidée que par la victoire ou par la défaite de Napoléon.

La journée du 13 vendémiaire fut l'origine de la grandeur de Murat, en ce qu'elle établit ses premières liaisons avec Bonaparte, qui se l'attacha en qualité d'aide-de-camp, dans la campagne d'Italie de 1796. Murat arrive ainsi, presque inconnu, au grade de chef de brigade, éblouit tout à coup l'armée par sa valeur impétueuse, son audace téméraire, son entraînement irrésistible, ses allures de paladin. Il jetait une sorte d'éclat poétique et chevaleresque sur les armes françaises que le génie de Bonaparte rendait si imposantes. Ce courage splendide et pompeux de Murat ouvrait, sans doute, devant lui un brillant avenir ; mais pour son bonheur, il eût fallu que Napoléon ne l'appelât pas sur un autre théâtre que les champs de bataille, où il était si beau.

# NOTICES

## SUR

## LES GÉNÉRAUX FRANÇAIS DANS LES GUERRES D'ITALIE

## DE 1792 A 1814.

---

### AUGEREAU.

Pierre-François-Charles Augereau, duc de Castiglione, maréchal de France, grand-aigle de la Légion d'Honneur, chevalier de l'ordre de Charles III, était fils d'un marchand fruitier du faubourg de Saint-Marceau. Après avoir servi comme simple soldat dans les carabiniers du roi de Naples, il exerça à Naples la profession de maître d'armes, quand, en 1792, un ordre, qui s'étendait à tous les Français, l'obligea de sortir du territoire napolitain. De retour en France, il entra comme volontaire dans l'armée du Midi ; et, sous le régime républicain, ne trouvant plus d'obstacles à son avancement, il parvint en deux ans au grade de général de brigade. La guerre qui avait éclaté entre l'Espagne et la France lui avait offert l'occasion de faire connaître les hautes qualités qui devaient le porter à la plus haute des dignités militaires. La part qu'il prit à la journée de Figuières, en 1794, et à celle de La Fluvia, en 1796, avait encore accru sa réputation, quand il fut envoyé à l'armée d'Italie, avec le grade de général de division. Elle fut portée à son comble par cette campagne à jamais mémorable, qui soumit en quinze mois aux armées françaises toute la partie de la Péninsule qui se trouve enfermée entre les Alpes, les États romains et les deux mers : dans chacune des affaires auxquelles il prit part, et particulièrement dans celles de Dégo, de Montélésimo, de Lodi, et surtout dans celle de Castiglione, le nom d'Augereau se trouve associé à ceux des généraux qui ont le plus contribué à la victoire. Dans les attaques livrées aux Autrichiens sur le pont d'Arcole, il lutta d'audace et d'obstination avec Bonaparte lui-même.

La gloire qu'il acquit en Italie serait sans tache, s'il s'y fût montré aussi désintéressé que brave. Le *fourgon d'Augereau* y était passé en proverbe. Dans l'opinion du soldat, c'était le trésor par excellence : il y avait là probablement exagération. Par exemple, on a imputé à la cupidité de ce général la rigueur qu'il déploya contre la ville de Lugo, qu'il abandonna pendant trois heures au pillage. Peut-être ne fut-il pas maître de ses soldats en cette circonstance. Au mépris d'un accord fait entre la république et le pape, dont ils étaient sujets, les habitants de Lugo s'étaient armés et avaient assassiné dans une embuscade plusieurs soldats français, dont les têtes étaient encore attachées à la porte de la maison commune, quand leurs camarades entrèrent dans cette ville après trois heures de combat. Un pareil spectacle suffisait pour provoquer de cruelles représailles.

## BEAUHARNAIS (Eugène).

Après le 13 vendémiaire, on avait exécuté à Paris le désarmement général des sections. Un jeune homme de quatorze à quinze ans vient supplier le général en chef de lui rendre l'épée de son père, qui avait été général de la république. Ce jeune homme était Eugène de Beauharnais. Bonaparte, touché de la nature de sa demande et des grâces de son âge, lui accorde ce qu'il réclame. Eugène verse quelques larmes en voyant l'épée de son père : le général en est ému, et lui témoigne tant de bienveillance que madame de Beauharnais se crut obligée de venir le lendemain en remercier Bonaparte, qui lui rendit sa visite. Telle fut l'origine d'une liaison que l'hymen suivit de près, et qui devait placer la mère sur le trône de France, le fils sur celui d'Italie.

Le jeune Beauharnais suivit la brillante fortune de son second père. Il l'accompagna en Italie, en Egypte; à Malte, il s'empara du seul drapeau que la courte durée des hostilités ait permis d'enlever aux chevaliers. Il cueillit sa part des lauriers de Marengo. En 1804, élevé au rang de prince français, l'année suivante il fut nommé vice-roi d'Italie. Après la bataille d'Austerlitz, Napoléon l'unit à la maison de Bavière, en lui donnant pour femme la princesse Auguste-Amélie, fille du roi. De nouveaux titres récompensèrent encore le mérite et les services d'Eugène. Quelque temps il put se flatter qu'il porterait un jour celui qu'avait conquis le génie de Napoléon. La victoire de *Raab* semblait confirmer ses droits à l'héritage du grand homme; mais bientôt la politique en décida autrement, et le prince Eugène reçut une mission bien pénible et bien délicate : il lui fallut en quelque sorte délier les nœuds qui sans lui peut-être ne se seraient jamais formés. Dans ce moment critique, il sut concilier tous les devoirs, et concourut avec dignité au divorce qui le déshéritait du premier trône de l'Europe.

Napoléon, dans ses revers, ne trouva pas de meilleur général, d'allié plus fidèle que le prince Eugène : on aurait dit que ce dernier était toujours son fils. En 1812, après le départ de Napoléon et du roi de Naples, le prince Eugène acheva la retraite de Russie. En 1814, il soutenait la lutte en Italie, et triomphait encore sur les bords du Mincio. Quand tout fut consommé, il se retira en Bavière et traversa le Tyrol, non sans danger, car on l'accusait d'avoir fait fusiller, comme espions, plusieurs notables de cette contrée.

La mort de sa mère l'appela en France. Louis XVIII, auquel il se fit annoncer sous le simple nom du général Beauharnais, l'accueillit avec distinction. L'empereur de Russie et les autres souverains lui avaient témoigné la même faveur. Cependant on ignore encore quel eût été le résultat de ces marques d'intérêt sans les événements de 1815. Le bruit courut alors que le prince Eugène n'y était pas étranger; du moins on l'estimait assez pour le soupçonner d'avoir, en cette occasion, subordonné la politique à la reconnaissance.

Le prince Eugène venait de marier sa fille au prince royal de Suède, lorsqu'une mort prématurée l'atteignit à Munich; il n'était âgé que de quarante-trois ans, et sa perte excita une douleur réelle dans toutes les classes du royaume de Bavière.

## DESAIX.

Louis-Charles-Antoine Desaix de Voyoux naquit, en 1768, à Saint-Hilaire-d'Ayat, en Auvergne, d'une famille noble. Destiné à l'état militaire, il entra, dès l'âge de quinze ans, en qualité de sous-lieutenant, dans le régiment de Bretagne; il paraît néanmoins avoir quitté un moment le service pour entrer dans l'administration. En 1791, il était commissaire des guerres, quand le général Victor de Broglie le choisit pour son aide-de-camp. La guerre le mit bientôt à même de faire connaître les talents qui le portèrent si rapidement aux premiers grades de l'armée. Ce n'est pas seulement par sa bravoure qu'il se fit remarquer, dès 1793, à l'affaire de Lauterbourg, où, quoique blessé, il ne voulut pas quitter le champ de bataille sans avoir rallié les troupes républicaines chassées des lignes de Weissembourg; là il était déjà général de brigade. Nommé général de division, par suite de cette affaire, de l'armée de Pichegru, où il était employé en cette qualité, il passa, en 1796, dans celle de Moreau, aux succès duquel il contribua lors de sa marche triomphante en Souabe, et qu'il seconda puissamment aussi dans cette retraite victorieuse qu'il fit du Danube au Rhin. Il avait pris Offenbourg sur le prince de Condé ; il défendit le pont et le fort de Kehl contre le prince Charles. Profitant de la suspension d'armes qui eut lieu par suite de la convention de Léoben, en 1797, il se rendit en Italie pour visiter cette terre que tant de batailles venaient d'illustrer. Là, commença entre lui et le général Bonaparte une liaison que l'estime avait préparée. Desaix, l'un des hommes qui admirait le plus Bonaparte, est un des hommes que Bonaparte ait le plus désiré s'attacher. Il l'emmena en Egypte. Les rapports établis entre eux par cette expédition ne firent que fortifier leur affection réciproque. Desaix recueillit plus d'un genre de gloire. Après avoir conquis la Haute-Egypte sur Mourad-Bey à la bataille de Seydiman, il s'attacha par sa modération le pays qu'il avait soumis par son courage. Le souvenir de ses vertus subsista longtemps dans ces contrées, où on l'appelait *le sultan juste.* En 1800, en vertu du traité d'El-Arich, Desaix revenait en France. Arrêté à Livourne par l'escadre du lord Keith, il fut traité en prisonnier de guerre par cet amiral, quoiqu'il fût accompagné par un officier anglais que Sidney-Smith lui avait donné pour faire respecter la foi jurée. « J'ai traité, dit-il à l'amiral, qui aggravait « encore par l'ironie l'injustice de son procédé, j'ai traité avec les Mame- « lucks, les Turcs, les Arabes du Grand-Désert, les Ethiopiens, les noirs du « Darfour, ils respectaient la parole qu'ils avaient donnée, et n'insultaient « pas aux hommes dans le malheur. Au reste, faites de moi ce que vous « voudrez ; je ne vous demande que de la paille pour mes blessés. » Rendu à la liberté au moment où Bonaparte, devenu premier consul, descendait en Italie par le Saint-Bernard, il vint en toute hâte rejoindre son ancien général. Arrivé la surveille de la bataille de Marengo, il commanda pendant cette journée un corps formé de deux divisions. La nuit qui la précéda, il avait été détaché pour aller prendre position entre Novi et Alexandrie ; il revenait spontanément sur ses pas, quand il rencontra l'aide-de-camp chargé par le général en chef de lui prescrire ce mouvement. Son arrivée sur le champ de bataille décida la victoire ; mais il y trouva la mort. Atteint d'une balle au moment où il chargeait les grenadiers du général Zach, il périt en sauvant l'armée. Il semblait avoir eu le pressentiment de son sort. « Voilà longtemps que je ne me suis battu en Europe, « avait-il dit à ses aides-de-camp, les boulets ne me connaissent plus ; il « nous arrivera quelque chose. » Son corps embaumé fut déposé dans un monument élevé sur la cime du Saint-Bernard, par ordre du premier consul, qui décréta de plus qu'une statue lui serait érigée sur une des places de Paris.

## CHAMPIONNET.

Une seule campagne, mais une campagne éblouissante, celle de Naples en 1798, assigne au général Championnet une place honorable parmi les plus grandes illustrations militaires de la Révolution française. Officier de fortune, il avait jusqu'alors obéi et exécuté avec courage et talent, et même avec éclat, à Wissembourg, à Fleurus, sur la Sambre, sur la Meuse, sur la Moselle et sur le Rhin (de 1793 à 1797) ; mais il n'avait point encore subi l'épreuve d'un commandement en chef. Cette épreuve, contre laquelle tant de généraux de brigade et de division voient échouer leur renommée, fut une bonne fortune pour Championnet; l'occasion seule lui avait manqué.

Il avait toute une armée à créer, hommes et choses, pour pouvoir remplir la mission, que lui donnait le Directoire, de défendre la nouvelle république romaine contre l'invasion des Napolitains, que l'Autriche lançait en enfants perdus. En moins de trois mois, il sut si bien organiser et discipliner un quinzaine de mille hommes, ramassés de toutes parts, qu'il battit complétement quarante mille Napolitains, que commandait le général Mack. Cette victoire garantissait non-seulement l'existence de la république romaine, mais elle ouvrait de plus le royaume de Naples aux vainqueurs. Championnet marcha audacieusement en avant, à la tête de sa petite armée, et il eut aussi l'honneur d'instituer une république. L'éphémère *république parthénopéenne* fut improvisée sous ses auspices, mais on ne lui laissa point le soin de la conserver (ce qui était, au reste, lui épargner le chagrin de la perdre). Le Directoire, jaloux d'une autorité qu'il exerçait si mal, frappa Championnet d'une disgrâce au milieu de ses triomphes, parce qu'un conflit de pouvoirs s'était élevé entre le général et un commissaire envoyé de Paris. Le gouvernement, plein de partialité pour son agent, ne borna point sa vengeance à une destitution; Championnet, traîné de brigade en brigade et jeté dans les prisons, devait être traduit devant les tribunaux militaires, lorsqu'un renouvellement du Directoire rendit inutiles les mémoires qu'il avait préparés pour sa défense avec une verve de soldat. Une éclatante réparation lui était due ; il fut nommé au commandement de l'armée des Alpes ; mais cette armée était dans un état plus déplorable encore que celle qu'il avait trouvée sous les murs de Rome un an auparavant. Une maladie contagieuse l'épuisait, et Championnet avait eu la douleur d'être battu par les Austro-Russes à Genola, quand il succomba lui-même à l'épidémie dans la ville d'Antibes.

## MASSÉNA.

André Masséna était né à Nice le 6 mars 1758. Sa famille le destinait à la marine : son instinct lui fit préférer le service de terre. A dix-sept ans, il entra comme simple soldat dans le régiment Royal-Italien; il s'éleva promptement aussi haut qu'il était permis alors à un roturier. Mais, emprisonné par les préjugés et les ordonnances du temps dans les grades inférieurs, il renonça au bout de quatorze ans à une carrière dont il avait atteint la borne. La révolution la lui ouvrant tout entière en 1789, il y rentra, et la parcourut à pas de géant. En 1793, il était déjà général de division. Attaché dès lors à l'armée d'Italie, il prit part à ses opérations les plus brillantes avant, pendant et après le commandement du général Bonaparte. Il avait aidé à la conquête de Nice, à la reprise de Toulon, à la victoire de Saorgio, et contribua plus que personne, sous Schérer, à la victoire de Loano. Victorieux partout où il combattit sous Bonaparte, en 1796, il s'est illustré surtout aux batailles d'Arcole, de Rivoli, de la Favorite et de Tarvis; chassant toujours les Autrichiens devant lui, il ne se reposa qu'à vingt-cinq lieues de Vienne, où l'ennemi lui demanda un armistice. En 1798, nommé général en chef de l'armée d'Italie après le départ de Bonaparte pour l'Egypte, il la conduisit à Rome venger la mort du général Duphot. Rappelé en France par suite des désordres qui se manifestèrent dans cette armée, et qu'il n'avait pu parvenir à réprimer, il fut nommé général en chef des armées du Danube et de l'Helvétie. La victoire semblait avoir abandonné les drapeaux français ; c'est lui qui la réconcilia avec eux. La fortune des Austro-Russes se brisa contre la sienne à Zurich, où la France républicaine fut sauvée en 1799, comme la France monarchique l'avait été en 1712 à Denain. En 1800, chargé par Bonaparte, devenu premier consul, de la défense de Gênes, sa tenacité, qui retenait sous cette place une partie de l'armée autrichienne, ne contribua pas moins à la conquête de l'Italie que l'activité des généraux qui y étaient descendus à la suite du généralissime qui commandait à Marengo. En 1804, après la création de de l'empire, Napoléon, qui élevait la fortune de ses amis proportionnellement à l'accroissement de la sienne, nomma Masséna maréchal de l'empire et grand cordon de la Légion-d'Honneur. Masséna semblait arrivé alors au comble de la gloire et des dignités ; sa gloire devait pourtant croître encore. Chargé de la défense de l'Italie pendant que Napoléon se portait de Boulogne sur le Danube, quoique avec des forces très-inférieures à celles du prince Charles, non-seulement il l'empêcha de pénétrer en Lombardie, mais il sut le retentir assez longtemps dans les provinces vénitiennes pour l'empêcher de se porter assez promptement en Moravie, où l'attendait l'armée austro-russe qui fut si complétement défaite à Austerlitz. Napoléon ayant décidé que son frère Joseph régnerait à Naples, Masséna fut chargé en 1806 de l'exécution de ce décret. Avant la fin de 1807 toutes les provinces napolitaines étaient soumises au nouveau roi. Après la bataille d'Eylau, l'Empereur, qui avait pris ses quartiers d'hiver en Pologne, appela Masséna auprès de lui, et lui confia le commandement de l'aile droite de la grande armée. La paix de Tilsit fut signalée par des distributions de récompenses : Masséna fut nommé duc de Rivoli. L'Autriche, en 1809, ayant de nouveau rompu la paix, Napoléon confia à Masséna le commandement de toutes les troupes qui se trouvaient à la droite du Danube. S'il eut sa part de gloire dans les victoires de Landshutt et d'Ekmühl, celle d'Ebersberg lui appartient presque entière. Après avoir protégé la construction des ponts d'Ebersdorff, chargé dans la journée d'Essling de la défense d'Aspern, il soutint pendant toute la bataille tout le poids de l'attaque des Autrichiens ; et quand, par suite de la destruction d'une partie de ces ponts, l'armée fut obligée de se concentrer dans l'île de Lobau, resté seul sur le bord du fleuve jusqu'au lendemain, c'est lui qui couvrit la retraite de l'armée. Quarante jours après, quoique abîmé par une chute de cheval, il dirigeait son corps d'armée à la bataille de Wagram, et après la victoire il poursuivit de poste en poste les débris de l'armée du prince Charles jusqu'à Znaïm, où il les battit de nouveau, quand l'armistice, précurseur de la paix, lui fut annoncé. C'est à la fin de cette campagne qu'il fut nommé prince d'Essling. Envoyé en 1810 par Napoléon contre l'armée anglaise qui, du Portugal, était entrée en Espagne, il la força à rétrograder jusque sous Lisbonne, et à s'y enfermer dans des lignes. Il se maintint pendant six mois dans ce pays désolé ; et lorsque le défaut de vivres le força de revenir en Espagne, il y ramena son armée sans avoir perdu un seul homme, un seul malade même dans cette campagne plus glorieuse jusqu'alors qu'utile. Elle se serait néanmoins terminée pour lui par un triomphe, si, par une incurie inexplicable, il n'avait pas laissé échapper l'occasion de prendre l'armée entière de Wellington, qui s'était imprudemment laissé aculer aux rochers de la Coa. Ce fut là sa dernière campagne. Rappelé en France, il y était sans emploi, quand l'Empereur se disposait à porter la guerre en Russie. Au lieu de lui donner un commandement à l'extérieur, comme il le demandait, Napoléon lui donna celui de la huitième division militaire, qu'il conserva après la première Restauration. Il l'occupait encore en 1815, quand Napoléon, revenu de l'île d'Elbe, lui écrivit : « Prince, arborez sur les murs de Toulon le drapeau d'Essling, et « suivez-moi. » Il n'obéit pas toutefois à cette éloquente sommation. Les rois couleurs ne furent arborées à Toulon que lorsqu'elles flottaient sur tonte la France. Le commandement de la garde nationale de Paris, auquel il fut nommé pendant les Cent jours, est la dernière fonction militaire qu'il ait remplie. Après la seconde Restauration il vivait dans la retraite, quand on l'appela au conseil de guerre par lequel on voulut d'abord faire juger le maréchal Ney. Masséna se déclara pour l'incompétence du tribunal. Accusé bientôt lui-même devant les Chambres, il se justifia par un mémoire plein d'énergie et de dignité ; mais ceux qui avaient voulu sa perte n'en réussirent pas moins. Le chagrin qu'il conçut de cet excès d'injustice, et l'indignation que lui causait chaque jour la présence des étrangers dans cette France, à la défense de laquelle il avait consacré sa vie, le conduisirent au tombeau. Après quinze mois de langueur, il expira le 4 avril 1817, à l'âge de cinquante-neuf ans. Le bâton de maréchal qu'on lui avait retiré fut restitué à sa cendre. Un concours immense de citoyens de toutes les conditions accompagna jusqu'à leur dernier asile les restes de ce soldat, que Napoléon avait proclamé *l'enfant chéri de la victoire*. En effet, Napoléon excepté, quel capitaine tiendra-t-on pour plus grand que le **vainqueur de Zurich**, dans ce siècle qui en a produit tant et de si grands ?

# TOPOGRAPHIE DE L'ITALIE

### ÉCRITE PAR L'EMPEREUR NAPOLÉON A SAINT-HÉLÈNE.

« L'Italie est une des plus belles parties de l'Europe; c'est une presqu'île environnée à l'Ouest, au Sud et à l'Est par la Méditerranée et l'Adriatique. Elle est bornée du côté du continent par la chaîne des Alpes, montagnes les plus hautes de l'Europe, d'où descendent les rivières qui forment la vallée du Pô et se jettent dans l'Adriatique. Cette chaîne la sépare de la Suisse, de l'Allemagne et de la France. Elle forme un demi-cercle depuis le Nord-Ouest jusqu'au Nord-Est. Ce demi-cercle peut être considéré comme décrit de Parme, pris pour centre; son extrémité de gauche passe sur l'embouchure du Var, son milieu sur le Saint-Gothard, et son extrémité de droite sur l'embouchure de l'Isonzo. Voilà les bornes naturelles du continent de l'Italie.

« En dedans de ces limites se trouvent les bailliages suisses, la Valteline, une partie du Tyrol, pays tous sur le penchant des Alpes vers l'Italie, qui en font ainsi géographiquement partie, bien qu'ils ne lui appartiennent pas politiquement. C'est une espèce de compensation pour le duché de Savoie, partie politique de l'Italie, bien qu'elle lui soit géographiquement tout à fait étrangère, puisqu'elle est au-delà des Alpes, et que toutes ses eaux déversent dans le Rhône.

« Du côté de l'Est, Mont-Falcone, le comté de Gorice et une partie de l'Istrie ont toujours fait partie de l'Italie, bien qu'en dehors de notre demi-cercle. Il est vrai qu'une autre limite naturelle serait encore la chaîne des Alpes de la Carniole, qui prend au-dessous d'Idria, et arrive jusqu'à Fiume.

« La Dalmatie, les bouches du Cattaro, etc., soumises à la république de Venise depuis plusieurs siècles, ont toujours été considérées comme faisant partie de l'Italie; mais géographiquement, elles appartiennent à l'Illyrie. Il en est d'elles comme de la Savoie.

« Les deux grandes îles de Sicile et de Sardaigne font aussi partie de l'Italie.

« L'Italie à l'Ouest est séparée de la France par le Var, les monts Viso, Genèvre, Cénis, Saint-Bernard et Simplon. Elle est séparée au Nord de la Suisse par le Simplon et le Saint-Gothard; enfin le Brenner, le Col de Tarvis et l'Isonzo la séparent des États héréditaires de la maison d'Autriche.

« L'Italie confine avec la Provence et le Dauphiné, provinces de France; elle confine avec le Tyrol, la Carinthie, la Carniole et l'Istrie, provinces de l'Autriche.

« La France communique avec l'Italie, en passant le Var aux environs de Nice; de là on gagne Gênes et Florence par le chemin de la Corniche, et Turin par le col de Tende. La France communique encore avec l'Italie par les cols des monts Genèvre, Cénis et du Petit-Saint-Bernard.

« La Suisse communique avec l'Italie par les cols du Grand-Saint-Bernard, du Simplon et du Saint-Gothard.

« L'Allemagne communique par les cols du Brenner, de Tarvis, et par les divers débouchés de l'Isonzo.

« Le Saint-Gothard est le col le plus élevé des Alpes. A partir de ce col, les autres vont toujours en baissant : ainsi, le Saint-Gothard est plus haut que le Brenner; celui-ci, que les montagnes de Cadore; les montagnes de Cadore, que le col de Tarvis et les montagnes de la Carniole. De l'autre côté le Saint-Gothard est plus haut que le Simplon; le Simplon plus haut que le Saint-Bernard; le Saint-Bernard plus haut que le Mont-Cénis; le Mont-Cénis, que le col de Tende. Depuis celui-ci, les Alpes commencent à baisser, et finissent enfin aux montagnes Saint-Jacques, près de Savone, où commencent les Apennins. Alors la chaîne de l'Apennin se relève toujours en augmentant par un mouvement inverse. Elle longe toute la presqu'île jusqu'à l'extrémité du royaume de Naples. Les Apennins sont des montagnes du second ordre. Une partie de leurs eaux se rendent dans le Pô, le reste coule dans l'Adriatique et la Méditerranée.

« De l'embouchure du Var à celle de l'Isonzo, diamètre de demi-circonférence, il y a cent vingt-cinq lieues de vingt-cinq au degré, ce qui donnerait à la demi-circonférence des Alpes, si elle était régulière, cent quatre-vingts lieues; mais à cause des sinuosités, on en compte plus de deux cent trente. Ainsi, tous les points des Alpes sont éloignés de Parme de cinquante à soixante lieues.

« Depuis Parme jusqu'à Rome, il y a quatre-vingts lieues, et depuis Rome jusqu'à l'extrémité de la Basilicate, où remonte le golfe de Tarente, quatre-vingt-quinze lieues; et jusqu'à Reggio, extrémité de la botte, cent vingt lieues. Ainsi, depuis le Saint-Gothard jusqu'à Reggio, il y a deux cent cinquante lieues.

« Les cinquante lieues du Nord jusqu'à Parme pourront être regardées comme continentales, les deux cents autres formeront la presqu'île, qui commencera à la hauteur de Parme, et aura dans toute son étendue environ quarante ou cinquante lieues de large; car de Livourne à Rimini, il y a cinquante lieues; de Teracine à Termoli, quarante lieues; de Naples à Manfredonia, quarante lieues; de Monte-Leone à Brendisi, soixante lieues.

« De Reggio à Naples, la carte de poste marque cent soixante-dix lieues; de Naples à Rome, soixante lieues, ce qui fait deux cent trente; de Rome à Parme, quatre-vingt-douze lieues; de Parme au Saint-Gothard, cent lieues; ce qui ferait, de Saint-Gothard à Reggio, quatre cent vingt-deux lieues de poste. En en ôtant un dixième, il resterait trois cent quatre-vingts lieues; nous n'en avons compté que deux cent cinquante; différence, cent trente ou un tiers entre la distance astronomique et les grandes routes, qui sont obligées de suivre les contours des montagnes, et de passer par les grandes villes, et dans le calcul desquelles on est forcé de considérer les pentes et les difficultés des chemins, comme aussi les priviléges que demandent les localités et qu'établissent les maîtres de postes.

« La partie de l'Italie contenue dans le demi-cercle a cinq mille lieues carrées. A partir du diamètre de ce demi-cercle, l'Italie se prolonge en forme de botte, qui, ayant deux cents lieues de longueur, et quarante à cinquante lieues de lar-

Tirailleur-Chasseur et Flanqueur-Chasseur.

GARDE IMPÉRIALE.

geur, donne depuis Parme jusqu'au golfe de Tarente, huit mille lieues carrées ;
la Sicile avec la Sardaigne deux mille lieues carrées : total, quinze mille lieues
carrées. Ainsi, près des deux tiers de l'Italie sont répartis sur une ligne prolongée, environnée de tous côtés des mers Méditerranée et Adriatique.

« Cette singulière configuration a incontestablement contribué aux destinées
de ce beau pays. Si la presqu'île, au lieu de quarante à cinquante lieues de large,
avait eu quatre-vingt-dix ou cent lieues, et avait été moins longue de moitié, le
point central aurait été plus rapproché de toutes les extrémités ; les intérêts
seraient devenus plus communs ; la nation, répandue sur de plus petites distances,
aurait eu plus d'uniformité ; elle aurait lutté avec plus d'avantage contre les
actes qui tendaient à la morceler, et la force d'adhérence qui a constitué la
France, l'Angleterre, l'Espagne, eût également agi sur l'Italie.

« Les côtes de la rivière de Gênes sont de cinquante lieues ; la presqu'île a
environ deux cent cinquante lieues de côtes de chaque côté. La base depuis
Reggio à Tarente et au-delà a cent lieues ; ce qui ferait six cent cinquante lieues
pour le littoral de la péninsule italique ; les côtes de l'Etat de Venise jusqu'à
Fiume ont trente lieues ; celles de la Sicile, deux cent cinquante lieues ; la Sardaigne, deux cents lieues : l'Italie a donc un littoral de onze à douze cents lieues,
c'est-à-dire égal à celui des îles britanniques, qui est aussi de douze cents lieues,
et presque le double de celui de la France, qui n'est que de sept cents lieues.

« Les villes de Nice, de Gênes, de Livourne, toutes les petites villes sur les
côtes des deux rivières de Gênes, sont très-peuplées. La population de Naples
et de toutes les villes du royaume, celle d'Ancône et de toutes les petites villes
de la Romagne, enfin celle de Venise, celle des côtes de la Sardaigne, de
Cagliari, etc., en Sicile, celle de Palerme, Syracuse, etc., etc., forment une population maritime d'une grande importance.

« Les rades de Ventimiglia, de Vado, de Gênes, de la Spézia, de Porto-Ferrajo,
du golfe de Naples, de Torente, d'Ancône, de Venise ; celles de la Sicile, celles de
l'Istrie, de la Dalmatie, de Raguse, des bouches du Cattaro, appartiennent toutes
à l'Italie.

« Si toutes ces parties eussent été réunies en un grand Etat, il eût été une des
puissances maritimes du premier ordre. Les chanvres de la vallée du Pô ; les
bois de l'Apennin, ceux de l'Istrie ; les fers de l'île d'Elbe, du Drescian, fourniraient en abondance tout ce qui est nécessaire pour le matériel d'une grande
marine. Gênes, Pise, Venise, ont été les premières puissances maritimes de l'Europe dans le moyen âge.

« L'Italie, battue de trois côtés par la mer, n'a de frontières de terre qu'à peu
près deux cents lieues, c'est moins que le tiers des frontières de la France ; et
encore, en front, serait-elle défendue par les barrières les plus fortes qui puis-
sent repousser les nations.

« L'Italie ayant dix-sept à dix-huit millions de population, compris ses deux
grandes îles, pourrait facilement avoir une armée de trois cent mille hommes.
Dans l'état actuel de son agriculture, elle se fût difficilement procuré les chevaux
nécessaires ; mais dans le moyen âge elle en produisait beaucoup ; et si cette

nation eût toujours été militaire, elle eût continué la culture des chevaux.

« La bravoure des troupes italiennes ne peut être mise en doute à aucune époque. Il suffît de nommer Rome et tous les *condottieri* du moyen âge, et de nos jours les troupes de la république cisalpine ou du royaume d'Italie, etc.

« Appelée par sa position et l'étendue de ses côtes à être la dominatrice de la Méditerranée, l'Italie n'aurait à craindre d'invasion que par les Alpes, plus faciles à défendre que toute autre frontière de l'Europe. Une vingtaine de places fortes, grandes et petites, suffiraient pour intercepter tous les débouchés des Alpes.

« Tant que l'Italie a été livrée à elle-même, ou que l'influence de l'Allemagne et de la France n'a été qu'auxiliaire et n'a pas tout maîtrisé, l'Italie s'est divisée en trois masses qui sont, les divisions géographiques naturelles.

« 1° Au Nord, la vallée du Pô, comprenant tous les pays qui versent leurs eaux dans le Pô. Ils sont sur un même niveau, et peuvent communiquer entre eux. C'est la Belgique et la Hollande de l'Italie, et Venise est Amsterdam. Ils comprennent le Piémont, la Lombardie, les Légations et la république de Venise.

« 2° Au milieu de la péninsule, d'un côté la Toscane et les Etats du pape à l'Ouest de l'Apennin ; c'est la vallée de l'Arno et du Tibre : de l'autre, tous les pays situés à l'Est de l'Apennin entre la vallée du Pô et la frontière napolitaine. En totalité, ils comprennent le grand-duché de Toscane, les Etats de l'Eglise et la république de Lucques.

« 3° Enfin au Midi, le royaume de Naples, qui a toujours fait une division géographique et politique distincte.

« Dans cette définition, la Romagne doit faire partie de l'Italie du Nord, parce que c'est une plaine qui continue la plaine du Pô.

« Mais toute cette grande population, professant la même religion, jouissant également des douceurs d'un climat très-tempéré, ayant le même langage, la même littérature, doit s'influencer réciproquement, et finir par s'agglomérer, comme l'ont fait les divers royaumes britanniques, les diverses provinces de l'Espagne, celles de la France ; comme le feront peut-être un jour celles de l'Allemagne. Les parties italiennes ont eu et ont encore plus de choses communes entre elles que n'en avaient toutes celles-là.

« Si jamais ce grand événement avait lieu, quelle serait la capitale? L'Italie, par sa configuration, n'a pas de ville centrale. Serait-ce Rome, Milan, Bologne ou Florence? Gênes ni Venise ne sauraient y prétendre ; elles sont trop aux extrémités.

« 1° *Rome*, par ses souvenirs, par ce qu'elle est déjà, et par sa position, pourrait espérer à redevenir encore la capitale de cette belle contrée. Elle se trouverait à cent trente lieues de tous les points de la frontière des Alpes, où l'Italie peut être attaquée par la France ou l'Allemagne; elle serait à cent lieues des extrémités méridionales du royaume de Naples et des côtes de la Sicile, un peu moins de celles de la Sardaigne. Paris, la capitale de la France, est à soixante lieues de ses frontières du Nord, à quarante lieues de la Manche, à cent lieues du golfe de Gascogne, à cent cinquante lieues de la Méditerranée. La malsaineté de l'air, l'infertilité de ses environs, le manque d'un grand port et d'une rade à portée, seraient les grands défauts de Rome, prise pour capitale.

« 2° Si l'Italie finissait avec les duchés de Parme, Plaisance et Guastalla, c'est-à-dire, si elle ne comprenait que la vallée du Pô, et n'avait point de presqu'île, alors *Milan* serait sa capitale naturelle; encore serait-ce un grand défaut que cette ville ne pût avoir la ligne du Pô pour se défendre contre les invasions de l'Allemagne. Mais dans l'agglomération du peuple italien, Milan ne saurait devenir sa capitale, étant trop rapprochée des frontières de l'invasion, et trop éloignée des autres extrémités exposées aux débarquements.

« 3° Dans ce dernier cas, *Bologne* serait infiniment préférable, parce que, dans le cas de l'invasion, les frontières forcées, elle aurait encore pour défense la ligne du Pô, et que sa position géographique, ses canaux, la mettent en communication immédiate ou prompte avec le Pô, Livourne, Gênes, Civita-Vecchia, les ports de la Romagne, Ancône, Venise, et qu'elle est beaucoup plus rapprochée des côtes de Naples.

« 4° Si l'Italie finissait au royaume de Naples, et que partie de Naples et de la Sicile pussent remplir le vide qui la sépare de la Corse, alors seulement Florence pourrait prétendre à être la capitale de l'Italie, parce qu'elle se trouverait dans une position centrale.

« En 1796, au moment de l'entrée des Français en Italie, cette belle contrée était partagée en un grand nombre de souverainetés.

« 1° Le roi de Sardaigne, qui était maître du comté de Nice, bordait la rive gauche du Var, et était en possession de tous les débouchés des Alpes, jusqu'au Simplon, qui le séparait de la Suisse. Au-delà des Alpes, il possédait la Savoie; mais géographiquement cette province doit être considérée comme française. Les Etats du roi de Sardaigne étaient séparés, à l'Est, de la Lombardie autrichienne, par le Tésin, bornés, au Midi, par la crête supérieure des Apennins, qui les séparait de la république de Gênes et du duché de Parme : leur population, y compris la Savoie et le comté de Nice, était de deux millions quatre cent mille habitants, ce qui, avec la Sardaigne, formait une population de près de trois millions d'habitants : ce pays avait douze ou quinze places fortes, une armée de vingt-cinq mille hommes en temps de paix, elle était doublée en temps de guerre avec un pareil nombre de milices. Turin, la capitale, avait quatre-vingt mille habitants, elle était fortifiée.

« 2° La république de Gênes était séparée, à l'Ouest, par la Roya, du comté de Nice. Au Nord elle était séparée des Etats du roi de Sardaigne par la haute chaîne de l'Apennin; à l'Est elle était séparée du duché de Parme par la même chaîne, et s'appuyait au grand-duché de Toscane. Au Midi, elle a la Méditerranée. Sa population était de cinq cent mille habitants. La ville de Gênes avait cent vingt mille âmes la place était forte, quoique les fortifications fussent un peu étendues.

« 3° Le duché de Parme, formé des duchés de Parme, de Plaisance et Guastalla, était séparé de la Lombardie autrichienne par le Pô; il avait au Sud-Ouest la république de Gênes, à l'Ouest le Piémont, et à l'Est le duché de Modène. Sa population était de cinq cent mille habitants. Parme est une ville de quarante mille âmes. Parme pouvait avoir deux mille cinq cents à trois mille hommes sous les armes.

« 4° La Lombardie autrichienne. A l'Ouest elle était séparée du Piémont par le Tésin, fleuve large et rapide; de la Suisse, au Nord, par les Alpes, au Midi, par le Pô, qui la séparait des duchés de Parme, de Plaisance et de Guastalla; à l'Est elle est bornée par les Etats vénitiens. Sa population était de onze cent mille habitants. Milan, sa capitale, était une ville de trente à quarante mille âmes. La Lombardie avait plusieurs places fortes, spécialement Mantoue et la citadelle de Milan.

« 5° La république de Venise. Elle était séparée de la Bavière par le Tyrol; de la Carinthie, par les Alpes noriques, et de la Carniole, par l'Isonzo. Au Midi, elle était bordée par l'Adriatique et le Pô, lequel la séparait des Etats du pape. Elle possédait au-delà de l'Isonzo, l'Istrie, la Dalmatie, les bouches du Cattaro; à l'entrée de l'Adriatique, Zante, Céphalonie, Cérigo et Sainte-Maure. Sa population était de trois millions cinq cent mille habitants. Venise comptait cent quarante mille habitants; elle avait plusieurs places fortes : Peschiera, Porto-Legagno, Palma-Nova en Italie; Zarra et les bouches du Cattaro en Dalmatie. Elle avait un état militaire de plus de trente mille hommes, un arsenal de construction maritime, et une flotte de douze à quinze bâtiments de cinquante-quatre, sans compter les frégates, bricks et autres petits bâtiments.

« 6° Le duché de Modène. Un prince de la maison d'Est, seul rejeton de cette ancienne maison, régnait à Modène, et possédait les duchés de Modène, Reggio et de la Mirandole, situés entre les duchés de Parme et de Toscane, la Lombardie et les Etats du pape. Sa population est de trois cent cinquante mille âmes. Modène est une ville de vingt mille habitants. La maison d'Est s'éteignait avec le vieillard alors régnant, et l'héritière du duché était la duchesse Béatrix, qui était mariée avec un archiduc. Modène peut avoir cinq à six mille hommes sous les armes.

« 7° Les Etats du pape. Ils étaient séparés de la république de Venise par le Pô; du duché de Modène, par le fort Urbain; de la Toscane, par les Apennins. Ils étaient bornés à l'Est par l'Adriatique, et au Sud par le royaume de Naples. Le pape possédait l'embouchure du Pô, le port et la citadelle d'Ancône sur l'Adriatique, le port et la place forte de Civita-Vecchia sur la Méditerranée. Sa population était de deux millions quatre cent mille âmes, et celle de Rome, de cent quarante mille. Le pape pouvait avoir six à sept mille hommes sous les armes.

« 8° La Toscane. Elle était possédée par un archiduc d'Autriche, et séparée de la république de Gênes par la république de Lucques; du duché de Modène, par les Apennins : elle avait aussi à l'Ouest la Méditerranée. La Toscane avait un million de population. Florence, sa capitale, avait quatre-vingt mille âmes : elle avait, sur la Méditerranée, le port de Livourne, et comptait six mille hommes sous les armes, et trois frégates.

« 9° La république de Lucques, placée entre la Toscane et les Etats de Gêne s
formant une population de cent mille hommes.

« 10° Enfin, le royaume de Naples, qui avait au Nord les Etats du pape, se
trouvait entouré de tous les autres côtés par la Méditerranée. Ce pays était
séparé de la Sicile, qui lui est opposée, par un détroit de deux mille toises seulement. Sa population était d'à peu près six millions, y compris Naples, la Sicile
et les petites îles dépendantes. Naples comptait une population de quatre cent
mille âmes. Le roi de Naples pouvait mettre soixante à quatre-vingt mille
hommes sur pied. Il n'avait que deux vaisseaux de soixante-quatorze et quelques frégates.

« L'Italie entière était partagée entre la maison de Bourbon et la maison d'Autriche. De toutes les maisons souveraines qui avaient survécu aux républiques
du moyen âge, il ne restait plus que celle d'Est. »

Portrait de Bonaparte avant la journée du 13 vendémiaire.

Né dans la Corse, d'une famille noble et peu fortunée, Napoléon Bonaparte avait été appelé fort jeune à l'École militaire de Brienne. Il paraît que dans son adolescence il ne laissa pressentir ni les vastes ressources de son esprit, ni le pouvoir plus étonnant encore de son caractère. Ses maîtres le jugeaient un élève timide et doux, et propre seulement aux mathématiques. Mais, dès qu'il eut trouvé dans cette science un premier point d'appui pour son ambition, elle s'alluma par des lectures très-diversifiées. Cette ambition fut développée et mûrie par une révolution qui, l'habituant au bruit des grandes chutes, lui montrait aussi comme possibles les plus soudaines élévations. Tandis que, autour de lui, tout fermentait de la fureur immodérée du bien public, son âme ardente, mais seulement pour la gloire, concentrait toute son activité sur l'espoir d'un grand nom et d'une haute fortune. Ses méditations l'avaient laissé sceptique sur plusieurs points de l'ordre religieux, politique et moral, soit parce que le doute est souvent le partage des esprits étendus, soit parce qu'il traitait avec assez d'indifférence tout ce qui ne lui parlait pas de ses avantages personnels et prochains. L'amour et l'amitié n'étaient pour l'ambitieux sous-lieutenant que des moyens d'arriver à son but, ou de se délasser sur la route. Quoique né dans une île où la vengeance est souvent un besoin opiniâtre de l'âme, il pouvait sans beaucoup d'efforts sacrifier la sienne à la vaste étendue des plans qu'il s'était tracés. Témoin de la journée du 10 août il avait senti en son âme quelque pitié pour Louis XVI et quelque dégoût pour les images de désordre qu'offre une révolution ; mais cette impression avait été fugitive. Il avait pris le parti d'aimer et de défendre la révolution, qui pouvait d'ailleurs lui servir de marche-pied pour les grandeurs indéfinies dont le vague désir le tourmentait.

Ce fut d'abord au siége de Toulon qu'il se fit remarquer. Au coup d'œil d'un excellent officier d'artillerie, il avait joint celui d'un général. Ses talents commencèrent à être connus : mais lui seul connaissait tout l'empire de sa volonté. Lorsqu'il dit au général Dugommier, après avoir emporté la principale redoute extérieure des Anglais : « Maintenant vous pouvez aller vous coucher ; Toulon est à nous, » c'était comme s'il eût dit à son général : « Ce succès n'appartient qu'à moi seul. » On le vit toujours aussi vigilant à prendre possession de tous ses avantages. Le moment viendra où il pourra dire à juste titre : « La révolution m'appartient, puis-« que je l'ai illustrée de mes exploits. Je saurai la défendre ; mais je puis en dis-« poser à ma volonté. »

De Toulon, Bonaparte se voyait déjà maître de l'Italie. Il ne doutait point d'une aussi belle conquête, si elle lui était confiée. Il en parlait comme si les journées de Millésimo, de Montenotte, de Lodi, étaient déjà écrites dans sa pensée. Mais une rude disgrâce vint l'assaillir au début de sa carrière. Quelques mois après le 9 thermidor, le représentant du peuple Aubri le destitua, avec la note injuste et flétrissante d'un partisan de Robespierre. Bonaparte avait blâmé les inutiles cruautés commises à Toulon. On sait qu'il ne prononçait pas le nom de Robespierre avec

toute l'horreur dont ce nom nous pénètre. Il estimait jusque dans l'atroce rhé-
teur, ce don d'une volonté inflexible sur lequel lui-même devait élever sa puissance. Mais son règne a prouvé qu'il répugnait aux barbaries révolutionnaires.

Bonaparte était venu à Paris réclamer contre cette destitution. Il frappait à la
porte des comités, comme un solliciteur impérieux et indigné, et se voyait froi-
dement éconduit. Déjà l'agitation des sections de Paris manifestait des projets
hostiles contre la Convention ; on sait que Bonaparte lui offrit l'appui de ses talents
militaires. . . . . . . . . . . . . . . . . . . . . . . . . .

Sa taille était petite, et alors assez grêle, son teint assez basané, sa démarche
brusque, son maintien privé de ces grâces, de cette aisance, et de cette légèreté
qui charment les Français. Mais ses traits prononcés avaient quelque chose de
romain. Ses yeux, parfaitement beaux, lançaient souvent les éclairs du génie.
Comme il s'annonçait avec une réserve hautaine ou défiante, le sourire qui lui
échappait quelquefois paraissait d'autant plus agréable qu'il était inattendu.
C'était un homme qu'on ne remarquait pas d'abord, et avec qui même l'on ne se
sentait pas à son aise, mais qui finissait le plus souvent par captiver l'attention
générale. Ou bien il gardait le silence dans la conversation, ou bien il y régnait.
Moins il avait de politesse habituelle, plus il excellait à séduire ceux qu'il jugeait
utiles à son ambition. Son accent italien, quoique peu sensible, prêtait de la grâce
à ses expressions hasardées, hyperboliques, et qui semblaient ne pas suffire encore
au besoin de sa pensée. Avait-il à développer un plan, soit politique, soit militaire,
il faisait évanouir par la précision des détails ce que la conception eût pu présenter d'idéal ou de chimérique. Vide de toutes les passions et de tous les systèmes qui pouvaient arrêter sa marche, habile à tirer de son imagination les mouvements que ne lui suggérait pas son cœur, il savait feindre avec empire et tromper avec épanchement. En un mot, son caractère offrait le plus étonnant des
phénomènes, l'égoïsme dans une âme de feu. . . . . . . . . . . . .

<hr>

Bonaparte dans sa première campagne en Italie.

L'activité de Bonaparte était un spectacle merveilleux pour les peuples de l'Italie ; sa pensée ordonnait tout à la fois pour l'administration comme pour la guerre. Il y avait chez lui simultanéité de soins et de travaux divers, sans qu'on pût jamais y remarquer la moindre confusion. Il volait avec rapidité de Milan jusqu'aux villes vénitiennes, jusqu'à Florence et jusqu'aux frontières du Tyrol. Dans ses audiences, il questionnait un savant, flattait un artiste, cajolait un poète, prenait envers les tremblants ambassadeurs des États, qui attendaient leur sort, le ton de la menace ou celui de la compassion. Dans ses discours, il multipliait les images, et toujours avec effet ; réglait les comptes avec les fournisseurs, qu'il accablait de mépris et souvent de malédictions ; traçait une route pour divers corps de son armée, comme si la carte topographique la plus minutieuse et la plus exacte lui eût toujours été présente ; arrêtait avec Berthier ou Masséna le plan d'une bataille, puis, assistait, comme dégagé de tous soins, à un concert, à un spectacle, où les muses italiennes et françaises rivalisaient pour célébrer sa gloire.

C'était à regret, sans doute, qu'occupé de gagner l'affection des peuples de Milan, de Bologne et de Ferrare, et de créer en eux un enthousiasme factice pour la liberté, il se voyait obligé de les frapper de réquisitions intolérables. Ce n'était pas seulement le besoin de subvenir aux dépenses de son armée qui lui faisait une loi de ces réquisitions ; il fallait bien sur ce point capital complaire aux vues et aux ordres du Directoire, chez qui la pénurie et le désordre extrême des finances éveillaient sans cesse la cupidité. et qui, dans ses antipathies pour les princes, se fût fait un scrupule de les ménager. Il entrait d'ailleurs dans les vues ambitieuses de Bonaparte de se présenter comme le sauveur d'un trésor épuisé. Quelquefois, au lieu d'envoyer directement des millions en France, il les faisait passer aux généraux de la République qui portaient la guerre en Allemagne. Quel plaisir pour lui de se créer ce nouveau genre de suprématie sur le vainqueur de Fleurus, et surtout sur le général Moreau.

Mais par quels moyens subvenait-il à des dépenses si fastueuses, dont il ne réservait rien ou presque rien pour lui-même , car l'ambition du pouvoir suprême peut fort bien s'accommoder du désintéressement? S'il inventait ou tolérait quelque genre de spoliation, les fournisseurs de son armée, et souvent même quelques-uns de ses généraux, de ses officiers, allaient dix fois au-delà. Salicetti, commissaire civil du Directoire, imagina de fouiller partout les monts-de-piété, établissements conçus en Italie sur des bases plus étendues que les nôtres, et dont plusieurs écrivains ont loué la prévoyance. Ces monts-de-piété étaient souvent les dépositaires des épargnes du pauvre, et des sommes dont les intérêts accumulés devaient constituer la dot d'une nombreuse famille. On juge quels furent à la fois les cris et du pauvre et du riche, lorsqu'ils se virent privés et des gages et des capitaux qu'ils avaient déposés ; la désolation des campagnes était plus grande encore que celle des villes. Tandis qu'à Milan on bégayait encore d'une voix tremblante le mot de liberté, on s'armait pour la révolte à Binasco et à Pavie. Des brigands, dont l'Italie est surchargée, échauffaient par la vengeance de malheureux paysans et des citadins irrités. Bonaparte eut à se féliciter de ce que la victoire ne l'avait pas encore entraîné trop loin du théâtre de ces révoltes. A Milan même il en vit de premiers indices, qu'il fit cesser par la promptitude et la vigueur de ses mesures.

A Pavie, la fureur des habitants avait éclaté à la vue d'une statue antique que d'ignorants et grossiers soldats mutilaient comme l'image ou d'un roi ou d'un saint. La garnison française assez faible n'avait pu ni calmer ni contenir une multitude dont les flots grossissaient toujours. Cette garnison s'était retirée, au nombre de trois cents hommes seulement, dans la citadelle assez faible de cette ville. Des soldats isolés avaient péri sous les coups des révoltés. Le général Haquin, qui entra dans Pavie sans avoir eu connaissance de la sédition, fut menacé du même sort, et fut sauvé par le courage des magistrats. Le peuple des campagnes accourut aussitôt pour joindre ses fureurs à celle des habitants. Ils pressèrent les trois cents Français enfermés dans la citadelle, et ceux-ci se rendirent.

Quelle fut la fureur de Bonaparte en apprenant que trois cents soldats de sa valeureuse armée avaient capitulé devant une multitude! Déja il est sous les murs de cette ville, d'où l'on peut apercevoir les flammes de Binasco. Frémissant lui-même de la vengeance qu'il avait à exercer, il avait envoyé dans Pavie l'archevêque de Milan, Visconti, prêtre pacifique, que les Italiens accusaient de timidité. Les efforts du vieux prélat pour rappeler les habitants de Pavie au devoir, c'est-à-dire à la résignation des vaincus, ne furent reçus qu'avec outrage et qu'avec malédiction. Cependant le peuple des campagnes, à l'aspect de la colonne française, s'écoulait par degrés. Les portes sont enfoncées à coups de canon. La cavalerie française entre au pas de charge : un massacre affreux allait commencer. Les torches étaient déjà allumées pour l'incendie. Bonaparte exiga qu'on se contentât du pillage. La brutalité du soldat y joignit le viol. Plus d'asile sacré pour l'innocence, pour la beauté, et, souvent même, plus de rançon qui puisse les racheter d'un malheur plus affreux que la mort. Les Italiens, dans leurs relations des horribles scènes de Pavie, conviennent qu'on vit nombre d'officiers et de soldats français, non-seulement refuser de prendre part au pillage, mais s'établir, contre leurs propres compagnons, les généreux défenseurs des jeunes filles, des jeunes femmes qui les imploraient. Ils conviennent aussi que l'Université et tous les édifices consacrés aux beaux-arts, aux sciences, furent, par les ordres du chef, respectés avec un soin scrupuleux. Bonaparte, dans les Mémoires de Sainte-Hélène, rend compte de cet événement en ces simples mots : Le pillage dura quelques heures, et fit plus de peur que de mal. Les jours où les aides-de-camp de Bonaparte, et quelquefois même ses plus brillants généraux, entraient à Paris, étaient des jours de fête dont le gouvernement ne pouvait égaler l'éclat dans ses solennités les plus dispendieuses. C'était à qui obtiendrait des détails de la bouche de Marmont, ou de Duroc, ou de Bessières, auxquels il confiait ces missions glorieuses pour prix de leur bravoure et de leurs talents militaires. Surtout après les journées de Castiglione, d'Arcole et de Rivoli, on n'avait plus assez de lauriers pour couronner ces envoyés de la victoire. On ne cessait de courir à l'Hôtel des Invalides pour voir les voûtes du magnifique dôme tapissées par d'innombrables drapeaux. Tous les royalistes exaltaient sa conduite envers le pape, et le louaient d'une magnanime désobéissance aux ordres violents du Directoire. Aussi même de ce côté lui prodiguait-on les hyperboles de la louange.

Tous les autres généraux disaient *l'armée de la République;* Bonaparte seul disait *mon armée.* Il n'offensait point le Directoire dans ses missives, mais il conservait envers lui le ton d'indépendance et même de la supériorité. Bonaparte ne craignit pas d'admettre dans ses rangs des émigrés qu'il rencontrait en Italie, et quelques émigrés qui venaient l'y chercher. Il laissait à son armée toute franchise d'opinion. Les délateurs y étaient poursuivis d'un commun accord, et voués à de légitimes outrages. La discipline n'était sévère que dans les jours de bataille. Les soldats donnaient à Bonaparte le sobriquet de *petit caporal,* et semblaient indiquer gaiement le point d'où l'on part pour arriver à une grande fortune. Sa sobriété égalait sa vigilance infatigable et en était la garantie. Le climat de la voluptueuse Italie n'agissait ni sur ses sens ni sur son imagination. Il ne laissa point alors soupçonner la rigidité de ses mœurs; il écrivait à sa femme des lettres où paraissait régner tout le désordre d'une passion ardente et romanesque. Ces lettres circulaient dans le public, et les femmes vantaient un jeune vainqueur qui semblait rappeler l'empire de l'amour exalté.

Le Directoire avait tenté, peu de temps après la victoire de Lodi, de lui opposer le général Kellermann et de diviser entre eux le commandement pour diviser la gloire et la reconnaissance. Bonaparte, sur cette annonce, n'hésita point à donner sa démission, et dit que la République serait encore moins mal servie par un mauvais général que par deux bons généraux chargés de la même entreprise.

Il frappait à toutes les portes de la renommée, afin de se faire ouvrir toutes celles qui conduisent à la puissance suprême. A peine avait-il essuyé la poussière du champ de bataille qu'il venait s'entretenir de poésie avec Monti, de science avec Fontana, et des antiquités romaines avec Visconti. Sous prétexte de diriger l'envoi des monuments précieux de l'Italie en France, il avait fait venir près de lui des savants tels que Monge et Bertholet. Comme les sonnets italiens voués à sa louange l'engourdissaient un peu, il avait mandé quelques poëtes français pour le réveiller par des louanges moins monotones. Milan était sa capitale pour les scènes de magnificence; Bologne était sa ville favorite pour les plaisirs de l'instruction.

Peu de temps après la prise de Mantoue, il vint avec un respect religieux visiter les champs qu'Auguste avait rendus au père de Virgile, et s'écria : Il faut bien respecter une ville qui s'honore d'avoir produit cet admirable poëte. C'était un peu copier Alexandre, mais pour le surpasser; car Alexandre, en respectant la maison de Pindare, avait eu la barbarie de détruire la patrie de ce poëte. Bonaparte ne manqua point d'entremêler, au récit de ses victoires, ce pèlerinage poétique, si bien fait pour enflammer l'esprit des jeunes littérateurs.

Afin de donner quelque satisfaction aux républicains, il couvrit des plus grands éloges celle de Saint-Marin; il voulut même, dans son enthousiasme ou réel ou simulé, agrandir le territoire du plus petit État du monde. Cette sage république se refusa obstinément aux largesses du vainqueur. C'est la seule république qui existe encore aujourd'hui en Italie. En ne gagnant point de territoire, elle a conservé toutes ses lois.

Au milieu de tant de travaux et de combats auxquels l'hiver n'apportait point de trêve, Bonaparte reçut la visite de sa femme, auparavant madame de Beauharnais, qu'accompagnait déjà une petite cour que lui formait la victoire. Les nouvelles républiques transpadane et cispadane la reçurent comme une reine. Bonaparte aimait à la voir jouir d'un genre d'hommages que l'austérité des formes militaires lui permettait peu de recevoir. Comme elle était sans force et sans pouvoir pour arrêter diverses sortes de brigandage que son mari lui-même ne pouvait contenir, elle adressait des mots obligeants à ceux qu'on dépouillait.   . .

. . . . . . . . . . . . . . . . . . . . . . . . . . . . . . . .

Bonaparte, comme il l'a dit lui-même dans des notes écrites sous sa dictée, ayant intercepté une correspondance qui lui dévoilait toutes les intrigues du sénat de Venise, publia sa déclaration de guerre contre la république. Mais le bruit s'étant répandu qu'un bâtiment français avait été canonné par les forts de Venise à l'entrée des lagunes, et que le capitaine avait péri, ainsi que plusieurs hommes de l'équipage, la colère de Bonaparte n'eut plus de bornes, il déclara qu'il ne voulait rien entendre avant qu'on lui eût livré les inquisiteurs d'État et les patriciens qui avaient pris part à l'action du gouvernement et ameuté le peuple. En vain les députés vénitiens essayèrent-ils de le fléchir en lui offrant des réparations d'un autre genre: « Non, non, répondit Bonaparte avec dignité; quand même vous couvririez d'or cette plage, tous vos trésors, tout l'or du Pérou ne peuvent payer le sang français. » Junot fut chargé de porter un manifeste contenant l'énumération des griefs des Français contre les Vénitiens.

Voici cette lettre: « Toute la Terre-Ferme de la sérénissime république de Venise est en armes; des brigands crient: *Mort aux Français!* Déjà plusieurs centaines de soldats de l'armée d'Italie sont tombés sous leurs coups. Vainement vous désavouez les rassemblements ordonnés par vous-mêmes. Croyez-vous, parce que je me trouve au cœur de l'Allemagne, que je ne puisse pas faire respecter le premier peuple du monde? Croyez-vous que mes légions souffriront plus longtemps vos massacres? Le sang de mes frères d'armes sera vengé. Il n'est pas un bataillon, pas un soldat français qui, chargé de cette noble mission, ne sente doubler son courage et ses forces. Le sénat de Venise a répondu par la plus noire perfidie à nos généreux procédés. Mon aide de camp vous porte cette lettre; elle vous déclare la guerre ou la paix. Si vous ne vous empressez de dissoudre les attroupements, si vous ne faites arrêter et consigner en mes mains les auteurs des assassinats, la guerre est déclarée. Le Turc n'est pas sur votre frontière, aucun ennemi ne vous menace; cependant, de dessein prémédité, vous avez fait naître des prétextes pour former un attroupement dirigé contre l'armée. Il sera dissipé dans vingt-quatre heures. Nous ne sommes plus au temps de Charles VIII. Si, contre les intentions notoires du gouvernement français, vous me réduisez à faire la guerre, ne croyez pas qu'à l'exemple des assassins que vous avez armés, les soldats français dévastent les campagnes des innocents et malheureux peuples de la Terre-Ferme. Je les protégerai, et ils béniront un jour jusqu'aux crimes qui auront contraint l'armée française à les soustraire au joug de votre tyrannique gouvernement. » Junot se fait conduire devant le conseil assemblé ; la majesté d'un sénat grand au moins par ses souvenirs semble d'abord déconcerter l'aide de camp, mais il triomphe de sa timidité par l'insolence, et le ton de sa voix semble aggraver encore un message fulminant : on l'écoute avec le saisissement de la crainte, et des hommes si habiles à dissimuler ne peuvent plus cacher une impression qui les perd. Le doge Manini, vieillard à qui un patriotisme sincère ne peut inspirer ni la dignité ni la force, répond d'une voix altérée que le sénat délibérera sur cette lettre, et ne s'écartera ni de la loyauté qu'il a promise à la nation française, ni de l'amitié qu'il lui porte. Dès ce moment on put dire : Venise n'existe plus.

Pendant que l'aristocratie chancelle, le peuple de la Terre-Ferme s'arme avec fureur pour la défense de ses maîtres ; le bruit des revers éprouvés par les Français dans le Tyrol échauffe les plus timides. On a lu des proclamations du général autrichien Laudon, qui s'annonce et s'avance en vainqueur ; à l'en croire, plus de salut pour l'armée de Bonaparte elle-même : elle est taillée, coupée ; l'Italie va être encore une fois le tombeau des Français ; mais il faut que tout Italien, que tout Vénitien surtout leur porte un coup fatal et se venge de la plus cruelle oppression. Le comte Émili, provéditeur, homme ardent, et qui dévoue son immense fortune au salut de la patrie, est venu se concerter avec le général autrichien Laudon ; l'un et l'autre ignorent que le sort de Venise est déjà décidé dans les préliminaires de Léoben, signés le 18 avril ; que des articles secrets renferment déjà un acte de partage. Par la plus triste fatalité, tout ce que le peuple vénitien va tenter pour secourir l'Autriche ne servira plus qu'à le faire tomber dans les fers de cette puissance, qu'il a contenue ou bravée pendant huit siècles. Le mouvement est donné, ou plutôt le peuple se l'est donné à lui-même ; on ne veut plus suivre les conseils de la politique, on s'abandonne à la rage ; trente ou quarante mille paysans cernent Vérone et trouvent des alliés furieux dans les habitants de cette ville. Les Français se sont retirés dans les châteaux, mais tous n'ont pu gagner cet asile.

Le général Balland, pour effrayer les rebelles, fait plusieurs décharges d'artillerie ; elles produisent un effet funeste, et qui va redoubler la rage des assaillants. On a vu tomber le faîte d'un palais renommé ; on craint l'incendie de la ville ; on traîne les restes mutilés de femmes et d'enfants déchirés par la mitraille. Cependant le tocsin sonne de tous côtés ; *Mort aux Français !* répète-t-on ; on livre à d'épouvantables supplices ceux qui ont tenté vainement de pénétrer dans la citadelle et ceux qui se tiennent cachés dans les maisons. Mais voici un crime plus odieux ; c'est un massacre dans les hôpitaux. Cinq à six cents soldats français malades et blessés, que les souvenirs de Lodi, d'Arcole et de Rivoli devraient protéger contre des homicides, sont assaillis dans le sanctuaire de la souffrance et de la charité ; on frappe à coups de pique, de hache, de stylet, de marteau, des hommes désarmés, exténués, qui ne peuvent opposer aux coups qu'un sein tout couvert de glorieuses cicatrices. Pendant que le peuple s'abandonne à ces meurtres si dignes de son terrible et sanguinaire instinct, on combat autour des châteaux, le général

Balland fait pleuvoir la mitraille et les boulets rouges sur cette population furieuse et sur les magnifiques monuments qui montrent la nouvelle et l'ancienne splendeur de Vérone. Le sang coule de tous côtés ; partout des maisons, des temples et des palais s'écroulent. En vain parle-t-on de capitulation au général Balland : « Je « ne livrerai point, répond-il, mes braves soldats à des tigres. » Le comte Emili amène un renfort aux révoltés, et leur promet, dans son aveugle confiance, un puissant renfort d'Autrichiens. Le massacre de Vérone avait eu lieu le 17 avril, jour de la seconde fête de Pâques, et s'était entremêlé à des exercices de dévotion ; les Français, depuis, l'ont nommé les *Vêpres de Pâques*, par allusion aux *Vêpres siciliennes.* Un capucin passait les jours et les nuits sur la place publique ; un discours prononcé par ce religieux peut être considéré comme un monument d'une haute éloquence, que depuis on a attribué à l'évêque de Parme.

Mais tandis que le peuple attend pour libérateurs des Autrichiens, ce sont des Français indignés qui se présentent aux portes de la ville, sous la conduite des généraux Chabran, Lahoz et Chevalier ; le nombre n'a rien qui les arrête, il s'agi[t] d'arracher leurs compagnons à la fureur d'un peuple barbare. Après plusieurs combats, les portes sont enfoncées, et la ville attend dans une morne consternation la vengeance des Français. Tout se contint ; les Français semblaient craindre l'excès de leur fureur. On laissa s'écouler le peuple des campagnes ; on déclara que la vengeance ne tomberait que sur les chefs du mouvement. Parmi ceux qui furent pris les armes à la main étaient le comte Émili, les patriciens Verita, Malenza et le capucin dont l'éloquence avait enflammé les esprits d'une manière si funeste : une commission militaire les condamna à être fusillés. . . . . . . .

La présence de Baraguay-d'Hilliers, général qui joignait à des talents militaires des vertus civiles et un sincère amour de l'humanité, avait empêché l'effusion du sang dans toute la Terre-Ferme, mais elle redoubla les alarmes de Venise ; la terreur fut au comble dans cette ville quand on y reçut presqu'à la fois la nouvelle des massacres de Vérone, de la rentrée des Français dans cette ville et de la signature des préliminaires de paix à Léoben ; ainsi donc, plus de secours à espérer de cette Autriche dont on vient de seconder les armes par des mouvements si tardifs, si désordonnés et si révoltants dans leurs résultats. Que contiennent ces préliminaires dont on affecte de tenir les articles secrets ? N'y a-t-il point été question de la république de Venise ? n'a-t-on pas voulu la punir d'une longue neutralité dont les puissances belligérantes se sont offensées à la fois ? sans respect pour des souvenirs de gloire, n'a-t-on pas voulu profiter de sa faiblesse actuelle ? jusqu'où Bonaparte n'a-t-il pas pu se porter dans sa colère ? On se rassure un peu en pensant que les massacres de Vérone ont été commis le 17, et que le général français, à soixante lieues de là, n'a pu en avoir connaissance le 18, jour où les préliminaires ont été signés ; mais une dépêche de Grimani, ambassadeur de Venise à Vienne, vint confirmer les plus sinistres pressentiments. « Craignez tout de la paix, a-t-il écrit à ses compatriotes, elle ne sera faite qu'aux « dépens de Venise. J'ai lu dans la pensée du baron Thugut ; il veut les posses- « sions vénitiennes en indemnité du Milanais. »

Cependant la révolution française, après avoir parcouru avec rapidité la Terre-Ferme, a déjà traversé les lagunes et se montre dans cette Venise où depuis plu-

sieurs siècles tout citoyen, tout patricien, tout étranger soupçonné de l'esprit de
révolte, ou même de l'esprit d'opposition contre le sénat, a disparu sous les
plombs de la prison d'État, ou dans les flots de l'Adriatique. On invoque hautement le gouvernement populaire, la Déclaration des Droits de l'homme', la destruction de la noblesse, l'abolition du livre d'or; jamais des blasphèmes de ce
genre n'avaient été entendus dans ces murs voués au plus sombre silence quand
ils ne retentissaient pas des éclats du plaisir; c'est chez Villetard, commissaire
du gouvernement français auprès de la république, que les séditieux vont prendre
leurs instructions. La Terre-Ferme et les possessions les plus lointaines de Venise, l'Istrie, la Dalmatie se couvrent soit de troupes françaises, soit de troupes
allemandes qui paraissent agir de concert pour la destruction d'un État dont trois
siècles ont prouvé l'esprit pacifique. On croit que le roi de Sardaigne, et même
celui de Naples, sollicitent chacun de son côté quelques agrandissements, quelques indemnités aux dépens de Venise. Déjà, depuis plusieurs jours, des
vaisseaux de guerre français, sous prétexte de venger l'outrage fait à un bâtiment de leur nation, dominent sur l'Adriatique que l'Angleterre elle-même ne
leur dispute pas; ils menacent des remparts qu'on trouve trop faibles maintenant,
après les avoir déclarés trop longtemps inexpugnables. Venise reconnaît enfin
qu'elle ne possède plus que le vain simulacre d'une marine, et que ses vaisseaux
de ligne ne peuvent soutenir un combat; le sénat juge mal les ressources qui
lui restent; quinze mille Esclavons, soldats peu disciplinés, mais valeureux et
fidèles, pourraient prolonger sa défense, et peut-être opérer son salut. On s'est
étonné d'entendre des cris de sédition dans Venise, et cependant la fidélité du
peuple est calomniée par les craintes où le sénat se livre; l'audace des séditieux,
vile audace qui ne s'appuie que sur un secours étranger, ne peut dissimuler
longtemps leur petit nombre. Ils ont lancé leur manifeste, et c'est la constitution
française servilement et absurdement copiée qu'ils proposent comme le seul
moyen de calmer la colère des vainqueurs. Une transaction si déshonorante et
désastreuse est d'abord rejetée dans le conseil avec un assentiment presque unanime; mais les préparatifs de Baraguay-d'Hilliers pour le siége de Venise ébranlent de nouveau l'imagination de sénateurs qui ont vieilli dans les délices de la
paix. « Si nous soutenons un siége, se disent-ils, qui nous secondera? Est-ce
« l'Autriche qui a déjà conjuré notre ruine avec ses plus cruels ennemis, qui
« déjà même a réglé le partage de nos dépouilles et veut dévorer Venise tout
« entière? Tâchons de conserver au moins le centre et le berceau de notre répu-
« blique; fléchissons sous une dure nécessité; réservons pour des temps meil-
« leurs ce qui peut nous rester de force, de puissance et même de patriotisme;
« l'Europe dira au moins que nous périssons victimes de notre modération; notre
« sort sera celui de la Pologne; mais on ne nous reprochera pas de l'avoir mérité,
« comme ce malheureux pays, par une anarchie invétérée; un temps viendra où
« l'on jugera sévèrement ceux qui trafiquent aujourd'hui, et sans nous avoir
« combattus, de ces possessions qui rappellent l'héroïsme et la sagesse de nos
« pères. On reconnaîtra bientôt de quel poids était une république sage, forte et
« pacifique dans la balance de l'Europe; faisons à la patrie le sacrifice de nos
« dignités, de notre pouvoir, de nos biens, et, s'il le faut, de notre vie même. La

« France sera du moins obligée de respecter dans Venise les lois qu'elle-même
« lui aura imposées ; osera-t-elle consommer l'anéantissement d'une république
« qui vient de lui donner le plus douloureux et le plus déplorable gage de sa
« soumission ? »

Telles étaient les dispositions des sénateurs, des sages et du doge lui-même,
en se rendant le 1er mai au grand conseil. C'était par les séditieux qu'ils étaient
convoqués ; l'hôtel de ville était environné de soldats, canons braqués, mèche
allumée ; les cloches semblaient sonner le moment funèbre de la république ; le
peuple était silencieux, et l'on eût dit, à sa profonde douleur, que c'était lui
qu'on forçait d'abdiquer : le doge Manini, d'une voix lamentable et dans un discours où il craignait encore d'irriter le vainqueur par un reste de fierté, propose
de faire des changements à la constitution aristocratique, selon les vœux des
Français ; l'avis du doge fut mis aux voix et adopté par une majorité de cinq cent
quatre-vingt-dix-huit contre vingt et une. Douze jours après, le grand conseil
s'assemble de nouveau, et c'est pour déclarer une abdication définitive et absolue ;
ce jour même, il avait donné l'ordre aux quinze mille Esclavons qui défendaient
la flotte de s'embarquer ; le peuple se voit privé de tout appui et ne peut contenir
ni sa douleur ni sa rage, il reproche aux patriciens leur pusillanimité, se charge
à lui seul de sauver la république ; il va chercher sur le port les Esclavons qui
s'embarquent, en ramène un grand nombre, et les met à sa tête ; parcourt toute
la ville, insulte les démocrates alliés des Français, pille leurs maisons, fait flotter
l'étendard de Saint-Marc, et menace de mort tous ceux des patriciens qui ont
montré de la faiblesse, ou qu'on accuse de trahison : l'anarchie et la désolation
étaient au comble, lorsque le général Baraguay-d'Hilliers entre dans la ville avec
une partie de l'armée. Au plus affreux tumulte succède un plus affreux silence ;
les démocrates seuls affectent de la confiance et de la joie ; ils ont organisé une
municipalité, un nouveau grand conseil ; ils se flattent maintenant de pouvoir
traiter avec la République française, d'en obtenir tous les égards, tous les soins
de la fraternité ; de conserver tout le territoire de Venise, ou d'être dédommagés
de quelques cessions forcées par des possessions d'une même étendue et d'une
même importance ; mais que deviennent-ils lorsqu'ils voient mettre à exécution
les ordres rigoureux de Bonaparte ? Ces vaisseaux de guerre, ces galères qui font
encore l'orgueil de Venise, et qui n'ont rien pu pour sa défense, sont confisqués
par les Français.... Ainsi tomba un gouvernement qui avait duré quatorze siècles.

. . . . . . . . . . . . . . . . . . . . . . . . . . . . . . .

Quelles étaient les pensées du Directoire relativement à la paix avec l'Autriche ?
Il faut quelques détails pour éclaircir ce point. Ce gouvernement pentarchique
offrait peu d'harmonie et brillait peu par la prévoyance. Celui des directeurs qui
s'arrogeait la suprématie politique, Rewbell, avait un esprit de ruse et de mauvaise
foi à laquelle sa brusquerie servait de masque ; il ne voulait que des paix partielles
et transitoires ; il craignait le retour des armées, celui des généraux, et par-dessus
tout celui de Bonaparte. Ce directeur, parvenu au pouvoir par le seul effet du hasard, détestait un homme qui pouvait y être porté par sa gloire et son génie.

Quant à La Réveillère-Lépeaux, sa philanthropie s'accommodait fort bien de la
guerre ; il y voyait le plus sûr moyen d'affranchir les peuples, de leur faire con-

naître les bienfaits de la pentarchie, du nivellement politique, de cette déclaration des droits de l'homme, dont aucun article n'était respecté, même en France, enfin de cette religion naturelle qui n'était qu'une guerre déclarée au sacerdoce.

Barras croyait devoir afficher des sentiments guerriers, à cause de l'espèce de renommée militaire que lui avaient faite plusieurs journées de la révolution.

L'extrême embarras des finances pouvait affaiblir le désir de la guerre chez ces trois directeurs; mais la ressource de la banqueroute s'offrait plus naturellement à leur esprit que celle de la paix. Ces trois directeurs pensaient qu'il ne convenait pas à la République française de se montrer au-dessous de la république romaine. Ainsi c'était sur une guerre perpétuelle qu'ils fondaient le bonheur de la France et du monde. Mais les Romains avaient signé des trèves et même des traités de paix. A leur exemple, les trois directeurs, et tous les hommes de leur parti, pensaient qu'on pouvait traiter avec un État puissant, sous la condition d'écraser, pendant l'intervalle, des États faibles.

Carnot, cet ancien collègue de Robespierre, de Billaud-Varennes, auquel il était donné d'être, dans le Directoire, l'organe de tous les principes de modération qui pouvaient se concilier avec l'existence monstrueuse de la République, montrait du penchant pour une paix qui allait rendre son rôle moins brillant et ses talents moins nécessaires; il la voulait, si nous nous en rapportons à ses Mémoires, non pleine de menaces ou de fraude, mais pleine de fierté.

Le Tourneur de la Manche était, comme on le sait, entièrement soumis à l'ascendant de Carnot. Ils avaient contre eux la majorité; mais Bonaparte pouvait faire pencher la balance.

Voyons les dispositions des deux autres parties belligérantes, c'est-à-dire de l'Autriche et de l'Angleterre.

L'Autriche, quoique battue si souvent, et d'une manière si foudroyante, dans le cours de cette campagne, se faisait admirer de l'Europe et respecter de la France elle-même, par la constance avec laquelle elle supportait et savait quelquefois réparer ses revers. Louis XIV, abandonné par la fortune, avait montré moins de ténacité dans ses résolutions, et son beau royaume avait déployé moins de ressources. Pas un seul ferment révolutionnaire ne se découvrait au sein de ce vaste empire. C'était sans murmure qu'une armée nouvelle venait recueillir les faibles et tristes débris d'une armée qui avait disparu. On y faisait la guerre sans génie, sans une vive ardeur, mais chacun remplissait son métier de soldat, son devoir de sujet, sans consulter l'événement. Si Wurmser, Provera et Wuskadowich avaient fait briller une audace toute française, la fortune avait trompé ou n'avait secondé qu'un moment leurs efforts héroïques. Le savoir de presque tous les autres généraux consistait à éviter les grandes fautes et les désastres complets; ils ne tiraient, dans les batailles vivement disputées, qu'un parti insuffisant de leur cavalerie, mais, bien ménagée, elle donnait un aspect imposant à leur retraite. Comme les Autrichiens semblaient un peuple conjuré contre toute espèce de nouveautés, ils ne les admettaient pas dans l'art militaire; ils manœuvraient toujours comme dans la guerre de Sept Ans. L'esprit correct, méthodique et froid du maréchal Dawn semblait encore planer sur tous les camps autrichiens.

Il est vrai que l'archiduc Charles s'en était écarté dans cette campagne par une conception hardie, digne du fameux roi de Prusse. Mais quand on considère l'ensemble de sa vie militaire, on le trouve plus digne d'estime que d'admiration.

Le soldat autrichien allait rarement au delà de son devoir; il pensait, comme l'a dit Bonaparte, que chaque jour suffisait à sa peine, mais il était toujours prêt à recommencer le lendemain. Cet esprit national semblait une émanation de celui qui dirigeait l'empereur François II, sa famille et ses ministres. Les manières populaires de la maison de Lorraine, assise sur le trône d'Autriche, étaient devenues pour tous les cœurs un lien qu'on sentait plus puissamment dans les jours de l'adversité.

C'était avec un papier-monnaie plus déplorable encore que les assignats, puisqu'il n'avait pas de grandes propriétés pour hypothèque; c'était aussi avec quelques vieilles économies, avec quelques subsides de l'Angleterre, reçus orgueilleusement à titre d'emprunt, que l'Autriche soutenait le fardeau d'une telle guerre. Ce papier-monnaie, habillé de dix manières différentes, quoique fort décrié, ne tomba point dans un discrédit total. L'empereur et sa cour se refusaient à toutes les dépenses qui ne concouraient point au salut de l'empire. Ce fut par une vie frugale que François II, dans vingt-cinq années des plus terribles épreuves, put se maintenir un puissant souverain.

Si le baron Thugut, son premier ministre, ne s'éleva point à ces principes de politique magnanime que réclamait le salut commun, son invincible fermeté, dans les années 1796 et 1797, me paraît devoir le faire compter parmi les hommes d'État du plus ferme caractère.

Après les plus sanglantes défaites, on ne vit jamais un envoyé autrichien se présenter dans le camp français.

La patience échappa tellement au Directoire, qu'il lui prit envie, vers le temps de la prise de Mantoue, d'envoyer le général Clarke pour sonder les dispositions d'un gouvernement obstiné à ne jamais confesser ses souffrances. On ne voulut pas le recevoir. L'Autriche commençait, il est vrai, à se résigner à la perte de ses provinces belgiques, sur lesquelles, malgré leurs richesses, elle ne levait que des tributs médiocres, et dont l'esprit remuant et rebelle l'avait cruellement fatiguée; elle s'en était dédommagée d'avance dans le second démembrement de la Pologne. Mais elle ne voulut plus, en dépit des arrêts multipliés du champ de bataille, consentir à aucun sacrifice, ou bien, en paraissant céder, elle demandait des compensations tout à son avantage. Le Directoire avait fait tous ses efforts pour lui indiquer la Bavière comme un ample dédommagement de la Lombardie; mais c'était un piége que l'Autriche sut bien démêler. Au seul mot de Bavière, le roi de Prusse et tous les princes du nord de l'Allemagne n'auraient pas manqué d'armer contre l'Autriche, et le premier auxiliaire qui serait venu à eux aurait été la France. . . . . . . . . . . . . . . . . . . . . . . . . . . .

La déplorable journée dont je viens de parler étourdit l'Autriche et les négociateurs qu'elle avait envoyés à Campo-Formio. Ils consentaient enfin à faire l'échange de Mantoue, rendue à la république cisalpine, contre Venise, que Bonaparte ne cessait d'offrir à l'Autriche. Ce fut là la base principale de la paix de Campo-Formio, signée le 17 octobre 1797.

Même après la journée du 18 fructidor, qui semblait devoir ôter au Directoire tout reste de scrupule et de pudeur, il répugnait encore à cette autorité de sacrifier à la colère d'un gouvernement absolu les démocrates vénitiens, si dociles à sa voix. Le Directoire avait écrit à Bonaparte une lettre presque suppliante pour le détourner d'une perfidie diplomatique dont le reproche serait un jour la plus cruelle injure contre la République française. Villetard, commissaire français qui venait de présider à la révolution démocratique de Venise, s'effraya de ce qu'il avait fait, en devinant ce que le général voulait faire ; il lui écrivit de son côté une lettre ferme et pathétique en faveur des Vénitiens, qu'on allait vendre. Bonaparte répondit par la lettre suivante, fort différente de son style ordinaire ; en voici les termes :

« J'ai reçu, citoyen, votre lettre du 3 brumaire. Je n'ai rien compris à son con-« tenu. Il faut que je ne me sois pas bien expliqué avec vous.

« La République française n'est liée avec la municipalité de Venise par aucun « traité qui nous oblige à sacrifier nos intérêts et nos avantages à celui du comité « de salut public ou de tout autre individu de Venise.

« Jamais la République française n'a adopté pour principe de faire la guerre « pour les autres peuples. Je voudrais connaître le principe de philosophie ou de « morale qui ordonnerait de sacrifier quarante mille Français contre le vœu bien « prononcé de la nation et l'intérêt bien entendu de la République.

« Je sens qu'il n'en coûte rien à une poignée de bavards, que je caractériserais « bien en les appelant fous, de vouloir la république universelle. Je voudrais que « ces messieurs vinssent faire une campagne d'hiver.

« D'ailleurs, la nation vénitienne n'existe pas. Divisés en autant d'intérêts qu'il « y a de villes, efféminés et corrompus, aussi lâches qu'hypocrites, les peuples de « l'Italie, et spécialement le peuple vénitien, sont peu fait pour la liberté. S'il était « dans le cas de l'apprécier, eh bien ! la circonstance actuelle lui est très-avanta-« geuse pour le prouver. Qu'il la défende ! Il n'a pas eu le courage de la conquérir, « même contre quelques misérables oligarques ; il n'a pu même la défendre quelque « temps dans la ville de Zara ; et peut-être, si l'armée française fût entrée en Alle-« magne, nous aurions vu se renouveler, sinon les scènes de Vérone, du moins « des assassinats multipliés, qui produisent le même effet sinistre pour l'armée.

« Au reste, la République ne peut pas donner, comme on paraît le croire, les « États vénitiens.

« Ce n'est pas que, dans la réalité, ces États n'appartiennent à la République « française par droit de conquête, mais parce qu'il n'est pas dans les principes du « gouvernement de donner aucun peuple.

« Lors donc que l'armée française évacuera ce pays-ci, les différents gouverne-« ments sont maîtres de prendre toutes les mesures qu'ils pourraient juger avanta-« geuses à leur pays.

« Je vous ai chargé de conférer avec le comité de salut public sur l'évacuation « qu'il est possible que l'armée française exécute, pour mettre à même de prendre « toutes les mesures, soit pour leur pays, soit pour les individus qui voudraient se « retirer dans les pays réunis à la république cisalpine, et reconnus et garantis « par la République française.

« Vous avez dû également faire connaître au comité de salut public que les indi-« vidus qui voudraient suivre l'armée française auraient tout le temps nécessaire

« pour vendre leurs biens, quel que soit le sort de leur pays, et que même je savais
« qu'il était dans l'intention de la république cisalpine de leur accorder le titre de
« citoyen.

« Votre mission doit se borner là. Quant au reste, ils feront ce qu'ils voudront.
« Vous leur en avez dit assez pour leur faire sentir que tout n'était pas perdu ; que
« tout ce qui arrivait était la suite d'un grand plan. Si les armées françaises con-
« tinuaient à être heureuses contre une puissance qui a été le nerf et le coffre de
« toute coalition, peut-être Venise aurait pu par la suite se trouver réunie avec la
« Cisalpine. Mais je vois que ce sont des lâches, et qu'ils ne savent que fuir. Eh
« bien ! qu'ils fuient, je n'ai pas besoin d'eux ! »

En attendant, on achevait le pillage de la riche et magnifique cité ; le duc de Modène, qui avait choisi ce refuge si peu sûr, y avait laissé en partant presque tout
ce qui lui restait de son trésor : on ne manqua pas de s'emparer de cette proie. Les
galeries, les églises, les chapelles, les palais des patriciens émigrés, étaient, au nom
des beaux-arts, soumis à de continuelles rapines. Un savoir cruel enlevait dans les
bibliothèques des manuscrits qui remontaient jusqu'au XIII⁰ siècle, et des ouvrages
arabes achetés par le sénat avec une magnificence digne des Médicis. Les sept îles
dont Venise avait fait la conquête, et qui formaient le dernier débris de son empire momentané sur la Grèce, allaient être cédées définitivement à la France, et
déjà nos armes y régnaient. C'était un éclat de plus jeté sur les conquêtes de Bonaparte. L'enthousiasme s'était éveillé promptement parmi nous aux noms histori-
ques ou poétiques de Corcyre, d'Ithaque et de Cythère. Déjà l'on voulait voir dans
Bonaparte le régénérateur de la Grèce ; mais le fond des choses détruisit bientôt
la magie des espérances. Les sept îles grecques perdirent ce qu'elles pouvaient
encore offrir de précieux pour les lettres et les beaux-arts ; l'ignorance et l'indi-
gence de ces peuples rendirent cette moisson peu abondante. Leur pauvreté les
exposa au mépris des commissaires français, qui en firent un portrait défavorable.
Cependant l'évêque grec de Corfou fit entendre à un général français des paroles
où l'on croit trouver une première étincelle du feu sacré qui s'est rallumé parmi
les Grecs : « Français, vous trouvez en cette île un peuple étranger aux sciences
« et aux arts dont s'honorent les nations ; ne le méprisez pas cependant, il peut
« redevenir ce qu'il fut autrefois. Apprenez par ce livre (ici l'évêque montra l'Odys-
« sée), apprenez le cas que vous devez faire de nous. »

. . . . . . . . . . . . . . . . . . . . . . . . . . .

# PRISE DE L'ILE DE MALTE

## en 1798.

L'armée destinée à l'expédition d'Egypte sous le commandement de Bonaparte était forte de 35,000 hommes, formant cinq divisions aux ordres de Kleber, Desaix, Bon, Dugua, Régnier. La cavalerie était commandée par Murat. Berthier avait repris son poste à l'état-major. Caffarelli-Dufalga dirigeait le génie, Dommartin l'artillerie. Les généraux Menou, Alexandre Dumas, Vaubois étaient attachés au quartier général. Le 19 mai, près de 300 bâtiments se déployèrent par un temps magnifique. Dès le soir on avait gagné la haute mer : on devait rallier les autres convois dans les eaux de la Sicile et relâcher à Malte.

Nous étions au commencement de juin, lorsque nous arrivâmes devant Malte ; la grande escadre ni les autres convois ne paraissaient pas encore, et conformément à l'instruction donnée par le général Bonaparte au général Desaix, le convoi se tint en croisière devant le port. Des calmes survinrent, à l'aide desquels les courants qui règnent dans cette partie dispersèrent les bâtiments du convoi assez loin les uns des autres. Nous étions arrivés le matin ; l'après-midi du même jour, le grand maître de l'ordre de Malte, voyant un convoi aussi considérable, composé de bâtiments de toutes nations escortés par une frégate, et qui non-seulement n'entrait pas dans le port, mais qui ne le faisait même pas fréquenter par la plus légère embarcation, commença à concevoir de l'inquiétude, ou à éprouver de la curiosité. Il envoya une chaloupe, montée par un des grands baillis de l'ordre, en qualité de parlementaire , pour nous arraisonner. Cette chaloupe s'était dirigée sur la frégate que montait le général Desaix, et sous le prétexte des lois de quarantaine, le bailli ne voulut pas monter à bord, quelques instances qu'on lui fît ; il parla de sa chaloupe, qui avait passé à la poupe de la frégate. Sa mission n'était qu'un motif de curiosité, et comme il vit à bord des vaisseaux une grande quantité de soldats qui grimpaient sur les épaules les uns des autres pour le voir, il se hâta de retourner en rendre compte. Il allait prendre congé, à la suite d'une conversation par monosyllabes entrecoupés, lorsque, pour la ranimer un peu, le général Desaix lui demanda d'entrer dans le port pour prendre de l'eau. Le bailli s'éloigna en promettant de faire faire une réponse. Il revint effectivement le même soir dire que le grand maître ne pouvait accorder l'entrée du port qu'à quatre bâtiments à la fois. La défaite était ingénieuse ! il ne lui avait pas fallu faire de grands efforts d'esprit pour calculer que nous avions plus de 80 voiles, et que l'aiguade du convoi eût demandé vingt jours ; certes, nous n'avions pas ce laps de temps à perdre devant cette gentilhommière. Toutefois nous feignîmes de prendre la chose au sérieux, et tout en refusant poliment M. le bailli, nous dîmes quelques mots des dangers auxquels nous serions exposés si les Anglais venaient à paraître. Cette dernière considération ne parut pas le toucher beaucoup, et il s'éloigna en nous annonçant que l'ordre ne pouvait rien nous accorder de plus.

Nous étions presque à l'entrée de la nuit, et le parlementaire était parti, lorsque notre vigie signala deux voiles à l'est et venant droit sur nous. Elles furent bientôt assez près pour que nous reconnussions un vaisseau et une frégate ; l'inquiétude nous prit, et elle devint extrême lorsqu'à deux portées de canon de nous nous ne les vîmes point hisser leur pavillon, jusqu'au moment où ils nous traversèrent en hissant l'un et l'autre le pavillon maltais ; c'étaient le vaisseau et la frégate de l'ordre, qui, au retour d'une croisière, rentraient dans le port. On les désarma dans la nuit même pour armer les galères qui devaient nous combattre le jour suivant. Le lendemain, à la pointe du jour, notre vigie nous signala des voiles au nord-ouest, et bientôt après elle nous fit connaître que les voiles aperçues étaient sans nombre : c'était l'escadre avec ses convois, qui arrivait de la baie de Saint-Florent. Le général Desaix, ainsi que M. Monge, passèrent de la frégate sur une des demi-galères du pape que nous avions amenées, et allèrent à la rencontre de l'escadre pour rendre leurs devoirs au général Bonaparte.

Dans la matinée, toute l'escadre et l'armée furent réunies en face de l'ouverture du port. Tout prit dès lors une face nouvelle. Le général Bonaparte fit débarquer à droite les troupes de la division du général Bon. En même temps, il faisait débarquer le général Desaix à gauche ; nous prîmes terre à la baie de Maira-Sirocco.

Nous trouvâmes peu de résistance ; tout semblait à l'abandon. A peine le grand maître avait-il pu rassembler quelques détachements pour défendre les ouvrages avancés. Les chevaliers étaient sans élan. La population, accoutumée à l'idée qu'elle ne devait courir aux batteries que dans le cas d'invasion de la part des Turcs, refusait de prendre les armes contre nous. Toutes ces belles fortifications qui annonçaient la puissance de l'ordre et la force de la place devinrent inutiles. Nous poussâmes ce jour-là jusqu'au pied des remparts du côté de la terre ; nous nous étonnions d'une défense aussi faible ; nous cherchions à nous expliquer comment une place qui nous paraissait inexpugnable présentait une conquête si facile : nous ne tardâmes pas à le comprendre.

Le général Bonaparte était resté toute la journée à bord de l'*Orient* ; il avait fait attaquer les galères maltaises et les avait forcées de rentrer au port : c'en était fait de la croix maltaise. Le général débarqua le soir même, et c'est alors que nous pûmes juger, aux indiscrétions qui échappaient autour de nous, que tous les membres de l'ordre n'étaient pas étrangers au succès que nous venions d'obtenir. Depuis la révolution française, et surtout depuis la dissolution des corps d'émigrés, le rocher de Malte était devenu le refuge d'un grand nombre de jeunes nobles qui s'enrôlèrent sous le drapeau de l'ordre. Ces nouveaux chevaliers n'avaient pas la ferveur des anciens chevaliers de Saint-Jean de Jérusalem. Leur éducation mondaine ne s'accommodait pas de la vie monacale, et le mal du pays augmentait leur désir de quitter le rocher qui leur avait servi d'asile. L'apparition de notre flotte devant Malte leur présentait l'occasion de rompre des engagements qu'ils commençaient à regarder comme des chaînes, et de se créer une existence nouvelle. Doit-on les plaindre ou les blâmer ? Quoi qu'il en soit, les

pourparlers ne tardèrent pas à s'établir entre le quartier général et le gouvernement de Malte. Le grand maître de l'ordre , convaincu trop tard sans doute de
l'impossibilité de sauver la place et de l'inutilité d'une résistance sans objet, consentit à capituler.

Les principales conditions furent la remise des forts à nos troupes, la liberté
pour lui et les siens, et la faculté pour tous les chevaliers de se retirer où bon
leur semblerait. Nous prîmes en conséquence possession de la place. Le grand
maître, M. de Hompesch, s'embarqua sur un bâtiment neutre qui fut mis à sa
disposition, et qui fut escorté jusqu'à Trieste par une de nos frégates. Ceux des
chevaliers qui étaient Français entrèrent presque tous dans nos rangs.

Le général Bonaparte s'occupa sur-le champ d'organiser l'île : garde nationale,
administration, moyens d'attaque et de défense, tout fut arrêté et exécuté en moins
de huit jours. La garnison maltaise fut incorporée dans les demi-brigades ; une
partie de la division Vaubois la remplaça, et la flotte eut ordre de mettre à la
voile.

Le général Desaix resta encore quelques jours à Malte, parce que sa frégate
devait recevoir à son bord l'intendant des finances, qui avait quelques opérations
à terminer. Nous employâmes ce petit retard à visiter ce rocher dont le nom était
si célèbre dans l'histoire. Civitta-Vecchia, située sur un éminence au milieu de
l'île, et qui avait été le seul point fortifié par les chevaliers à leur arrivée dans
l'île, fut le lieu où nous nous rendîmes d'abord ; de là nous visitâmes successivement les ouvrages dans l'ordre où ils avaient été construits. Tout le monde sait
qu'après la chute de Rhodes, les chevaliers s'occupèrent avec ardeur à fortifier
Malte. Tous les grands maîtres de l'ordre, depuis cette époque , n'ont semblé désirer d'autre titre de gloire que celui d'avoir ajouté quelque nouvel ouvrage au
port ou à la ville : c'était l'unique soin du gouvernement. L'ostentation avait fini
par s'en mêler, et on construisait des fortifications à Malte comme on élevait des
palais à Rome depuis que le saint-siége y a remplacé le trône des Césars. Malte
est ainsi devenu un amas prodigieux de fortifications, et nous ne savions ce que
nous devions le plus admirer, ou de la persévérance qu'il a fallu pour les élever,
ou du génie qu'il a fallu pour les concevoir. Ce que nous y vîmes de plus étonnant est l'ouvrage de la nature, c'est le port : il est si spacieux, que l'armée navale et les 600 bâtiments de convoi n'en remplissaient que la moindre partie. Le
mouillage en est si facile et si sûr, que les plus gros vaisseaux de guerre peuvent
s'amarrer contre le quai.

Au milieu de toutes ces merveilles, nous fûmes attristés par la vue d'un spectacle dans le genre de celui qui nous avait déjà indigné à Civitta-Vecchia. Les
galères de l'ordre étaient montées par des forçats, composés de prisonniers faits
sur les bâtiments turcs. Nous eûmes d'abord peine à croire qu'il arrivât souvent
que, lorsqu'on manquait de forçats, des hommes libres consentissent à s'engager
comme tels sur les galères pour une somme d'argent. Il fallut bien cependant nous
rendre à l'évidence et en croire le témoignage de nos yeux. Nous vîmes de ces
misérables, qu'on appelle *bonovollii* , servir sur les mêmes bancs que les forçats,
enchaînés comme eux, et partageant leurs pénibles travaux comme ils partageaient

leur opprobre. A la vue d'une pareille dégradation, nous fûmes moins surpris d'avoir trouvé si peu de résistance. Il est tout simple de voir insensibles à un appel aux armes des hommes prêts à répondre à un appel au déshonneur.

Cependant la République française ne pouvait espérer de conserver longtemps cette position isolée, et désormais en butte aux attaques continuelles des Anglais, maîtres de la Méditerranée.

La destruction de l'ordre n'avait point été fatale aux habitants de l'île, qui acquit, au contraire, une nouvelle importance à la suite de ce changement de maîtres. Donc, le résultat, en la faisant française au moment où une lutte ardente s'engageait entre la France et l'Angleterre, la devait rendre le théâtre de quelques-uns de ces grands événements que la Méditerranée et ses rives allaient voir s'accomplir.

Un mois s'était à peine écoulé depuis le départ du général Bonaparte et de l'escadre française, que le général Vaubois, chargé du commandement de Malte, ne pouvait que très-difficilement, avec les faibles moyens à sa disposition, se défendre contre les entreprises du dehors. Les forces laissées à sa disposition consistaient en 4,000 hommes. Il s'occupa à régler toutes les parties de l'administration, tant civile que militaire, et à mettre l'île en état de défense. Au commencement de 1799, quelque temps après le combat naval d'Aboukir, dans lequel la flotte française avait été presque entièrement détruite, l'escadre anglaise de l'amiral Nelson vint se joindre à une division portugaise qui déjà faisait le blocus de l'île de Malte. Un convoi napolitain, protégé par deux frégates, apporta dans le même temps aux Maltais, qui étaient en état de révolte, des armes, des munitions et des vivres en abondance. La position du général Vaubois commença dès lors à devenir fâcheuse ; sa troupe avait été considérablement diminuée par les maladies et les assassinats partiels, et cette perte ne se trouvait pas compensée par les équipages d'un vaisseau et de deux frégates que les amiraux Villeneuve et Decrès avaient amenés à Malte après le combat d'Aboukir. La force numérique de toutes ces troupes n'était point suffisante pour garnir tous les forts qni pouvaient servir à la défense de l'île. D'un autre côté la disette de vivres et de munitions se faisait déjà sentir, et le défaut de communications avec le continent avait empêché depuis longtemps de pourvoir à ces objets, et de remplacer les consommations journalières. Les Maltais insurgés avaient été organisés régulièrement et formés en corps commandés par des officiers anglais et portugais. Bientôt ces insurgés furent assez nombreux pour braver les Français. Il était en outre très-difficile de contenir une population de 45,000 âmes renfermées dans la ville, et qui, concertant journellement des mouvements insurrectionnels avec les rebelles du dehors, parvinrent à s'établir dans la cité Vieille. Cependant le général Vaubois fit toutes les dispositions nécessaires pour une résistance vigoureuse et prolongée. Il fit réparer toutes les fortifications, expulsa de la ville les mendiants, les gens suspects, et une partie des bouches inutiles, mit en réquisition tous les plombs pour les convertir en balles, et expédia des bâtiments légers en France, en Italie, en Corse et sur les côtes de Barbarie, pour faire connaître sa situation et ramener des vivres et des munitions. Dès les premiers moments du blocus, il avait été sommé par les

amiraux anglais et portugais de rendre Malte. « Vous avez oublié que des Fran-
» çais sont dans la place, » fut la seule réponse qu'il fit à cette sommation. Les
insurgés du dehors et les conjurés qui étaient dans la place, s'étaient concertés
pour surprendre Malte dans la nuit du 19 janvier 1799. Le général Vaubois fut
instruit de ce projet par un Grec qui l'avait surpris aux révoltés, et au moment
où ces derniers s'avançaient en masse et à découvert jusqu'au pied des remparts,
ils y furent écrasés par la mitraille et par un feu de mousqueterie à bout portant.
Cet événement porta la terreur parmi les Maltais, et ranima la confiance de la
garnison, qui, à force de courage, de constance et de dévouement, résistait avec
succès aux efforts des habitants et à ceux des troupes du blocus. Pendant
l'hiver de 1798 à 1799, le scorbut avait fait de grands ravages, et comme on
pouvait attribuer à l'usage des viandes salées la propagation de cette maladie, le
général Vaubois engagea les troupes à se livrer à la culture des végétaux. Le
climat était très-propre à la végétation, et, malgré la difficulté de se procurer
l'eau nécessaire pour fertiliser le terrain, les militaires, au moyen de machines
hydrauliques fort ingénieusement inventées par eux, parvinrent à s'y procurer
des récoltes abondantes en légumes et en plantes potagères. Ils élevèrent aussi
une grande quantité de lapins et de volailles, qui offrirent une ressource pré-
cieuse à la garnison et aux habitants. Au milieu des soins donnés au bien-être
physique de ses troupes, le général Vaubois crut aussi devoir s'occuper de soutenir leur moral en dissipant les ennuis inséparables de leur position, dans une
place si longtemps bloquée, et dans laquelle les événements militaires n'étaient
pas assez importants pour donner des distractions suffisantes. Il fit donc former
une troupe de comédiens (1), établir des écoles d'écriture, de calcul, de dessin,
de danse, et des salles d'escrime. Les assiégeants, toujours repoussés dans les
différentes attaques qu'ils avaient faites, renouvelaient de temps en temps leurs
sommations; et l'amiral Nelson en envoya, le 1er novembre, une nouvelle, à laquelle le général Vaubois répondit en ces termes : « Jaloux de mériter l'estime
« de votre nation, comme vous recherchez la nôtre, nous sommes résolus à dé-
« fendre Malte jusqu'à la dernière extrémité. » En janvier 1800, un avis, ayant
trompé la vigilance des croisières, vint apporter la nouvelle de l'établissement en
France du gouvernement consulaire. Cette nouvelle affermit encore la résolution
prise par la garnison de Malte, qui se persuada qu'on allait faire des efforts pour
la secourir. Le 16 février 1800, les assiégeants, irrités des refus constants qui leur
avaient été faits de rendre la place, tentèrent un nouvel effort pour l'emporter
d'assaut. Les insurgés maltais, soutenus par des détachements de troupes anglaises et napolitaines, firent une attaque du côté de la mer, et s'avancèrent sur
des barques jusqu'au pied des remparts, dans le dessein d'escalader le mur d'enceinte du côté de Bourmala. Cette attaque était protégée par le feu des bâtiments
qui formaient le blocus, et qui essayaient d'attirer l'attention des Français sur plusieurs points ; mais le général Vaubois ne prit point le change, et au moment où

(1) Nicolo Isouard, chevalier de Malte, né dans cette île, mais Français d'origine, que ses
charmantes compositions musicales ont depuis rendu célèbre en France, fut mis à la tête de
cette troupe de comédiens. Il est mort à Paris, au commencement de 1818, à l'âge de 43 ans.

les assaillants se disposaient à placer leurs échelles et à tenter l'assaut , ils furent repoussés par un feu de mitraille bien dirigé, qui les culbuta dans la mer, où la plupart se noyèrent. Une division française, composée d'un vaisseau de guerre, de trois corvettes et de plusieurs bâtiments de transport , ayant fait voile de Toulon, sous les ordres du contre-amiral Perrée, et ayant à bord 3,000 hommes de troupes et une quantité considérable de vivres et de munitions de guerre destiné à ravitailler Malte, arriva , le 18 février, en vue de cette île, sans avoir rencontré jusque là aucun vaisseau ennemi ; mais l'amiral anglais Nelson, prévenu de l'arrivée de cette division, l'attaqua avec des forces supérieures. Dans le combat qui s'engagea, le contre-amiral fut blessé mortellement ; le vaisseau *le Généreux,* qu'il montait, fut pris, et tout le convoi fut dispersé. Ce funeste événement, se qui passa presque sous les yeux de la garnison de Malte, fit prendre au général Vaubois la résolution d'envoyer en France le contre-amiral Decrès, pour prévenir le premier consul que la place ne pourrait pas tenir au delà du mois de juin. Decrès partit sur le vaisseau *le Guillaume Tell,* qui ne put traverser la croisière ennemie, et qui fut capturé par elle. Nelson, en annonçant ce nouveau revers à la garnison de Malte, lui fit faire une cinquième sommation, qui ne fut pas mieux accueillie que les précédentes. Cependant le manque de munitions, de moyens de subsistance et de médicaments allait toujours croissant, et bientôt on allait être réduit aux plus dures privations (1). Les chaleurs et la disette multipliaient les maladies, et le typhus enlevait dans les hôpitaux jusqu'à 120 et 130 hommes par jour. L'amiral Nelson, instruit de l'extrémité où les Français se trouvaient réduits, fit faire une sixième sommation, menaçant en même temps du refus d'une capitulation honorable, si la garnison ne se rendait pas avant l'arrivée d'une flotte russe qu'il disait être déjà à Messine. Le général Vaubois répondit encore à cette sommation comme à celles qui l'avaient précédée ; alors les commandants napolitains et portugais demandèrent une entrevue que le général Vaubois accorda ; mais à peine l'amiral portugais, marquis de Nizza, fut-il arrivé au fort Manoel, que toute la garnison l'empêcha d'expliquer le motif de sa venue, et étouffa sa voix par les cris mille fois répétés de : « Malte ou la mort ! osez venir nous attaquer.» Cependant la détresse des Français était arrivée presque à son comble ; il fallut encore diminuer la ration de vivres, déjà réduite au tiers. Sur 9,000 habitants restants dans la place, 2,700 furent encore mis dehors : mais le général anglais Graham refusa de les recevoir, fit tirer dessus, et les força à se réfugier dans les fossés de la place, où ils auraient péri de misère , si le général Vaubois, mû par la pitié, ne les eût fait rentrer dans Malte. Les Français partagèrent alors leurs faibles rations avec ces malheureuses victimes de la guerre. Enfin , le 1er septembre, toutes les provisions se trouvèrent épuisées : les bêtes de somme avaient été consommées ; les lapins, les poules, les chiens, les chats, les rats même, avaient cessé d'être une ressource ; le bois manquait absolument, et Malte ne présentait plus, le 2 septembre, que l'affreux aspect d'une vaste enceinte où, de tous côtés, on ne voyait que morts ou mourants. Dans cette cruelle extrémité, le général Vaubois ne voulut point entrer en négociations avec l'ennemi sans avoir pris l'avis

_________

(1) Une poule se vendait 60 fr., un lapin 12 fr., un œuf 1 fr., une laitue 18 sols, un rat 2 fr., et le poisson jusqu'à 6 fr. la livre.

d'un conseil de guerre qu'il assembla le 3, et dans lequel il fut décidé qu'il fallait, par une prompte capitulation, arracher les débris de la garnison et des habitants à la destruction qu'une plus longue défense rendait inévitable. En conséquence de cette décision, le général Vaubois envoya le 4 un parlementaire au général anglais Pigot, qui entra sur-le-champ en pourparlers pour une capitulation, dont les articles furent arrêtés et signés le 5, et d'après laquelle l'île de Malte fut remise aux troupes britanniques. Pendant que la garnison de Malte s'immortalisait par sa constance et son dévouement, le premier consul proposait au Sénat conservateur, par une lettre du 18 juillet 1800, de donner une preuve de la satisfaction du peuple français, et de l'intérêt que la nation prenait aux braves de cette garnison, en accordant au général Vaubois une place de sénateur. Cette nomination eut effectivement lieu, et Bonaparte ajouta à cette récompense en donnant la sénatorerie de Poitiers au général Vaubois, qui obtint ensuite le titre de comte et fut fait grand-officier de la Légion-d'Honneur le 14 juin 1804. En 1814, il adhéra, le 1er avril, à la déchéance de Napoléon, fut créé pair de France le 4 juin, et chevalier de Saint-Louis le 8 juillet de la même année.

———

### Le 18 brumaire.

On était d'accord sur le besoin d'un changement dans la forme du gouvernement, et dans la nécessité de ne pas perdre de temps pour l'opérer. Le général Bonaparte, convaincu qu'il n'y avait que du péril à temporiser, mit aussitôt la main à l'œuvre, et le Directoire disparut.

La plupart des militaires qui s'étaient rendus recommandables par leurs victoires se mirent à la disposition du général Bonaparte. Le directeur Sièyes entraîna les plus influents des deux Conseils.

Beurnonville, Macdonald, Lefebvre et Moreau lui-même, qui étaient entrés dans la conspiration, n'avaient pas seulement pour complices les généraux et les administrateurs de l'armée d'Italie qui se trouvaient alors à Paris; ils comptaient encore Chénier, Cabanis, Rœderer, Talleyrand, etc.; c'était l'élite du parti philosophique réuni à l'élite de l'armée, pour accomplir le vœu national. A l'exception de Bernadotte, qui ne voyait alors le salut de l'Etat que dans la république, et la république que dans le jacobinisme, tous les généraux de l'armée d'Italie se rallièrent à leur ancien général. Berthier, Eugène Beauharnais, Duroc, Bessières, Marmont, Lannes, Lavalette, Murat, Lefebvre, Caffarelli (frère de celui qui était mort en Syrie), Merlin (fils du directeur), Bourrienne, Regnault de Saint-Jean-d'Angély, Arnault (de l'Institut), le munitionnaire Collot, firent preuve de zèle et de dévouement; il n'y eut pas jusqu'aux vingt-deux guides récemment arrivés d'Egypte qui ne se montrassent empressés : chacun servait le général Bonaparte à sa manière. Augereau lui-même, qui intérieurement le détestait, se rallia à lui, quoique après quelque hésitation. Peut-être fut-ce parce qu'on l'avait négligé qu'il vint offrir ses services. « Est-ce que vous ne comptez plus sur votre petit Augereau ? dit-il au général Bonaparte. Membre du Conseil des Cinq-Cents, il ne put s'empêcher de dire, lorsqu'il vit que l'assemblée proposait de mettre le général Bonaparte hors la loi : « Nous voilà dans une jolie position ! — Nous en sor- « tirons, lui répondit le général ; souviens-toi d'Arcole. »

Le mouvement, comme on en était convenu, fut donné par les Anciens. M. Lebrun, depuis troisième consul, architrésorier et duc de Plaisance, fit un rapport sur la déplorable situation de la république, et la nécessité de prévenir sa ruine par un prompt remède. Le Conseil adopte ses conclusions. Il rend un décret qui transfère le Corps législatif à Saint-Cloud, afin qu'il puisse délibérer hors de l'influence de la capitale. En même temps il donne au général Bonaparte, qu'il charge de l'exécution de la mesure qu'il vient d'arrêter, le commandement de toutes les troupes qui sont à Paris et dans le rayon constitutionnel. Ce décret, sanctionné par le Conseil des Cinq-Cents, dont Lucien Bonaparte était président, fut aussitôt transmis au général Bonaparte, avec invitation de venir prêter le serment qu'exigeaient ses nouvelles fonctions. Le général ne se fit pas attendre : il monta à cheval, traversa Paris au milieu d'un groupe d'officiers généraux que l'attente de cet événement avait rassemblés chez lui, et se rendit à la barre entouré de cette belliqueuse escorte. Le serment prêté, il nomma pour son lieutenant le général Lefebvre, qui commandait la garde du Directoire, et distribua les autres commandements aux divers généraux qui l'accompagnaient. Lannes fut chargé de celui du Corps législatif ; Murat eut celui de Saint-Cloud, et Moreau celui du Luxembourg. Trois membres du Directoire donnèrent leur démission. La magistrature dont ils faisaient partie se trouva éteinte par cet incident, les deux autres directeurs n'étant pas en nombre suffisant pour délibérer.

La journée du 18 brumaire avait préparé la révolution ; celle du 19 la termina. Ce ne fut pas néanmoins sans difficulté. Les jeunes têtes du Conseil des Cinq-Cents et les vieux révolutionnaires du Conseil des Anciens avaient eu le temps de réfléchir sur ce qui se préparait. Le nouvel ordre de choses ne devait pas être favorable aux principes qu'ils professaient ; ils se concertèrent sur les moyens de le prévenir. Le plus naturel était de se rattacher fortement à la constitution de l'an III. Duhesme, un des plus ardents démagogues qui fût parmi eux, proposa de jurer de nouveau, et par appel nominal, de la défendre. Cette motion devait engager les conjurés dans de nouveaux nœuds, et ménager aux frères et amis des faubourgs de Paris le temps d'arriver au secours des frères et amis de Saint-Cloud. La proposition passa à l'unanimité. Le temps que voulait gagner Duhesme, le général Bonaparte le perdait. Tout ce qu'il avait fait la veille tournait contre lui, s'il ne brusquait les choses ; il se présenta au Conseil des Anciens, l'invita, par un discours énergique, à prendre en considération la disposition des esprits, le danger de la patrie, et à ne pas différer plus longtemps d'adopter une résolution. Mais un membre du Conseil l'interpelle et veut qu'il rassure les esprits , démente les projets qu'on lui attribue et prête serment à la constitution. « La constitution, « reprend Bonaparte, existe-t-elle encore? » Et faisant l'énumération de toutes les circonstances où elle avait été violée par les Conseils en décimant le Directoire, et par le Directoire en décimant les Conseils, il ajouta que vingt conspirations étaient formées pour substituer un nouvel ordre de choses à cette constitution, dont l'insuffisance était prouvée par les faits ; que vingt partis le sollicitaient de se mettre à leur tête, les uns pour recommencer la révolution, les autres pour la faire rétrograder ; qu'il ne voulait en servir aucun ; qu'il ne connaissait qu'un intérêt, celui de conserver ce que la révolution avait fait de bien ; qu'il n'ignorait pas que des amis de l'étranger parlaient de le proscrire, mais que tel qui proposait de le mettre hors la loi allait peut-être s'y trouver lui-même ; que, fort de la justice de sa cause et de la pureté de ses intentions, il s'en remettait aux Conseils, à ses amis et à sa fortune. Il se rendit au Conseil des Cinq-Cents pour y faire les mêmes communications ; mais à peine parut-il dans la salle, à la porte de laquelle il avait laissé le peu de militaires qui l'accompagnaient, que les cris : *A bas le tyran ! Hors la loi le dictateur !* se font entendre. Il s'était avancé vis-à-vis l'estrade où siégeait le président, son frère Lucien. Il est entouré, menacé. Plus ardent que ses collègues, un député va jusqu'à tenter de le percer d'un poignard. Un grenadier de la garde du Corps législatif, nommé Thomé, pare le coup avec son bras. Le peloton arrive au secours et arrache le général des mains de ces forcenés. Il revint bientôt après dégager Lucien Bonaparte, que ces furieux voulaient contraindre de mettre aux voix un décret de proscription contre son frère.

Le général Bonaparte était sorti de la salle, pour joindre les troupes qui étaient établies dans la cour du château, où plusieurs députés s'étaient répandus pour les détacher de la cause du chef qu'elles soutenaient. Le moment était des plus critiques, lorsqu'il arriva au milieu d'elles ; quelques minutes encore, et tout était perdu. Il résolut de mener rapidement les choses à fin, et s'adressant à un officier d'infanterie (le capitaine Ponsard, des grenadiers du Corps législatif), posté avec sa troupe à l'entrée de la grille du vestibule du château : « Capitaine, lui « dit-il, prenez votre compagnie, et allez sur-le-champ disperser cette assemblée « de factieux. Ce ne sont plus les représentants de la nation, mais des misérables « qui ont causé tous ses malheurs ; allez au plus vite et sauvez mon frère. » Ponsard se mit en mouvement ; mais il n'avait pas ébranlé sa troupe, qu'il revint sur ses pas. Le général Bonaparte crut qu'il hésitait. Il n'en était rien cependant. Ponsard ne voulait que savoir ce qu'il devait faire en cas de résistance. « Employez « la force, répondit Bonaparte, et même vos baïonnettes. — Cela suffit, mon gé- « néral, » répliqua le capitaine en saluant de son épée. Puis, faisant battre la charge à ses tambours, il monte le grand escalier du château au pas redoublé, et entre dans la salle, baïonnette en avant. En un instant, la scène change, le tumulte s'apaise, la tribune est déserte. Ceux mêmes qui, quelques minutes auparavant, paraissaient les plus résolus, cèdent à la peur. Ils escaladent les fenêtres, sautent dans le jardin et se dispersent dans toutes les directions.

### Passage du mont Saint-Bernard.

Le premier consul gravit le Saint-Bernard sur une belle mule qui appartenait à un riche propriétaire de la vallée ; elle était conduite par un jeune et vigoureux paysan, dont il se plaisait à provoquer les confidences. « Que te faudrait-il pour « être heureux ? lui demanda-t-il au moment d'atteindre le sommet de la montagne. « — Ma fortune serait faite, répondit le modeste villageois, si la mule que vous « montez était à moi. » Le premier consul se mit à rire, et ordonna après la campagne, lorsqu'il fut de retour à Paris, qu'on achetât la plus belle mule qu'on pourrait trouver, qu'on y joignît une maison avec quelques arpents de terre, et qu'on mît son guide en possession de cette petite fortune. Le bon paysan, qui ne pensait déjà plus à son aventure, ne connut qu'alors celui qu'il avait conduit au Saint-Bernard.

Le premier consul avait pris les précautions les plus minutieuses pour maintenir l'ordre parmi les corps, pendant une marche aussi pénible que celle qu'ils faisaient à travers les Alpes, et empêcher les hommes faibles de constitution d'abandonner leurs colonnes. Indépendamment de ce que le soldat portait avec lui, il avait fait réunir des provisions considérables au monastère qui est au sommet du grand Saint-Bernard. Chaque soldat recevait en passant, de la main des religieux, un bon morceau de pain, du fromage et un grand verre de vin. Le pain, le fromage étaient coupés, le vin se versait à mesure que les corps défilaient ; jamais distribution ne se fit avec plus d'ordre. Chacun sentait le prix de la prévoyance dont il était l'objet. Personne ne quitta sa place ; on n'aperçut pas un traînard.

Le premier consul témoigna sa reconnaissance aux religieux, et fit donner 100,000 fr. au monastère en souvenir du service qu'il avait reçu.

Il faudrait une plume exercée pour décrire tout ce qu'il se fit de nobles efforts pour transporter au delà des Alpes l'artillerie et les munitions qui suivaient l'armée. Chacun semblait avoir l'Italie à conquérir pour son compte. Personne ne voulait être médiocre dans cette grande entreprise. L'ardeur fut telle, que le premier consul trouva le lendemain, au pied de la montagne, du côté de l'Italie, 50 pièces de canon sur leurs affûts. Elles étaient accompagnées de leurs caissons, pourvues de munitions qui avaient été transportées à dos de mulets. Les pièces, les voitures étaient attelées et prêtes à marcher. Il s'arrêta pour témoigner sa satisfaction aux canonniers. Il les remercia du dévouement qu'ils avaient montré, et leur alloua 1,200 francs de gratification ; mais ces braves étaient animés du feu sacré, ils refusèrent. « Nous n'avons pas, lui dirent-ils, travaillé pour de l'argent, ne nous « obligez pas d'en recevoir. Vous ne manquerez pas d'occasions de nous tenir « compte de ce que nous avons fait. »

L'armée, descendue du Saint-Bernard, entra dans la vallée d'Ivrée, et arriva devant le fort de Bard. La route passe sous le glacis ; périlleux pour les troupes, ce défilé était impraticable pour l'artillerie. D'une autre part, le temps était trop précieux pour le perdre devant une bicoque qui n'avait qu'une faible garnison, mais qui était commandée par un officier décidé à faire son devoir. Il sentait l'importance du poste qui lui était confié, il ne voulut entendre aucune proposition. On fut obligé de faire filer l'infanterie et la cavalerie par des sentiers détournés que des chèvres eussent eu peine à suivre. Les canonniers, de leur côté, ne trouvèrent d'autre moyen de tromper la vigilance autrichienne que d'empailler les roues de leurs pièces, ainsi que celles de leurs caissons, et les roulèrent à bras pendant la nuit, jusqu'au point où avaient été conduits leurs chevaux. Tout cela s'exécuta dans un si grand silence, que la garnison n'entendit rien, quoique le passage s'effectuât à une portée de pistolet du chemin couvert. Chacun de ceux qui étaient employés à ce périlleux transport sentait combien étaient nécessaires le silence et la célérité ; aussi tout se passât-il à souhait.

# TABLE DES MATIÈRES.


**CHAPITRE PREMIER.** — Situation de l'Europe. — Apprêts de guerre générale. — Premières opérations des armées en Italie.................................. 1

**CHAPITRE II.** — Opérations sur les Alpes côtières et maritimes. — Expédition sur Oneille. — Prise d'Orméa. — De Saorgio. — Du col de Tende. — Attaque et prise du Mont-Cenis. — Mort héroïque d'un détachement d'émigrés. — Combat de Cairo.................................. 13

**CHAPITRE III.** — Combat de Savone. — Mouvement des coalisés. — Combats de Vado, de Melogno. — Mouvement rétrograde des républicains, engagements divers. — Attaque du Mont-Genève. — Schérer succède à Kellermann.................................. 20

**CHAPITRE IV.** — Avènement du gouvernement directorial. — Bataille et victoire de Loano. — Récapitulation.................................. 23

**CHAPITRE V.** — L'Europe, la France et le Directoire. — Plan de campagne. — Arrivée de Bonaparte à l'armée. — État des forces opposées. — Ouverture des hostilités. — Combats de Voltri et de Montegelino. — Bataille de Montenotte. — Combat de Cossario. — Bataille de Millesimo. — Combat de Dego. — Bataille de Mondovi. — Paix avec la Sardaigne. — Passage du Pô. — Combat de Fombio. — Bataille de Lodi. — Entrée à Milan. — Insurrection réprimée. — Combat de Borghetto. — Investissement de Mantoue. — Conduite politique de Bonaparte. — Sa présence d'esprit à Lonato. — Situation des forces opposées. — Reprise de la Corse. — Bataille d'Arcole. — Retraite d'Alvinzi.......... 28

**CHAPITRE VI.** — Suite des opérations de l'armée d'Italie. — Combat sur l'Adige. — Bataille de Rivoli. — Bataille de la Favorite. — Capitulation de Mantoue. — Expédition contre le Pape. — Traité de Tolentino. — Invasion des provinces impériales. — Préliminaires de paix de Leoben. — Armée du Rhin. — Le prince Charles remplace Alvinzi. — Marche de Masséna, de Joubert. — Passage du Tagliamento. — Insurrection à Venise et à Gênes. — Paix de Compo-Formio. — Arrivée de Bonaparte à Paris. — Révolution romaine. — Affaires de la Suisse.................................. 64

**CHAPITRE VII.** — Guerre avec Naples. — Invasion des États romains par les Napolitains. — Reprise de Rome. — Attaque de Capoue. — Insurrection des lazaroni. — Prise de Naples. — Deuxième coalition. — Opérations sur le Rhin et le Danube. — Opérations en Italie, en Helvétie, en Hollande. — Batailles de Stockach, de Magnano, de Cassano, de la Trebia, de Novi, de Fossano, de Bergen, d'Alkmar et de Zurich. — Fin de la campagne. — Assassinat des plénipotentiaires français à Rastadt.................................. 87

CHAPITRE VIII. — Révolution du 18 brumaire. — Bonaparte premier consul. — Il propose la paix à l'Angleterre qui la refuse et entraîne l'Autriche à continuer la guerre. — Situation des armées françaises.................... 108

CHAPITRE IX. — Plan de Bonapate. — Reprise des hostilités. — Prise de Savone par les Autrichiens. — Retraite de Masséna sur Gênes. — Combats de Voltri, de la Taggia. — Attaque du Var. — Capitulation de Gênes. — Opérations de l'armée de réserve en Italie. — Passage du mont Saint-Bernard. — Prise d'Ivrée. — Entrée à Milan.— Batailles de Casteggio, de Montebello et de Marengo.......................................................... 114

CHAPITRE X. — Paix d'Amiens. — Consulat à vie. — Rupture de la paix avec l'Angleterre. — Conquête du Hanovre. — Invasion de la Bavière par les impériaux. — Passage du Rhin par les Français. — Passage du Danube. — Capitulation d'Ulm. — Opérations en Italie et dans le Tyrol. — Jonction des deux armées françaises. — Bataille d'Austerlitz. — Paix de Presbourg.— Opérations dans le royaume de Naples............................................. 138

CHAPITRE XI. — Campagne de 1809. — L'Autriche renouvelle les hostilités. — Opérations en Italie. — Invasion de l'Italie et du Tyrol par les Autrichiens. — Bataille de la Rave. — Jonction pour la grande armée. — Bataille de Raab. — Armistice de Znayur. — Diversion anglaise dans le royaume de Naples. — Enlèvement du pape........................................................ 146

CHAPITRE XII. — État de l'armée d'Italie à la fin de 1813. — Les Autrichiens passent la Drave. — Reprise de Villach par les Français. — Combats sur la Drave, la Save et le littoral de l'Adriatique. — Retraite du vice-roi. — Marche du roi de Naples. — Opérations des armées en Espagne.................... 159

CHAPITRE XIII. — Occupation d'Ancone. — Description de cette ville. — Ses monuments. — Son histoire. — Le pape s'en empare par ruse. — Siége qu'elle soutient en 1799. — Troubles en Italie en 1832. — Les Autrichiens dans la Romagne et les Légations. — Expédition française pour l'occupation d'Ancone. — On enfonce les portes de la ville. — Entrée des Français dans la citadelle. — Les autorités et les troupes papales se retirent. — Fin de l'occupation....... 191

Événements de 1848. — Siége et prise de Rome par l'armée française en 1849. 193

Opinions et jugement de l'Empereur Napoléon Ier sur l'Italie et ses habitants..... 199

Batailles et combats livrés par les Français en Italie de 1795 à 1815........... 209

Notices sur les généraux français dans les guerres d'Italie de 1792 à 1814...... 239

Topographie de l'Italie écrite par l'Empereur Napoléon à Sainte-Hélène....... 247

Prise de l'île de Malte en 1798.................................................. 208

Paris. — Imprimerie Walder, rue Bonaparte, 44.

ITALIE
DRESSÉE
Par P. LAPIE, géographe.
MER ADRIATIQUE
MER TYRRHÉNIENNE
MER MÉDITERRANÉE
MER IONIENNE
AFRIQUE
Bouches de Cattaro
G. de Tarente
G. de Manfredonia
Échelles.

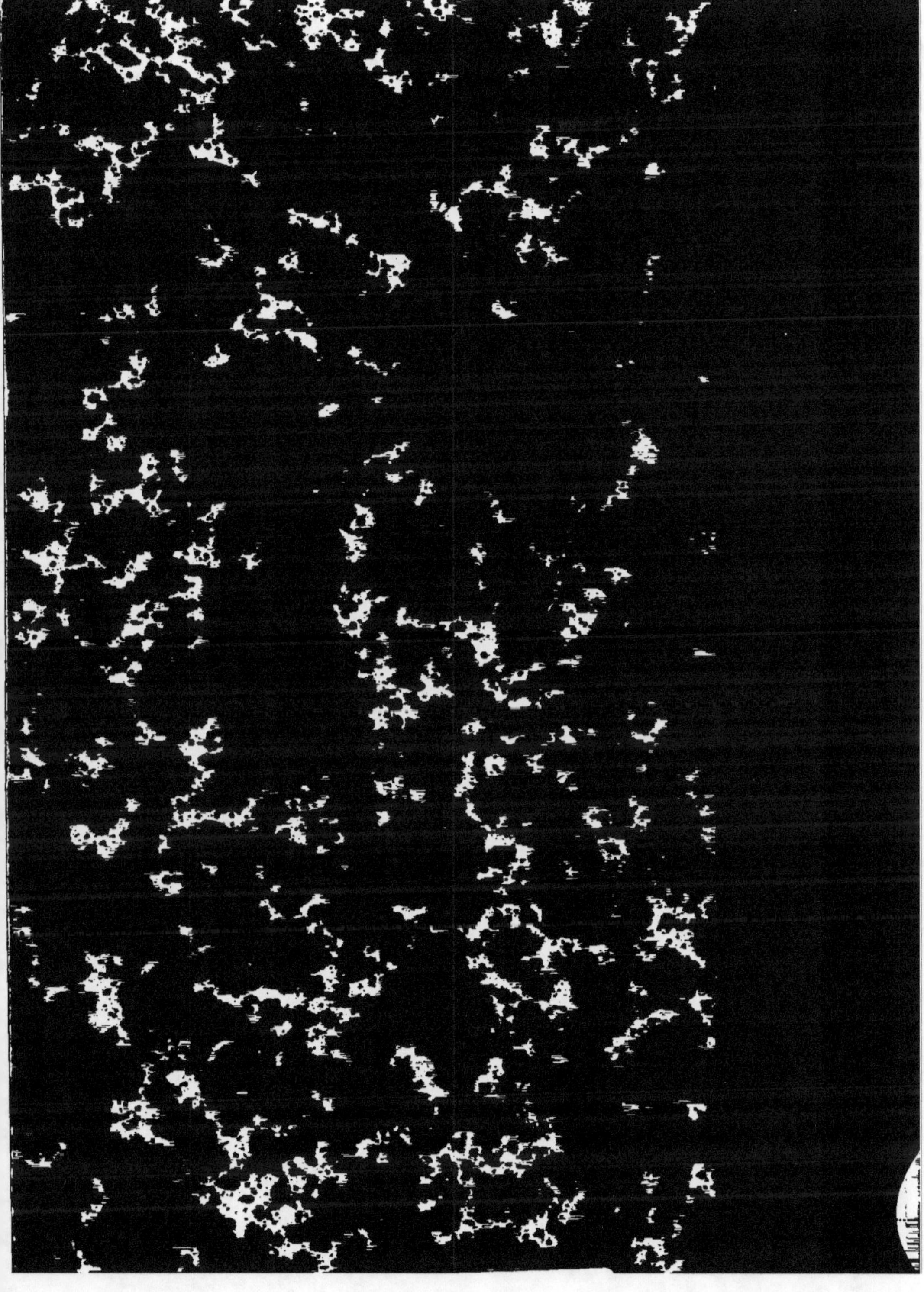